新版《列国志》与《国际组织志》联合编辑委员会

列国志

GUIDE TO
THE WORLD
NATIONS 新版

蔡雅洁 | *MALTA*

编著

马耳他

社会科学文献出版社
SOCIAL SCIENCES ACADEMIC PRESS (CHINA)

马耳他行政区划图

马耳他国旗

马耳他国徽

总统府（蔡雅洁　摄）

总理府（蔡雅洁　摄）

古都姆迪纳（蔡雅洁 摄）

三姐妹城（蔡雅洁 摄）

姆迪纳古城（蔡雅洁　摄）

瓦莱塔要塞（蔡雅洁　摄）

蓝洞海域（蔡雅洁　摄）

地中海海域（蔡雅洁　摄）

地中海中医中心（张晖　摄）

第十三期援马耳他医疗队（张晖　摄）

瓦莱塔远景（蔡雅洁　摄）

中国文化中心（赵桥梁　摄）

三姐妹城夜景（蔡雅洁　摄）

圣朱力安海边（蔡雅洁 摄）

巴拉卡花园远眺（蔡雅洁 摄）

出版说明

　　《列国志》编撰出版工作自 1999 年正式启动，截至目前，已出版 144 卷，涵盖世界五大洲 163 个国家和国际组织，成为中国出版史上第一套百科全书式的大型国际知识参考书。该套丛书自出版以来，受到社会各界的广泛好评，被誉为"21 世纪的《海国图志》"，中国人了解外部世界的全景式"窗口"。

　　这项凝聚着近千学人、出版人心血与期盼的工程，前后历时十多年，作为此项工作的组织实施者，我们为这皇皇 144 卷《列国志》的出版深感欣慰。与此同时，我们也深刻认识到当今国际形势风云变幻，国家发展日新月异，人们了解世界各国最新动态的需要也更为迫切。鉴于此，为使《列国志》丛书能够不断补充最新资料，更好地服务于社会各界，我们决定启动新版《列国志》编撰出版工作。

　　与已出版的 144 卷《列国志》相比，新版《列国志》无论是形式还是内容都有新的调整。国际组织卷次将单独作为一个系列编撰出版，原来合并出版的国家将独立成书，而之前尚未出版的国家都将增补齐全。新版《列国志》的封面设计、版面设计更加新颖，力求带给读者更好的阅读享受。内容上的调整主要体现在数据的更新、最新情况的增补以及章节设置的变化等方面，目的在于进一步加强该套丛书将基础研究和应用对策研究相结合，将基础研究成果应用于实践的特色。例如，增加了各国有关资源开发、环境治理的内容；特设"社会"一章，介绍各国的国民生活情况、社会管理经验以及存在的社会问题，等等；增设"大事纪年"，方便读者在短时间内熟悉各国的发展线索；增设"索引"，便于读者根据人名、地名、关键词查找所需相关信息。

顺应时代发展的要求，新版《列国志》将以纸质书为基础，全面整合国别国际问题研究资源，构建列国志数据库。这是《列国志》在新时期发展的一个重大突破，由此形成的国别国际问题研究与知识服务平台，必将更好地服务于中央和地方政府部门应对日益繁杂的国际事务的决策需要，促进国别国际问题研究领域的学术交流，拓宽中国民众的国际视野。

新版《列国志》的编撰出版工作得到了各方的支持：国家主管部门高度重视，将其列入"'十二五'国家重点图书出版规划项目"；中国社会科学院将其列为创新工程学术出版资助项目，王伟光院长亲自担任编辑委员会主任，指导相关工作的开展；国内各高校和研究机构鼎力相助，国别国际问题研究领域的知名学者相继加入编辑委员会，提供优质的学术指导。相信在各方的通力合作之下，新版《列国志》必将更上一层楼，以崭新的面貌呈现给读者，在中国改革开放的新征程中更好地发挥其作为"知识向导"、"资政参考"和"文化桥梁"的作用！

新版《列国志》编辑委员会
2013 年 9 月

前　言

自 1840 年前后中国被迫开关、步入世界以来，对外国舆地政情的了解即应时而起。还在第一次鸦片战争期间，受林则徐之托，1842 年魏源编辑刊刻了近代中国首部介绍当时世界主要国家舆地政情的大型志书《海国图志》。林、魏之目的是为长期生活在闭关锁国之中、对外部世界知之甚少的国人"睁眼看世界"，提供一部基本的参考资料，尤其是让当时中国的各级统治者知道"天朝上国"之外的天地，学习西方的科学技术，"师夷之长技以制夷"。这部著作，在当时乃至其后相当长一段时间内，产生过巨大影响，对国人了解外部世界起到了积极的作用。

自那时起中国认识世界、融入世界的步伐就再也没有停止过。中华人民共和国成立以后，尤其是 1978 年改革开放以来，中国更以主动的自信自强的积极姿态，加速融入世界的步伐。与之相适应，不同时期先后出版过相当数量的不同层次的有关国际问题、列国政情、异域风俗等方面的著作，数量之多，可谓汗牛充栋。它们对时人了解外部世界起到了积极的作用。

当今世界，资本与现代科技正以前所未有的速度与广度在流动和传播，"全球化"浪潮席卷世界各地，极大地影响着世界历史进程，对中国的发展也产生极其深刻的影响。面临不同以往的"大变局"，中国已经并将继续以更开放的姿态、更快的步伐全面步入世界，迎接时代的挑战。不同的是，我们所面临的已不是林则徐、魏源时代要不要"睁眼看世界"、要不要"开放"问题，而是在新的历史条件下，在新的世界发展大势下，如何更好地步入世界，如何在融入世界的进程中更好地维护民族国家的主权与独立，积极参与国际事务，为维护世界和平，促进世界与人类共同发展做出贡献。这就要求我们对外部世界有比以往更深切、全面的了解，我们只有更全面、更深入地了解世界，才能在更高的层次上融入世界，也才能在融入世界的进程中不迷失方向，保持自我。

与此时代要求相比，已有的种种有关介绍、论述各国史地政情的著述，无论就规模还是内容来看，已远远不能适应我们了解外部世界的要求。人们期盼有更新、更系统、更权威的著作问世。

中国社会科学院作为国家哲学社会科学的最高研究机构和国际问题综合研究中心，有 11 个专门研究国际问题和外国问题的研究所，学科门类齐全，研究力量雄厚，有能力也有责任担当这一重任。早在 20 世纪 90 年代初，中国社会科学院的领导和中国社会科学出版社就提出编撰"简明国际百科全书"的设想。1993 年 3 月 11 日，时任中国社会科学院院长的胡绳先生在科研局的一份报告上批示："我想，国际片各所可考虑出一套列国志，体例类似几年前出的《简明中国百科全书》，以一国（美、日、英、法等）或几个国家（北欧各国、印支各国）为一册，请考虑可行否。"

中国社会科学院科研局根据胡绳院长的批示，在调查研究的基础上，于 1994 年 2 月 28 日发出《关于编纂〈简明国际百科全书〉和〈列国志〉立项的通报》。《列国志》和《简明国际百科全书》一起被列为中国社会科学院重点项目。按照当时的计划，首先编写《简明国际百科全书》，待这一项目完成后，再着手编写《列国志》。

1998 年，率先完成《简明国际百科全书》有关卷编写任务的研究所开始了《列国志》的编写工作。随后，其他研究所也陆续启动这一项目。为了保证《列国志》这套大型丛书的高质量，科研局和社会科学文献出版社于 1999 年 1 月 27 日召开国际学科片各研究所及世界历史研究所负责人会议，讨论了这套大型丛书的编写大纲及基本要求。根据会议精神，科研局随后印发了《关于〈列国志〉编写工作有关事项的通知》，陆续为启动项目拨付研究经费。

为了加强对《列国志》项目编撰出版工作的组织协调，根据时任中国社会科学院院长的李铁映同志的提议，2002 年 8 月，成立了由分管国际学科片的陈佳贵副院长为主任的《列国志》编辑委员会。编委会成员包括国际片各研究所、科研局、研究生院及社会科学文献出版社等部门的主要领导及有关同志。科研局和社会科学文献出版社组成《列国志》项目工作组，社会科学文献出版社成立了《列国志》工作室。同年，《列国志》项目被批准为中国社会科学院重大课题，国家新闻出版总署将《列国志》项目列入国家重点图书出版计划。

在《列国志》编辑委员会的领导下，《列国志》各承担单位尤其是各位学者加快了编撰进度。作为一项大型研究项目和大型丛书，编委会对《列国志》提出的基本要求是：资料翔实、准确、最新，文笔流畅，学术性和可读性兼备。《列国志》之所以强调学术性，是因为这套丛书不是一般的"手册"、"概览"，而是在尽可能吸收前人成果的基础上，体现专家学者们的研究所得和个人见解。正因为如此，《列国志》在强调基本要求的同时，本着文责自负的原则，没有对各卷的具体内容及学术观点强行统一。应当指出，参加这一浩繁工程的，除了中国社会科学院的专业科研人员以外，还有院外的一些在该领域颇有研究的专家学者。

现在凝聚着数百位专家学者心血、约计200卷的《列国志》丛书，将陆续出版与广大读者见面。我们希望这样一套大型丛书，能为各级干部了解、认识当代世界各国及主要国际组织的情况，了解世界发展趋势，把握时代发展脉络，提供有益的帮助；希望它能成为我国外交外事工作者、国际经贸企业及日渐增多的广大出国公民和旅游者走向世界的忠实"向导"，引领其步入更广阔的世界；希望它在帮助中国人民认识世界的同时，也能够架起世界各国人民认识中国的一座"桥梁"，一座中国走向世界、世界走向中国的"桥梁"。

《列国志》编辑委员会

2003 年 6 月

自　序

　　马耳他位于南欧，与意大利隔海相望，距意大利西西里岛南方 90 公里、突尼斯以东 284 公里、利比亚以北 333 公里，是欧非重要的中转站。素有"地中海心脏"之称，是闻名世界的旅游胜地，被誉为"欧洲的乡村"。马耳他特殊的地理位置，以及军事和经济战略价值，使得这个小小的岛国在历史上多次遭受外来者入侵，第二次世界大战时盟军曾将此地作为中继站。马耳他直到 1964 年才获得独立，不久成为共和国。自此以后，马耳他加快了现代化的进程，21 世纪初先后加入欧洲联盟和欧元区，进一步向欧洲和世界开放，并以崭新的面貌展现在世人眼前。

　　马耳他国家虽小，但是"小小麻雀，五脏俱全"；不仅"五脏俱全"，而且其内涵还十分丰富和多彩。因此，本书共安排九章，试图从一个新的视角对马耳他国土与人民、历史、政治、经济、环境资源、社会与国民生活、教育与文化、外交与防务等加以全面而客观的介绍和分析，力图给予读者一个完整的脉络和图像。

　　自独立后，马耳他加快了现代化的进程。在政治上，马耳他从君主立宪制走向共和制，实行民主政治，议会民主，给予人民充分的权利、民主和自由，并在国家大法上进行保障。在经济上，改变殖民地经济的畸形状况，推行完全的市场经济，大力发展第三产业，努力使马耳他的经济与欧洲联盟接轨，并使马耳他经济进一步融入经济全球化的进程中去。

　　众所周知，在马耳他历史上，圣约翰骑士团统治对马耳他民族性格造成深刻的影响，英国殖民主义长时间的统治对马耳他经济、政治、社会和文化无不打上了深深的烙印。尽管如此，马耳他在现代化进程中有意识地在保留、培育和发展自己的特色。例如，在"概览"一章中，马耳他奇特而有趣的自然风貌和神奇的人文景观留给人们深刻的印象。在政治上，马耳他从自治走向独立，从独立走向共和；立法机构实行一院制，称众议院，选举按照比例代表制原则、以单名可转让选票方式在各选区同时进行；行政机构精干，公职人员精简，中央与地方层次少，但联系密切。在经济上，马耳他通过不断地改革和创新，逐步从殖民地经济过渡到具有本国和本民族特色的并适合本国国情的经济。

在现代化和城市化建设过程中，马耳他对城镇、环境及其文物进行严格的保护，实行完备的和良好的社会福利，努力提高人民的生活水平和质量，从而基本上达到人与自然、人与社会、人与人之间以及家庭和婚姻的和谐。马耳他在这方面，获得国际上的认可并被给予很高的评价。马耳他的幸福指数已经堪比瑞士，社会福利制度日趋完善。

自马耳他与中国建交以来，两国的关系日益密切，往来频繁，成为小国与大国关系的典范，所以笔者专门设置一章，论述马耳他与中国长久友好的双边关系。

马耳他作为"袖珍国"显示了它的优势，在调查和统计方面可以做到十分细致、周到和精确，可以落实到每个人、家庭以及社会各个部门和各个方面。因此，马耳他统计局定期进行调查和统计，并将综合的数据向国际社会公开发表。笔者在编写本书过程中，充分利用了马耳他统计局和其他部门的调查和统计数据。此外，笔者也参考和使用了国内外关于马耳他的文章和资料，在这里特别表示谢意。特别是在马耳他进行海外调研期间，笔者到访了马耳他相关机构，如马耳他旅游局、马耳他大学、马耳他中国文化中心、中国援助马耳他中医中心等机构，收集了大量资料和图片，在此对马耳他中国文化中心的王彦军主任、孙红老师、赵桥梁老师，中国援助马耳他中医中心的张晖队长表示衷心感谢。

本书的此次修订由蔡雅洁负责收集最新文字、数据资料、图片资料，增加相应章节内容，调整全书结构，最终定稿。

　　本书的完成，曾蒙多方人士协助，其中，蔡衡、王旭东、蔡玉洁、赵浩程、赵伟辰等同志协助提供相关资料和图片，还有社会科学文献出版社的编辑李海瑞、王春梅，对他们认真负责的精神和呕心沥血的审阅，表示由衷的敬意。

蔡雅洁

2017 年 8 月 2 日于马耳他

CONTENTS
目 录

CONTENTS

目 录

CONTENTS

目 录

CONTENTS

目　录

CONTENTS
目 录

CONTENTS
目 录

CONTENTS

目 录

CONTENTS
目　录

CONTENTS

目 录

CONTENTS
目　录

CONTENTS
目 录

第一章

概　览

第一节　国土与人口

一　地理位置

马耳他共和国（The Republic of Malta），代码 MT，简称"马耳他"（Malta）。古希腊时代称 Malet，取"避风港"之意，因为马耳他自古就是地中海上遇到特别风浪时避风的良港。古罗马时代称为 Melita，取"蜂蜜岛"之意，因为马耳他以盛产蜂蜜而闻名于地中海地区。根据国土面积计算，马耳他在世界各国中排名第 188，是世界上仅存的为数不多的"袖珍国"之一。

马耳他是地中海中部的岛国，位于北纬 35°48′00″~36°06′00″，东经 14°10′30″~14°35′00″。马耳他本来与欧洲大陆相连，后来因为海平面的上升而变成岛屿，地处欧洲大陆和非洲大陆之间。马耳他由马耳他岛（Malta）、戈佐岛［Gozo，又称为奥代什岛（Ghawdex）］两个大岛和科米诺岛（Comino）、科米诺托岛（Cominoto）、菲尔夫拉岛（Filfla）5 个岛屿及多处礁石组成。

二　国土面积

马耳他如同嵌在蔚蓝色地中海上的一颗璀璨的明珠，其面积总共 316 平方公里。其中马耳他岛最大，面积 245.73 平方公里，东西长 27.359 公里，南北宽 14.48 公里，海岸线长 190 余公里，占马耳他国土总面积的

78%，所以国名统称为马耳他。

在马耳他岛的西北方是戈佐岛，面积 67.08 平方公里，东西长 14 公里，南北宽 7.2 公里，海岸线长 56.01 公里，与马耳他岛相距 5.5 公里。

在马耳他岛和戈佐岛之间的是科米诺岛，面积 2.784 平方公里。与科米诺岛隔海相望的科米诺托岛、紧贴马耳他岛的圣保罗群岛以及马耳他岛南方的菲尔夫拉岛都是小岛屿，荒无人烟。

马耳他的领海宽度为 12 海里，专属捕鱼区宽度为 25 海里，毗邻区宽度为 24 海里。

马耳他是扼大西洋通往地中海东部及印度洋的交通要道，东距埃及的亚历山大港 994 海里，南与非洲的大陆相距 180 海里，西离直布罗陀海峡 1141 海里，是连接欧、亚、非三大洲海运的枢纽。它又处在地中海的中心，故有"地中海心脏"之称。正因为地理位置十分险要，马耳他历来是兵家必争之地，腓尼基人、迦太基人、罗马人、阿拉伯人、诺曼人、西班牙人、圣约翰骑士、法国人、英国人都先后征服过这片土地。

马耳他全国海岸线蜿蜒曲折，长达 196.8 公里，港湾水深隐蔽，有很多天然良港。1869 年苏伊士运河凿通后，从苏伊士运河开往直布罗陀海峡的航线便成为世界上最繁忙的水道，而马耳他岛恰好位于该航线的中心点，其首都瓦莱塔便成为全国最大的海港和重要的国际中转港口。从瓦莱塔港出发，可直达叙利亚的巴尼亚斯，黎巴嫩的贝鲁特和赛达（西顿），埃及的塞得港和亚历山大港，利比亚的的黎波里、卜雷加、锡德尔和班加西，阿尔及利亚的阿尔及尔和贝贾亚，法国的马赛，西班牙的巴塞罗那及意大利的那不勒斯、热那亚等地中海各大港口。马耳他也因此成为沟通欧洲、非洲和亚洲的桥梁。

马耳他与中国北京的时差为 7 小时，三月最后一个周日到九月最后一个周日实行夏令时，此时时差为 6 小时。

三　行政区划

马耳他设置大区（Region）和地方市政委员会（Local Council）两级地方行政单位以及统计区（District），它们都由中央政府直接管辖。

（一）大区

根据 1994 年 3 月 15 日条例，马耳他中央政府决定把全国划分为三个大区：马耳他岛划分为两个大区，即马吉斯特拉尔大区（Majjistral，又称为西北大区）和西洛克大区（Xlokk，又称为东南大区）；戈佐岛和科米诺岛组成戈佐－科米诺大区。

每个大区管辖若干个统计区和若干个地方市政委员会：马吉斯特拉尔大区拥有 3 个统计区和 29 个地方市政委员会；西洛克大区拥有两个统计区和 25 个地方市政委员会；戈佐－科米诺大区拥有 1 个统计区和 14 个地方市政委员会。

马耳他各大区的面积、所拥有的统计区和地方市政委员会见表 1－1。

表 1－1 马耳他各大区的面积、所拥有的统计区和地方市政委员会

单位：平方公里

大区	面积	所拥有的统计区	所拥有的地方市政委员会
马吉斯特拉尔	171	北港、北部、西部	比尔基卡拉、格齐拉、戈尔米、哈姆伦、姆西达、彭布罗克、皮埃塔、圣朱利安、圣格旺、圣维尼拉、斯利马、斯维吉、塔什比埃什、阿尔胡尔、姆迪纳、梅利哈、姆贾尔、莫斯塔、纳沙尔、圣波尔巴哈尔、阿塔尔德、巴尔赞、丁格利、伊克林、利杰、姆塔尔法、拉巴特、锡杰维、泽布季
西洛克	76	南港、东南部	比尔古、博姆拉、伊斯拉、瓦莱塔、弗古拉、弗洛里亚纳、卡尔卡拉、卢加、扎巴尔、马尔萨、帕奥拉、圣卢西杰、塔尔欣、西阿拉、比尔泽布贾、古德杰、阿沙格、基尔科普、马尔萨什卡拉、马尔萨什洛克、姆加巴、格伦迪、萨菲、泽通、祖里格
戈佐－科米诺	67*	戈佐－科米诺	丰塔纳、瓜尔西里姆、阿尔卜、瓜斯里、凯尔切姆、蒙沙尔、纳杜尔、加拉、维多利亚、圣劳伦兹、桑纳特、沙拉、绍基亚、泽通

注：* 该数字仅为戈佐岛的面积；大区面积为四舍五入值（保留整数）。

（二）地方市政委员会

根据 1993 年 6 月 30 日议会通过的《地方市政委员会法》，马耳他设置地方市政委员会，作为马耳他最基本的地方行政单位。

马耳他全国共设置 68 个地方市政委员会，其中，马耳他岛设置 54 个

地方市政委员会，戈佐岛设置 14 个地方市政委员会。马耳他地方市政委员会分布见图 1-1。在所有的地方市政委员会中，最大的地方市政委员会的面积为 27.286 平方公里，最小的地方市政委员会的面积为 0.16 平方公里，地方市政委员会的平均面积为 4.6 平方公里。

图 1-1　马耳他地方市政委员会分布

注：图中数字分别表示马耳他 68 个地方市政委员会的分布情况。

（三）统计区

为了方便人口和面积的调查和统计，中央政府将马耳他划分为 6 个统计区：马耳他岛有 5 个统计区，即南港统计区（Southern Harbour）①、北部统计区（Northern）、北港统计区（Northern Harbour）②、东南部统计区

---

①　南港统计区也称内港统计区（Inner Harbour）。

②　北港统计区也称外港统计区（Outer Harbour）。

（South Eastern）、西部统计区（Western）。除此之外，还有戈佐－科米诺统计区。每个统计区都包含一些地方市政委员会，马耳他各统计区的面积、首府及所拥有的地方市政委员会见表1－2。

表1－2　马耳他各统计区的面积、首府及所拥有的地方市政委员会

单位：平方公里

统计区	面积	首府	所拥有的地方市政委员会
南 港	26	瓦莱塔	比尔古、博姆拉、伊斯拉、瓦莱塔、弗古拉、弗洛里亚纳、卡尔卡拉、卢加、扎巴尔、马尔萨、帕奥拉、圣卢西杰、塔尔欣、西阿拉，共计14个市政委员会
东南部	50	泽通	比尔泽布贾、古德杰、阿沙格、基尔科普、马尔萨什卡拉、马尔萨什洛克、姆加巴、格伦迪、萨菲、泽通、祖里格，共计11个市政委员会
北 港	24	巴尔赞	比尔基卡拉、格齐拉、戈尔米、哈姆伦、姆西达、彭布罗克、皮埃塔、圣朱利安、圣格旺、圣维尼拉、斯利马、斯维吉、塔什比埃什、巴尔赞，共计14个市政委员会
北 部	74	莫斯塔	阿尔胡尔、姆迪纳、梅利哈、姆贾尔、莫斯塔、纳沙尔、圣波尔巴哈尔，共计7个市政委员会
西 部	73	拉巴特	阿塔尔德、丁格利、伊克林、利杰、姆塔尔法、拉巴特、锡杰维、泽布季，共计8个市政委员会
戈佐－科米诺	67	维多利亚	丰塔纳、瓜尔西里姆、阿尔卜、瓜斯里、凯尔切姆、蒙沙尔、纳杜尔、加拉、维多利亚、圣劳伦兹、桑纳特、沙拉、绍基亚、泽布季，共计14个市政委员会
合 计	314	—	68个市政委员会

注：统计区面积为四舍五入值（保留整数）。

四　地质和地形

　　构成马耳他各岛的岩层结构犹如一个夹心面包，地层的盖层和底层都是坚硬的石灰岩，夹于两层中间的是较松软的岩石。自上而下，其地层顺序为：上层珊瑚石灰岩层、绿沙层、青土层、抱球虫石灰岩层、下层珊瑚石灰岩层。抱球虫石灰岩层厚度大，质地松软，便于采掘，是岛上建筑用

石的主要来源。这种石料的优点是一接触空气便立刻变硬，不易风化。珊瑚石灰岩较抱球虫石灰岩更不易被海水侵蚀，适用于某些特定地区的建筑，特别是在滨海地带。在耶路撒冷十字军圣约翰骑士团统治期间，就曾大量采用这种石料修筑城堡。绿沙层和青土层则较薄，在某些地区偶尔会露出地面。青土层所占面积虽小，但具有重大意义，不仅上边可形成肥沃的土壤层，而且由于水分不易渗透，青土层和其上覆盖的珊瑚石灰岩相接之处往往有充足的水源。它既是生活用水的来源之一，又是生产优质水果和蔬菜的富庶农业区的灌溉基础，因此意义重大。下层是珊瑚石灰岩层，土壤层大多单薄，土质贫瘠，而较为松软的抱球虫石灰岩层上，通常形成了较厚的土壤。

马耳他夹心面包似的简单地质岩层结构，在断层①作用下遭到破坏，这使马耳他岛西北部形成连续起伏的山脊和沟谷。山脊在受到侵蚀后所剥落的砂泥经流水冲刷，在沟谷中形成一层厚实的冲积土。在两个土质肥沃的沟谷之间，往往隔着一座寸草不生、坡面陡峻的石灰岩山脊，因此，这一带的交通异常不便。这些山脊、沟谷在该岛东部伸延入海，形成巨大的海湾。断层中最南端的一个称为大断层，布满陡壁悬崖，有些地方高达61米。这一巨大的地形变异构成险要的天然屏障，因此，马耳他人往往将防御工事集中修筑在这里。

此外，像城垣一样护卫着马耳他西海岸的连绵不绝的悬崖峭壁，主要也是由断层作用形成的，大断层南面和东面的地形，不像西北部山脊、沟谷地带那么复杂。台地南缘被分割成无数的山谷，错落其间的山嘴，便于凭险据守，为居民点提供了有利的地形。中古时期马耳他的首都姆迪纳就建在这样的一个山嘴上，从那里凭高眺远，大半个马耳他岛历历在目。

马耳他岛的其余地区大体上是一片自西向东渐渐倾斜的平原。可是，这片较为平坦的平原却为一些沟谷（马耳他语称为"威德"）所切割，其中多数具有相当深度。较为古老的马耳他城镇或村庄多半坐落在"威德"上面的山嘴上，其特点非常突出。

马耳他岛为群岛中最大的岛屿，它是从意大利西西里岛延伸至北非的山脉所浮出海面的部分，其地势西高东低，海拔最高点为248.9米。全岛丘陵起伏，

---

① 地表发生破裂，随之发生垂直的，或水平的，或两者兼有的断面位移现象称为断层。

丘陵地形面积占马耳他岛总面积的 78%，地势中高西低，间有小的盆地，无山脉。又因石灰岩洞穴渗漏严重，地面无常流河或湖泊，缺少淡水，石灰岩下的不透水层是饮用水和农业用水的主要来源，其西南海岸多为陡壁悬崖，中部和东部为丘陵起伏地带，间有小块平坦盆地，呈台地状态，喀斯特地形十分显著。

在马耳他海峡和奥代什海峡之间有两个小岛，即科米诺岛和面积更小的科米诺托岛。这两个岛的总面积不过 1609 平方米，海拔也不高，大都由珊瑚石灰岩构成，土质贫瘠。但科米诺岛构成了军事战略要冲，控制着将马耳他岛和戈佐岛隔开的马耳他海峡和奥代什海峡。

戈佐岛覆盖着大面积的青土层，土质十分肥沃，适合于种植，成为马耳他的粮仓。

五 气候

马耳他属亚热带地中海气候，年平均气温 19.7°C，最高气温 40°C，最低气温 5°C。年平均降水量 560 毫米。夏季干旱、冬季湿润多雨，全年大半时间天空晴朗，光照强烈。虽然夏季的天气情况一般无甚变化，冬季的气候却非常复杂，变化多端。6～9 月，整个地中海地区夏季均处于高气压影响下，马耳他平均气温在 32°C 左右，幸而从西北方向经常吹来横贯整个地中海的阵阵清风，夏天的炎热才有所缓和。但这样令人愉快的夏季气候，有时因从南方刮来的撒哈拉沙漠的酷热气流的干扰而发生变化。这种风不但酷热无比，而且其吹过海面时很快就吸足了水分，湿度很大。在这种风的吹拂下，人体难以通过排汗有效地散热，人因此感觉闷热。马耳他人称这种风为"希罗克"。它不仅使人们精神不适，头昏脑涨，而且很快就使马耳他为数不多的几种夏季旱田作物枯萎。但幸运的是，剧烈的"希罗克"并不多见，在夏季的几个月中，马耳他气候比较稳定，经常晴朗无雨，连雷阵雨也极少见，海风阵阵吹来，凉爽宜人。

到 9 月底之前，大西洋方向吹来的冷空气便侵入地中海，带来了狂风骤雨，马耳他的夏季便宣告结束，秋季来临。头几场雷阵雨过后，马耳他气候转凉，平静无风，进入了当地所谓的"圣马丁热节"。10 月、11 月两个月风和日丽，天气宜人，偶有阵雨，是马耳他的农忙季节。因此，在整个漫长苦旱的夏季，绝大多数植物处于停止生长的状态。但头几场雷阵雨之后，植物开始蓬勃生长。在最热的几个月里，马耳他除有水源可以灌溉的地区生长作物外，其他地区几乎不生长任何作物。所以雨量增多的秋季就成为播种的黄金季节。

马耳他冬季气候变化无常，这是由于它受制于周围若干气团的位置变动，而这些气团本身的性质又极不相同。欧洲大陆上空通常存在一个庞大的冷气团；撒哈拉沙漠上空则笼罩着一个广大无垠的暖气团；来自大西洋上空的低气压又经常深入地中海地区，而阿尔卑斯山的背风面也不时形成低气压中心。这些气团相互作用，就决定了马耳他甚至整个地中海地区冬季变化无常的气候。当低压云团到达马耳他北面时，气压相对较高的撒哈拉沙漠上空就会吹来暖和的南风，于是天气就晴朗少雨。如果低压云团到达马耳他南面，则高压的欧洲上空就会吹来寒风。这种寒风使天气变冷，有时还会带来小的风雪。

强低压笼罩列岛时往往使其成为暴风雨的中心，冬季天气在这些气团的影响下阴晴不定，冷暖无常。带来不同天气影响的北风，有不同的名称：从西北吹来的风叫"迈伊斯特技耳"；从正北吹来的风叫"特拉蒙塔纳"；从东北吹来的风叫"格里加"。其中，最关键的是"格里加"，它一直刮到大港和马萨姆希特港的入口处，从而影响到这两个港口的航运。

2013～2015年马耳他各月份平均温度变化情况见表1-3。

2017年马耳他各月份日均最高气温、日均最低气温、平均降水量、平均降水天数情况见表1-4。

表1-3　2013～2015年马耳他各月份平均温度变化情况

单位：℃

月份	2013 年	2014 年	2015 年	月份	2013 年	2014 年	2015 年
1	13.1	14.0	12.7	7	26.3	25.9	27.9
2	12.2	14.0	12.0	8	27.5	27.1	27.8
3	15.2	13.7	13.7	9	25.2	26.2	25.9
4	17.8	17.0	16.0	10	23.3	22.1	22.3
5	20.3	19.4	20.7	11	17.4	18.9	17.8
6	23.1	24.1	23.5	12	13.8	14.6	14.1

资料来源：http：//www.nso.gov.mt/statdoc/document_view.aspx？id=3640。

表 1 - 4　2017 年马耳他各月份日均最高气温、日均
最低气温、平均降水量、平均降水天数情况

指标	1 月	2 月	3 月	4 月	5 月	6 月	7 月	8 月	9 月	10 月	11 月	12 月
日均最高气温(℃)	15	16	17	19	23	28	31	31	28	24	20	17
日均最低气温(℃)	9	9	10	12	15	18	21	22	20	17	14	11
平均降水量(mm)	89	61	41	22	7	3	0	7	40	90	80	112
平均降水天数(天)	14	11	9	6	3	1	0	1	4	10	11	14

资料来源：http：//www.tianqi.com/qiwen/maerta。

2016 年，马耳他平均日照时间为 5.74 小时。2017 年，年平均风速为 17 公里/小时，月平均风速分别为：1 月为 17 公里/小时；2 月为 17 公里/小时；3 月为 17 公里/小时；4 月为 20 公里/小时；5 月为 17 公里/小时；6 月为 19 公里/小时；7 月为 17 公里/小时；8 月为 16 公里/小时；9 月为 9 公里/小时；10 月为 12 公里/小时；11 月为 16 公里/小时；12 月为 17 公里/小时。

马耳他年平均降雨量是 479.60 毫米（2013 年），不同的年份差别很大。2010 年全年平均降雨量为 513.1 毫米，2011 年增加到 591.0 毫米，2012 年又降到 519.2 毫米。马耳他降雨多为急骤而短暂的阵雨，偶尔有倾盆大雨，而且具有很强的破坏性，山坡上的土壤会被冲刷殆尽。马耳他的农民，和整个地中海地区的农民一样，为防止土壤流失，费尽心血将山坡改造成梯田。但凶猛的暴风雨一到，他们苦心筑起的围墙仍然有可能被冲毁。马耳他农业生产全靠冬季的充沛的雨水。

但是，马耳他冬季气候变化无常，显然不能每年都有可靠的雨量。有时冬季由于低压控制了气候，总降雨量就大。而下一年冬天，起控制作用的也许是来自南方的暖气流，结果就只有较小的阵雨。有时年降雨量可高达 1020 毫米，而次年可能不足 250 毫米。因为雨量变化幅度很大，有时难免大旱成灾。即使在较大的冬季阵雨之后，马耳他诸岛上流水长为数小时的小溪也很少。只有少数小溪发源于长年不涸而水量充沛的泉水，全年之中在某一段河道里还能保持细细的一线流水。马耳他的生活用水均靠水井或少数终年不涸的泉水。

2017 年马耳他各月份的平均相对湿度情况见表 1 - 5。

表 1 – 5　2017 年马耳他各月份的平均相对湿度情况

单位：%

指标	2017 年	1 月	2 月	3 月	4 月	5 月	6 月	7 月	8 月	9 月	10 月	11 月	12 月
平均相对湿度	75.8	80	80	80	75	75	70	65	70	75	80	80	80
平均晨间相对湿度	82	83	83	85	83	81	79	78	82	84	85	83	83
平均夜间相对湿度	64	72	69	68	64	60	54	53	57	63	68	71	73

资料来源：http：//www. wetherbase. com/weather/weatherall. php3？s = 79561&refer = &unints = metric。

六　人口、民族、语言

（一）人口

马耳他人口演变的历史轨迹如下：1842 年为 114500 人，1851 年为 123600 人，1861 年为 134000 人，1871 年为 141770 人，1891 年为 166000 人，1901 年为 164760 人，1985 年为 345418 人，1993 年为 360000 人，1995 年为 378132 人，1998 年为 373000 人，2000 年为 391670 人，2001 年为 394583 人，2002 年为 397499 人。从 2004 年起，马耳他国家统计局都会在每年 7 月 11 日世界人口日前后公布上年度马耳他人口数。根据马耳他国家统计局的统计，2003 年为 399867 人，2004 年为 402668 人，2005 年为 404999 人，2006 年为 405616 人，2007 年为 407832 人，2008 年为 410926 人，2009 年为 414027 人，2010 年为 414989 人，2011 年为 417546 人，2012 年为 421364 人，2013 年为 425384 人，2014 年为 42.9 万人，2015 年为 43.4 万人，2016 年为 46 万人。

马耳他于 1842 年首次进行人口普查，以后不间断地进行。统计表明，马耳他人口 1842 ~ 1901 年平均增长 60%，1931 ~ 1948 年平均增长 26.6%，1944 ~ 2004 年平均增长 31.6%，2012 年是 1901 年的 2.5 倍，2012 年是 1842 年的 3.6 倍。这说明，随着时间的推移，马耳他人口增长速度加快，特别是第二次世界大战后和 1964 年独立后增长更快。这既有出生人口数量的增加，又有外来移民数量的增加。

2005～2012 年马耳他人口增长变化情况见表 1 - 6。

表 1 - 6　2005～2012 年马耳他人口增长变化情况

单位：人，%

年份	人口总量	人口增长数	人口增长率
2005	404999	2331	0.58
2006	405616	617	0.15
2007	407832	2216	0.55
2008	410926	3094	0.76
2009	414027	3101	0.75
2010	414989	962	0.23
2011	417546	2557	0.62
2012	421364	3818	0.91

资料来源：http：//www.nso.gov.mt/statdoc/document_ view.aspx？id = 3640。

马耳他每平方公里的人口数（即平均人口密度）不断在增加，1931
年仅为 764 人，2002 年为 1234.2 人，2003 年为 1269 人，2006 年为 1291
人，2010 年为 1322 人，2012 年为 1333 人。马耳他的平均人口密度在世
界国家中排名第四，仅次于摩纳哥、新加坡和梵蒂冈，可见马耳他人口平
均密度之高。当然，马耳他的平均人口密度因地区不同而异，在马耳他
岛，平均人口密度为 1562 人，要比马耳他群岛的平均人口密度高出许多；
瓦莱塔、比尔基卡拉等的平均人口密度比马耳他岛的平均人口密度还要高
一些；而戈佐岛的平均人口密度为 454 人；科米诺岛和科米诺托岛则根本
无人居住，因而也就没有平均人口密度的问题。

在家庭人口结构方面，根据马耳他国家统计局统计，2010 年，没有
子女的家庭数量占家庭总数的 63.4%，拥有 1 个子女的家庭数量占
18.5%，拥有两个子女的家庭数量占 13.9%，拥有 3 个及以上子女的家
庭数量占 4.2%。上述百分比说明，拥有 1 个子女的家庭和没有子女的家
庭占马耳他家庭的多数。根据马耳他国家统计局统计，马耳他家庭的平均

人口数 1995 年为 3.1 人，2005 年减少到 3 人。2010 年，成员为 2 人的家庭数量占马耳他家庭总数的 25%，成员为 3 人的家庭占 22%，成员为 4 人的家庭占 22%，成员为 2 人的家庭已成为马耳他家庭的主要形式。马耳他家庭的平均人口数随着时间的推移在减少。

在人口年龄结构方面，根据马耳他国家统计局统计，2001 年，0~14 岁的占人口总数的 19.98%，其中男性为 40791 人，女性为 38062 人；15~64 岁的占 67.49%，其中男性为 133914 人，女性为 132402 人；65 岁及以上的占 12.53%，其中男性为 20643 人，女性为 28771 人。2003 年，0~14 岁的占人口总数的 18.2%，其中男性为 37431 人，女性为 35448 人；15~64 岁的占 68.7%，其中男性为 138755 人，女性为 136105 人；65 岁及以上的占 13.1%，其中男性为 21913 人，女性为 30215 人。2006 年，0~14 岁的占人口总数的 17.1%，15~64 岁的占 69.1%，65 岁及以上的占 13.7%。2013 年，0~9 岁的占人口总数的 9.5%，其中男性为 20923 人，女性为 19536 人；10~19 岁的占人口总数的 10.7%，其中男性为 23504 人，女性为 22175 人；20~29 岁的占人口总数的 14.3%，其中男性为 31759 人，女性为 29246 人；30~39 岁的占人口总数的 14.4%，其中男性为 31787 人，女性为 29640 人；40~49 岁的占人口总数的 12.2%，其中男性为 26354 人，女性为 25520 人；50~59 岁的占人口总数的 14.1%，其中男性为 30060 人，女性为 29812 人；60~69 岁的占人口总数的 13.8%，其中男性为 28694 人，女性为 29845 人；70~79 岁的占人口总数的 7.1%，其中男性为 13472 人，女性为 16595 人；80~89 岁的占人口总数的 3.4%，其中男性为 5257 人，女性为 9091 人；90 岁及以上的占人口总数的 0.5%，其中男性为 614 人，女性为 1500 人。2016 年，0~9 岁的占人口总数的 9.7%，其中男性为 23072 人，女性为 21446 人；10~19 岁的占人口总数的 9.5%，其中男性为 22604 人，女性为 21336 人；20~29 岁的占人口总数的 14.7%，其中男性为 35116 人，女性为 32398 人；30~39 岁的占人口总数的 15.3%，其中男性为 36900 人，女性为 33449 人；40~49 岁的占人口总数的 12.7%，其中男性为 30180 人，女性为 28340 人；50~59 岁的占人口总数的 12.9%，其中男性为 29947 人，女性为 29500 人；60~69 岁的占人口总数的 12.9%，其中男性为 29390 人，女性为 29961 人；70~79 岁的占人口总数的 8.2%，其中男性为 17400 人，女性为 20239 人；80~89 岁的占人口总数的 3.6%，其中男性为 6246 人，女性为 10108 人；90 岁及以上的占人口总数的 0.6%，其中男性为 808 人，女性为 1857 人。

　　根据马耳他国家统计局统计，2003 年人口净出生率为 10.09‰，死亡率为 7.91‰。2006 年人口净出生率为 10.22‰，死亡率为 8.10‰。2011 年人口净出生率为 10.3‰，死亡率为 7.9‰。2012 年人口净出生率为 9.8‰，死亡率为 8.1‰。自 1948 年以来，人口净出生率和死亡率双双都在下降，但是，死亡率下降速度高于净出生率，因此，马耳他的人口数量依然在增长，2001 年人口增长率为 0.5%。2005 年至 2007 年年均人口增长率为 0.7%。2009 年人口增长率为 0.76%，2012 年人口增长率为 0.77%。

　　根据马耳他国家统计局统计，马耳他人口的平均年龄，1995 年为 35.7 岁，2005 年为 38.5 岁，2011 年为 40.5 岁。马耳他人口的平均年龄随着时间的推移在逐渐提高。

　　根据马耳他国家统计局统计，60 年前，马耳他男性平均寿命为 55.7 岁，女性为 57.7 岁；而 2004 年男性为 76.4 岁，女性为 80.4 岁；2005 年进一步延长到男性为 77.7 岁，女性为 81.4 岁；2006 年又进一步延长了，男性为 79.2 岁，女性为 81.5 岁；2010 年男性为 79 岁，女性为 83 岁；2012 年男性为 78.6 岁，女性为 83 岁。而在欧盟成员国中，则要数马耳他女性平均寿命、男性平均寿命之间的差距小，女性平均寿命仅比男性平均寿命多 4.4 岁。

　　根据马耳他国家统计局统计，2006 年马耳他人口总数中，城镇居民占 92%，农村居民仅占 8%。2008 年，马耳他城镇居民人口数占总人口数的 94%。可见马耳他的城市化水平是比较高的。

　　马耳他人口存在欧洲联盟成员国普遍存在的问题。

　　1. 婚姻状况不佳

　　首先，结婚率一直有所下降，1995 年结婚率为 62.8%，2005 年结婚率下降到 61.3%，2010 年结婚率为 63%，2011 年结婚率为 62%。其次，单身人口也越来越多，1995 年单身人口数占总人口数的 29.3%，2005 年上升到 30.2%。最后，离婚和分居现象越来越多，1995 年离婚者数和分居者数占总人口数的

1.7%，2005 年上升到 2.2%。2009 年，单亲家庭比例达到 23%，独居人口中女性占多数。给离婚增加难度从某种意义上说，加重了现代人"结婚难"的症状。马耳他是一个信奉天主教的国家，明确立法限制离婚。实际上，这样做也带来了其他问题，比如很多婚姻不幸福的人选择了分居，或者是非婚同居和晚婚的现象较多。2011 年 5 月 28 日，马耳他举行了决定是否将离婚合法化的公投。马耳他总理劳伦斯·冈奇次日揭晓了结果，宣布该国民众已通过公投同意让离婚合法化。这意味着，分居 4 年的马耳他夫妇可以名正言顺地离婚。之前，全世界仅有马耳他、菲律宾、梵蒂冈和爱尔兰四国不准许离婚。

2. 人口老年化

65 岁及以上的老人占全部人口的比例：2001 年为 12.53%，2003 年为 13.1%，2006 年上升到 13.7%，2011 年为 16.3%。超过联合国规定的人口老年化标准，马耳他已经进入了老年化社会。根据统计，1948 年 0～4 岁人群在马耳他人口中的比例最大，2004 年则是 45～59 岁人群在马耳他人口中的比例最大，到 2025 年则变成 65～69 岁人群在马耳他人口中的比例最大，马耳他人口进一步老年化。

3. 女性寿命比男性寿命高

根据马耳他 2006 年人口统计的有关数据，其中，60～69 岁的女性有 21807 人，男性有 19981 人；70～79 岁的女性有 15311 人，男性有 11179 人；80～89 岁的女性有 6880 人，男性有 4197 人；90 岁及以上的女性有 922 人，男性有 368 人。2010 年，马耳他女性平均寿命 83 岁，男性平均寿命 79 岁。预计 2060 年，男性平均寿命将延长至 82.2 岁，女性平均寿命将延长至 89.6 岁。由此可见，马耳他 60 岁及以上的老人中，女性比男性多，说明其女性寿命要比男性寿命高出不少。

4. 女性人口比超过男性

1995 年，马耳他女性为 191296 人，占全国人口的 50.6%；男性为 186836 人，占全国人口的 49.4%。2005 年，马耳他女性人口占全国人口的 50.4%，男性人口占全国人口的 49.6%。2010 年，马耳他女性人口占全国总人口的 50.29%，男性人口占全国总人口的 49.70%。2012 年，女性人口占全国总人口的 50.19%，男性人口占全国总人口的 49.80%。女性人口比例长期以来超过男性人口比例，马耳他逐渐进入女性化社会。

5. 居民物质生活状况

马耳他国家统计局 2015 年 1 月发布居民物质生活状况调查报告，调查显示马耳他 1/10 人口物质生活贫困。调查基于以下九个方面：每年一周的海外假期情况；每隔一天有一顿丰盛的饮食情况；洗衣机拥有情况；固定电话拥有情况；手机拥有情况；小汽车拥有情况；房租或者房贷偿还情况；家庭水电气费用情况；意外费用情况。调查数据显示 9.5% 的人口不能承担上述 4 项及以上费用，被认为非常贫困，17.5% 的人口不能承担上述 3 项及以上费用，被认为处于贫困边缘，18.5% 的家庭没有小汽车。

（二）民族

在马耳他全国人口中，马耳他民族占 95% 以上。一般认为，马耳他民族是由远古时代的罗马人、迦太基人、腓尼基人和当地土著人长期融合而形成的。马耳他民族是典型的地中海民族。他们热情待人但并不外露，善于表达感情但又能耐心克制；他们温和、明智而又充满自信。他们拥有独一无二的文化、语言和种族特点，其衣、食、住、行都别具特色。除此之外，英国人口数占马耳他全国人口数的 2.1%，阿拉伯人（主要来自马格里布的国家）占 2%，其他民族占 0.6%。

（三）语言

根据《马耳他共和国宪法》[①] 第 1 章第 5 节第 1 条规定，马耳他的国语是马耳他语。第 2 条规定，马耳他语、英语以及议会规定的其他语言（需由议会以 2/3 以上成员通过的法律规定）为马耳他的官方语言，政府可以为各种官方目的使用其中任何一种语言。第 3 条又规定，法院应使用马耳他语，但在必要情况和条件下，议会可以规定使用英语。

使用马耳他语的人数超过了 30 万人，马耳他语属于古老的闪米特语族（Semitic）。它其实就是中东和北非一带的混合语言，由马格里布阿拉伯语（西部方言）发展而来，与阿尔及利亚和突尼斯通行的阿拉伯语方言十分相似。阿拉伯语西部方言是由伊斯兰教的胜利者普尼尔人在 9 世纪

---

① 世界宪法大全编委会：《世界宪法大全》，中国广播电视出版社，1989，第 852 ~ 876 页。

带到马耳他去的。由于马耳他地处北非和南欧的中间地带，这种地理位置必然会使其与南欧"接触"，使得马耳他语大量吸收罗曼语词，进一步把西西里语这种意大利语（属于罗曼语族）方言的成分引进马耳他语，结果是两者融合，造就了今天的马耳他语。它的句法和语音系统已大异于阿拉伯语。

到17世纪，马耳他语有了自己的书写形式。20世纪20年代，"马耳他作家"在拉丁字母的基础上为马耳他语设计了新的文字——拼音字母加圆点（·）和短线（－）。马耳他语是唯一采用拉丁字母书写的闪米特语言，为主－动－宾语法型的语言。

英语多用于政府部门、知识界、旅游业和对外事务，岛上大多数人都会说。其属于印欧语系的日耳曼语族的西支。

七　国旗、国徽、国歌

（一）国旗

马耳他国旗启用于1964年9月21日。马耳他国旗呈长方形，长与宽之比为3:2。旗面由两个相等的竖长方形构成，左侧为白色，右侧为红色；左上角有一镶着红边的银灰色乔治十字勋章图案。白色象征纯洁，红色象征勇士的鲜血。

乔治十字勋章图案的来历：马耳他人民在二战期间英勇作战，配合盟军粉碎了德、意法西斯的进攻，于1942年被英王乔治六世授予十字勋章。后来，勋章图案被绘制在国旗上，1964年马耳他独立时，又在勋章图案四周加上红边。

马耳他国旗为红地镶白边，中为马耳他十字。

（二）国徽

马耳他国徽启用于1988年，为盾徽，图案与国旗相同。国徽中央为盾形，盾面为与国旗相似图案，寓意同国旗。盾面上方为一个堡式王冠，王冠呈金黄色，下部有一个较突出的拱门，上部是8个角楼（8个中只能看见5个），代表马耳他防御工事，也代表马耳他城；盾面左右两侧分别饰以一支相互交叉的橄榄枝和棕榈枝，其象征和平；树枝的交叉点以一条涡卷饰带系扎，饰带上写着"马耳他共和国"字样。

（三）国歌

国歌《马耳他颂》原是一首校歌，用罗伯特·萨姆特的曲调填词。词作者卡尔姆·赛特是马耳他的著名诗人，他当时的意图是想用赞美诗的形式，为马耳他写一首颂歌，以宗教和爱国的观点来团结各党各派。其1923 年 2 月 3 日被首次演唱，1941 年 4 月 7 日被定为国歌。歌词为：

上帝赐保佑，你一贯保护这块土地，祖国的亲爱的名字，我们永远铭记！是你把我们的祖国造得这么美丽。

第二节　宗教与民俗

一　宗教

《马耳他共和国宪法》第 1 章第 2 节第 1 条规定："马耳他国教为罗马天主教。"第 3 条还明确规定，以罗马天主教作为宗教课内容，并且其成为所有公立学校必修课的一部分。

天主教是马耳他的国教，其教徒占马耳他人口的 94.5%。自公元 60年起圣保罗在马耳他传教以来，天主教在马耳他居民的生活中就一直占据重要的地位。马耳他人对宗教很虔诚，为天主教会捐款的总数量超过了世界上任何国家。马耳他教堂有 300 多座，许多街道上都有基督塑像，甚至连家门前、汽车上都放有基督像，或写上"我爱基督"。不管是在圣约翰骑士团期间还是在英国殖民统治期间，无论政界怎样变动，基层的行政管理、教育和慈善事业等都由教会负责（7 万名在校学生中有两万名在教会学校），教会是这个社会唯一被本土老百姓认同的组织，也是延续马耳他民俗和文化最重要的载体。

马耳他有许多民俗节日，从城市到乡村都有自己的节日，它们多与天主教有关。节日时，不仅张灯结彩、游行、唱歌，还放烟火。在欧洲各国中，唯有马耳他还在继承中世纪村庄中的"村长、校长、牧师"三位一体的天主教传统。教会拒绝任何现代建筑，所以马耳他从内涵到外貌都保留了中世纪传统，17～18世纪席卷全欧洲的启蒙运动没有波及马耳他。直到近30年来，宗教势力才有所削弱，大街上出现了现代青年文化、迪斯科酒馆、网吧、赌场等。尽管马耳他人民的生活水平和医疗水平等早已在欧洲平均水平之上，但马耳他民间的生活和文化依旧是虔诚而传统的。

除了天主教以外，东正教教徒占马耳他人口的2.7%，基督教新教教徒占0.8%，穆斯林占0.5%，只有1%马耳他居民不信教。

由于多数马耳他人信奉天主教，十分虔诚，因此马耳他宗教节日和公共假日较多。另外，马耳他人讲究宗教礼仪与礼节，反对离婚与堕胎，倡导慈善，爱护动物。来马公民须注意尊重当地人的宗教信仰，不妄加评判；出入宗教场所时须注意着装，切忌大声喧哗；不要伤害猫、狗等动物，更不要在当地人面前提及食用动物。马耳他人主要礼节习惯跟欧洲大陆大同小异，游客也需要注意遵守，比如尊老爱幼、讲究秩序、遵守交通规则、不打听别人隐私等。

二 民俗

（一）饮食

马耳他有意大利、突尼斯、英国风味菜，它们在色彩上、做法上受到埃及风味菜的影响。传统的马耳他人的烹煮和西西里岛人、摩尔人有所不同。今天的马耳他菜有了自己的风格，简单实惠，而且有了自己的菜谱和菜式。

马耳他人的饮食习惯同欧洲大陆的习惯相似，早餐为牛奶、面包、鸡蛋，马耳他人中午一般在工作单位吃一顿便饭，晚上下班回家舒舒服服地饱餐一顿。

每餐的第一道菜一般都是汤，很受欢迎。夏天，鱼多的时候，可以喝清淡的阿尔吉他（Aljotta）鱼汤；冬天喝曼斯特隆（Minestrone），这是一种通心粉蔬菜汤，在汤里放的蔬菜又多又杂，不下9种、10种。此外，还要加上干蚕豆、小扁豆和一些通心粉等。这种汤口味浓重，菜类丰富，是寒冷冬季的滋补佳品。由于临海，马耳他人的饮食以蔬菜和海产品为主。当地人特别喜欢一种叫"兰姆扑基"的鱼。每年秋天，这种鱼上市时，家家户户都要买很多储存起来食用。

在马耳他有一种简朴而不乏情趣的做肉的方法，那就是老式烧烤，一般是烤牛肉或猪肉（复活节烤小羊肉）。先把肉放在一个涂满油的大盘子里，周围铺上大片的土豆和洋葱，上面撒上大把的香料、盐粒、胡椒粉。在往盘子里注满高汤后，将其整个都放到烤箱里用小火慢慢地烤。随着高汤的蒸发，土豆和洋葱的香味也渗到肉里去了。许多餐馆擅长制作肉类菜肴，如布拉乔里（Bragoli）：将上好的牛腿肉切成薄片，将其裹上鸡蛋、咸肉和一些香料，卷成肉卷后放在红葡萄酒里慢慢地炖。著名的马耳他大菜为烧兔子肉、姜汁炸兔肉及香烤猪脚等，味道鲜美，很受青睐。

马耳他的鱼肉菜也是很有名气的。蓝普卡鱼（Lampuka）是马耳他特有的。这种鱼每逢 9 月、10 月必定游到马耳他岛。蓝普卡鱼的皮光滑漂亮，鱼肉则是白色的，有一种独特的味道。很有意思的是，马耳他渔民至今还沿用罗马时代的捕鱼方式捕获蓝普卡鱼。每到捕鱼季节，渔民们就从岛上的棕榈树上砍下较大的叶子，将其收集起来编成筏子，把筏子推到海上漂浮着，蓝普卡鱼发现这些避荫处便纷纷躲到下面去，渔民们就迅速撒网把它们全部捕捞上来。这种诀窍永远使渔民捕捞成功。马耳他人根据鱼的大小或油炸或烧烤，或者加菜花、青豆、煮好的土豆，然后搅拌成馅，包在事先擀好的薄面饼内，再放入烤箱内烘烤，最有名的蓝普卡馅饼就以此法制成。

当然，马耳他的水域里还有极丰富的其他鱼类，诸如金枪鱼、剑鱼、鲈鱼、鳐鱼等。最受人喜爱的是背部有草花状花纹的鲷鱼和白鲷鱼。

当地人最喜欢吃的点心则是"橄榄油面包"，即将烤面包切成两片，滴上橄榄油，中间夹上西红柿即可。廷帕纳（Timpana）、马夸伦费尔芬（Mquarrun Fliforn）都是烤制而成的面食，是用夹了肉、鸡蛋和干酪的通心粉制成的。只是廷帕纳的外面还裹上了一层酥脆的面皮。

马耳他传统食物"塔加"是一种加调料的面包，或是混合马耳他传统香料的食物。此外，还有奶酪糕等。

马耳他的啤酒也非常有名，最受欢迎的叫作太子啤酒（CiskLager）。每年 7 月底在此举行的国际美食和啤酒节，吸引了无数食客的光临。大多数马耳他葡萄酒都是用意大利或者法国的葡萄制造的，采用岛上独特的工艺制作，拥有地方风味和醇厚的口感。另外还有一种叫作基利（Kinnie）的饮料，是用一种植物的根制作的，很受岛上居民的欢迎。

（二）娱乐

马耳他人酷爱音乐和舞蹈，民歌传统深深扎根于人民之中。日常生活及重大活动中，总有音乐相伴，音乐和舞蹈已成为马耳他人民生活中不可缺少的组成部分。

马耳他的夜生活丰富多彩。从室内俱乐部到凉爽、浪漫的乡村庭院，群岛上有很多古典的和现代的剧院及音乐厅，它们中的很多都在室外或历史性的场地举行活动。这里每年都有定期的文化节，例如，为期三个月的马耳他之夏。另外一个就是每年7月举行的国际爵士音乐节。十多年来，每次都有很多专业人士和初学者在灯火辉煌的港口演奏。马耳他是适合社交的地方：一年到头，都有国际级的主持人来到这里主持周末聚会。

看电影是马耳他人由来已久的娱乐方式，人们还普遍喜爱足球运动。随着乘汽车旅游的日益普及，游泳等各种水上运动和家庭郊游也都时兴起来。还有一些人喜欢猎鸟，猎手们整夜守候在悬崖上，在清晨射击和诱捕途经这里的候鸟、斑鸠和鹰取乐。不过，为了保护鸟类，马耳他政府已经禁止这种娱乐方式。

（三）习俗

马耳他实行每周5天工作制，业余时间人们主要从事户外活动，海边是居民的主要活动场所，人们或钓鱼，或野餐。全家周末除到教堂做一次礼拜外，或外出就餐，或去娱乐场所。

在电影、电视等现代科技尚未影响岛国时，人们对待一些未知的事情一向小心翼翼，都知道什么东西会带来好运或厄运，尤其是在远离都市的地方更是如此。即使是现在，城里的母亲也绝不让孩子穿着绿色衣服去应付重要考试。

许多公共汽车上都有小神龛，老年乘客在汽车启动时或经过教堂大门时会在胸前画十字，表示"我们信奉上帝"。为了迷惑魔鬼，一些教堂的顶部装置两个钟，一个是真的，另一个是风水筒，魔鬼弄不清就不能吸亡灵。

为了把所谓魔鬼挡在门外，许多乡村的房子屋顶处或大门上都绑着一只向外指的公牛角。18 世纪时的姑娘都戴项链式的护身符以驱邪，直到现在许多男子戴的项链坠仍是小小的像公牛角似的护身符，而孩子们做游戏时，常偷偷伸食指和小指（像牛角一样），希望对方输掉。

在大门上钉上一枚白色蝴蝶花，表示这家有婚庆喜事。而哪家有丧事，大门口一定放一碟盐或一杯水，这是为了亡灵离家后不会口渴，食物也不会因没有盐而淡而无味。

马耳他水手在船上涂上强烈鲜明的色彩是为了保护自己，每只船还以天主教圣徒的名字命名。船首两边各有一只警惕的大眼睛，是用来阻挡厄运的。同样，为了驱邪，马车上往往被系上红丝带或插上羽毛。

还有一种习俗很像中国民间的"抓周"，即孩子出生一周岁时，家庭便举行聚会，家人们把许多小物品放在一个盘子里，盘子里一般放的是顶针、钢笔、书籍、念珠、鸡蛋和一些钱币，但是给男孩和女孩抓的物品略有区别。把盘子放在一周岁孩子面前由他（她）挑选，然后预示他（她）将来会当裁缝、官吏、牧师、农夫、银行家等。现在这种风俗只作为举行聚会的一种借口了。

还有一种习俗本来由家庭举行，现已融入天主教庆典仪式。在圣诞节前约两周，孩子们拿到碟子或浅碗，在里面撒上大麦种子，然后把它们放在背阴处，每两天浇一次水。一旦大麦的嫩芽出土，孩子们就把它们放在圣婴周围。

以往，马耳他人日常生活的中心就是他们的家庭和所居住的城镇或乡村，乡土观念很强。马耳他岛的居民视戈佐岛人为落后的乡下人，对他们的生活丝毫不予注意，而戈佐岛人则安心于自己的乡间生活，唯一关心的是主岛上的人是否侵占他们应得的利益。随着经济的发展、人民生活的改善、与世界各地来往的日益增多，现在的情况已开始有所变化。过都市生活的居民仅限于马耳他岛的中部和东部。乡镇居民大多居于各大小聚落，每一聚落的农村色彩均十分浓厚。

马耳他的女子在没有结婚前是很自由的，结婚以后就不工作了，在家里操持家务，照看子女，一辈子靠在一个男人身上。如果婚后发现感情、兴趣不和想离婚，做丈夫的就得非常慎重地考虑一番，因为离婚是可以的，但男人因此就要负担女人终身的生活费。

三　主要节日

马耳他的节日非常多，除了地域性的、具有民间色彩的和全国一般性节日之外，国家法定有公共假日的主要节日如下：

1 月 1 日的元旦节；

1 月 6 日的主显节；

2 月 10 日的圣保罗船只失事节；

3 月 19 日的圣约瑟节；

复活节前的礼拜五的耶稣殉难日；

3 月 31 日的国庆日；

5 月 1 日的工人圣约瑟节；

复活节后第 40 天的基督升天节；

圣三一节后（圣灵降临节后第一个礼拜日）第一个礼拜四的基督圣体节；

6 月 29 日的圣彼得节和圣保罗节；

8 月 15 日的圣母升天节；

9 月 8 日的胜利圣母节；

9 月 21 日的独立节；

11 月 1 日的万圣节；

12 月 8 日的圣灵怀胎节；

12 月 13 日的共和国节；

12 月 25 日的圣诞节。

其中，圣诞节和耶稣殉难日是最重要的节日。圣诞节时，家家喜气洋洋置办彩灯，亲朋好友也都互相访问。耶稣殉难日则是另一番景象，虽然在各条街上都有五光十色的露天表演，但气氛十分庄严，人们显得庄严肃穆。许多村落都要列队游行以纪念耶稣受难。整个游行队伍举着模仿圣经中耶稣遇难故事制作的塑像，缓缓行进在教区的街道上，有数小时之久。

狂欢节也是马耳他众多节日中富有特色的一个。狂欢节起源于1560年，当时基督教的一支舰队在去的黎波里途中于马耳他靠岸，舰队司令让头戴面具的水兵上岸欢歌、狂舞、痛饮。这便成了马耳他第一次有组织的狂欢节。18世纪中叶，马耳他狂欢节处于全盛时期。剑舞是狂欢节的第一个节目，两组身着民族服装的青少年分别代表马耳他人和土耳其人执剑格斗，纪念马耳他人在1565年击退土耳其人围攻的历史性事件。现在马耳他狂欢节于每年5月的第二个周末开始举行，为期3天，人们都戴上面具参加化装舞会和游行活动。

9月8日的胜利圣母节，即纪念16世纪战胜土耳其和纪念第二次世界大战中解除大围攻的一个节日，大港的各项水上比赛是这个节日里最引人入胜的活动。

著名的圣保罗节是民间音乐和歌舞表演的一个传统节日，在夜间举行，欢庆之时，人们还要在街头举行骑光背马和驴子的赛跑活动。

第三节　特色资源

一　名胜古迹

圣约翰大教堂　它是世界上最著名的大教堂之一，原称耶路撒冷圣约翰骑士团女修道院教堂，位于首都瓦莱塔市内，建于1573~1578年。大教堂的地下墓穴中安放着圣约翰骑士团首领的遗体。

马耳他巨石庙　它亦称为"马耳他巨石文化时代的神殿"或"属于巨石文化时代的马耳他的神殿"，是马耳他在戈佐岛等地的著名历史古迹。在众多的神殿中，尤以杰刚梯亚神殿和哈格尔基姆神殿闻名于世。其中杰刚梯亚神殿是现存世界上最古老的神殿，其建筑结构之复杂，工艺之精湛，堪称奇迹。1980年根据文化遗产遴选标准C（Ⅳ）列入《世界遗产目录》，1980 年称作 Ggantija Temples（杰刚梯亚庙群），1992 年扩展范围并改为 Megalithic Temples of Malta（马耳他巨石庙）。在马耳他神庙中规模最大也最著名的要属塔尔申神庙。很久以来，岛上塔尔申村附近的农民在犁地时就常遇到犁被地下的大石块碰坏的情况。但朴实的农民们并未想到刨根问底，直到 1913 年，当地有个人才将此报告了岛上的有关部门。考古学家经过挖掘发现，这里竟然是欧洲最大的石器时代庙宇的遗迹之一。由于年代久远，塔尔申神庙只有较低的外围墙和地基还基本保存完整。但通过艰难细致的考证，考古学家们终于把这座约建造于 5000 年前的庙宇的原貌重新拼砌出来。这座神庙遗迹占地达 8 万平方米，已挖掘出来的有几间厅房，包括一座庙宇的两个大厅，另一座大殿的一个大厅以及第三个大殿的进口。马耳他巨石神庙建造的年代在公元前 3500～前 1500 年，也就是距今 5500～3500 年。但人们至今在马耳他没有发现任何建造这些神庙使用的工具。不论从建筑规模、工程技术还是从它所体现的科学内涵上来看，马耳他巨石神庙都使考古学家们感到惊异和难以理解。一方面，这些神庙大多数比金字塔建造的年代还要久远，根据历史学的常识，那时的人们应该还没有文字和轮子，更不会使用机械和金属。它们如何搬运、挪动、竖立起来这些巨石，又如何精确地规划和设计这些巨大的建筑？另一方面，不少研究却显示这些神庙的建造者在数学、建筑学、天文学和历法等方面都具有极高的造诣，而且他们还应该拥有成熟的社会组织，这才能使他们不依赖外力完成这些巨大的建筑。

耶路撒冷、罗得岛及马耳他圣约翰主权军事医院骑士团（意大利语：Sovrano Militare Ordine Ospedaliero di San Giovanni di Gerusalemme di Rodi e di Malta）它简称"马耳他骑士团"，是联合国观察员，具有"准国家"性质，没有领土。其"国家形式""位于"罗马孔多迪大街 68 号一幢占地 1.2 万平方米的大厦——马耳他宫里，骑士团只有几十名居民。马耳他骑士团的前身是医院骑士团，曾经拥有疆土，后因为战争而失去领土。现在马耳他骑士团从事慈善活动，管理医院，照顾难民和战争中的伤残者。骑士团出现于中世纪天主教入侵中东的十字军东征期间，在第一次十字军东征于 1096～1099 年结束后，建立起四个十字军国家。在穆斯林的威胁之下，十字军国家处于动荡不安之中。于是，罗马教宗组织了几个修士骑士团，这就出现了历史上著名的三大骑士团，即医院骑士团、圣殿骑士团和条顿骑士团。

皇家图书馆 它收藏有自 1107 年到 1798 年近 700 年的圣约翰骑士团的档案以及许多教皇的正式敕令、英国亨利八世和法国路易十四签署的文件原本，这些都是富有极高历史文化价值的稀世珍品。

莫斯塔圆顶大教堂 它也是瓦莱塔著名的古迹之一，它建于 1833 ~ 1863 年。整个教堂全部用石块修筑，非常雄伟壮观。教堂内的壁画有不少名家精品，十分珍贵。教堂的陈列室内还摆放着一颗炸弹，那是 1942 年德国法西斯扔下的，它穿过教堂屋顶，落入地面，但没有爆炸，如今成了二战的见证。

二 特色风景

马耳他风景优美，气候宜人，人民热情友善，温文有礼，民间流行风土舞蹈、民乐和民谣，具备开发天然旅游业的优势。一年四季都是旅游的大好时光，高峰期在 5 ~ 10 月，这时的海水温暖，日照充分，海风也较为和缓。游泳、帆板、划船、潜水等水上和水下运动极受欢迎。悬崖峭壁边上的打猎活动、小草坪上的足球运动、大港中的赛船盛会、人迹罕至的海滩和礁石上的抢险活动也吸引了众多的岛上居民、游客（如外国度假者）。

（一）小岛景色

戈佐岛和科米诺岛的景色有其独自的特色，在这里可以离开城市的喧闹，充分享受生活的安适和平静。戈佐岛的魅力在于它保留了更多的原有风貌。它比马耳他岛小但更绿、更乡村化。戈佐岛的生活是以从容的节拍进行的。季节决定着打鱼和农耕的步伐。冬季和春季，岛屿被植物和茂盛的庄稼覆盖着。夏季，它又被夹竹桃、九重葛和天竺葵一起覆盖着。在神话中，戈佐岛是陡峭的，它被认为是《荷马史诗》中的岛屿，平静且神秘。巴洛克式的教堂和古老的石头农舍点缀着乡村。从岩石入口到红沙滩，或玩帆船或潜水或钓鱼，可任由选择。

戈佐岛有地中海最好的潜水地点。而且在那里还有更多的历史景观、古城堡垒和令人震惊的自然景色，它们构成了戈佐岛的绮丽风光。群岛上有保存得最好的史前太阳神庙，还有独特的夜生活和文化日历，以及有地方风味的野外餐饮等。

在马耳他岛和戈佐岛之间是科米诺岛，它是一个适合遨游和漫步的地方。岛上的蓝色泻湖可以让游客安全洗澡，游客也可以坐船仰望质朴的天空。在科米诺岛，人们无忧无虑，并且根本不用汽车，这里常年给旅游者提供一片安静空间。

（二）潜水者的天堂

马耳他群岛在地中海中央形成的特殊的潜水场，为初学者和经验丰富的潜水者提供了优良的开阔水域。天然港口、海湾、掩藏的小溪、峡谷、礁石和历史悠久的海滩，无不吸引着游客。就连在距离很近的两块石头之间，也能探索到迥异的水下世界。从欧洲一些主要的城市出发到这里只有几小时的航程，所以人们很容易利用周末、长假前往此地旅游。夏天，海水平均温度在 23 摄氏度左右，而在 11 月和来年 3 月之间，平均水温降到 13 摄氏度至 15 摄氏度之间。在冬天，太阳和海上运动也是诱惑。在这个时节，能见到一些奇妙的景色，比如约翰海鲂鱼在冬季会更加靠近海岸。这里的水极为清澈、极为干净，在 30 米水深的地方，能见度仍然很高。所以说马耳他是水下摄影的好地方。

这里海洋生物绚丽多彩。这里可能会有红鲻鱼、飞鱼、珊瑚、康吉鳗，甚至有已经从地中海消失的珍稀的海鲈。如果想要获得更多的惊喜，就可尝试夜晚潜水至距离海平面 30 米或 40 米的地方。

（三）马耳他主要景点

1. 瓦莱塔

瓦莱塔是马耳他共和国的首都，是一座欧洲文化名城。该城建筑布局整齐，城街狭而直，两旁建筑均由马耳他特有的石灰岩建成，呈灰白色，具有浓厚的中东阿拉伯建筑特色，对马耳他其他城市建筑风格有很大影响。

瓦莱塔古迹很多。城门前有"三海神"喷泉（1959 年修建）、腓尼基饭店。城内有国立考古博物馆、美术馆、曼努尔剧院、骑士团首领宫（现总统府）和圣约翰大教堂等古建筑。圣约翰大教堂这座典型的文艺复兴晚期建筑被认为是瓦莱塔的象征。游客在城旁的总理府花园可以俯瞰大港的景色。

2. 总统府

其亦称骑士团首领宫，位于首都瓦莱塔中心。总统府总体布局符合马耳他的传统风格，中心为院落，四周两层房屋，呈长方形，庄重肃静。

总统府内藏有部分骑士团首领的画像，如沙皇叶卡捷琳娜二世，法国路易十四、路易十五和路易十六等许多欧洲君主的画像。其中还有路易十四赠给骑士团首领的大壁毯、中世纪骑士穿戴的全身甲胄以及中国明朝瓷器等珍品（它们古色古香，独具魅力）。

3. 总理府（卡斯蒂利亚骑士旅馆）

总理府系由卡斯蒂利亚骑士旅馆改建而成。该旅馆建于1574年，坐落于瓦莱塔的最高处，当时可俯瞰全城。旅馆在法军占领时期和第二次世界大战期间遭到过严重损坏，后修复，现为18世纪巴洛克风格建筑，正面虽有所装饰，但不过分。1972年成为马耳他总理府所在地，马耳他总理在此接待来访的外国政要。

4. 圣约翰大教堂

圣约翰大教堂是以圣约翰骑士团的守护神命名的，由设计总统府的著名建筑师卡萨尔设计。教堂始建于1573年，为了使瓦莱塔能够完全取代当时的首都比尔古，教堂是由骑士团首领德拉·卡西埃尔本人出资兴建的。1578年教堂建成，标志着骑士团由比尔古迁都到瓦莱塔的正式完成。18世纪时进行了扩建。

圣约翰大教堂是骑士团自己的教堂，也是岛上最主要的教堂，是首领和骑士举行重大宗教仪式和进行祭祀的场所，从教堂的装饰可以了解骑士团的历史。教堂外观苍白、朴素，但内部装饰丰富多彩。圣约翰大教堂是基督教世界最奇妙、最吸引人的教堂之一。

教堂呈早期巴洛克建筑风格，部分模仿了哥特式建筑风格。教堂整个圆顶是一副大壁画，由意大利画家马迪亚·布雷迪所画，表现了圣约翰的生平故事。大理石地面上刻着下面埋着的出身高贵的骑士的名字，第一任首领亚当和第六任首领瓦莱特的遗体就埋放在教堂的地下墓穴里。大教堂内部又分8个小礼拜堂，分归骑士团的"八语"骑士①供奉自己的守护神。小礼拜堂内葬着本语骑士团首领的遗体。过去每逢盛大节日，小礼拜堂前挂有做工精美的比利时挂毯，挂毯取材于名画，内容表现耶稣的生平。现挂毯挂在楼上房间，供人参观。

教堂博物馆（原祈祷堂）内有一幅世界名画《圣约翰殉难》，其突出特点是将强烈的明暗对比画技和现实主义的人物造型相结合。这是意大利画家卡拉瓦乔的作品。他于1608年来马耳他时应骑士团首领之请而绘成此画。

5. 大港

大港是位于马耳他首都瓦莱塔与马尔萨、森格莱阿和维托利奥萨三座古城间的深水海湾，是马耳他最大的天然良港。大港面积为2.20平方公里，海岸线长15.56公里，港内水深、隐蔽，万吨货轮可进港装卸货物，年吞吐量为160万吨。港内有多处深水码头及装卸、加油、储粮等设施。

大港在马耳他历史上曾有过几段不平凡的经历。1565年，强大的奥斯曼帝国为了寻找进攻欧洲的跳板，派出一支庞大海军进攻当时处在圣约翰骑士团统治下的马耳他。双方在大港展开激烈的战斗，鲜血染红了大港水。最后，奥斯曼帝国军队溃退，夺路从海上逃走，这就是历史上有名的"马耳他大围攻"，法国哲学家伏尔泰曾说过，"没有比'马耳他大围攻'更著名的战役了"。

第二次世界大战期间，马耳他作为英国一个海军基地，遭到了德国和意大利空军数以千计次空中打击，大港首当其冲。即便如此，英国舰只也经常从大港出发，出其不意地袭击意大利到北非之间的海上运输船只，使

---

① 骑士来自法、德、西、意、英、葡，当时法国骑士来自三地，所操语言不同，按语言分支。

北非的德军处于粮草不济的困难境地，为盟军取得北非战场的胜利起到了重要作用。

该港离岸仅数米处即可停靠现代化航母和特大型海轮，为地中海沿岸所少有，深受美国等西方国家海军的重视，每年要接待许多艘外国军舰来访。

大港内共有 7 个船坞，其中最大的 30 万吨级干船坞由中国于 20 世纪 70 年代援建而成，是目前为止中国承建援外港口工程中规模最大的船坞，现仍被当地人亲切地称为"红色中国坞"。目前，所有船坞均由马耳他干船坞公司经营。马耳他干船坞原为英国海军船坞，1959 年转为商业性船坞。

6. 姆迪纳古都

其又被译为"麦地那"，阿拉伯语中意为"城堡"。坐落于马耳他岛中部一座山顶上，东面、北面是峭壁，是最适合防御之地。阿拉伯人称之为"姆迪纳"，并称它周围地区为"拉巴特"（意为"城郊"）。除了名字之外，整座城市找不到阿拉伯人留下的痕迹。目前在它不远处就是重镇"拉巴特"所在地。

姆迪纳也称"静城"，是欧洲仅存的几座中世纪和文艺复兴时期的城堡之一。在城堡中，罗马人建筑遗址荡然无存，日耳曼时代的大部分遗址尚清晰可辨。城堡底部的门叫希腊门。

姆迪纳也被称作教堂之城，内有多座教堂、修道院、小广场和一些贵族小宫殿，具有浓厚的贵族和宗教色彩，城内大教堂自日耳曼时期以来一直是马耳他主教堂，呈巴洛克风格，于公元 1100 年由从西西里来的石匠建造，1693 年毁于地震，1697 年被重新设计建造。教堂正面墙上有两个挂钟，分别显示着"月、日"和"时、分"，门前还有两尊古炮，供人参观。站在古城墙上，可以总览周围村镇和田园风光。

古城内有一处教堂博物馆，原为一所神学院，藏品丰富，建筑风格华美，是马耳他岛上巴洛克式建筑的典范，也是欧洲最精美的基督教博物馆之一。

7. 马耳他的教堂

·圣保罗船难教堂

位于首都瓦莱塔，建于 17 世纪末。圣保罗船难教堂位于共和国广场的东南端，是马耳他最古老的教堂之一，也是马耳他的大教堂，是为了纪念圣保罗船难而修建的，为巴洛克风格建筑物。这座教堂最有特色的就是它的壁画，当时请了最好的画师为建成的教堂画壁画，壁画的内容主要是圣保罗的生平以及船难事件的过程。至今，这些作品仍完好地保存在金碧辉煌的教堂内，具有相当高的艺术价值。此外，该教堂内还收藏了一些马耳他特产的金银丝工艺品，最值钱的是一个 18 世纪的银王冠。教堂地面铺着的美丽彩色大理石镶嵌墓板，在当时只有贵族中的富人才能在此取得一小块葬身之处。

·胜利女神大教堂

建于 16 世纪，为了纪念对土耳其人的胜利，是瓦莱塔第一栋建筑物。入口上方的教宗英诺森十一世的胸像，是大统领向教宗表达敬意的礼物。

·塔平努教堂

位于戈佐岛，相传在 1883 年有一农妇在原先老旧的小教堂中听到玛丽亚的圣音，而她的朋友也同样听到了，从此该地便成了朝圣地，戈佐岛居民在 1920 年合力建成这座教堂，1932 年其被升为大教堂。

·戈佐大教堂

位于维多利亚城堡内，建于 17 世纪末前后，圆顶建筑物，巴洛克风格，入口处有两座古炮台，每年的 8 月 15 日在这里所举行的圣母玛丽亚节会将教堂内的圣母雕像抬出来游行，到时会有许多的热闹活动在此庆祝，街道被装点得非常美丽，并且会有放烟火活动。

·圣安娜教堂

位于圣安哥拉要塞的东南半个街区。顶部有一个雕刻得很精致的十字图案，图案下面挂着一个钟，海风吹过，时而发出一两声低低的鸣响。教堂是用建要塞的石块砌成的，看上去更像一个小城堡。

·莫斯塔圆顶大教堂

位于马耳他岛中部的莫斯塔，为世界上目前最大的圆顶式教堂之一。

"莫斯塔"一词源于古代,有"神秘的村庄"、"隐藏的地方"和"中心地方"之意。莫斯塔圆顶大教堂效仿罗马万神庙,其拱顶直径达122米,居欧洲第三,仅次于罗马万神庙(143米)和圣彼得大教堂(137米)。莫斯塔圆顶大教堂始建于1833年,由于当时的教堂无法容纳村民参加礼拜活动,其由当地教会自发筹资兴建,另外由于资金来源不足,其于1860年才完工。

莫斯塔圆顶大教堂正面有一广阔的平台,当时供当地人聚在一起聊天和商讨生意之用。前面的两座钟楼,两个钟分别表示标准时间和月、日,借以驱邪。入口处的石柱类似罗马万神庙的石柱。殿内敬奉的是圣母玛丽亚。

莫斯塔圆顶大教堂著名之处主要表现在,1942年4月9日下午4:40分,当时有300多人正在做礼拜,一枚德军空投的炸弹穿透屋顶落入教堂内,庆幸的是炸弹并未爆炸,没有1人受到伤害也没有砸伤人,被人们称为奇迹。后来英军拆除了炸弹的引信将炸弹陈列在教堂内。现在教堂仍专设一室,摆放该炸弹。

8. 中国园——静园

其系1994年6月马耳他总理阿达米访华时,中国政府赠予马方的项目。项目由苏州园林设计院设计,中国江苏国际经济技术合作公司负责执行。马耳他负责清理地面、挖掘水池等。1996年7月项目正式施工,1997年3月项目竣工,4月双方联合验收,7月7日双方签署交接证书并举行移交开园仪式。

中国园建成后,经马方提议,双方商定,为其起名为"静园"。园内建有方亭、六角亭、轩、水榭、曲廊、喷泉、水池等,是一座优雅的苏州式古典园林,深受马耳他人民喜爱,参观者络绎不绝。

9. 总统官邸——圣安东宫

其由1623年当选的骑士团大首领保尔勒的乡间别墅扩建而成,并以他的守护神"圣安东尼"的名字命名。此后,历任首领都把圣安东宫作为自己的乡间驻地。马耳他人民反法斗争时期,圣安东宫成为国民议会厅。拿破仑之弟——卡尼诺王子也曾被囚禁于此。在英国统治时期,其一度成为英国王室官邸，但大部分时间被作为总督官邸。马耳他共和国成立后，圣安东宫被改为总统官邸，并用于接待来访国宾。

10. 夏宫——弗达拉城堡

弗达拉城堡俗称夏宫，位于马耳他岛拉巴特市，1586 年由骑士团首领德·弗达勒（法国普罗旺斯人）修建。弗达勒是从教皇西克斯提斯五世手中接受红衣主教头衔的唯一的骑士团首领。该城堡由因参与设计首都瓦莱塔而闻名的建筑师戈罗莱摩·卡萨尔设计，四周包围着小树林，骑士团的成员们曾在周围狩猎。

城堡由两层楼组成。第一层是在弗达勒统治时期建造的，从大门的入口处可以看到刻有狼的图案的徽章。第二层是在骑士团葡萄牙籍首领德·韦尔希拉统治时建造的，刻有代表韦尔希拉的庄严徽章。每一层都有一间面积很大的房间。第一层的房间曾被作为正式的餐厅，第二层的房间曾是招待会大厅，现已被整修一新。在餐厅里，可以看见画家普拉蒂尼所画的许多壁画，它们描绘了弗达勒生平的不同阶段。支撑房间的拱门上也有许多其他的壁画，它们均已被复原。

该城堡现在是马耳他国家元首夏季的寓所。许多官方的活动，如月光舞会①都在此举行。

11. 哈扎伊姆神庙

其是马耳他岛的一组史前神庙，建于 5000 多年前。传说哈扎伊姆是"大石头"的意思，因为在神庙中有一块状似烟囱的大石头。神庙有很多门，均由完整的大石头搭成。石上有雕刻和一些古代的书写符号。哈扎伊姆神庙的特点之一是有一些小祭坛，由雕刻石头做成。其中一个小祭坛上刻有一棵"生活树"，树上架一个浅碗。这个小祭坛已被放在国家博物馆中保存。

12. 戈佐岛

该岛比较封闭，因此，较多地保持了自然风光和人文景观。岛上山道如织，绿树成行，古迹众多，田园四布，具有宁静的乡村风情，是马耳他

---

① 月光舞会，系由马耳他总统夫妇倡导的马耳他慈善基金组织的活动。

人和外国人的度假、休闲胜地。岛上最大的城市是维多利亚，具有阿拉伯和欧洲的双重特点。

戈佐岛历史悠久，考古专家发现，在 5000 年前这里就有人居住了。岛上的吉冈提亚巨石（Ggantija）神庙遗址，据考证建于约公元前 3600 年前，比金字塔还早 800 年。目前巨石叠立，还保有当年的轮廓，拱门、巨窗等建筑结构相当牢固。

戈佐岛上有一个著名城堡，名为维多利亚城堡（The Victoria Citadel），类似于马耳他岛上的古都姆迪纳，其因纪念英国维多利亚女王 25 岁生日得名。当地人仍称其原名"拉巴特"。城堡本为防御外敌所建，但不够坚固。登城墙远眺，景色极为壮观。

戈佐岛上最为著名的景点是蓝窗（Azure Window），俗称天窗，外貌同桂林象鼻山类似，因猛烈的海浪千百年来冲刷石灰石而形成。两边有直径约 100 米的石墩，支撑着一个石盖，形成一个高约百米、宽约 20 米的"窗子"，从中可以看到对面蓝色的波涛，因而得名。附近海边岩石高低大小不一，岩面布满远古鱼虫、植物化石。现在的蓝窗因大风浪的冲击已坍塌。

13. 共和国广场

共和国广场位于瓦莱塔城的中轴线共和国大街（Republic Street）的中央，共和国大街是一条典型的南欧街道，宽阔而整洁，街道散布着露天的咖啡茶座，当地人非常喜爱在这条街上散步以及聚会。共和国广场在殖民时期曾是"女王广场"，也是一个典型的欧式广场，广场上仍保留着当年的伊丽莎白女王塑像，周围分布着王宫等宏大的建筑。

14. 马尔萨什卡拉

其距瓦莱塔 10 公里。岸边悬崖耸立，海湾很深，但是在其南部两公里处有一个非常美丽的沙滩：圣托马斯湾。两座堡垒：北边的 Zooqor 和南边的 Saint Thomas。它们共同守护着马尔萨什卡拉。

15. 塔尔欣神庙群

其距瓦莱塔 4 公里，位于 Neolithic Temples St Tarxien。离 Hal-Saflieni 地宫不到 1 公里，这里是马耳他最大的史前神庙群，占地 2.5 公顷，其中最古老的一座神庙建于约公元前 2700 年，距今最近的一座神庙也要追溯到公元前 2000 年。

16. **国家考古博物馆**

其位于首都瓦莱塔共和国大街，陈列有许多史前遗留文物，如各式雕塑、陶器及画作等；另外，著名的"沉睡的仕女"是在巨石神庙遗迹中发掘出来的。

17. **国家自然历史博物馆**

其位于姆迪纳，展示马耳他群岛从古至今的各种动植物资料等，也收藏有许多国外的动植物标本。

18. **国家美术馆博物馆**

其位于首都瓦莱塔南大街。

19. **海洋博物馆**

其位于 Vittoriosa Wharf。

20. **战争博物馆**

其位于圣埃尔梅广场，对那些对第二次世界大战感兴趣的人来说，这里的兵器展览会是一个不错的选择。

21. **吉安塔菲哈湾与金色港湾**

其在金色港湾附近，位于马耳他岛的西部，为沙质海滩，可进行划船、冲浪等水上活动。

22. **马萨克拉湾**

其位于马耳他岛东部，为岩质海岸，有许多捕鱼船在此聚集，可钓鱼和乘风帆。

23. **上巴拉卡花园**

其位于瓦莱塔，是意大利骑士的私人花园，属于城市防御工事的一部分，因此又名意大利瞭望台，花园顶端可俯瞰整个大港和首都瓦莱塔的全景。

（四）马耳他的神奇特色

马耳他岛的面积很小，但就在这样一个小岛上，充满了神奇和难解的亘古之谜，它的神秘色彩不仅吸引了更多的观光客，而且是考古学应加以研究和解决的课题。

1. 马耳他岛巨石建筑

在马耳他岛，从 1902 年开始，人们陆续发现了 30 多处巨石神庙的遗址。这些不可思议的史前地下建筑的设计者是谁？在石器时代，他们为什么花费这么大的精力来建造这座巨大的地下建筑？人们百思不得其解。

该岛的塔尔申村的巨大的石制建筑，经过考古学家们挖掘和鉴定，被认为是一座石器时代的庙宇的废墟，也是欧洲最大的石器时代遗址。这座在 5000 多年前建造的庙宇，占地达 8 万平方米，整个建筑布局精巧，雄伟壮观。

在马耳他岛上的哈加琴姆、穆那德利亚、哈尔萨夫里尼，考古学家们又发现精心设计的巨石建筑遗迹。哈加琴姆的庙宇用大石块建造，也是最复杂的石器时代遗迹之一，有些巨大的"石桌"的用途至今仍未被肯定，石桌位于通往神殿门洞内的两侧，神殿里曾发现多尊母神的小石像。

最令人不可理解的是蒙娜亚德拉神庙，这座庙宇又被称为太阳神庙。一名马耳他绘图员仔细测量了这座神庙后发现，这座神庙实际上是一个相当精确的太阳钟。太阳光线投射在神庙内的祭坛和石柱上的位置，可以准确地显示夏至、冬至等主要节气。

这些巨石建筑的建造者们在天文学、数学、历法、建筑学等方面都有极高的水平。有些研究者甚至推测这些判断节气的历法标志，还可以被用作观察天体的视向线，甚至能被当作一台巨型计算机，从而准确地预测日食和月食。石器时代的马耳他岛居民真有这么高的智慧吗？他们是如何获得这些知识的？当时的文明盛况是何等景象？科学的遗产又为何没有流传下来呢？这个谜题本身就是令人无法捉摸和难以想象的。

2. 地上的奇特轨迹——"车辙"

马耳他岛的地面上有一些奇特轨迹。在岛上，甚至在光秃秃的岩石上都留下一些深度不一的平行的轨迹，这些轨迹看起来像是某种轨道,当地土著人称之为大车印。表面上看,这些轨迹也似乎是车辙,但两辙之间的距离又不一致,这种史前遗迹是怎样形成的呢?人们有如下种种猜想。

有人认为这些轨迹是实际使用的车轨,可能在某个时候湮没在地面之下,以后又逐渐露出地面。但这是不可能的,为什么呢?因为这些轨迹显示出明显不同的辙宽。又有人认为这些轨迹只是大车辙,譬如某种双轴大车在地上压出的槽,这也肯定不对。众所周知,双轴大车有 4 个轮子,在转弯时,后面一对轮子划出的曲线要比前面一对的小一些。因此,如果是双轴大车,则必须找到与前轮辙印不同的后轮辙印,但事实上没有。还有人认为是单轴车在地上压出的槽,这一猜想同样不着边际,理由是对于各不相等的辙宽,这些单轴车得有个活动的轴才行。

也有人提出其他想法。他们认为,这些轨迹也许是由某种动物,譬如牛,将树枝绑在背上拖曳而成。这些树枝下面有分叉,在分叉的枝干上放置沉重的货物,譬如神庙中的巨型石雕。然而这也不大可能。马耳他岛的地面主要由石灰岩构成,如果某种动物的确曾经年复一年地拖着分叉的树枝走过而在地面上留下印记,那么,首先我们应看到这种动物踏出的小路,其次我们还必须假定多年以来树杈具有相同的宽度。这些困难使得这种想法不大可能成立。

对"车辙"的一些猜想,如大车车印?单只轮子?牛拖树枝?显然,这些都站不住脚。

还有人认为某种球状物体也许是解释轨迹之谜的钥匙,这种理论认为轨迹是某个球状物体在地面上滚动时压出的凹槽。不过这也不正确,因为实际球体在滚动时在凹槽低点留下的痕迹与人们在马耳他岛上的轨迹中所发现的特征完全不同。对轨迹的另一种设想是,它是一种输水管道系统。这一想法也没有多大的实际意义,因为轨迹的凹槽越过了高山与峡谷并始终保持非常紧凑的曲线。

不久前又有人提出一个想法:在轨迹的凹槽中推动的是单只轮子。这一想法也不对。因为轨迹凹槽深度为 72 厘米,这意味着当轮子在槽沟里转动时,从轴心到底部的深度至少为 70 厘米;但这样大小的轮子无法沿着轨迹向前转动，因为轨迹有些地方转弯很大，轮子在槽沟中根本转不过去。

在马耳他岛上大约有 30 座神庙，因此最近有人提出，这个奇特的轨迹被用于将巨型石雕运往正在建造中的神庙。这个猜测也难以站住脚，因为轨迹离最近的神庙尚有 1 公里之遥。

有人设想，马耳他岛地面为风化的石灰岩，它在潮湿的时候非常松软，也许是天外某种不明飞行物曾经以某种方式接触过马耳他岛的地面？这种想法似乎更离奇。

马耳他岛上的这些轨迹一直延伸到地中海，即使在水深 42 米的地方，潜水员还能看到。这是否意味着马耳他岛在地质变迁中曾经下陷？这同样没有史料证明。

考虑了 20 余种如此这般的想法和几乎同样多的猜测之后，我们发现没有一种猜测站得住脚。不得不承认，这个轨迹，这个位于马耳他岛上的"车辙"，确实是史前留下的谜。

3. 神奇的古庙——蒙娜亚德拉神庙

在马耳他岛上，人们把蒙娜亚德拉神庙称为太阳神庙，它足足比海平面高出 48 米。每年至少有半年时间，强劲的海风越过沙丘吹拂着太阳神庙，它挟带的海岸边的盐粒不断地侵蚀着神庙中的石雕群。离海最近的神庙是哈格·钦姆神庙，它离大海峡只有不足半公里的路程。

蒙娜亚德拉神庙的整体轮廓看起来如同一片三叶苜蓿的叶子，宽约 70 米。

一个名叫保罗·麦克列夫的马耳他绘图员曾经仔细地测量过这座神庙，并由此得出了一个极其令人震惊的结论：在夏至的日出时分，太阳光擦着神庙出口处右边的独石柱射进后面椭圆形的房间里，正好在房间左侧的一块独石柱上形成一道细长的竖直光柱。这道光柱的位置随着年代的不同而改变，在公元前 3700 年，光柱偏离了这块独石柱而射向它后面一块石头的边缘；而在公元前 1 万年，这道光柱如同一束激光笔直地射向后面更远一些的一块祭坛石的中心。在 12 月 21 日的冬至日，上述情况又出现了。不过这次出现在相对的一侧，同时房间右侧后部设有祭坛石。

我们已经看到，在日出时分，太阳发出的第一道光线笔直地在出口处的两块独石柱之间穿过，射进神庙的房间里，光线穿越门拱并照亮了房间中部巨大的祭坛石。神庙中出现的这种准确的投影现象绝非偶然，事实上整个神庙建筑布局上的精确性已经排除了任何偶然性。在更早的年代里，根据太阳光柱在不同的节令射向这一侧或另一侧的日历柱，建造神庙的人完成了一个简明的日历。

这样，在冬至日和夏至日，分别在右边和左边的相应的独石柱上形成了一道光柱，这两根独石柱可称为日历柱。它们宽度不等，右边独石柱宽1.33米，左边独石柱宽1.20米。右边独石柱上出现的是冬至的太阳光柱，我们所看到的是在我们的世纪里太阳光柱的位置，它没有射向后面石块的边缘。这样的建筑布局也恰好为公元前3700年和公元前1万年的太阳光柱留下了足够的位置。太阳光柱在整个石块上扫过一遍大约需要25800年的时间。正是根据石块的宽度，我们算出了这一情况开始的时间——公元前10205年。

必须注意的是，现在太阳光柱没有射向祭坛石，它被左边较小的一根独石柱挡住了。左边的独石柱比右边的一根窄13厘米，正好是两束太阳光柱的宽度，后者宽约6.1厘米。假如日历柱再宽一点，太阳光柱将无法精确地射向位于后部的祭坛石中心，而在公元前3700年，太阳光柱也没有落在祭坛石的中心，其位置相差6.1厘米。迄今为止，经过科学推算，太阳光柱射向祭坛石中心只出现过一次，即公元前1万年的那次。

在那个遥远的年代建成如此高明的建筑，这一切该怎么解释呢？

考古学家历来视确定古史日期为畏途，对我们石器时代的祖先，他们做出的排序总是混乱不堪的。根据马耳他岛上太阳神庙中相当精确的太阳钟，我们可以推测出其建造者的许多情况。他们并不是完全未开化的原始蒙昧的生命，至少他们具有丰富的天文学知识和精确的历法。此外，我们还得以确定他们生活的年代，这都是作为后人的我们感兴趣的话题和值得我们不断去探讨的课题。

4. 史前之谜——宏伟的地下建筑

在马耳他岛上位于南部的首府瓦莱塔一条不引人注目的小路上，1902年发生过一件引起轰动的大事。当年，有人建房时在地下发现了一处洞穴，但房主一声未吭。他也知道马耳他岛上有许多史前地下建筑，保持缄默的原因是他不希望其建筑由此被官方所禁。只是到了后来人们才逐渐知道，在他的房子下面埋藏着令人惊叹的宏伟建筑。

现在人们将这一地下建筑称为"Hypogaum"，这个词来源于希腊语，其中，"Hypo"的意思是"在上面"或者"在下面"，而"Gaia"则是指"土地"，合起来为"在地下"。整座地下建筑由许多上下交错重叠的多层房间所组成。里面有一些进出洞口和奇妙的小房间，旁边还有一些大小不等的壁龛。中央大厅里耸立着直接由巨大石料凿成的大圆柱与小支柱，它们支撑着中央大厅的半圆形屋顶。整个建筑采用了粗大的石梁，以一种近乎完美的方式建成，线条清晰，棱角分明，甚至那些粗大的石梁也不例外。没有用石块镶嵌补漏的地方，更没有用多块小石块拼装之处。无缝的石板地面上耸立着巨大的独石柱，壁龛与支柱都直接雕在这些石柱（都是些非常致密、坚固的大石梁）上。整个地下建筑共3层，最深处离地面12米。

当时的建筑者是持石锤工作的，工作的艰辛是难以想象的，而且在开凿和使用中照明也是问题，因为在马耳他岛上根本没有黑曜石（即火石）。

这座地下建筑的设计者是谁？在石器时代，他们周围是一些什么样的人？他们为什么急急忙忙地建造了这座巨大的地下建筑？直到今天，人们仍然没有找到答案。

5. 沙子贵如金

马耳他没有河流，四周都是海，海边都是刀削斧砍一般的悬崖，于是当地人便建造了一个个的人工海湾，从外地进口沙子，铺在海湾里。铺橘黄色沙子的叫金沙滩；铺银白色沙子的叫银沙滩。人造沙滩上颗粒均匀的沙子的成本费和运费加在一起，不亚于等量黄金的价格。无怪乎在马耳他，谁若偷拿一点沙子，就要被判刑。

6. 神秘古车道

环岛海滨有神秘古车道，统一规格为深半米、轨距 135 厘米、双石轨，以巨石砌成，据推测为古人的简易机械化手推车的轨道，建造者当为腓尼基人、古希腊人或古罗马人。

三 主要城市

1. 瓦莱塔

瓦莱塔是马耳他首都，是全国政治、文化和商业中心。它有许多有趣的别名，诸如"圣约翰骑士团之城""巴洛克的伟大杰作""欧洲艺术之城"等。

瓦莱塔在马耳他岛东北岸一个小半岛的尖端，北临马尔萨姆谢特商港，南濒大港。市区实际上是建在谢贝尔拉斯山麓的一个城堡，被围以高大的城墙，人们由城门出入，占地不足两平方公里，是现今世界上最小的首府之一。瓦莱塔始建于 16 世纪，因在 1565 年著名的战役"马耳他之围"中，指挥抗击土耳其军的骑士团团长瓦莱特而得名瓦莱塔。骑士团吸取奥斯曼帝国军队大包围的教训，以"防御工事优先于住宅"为指导，骑士团将城池建得十分坚固。城内街道呈网格状，仅可供一车通过。东北角是著名的圣埃尔要塞。1964 年马耳他独立时，瓦莱塔被定为首都，成为全国政治、经济、文化和商业中心，集中了全国主要的工业企业，2015年人口为 6444 人。

瓦莱塔的景物与岛上其他地区连成一片，其建筑、商业和交通等各方面情况均难以区分。因而规定瓦莱塔与马耳他其他地区以城门为界，城门内为瓦莱塔。共和国大街是入城后的第一条街道，既是瓦莱塔城的中轴线，也是半岛的中心线。街面宽阔、平坦而整洁。英国统治时期的女王广场就位于街道的中央，现已改名为共和国广场，女王伊丽莎白的雕像至今仍矗立在广场上。

在瓦莱塔高层公寓与别墅之间，有许多点缀其间的古旧建筑。它们是巴洛克与文艺复兴时期的建筑，从外形到内部装饰都非常奢华，属于欧洲最好的建筑艺术。瓦莱塔著名的建筑物有总统府和地中海议会中心。

总统府初建于 1623 年，后逐渐扩大为宫殿，是 1799～1800 年马耳他人民反抗外来入侵者斗争的中心。马耳他于 1974 年把这座宫殿改为总统官邸，除部分地点供总统办公和居住外，院内其他地方被辟为总统府公园。园内环境优美、空气清爽，古树花草相映成趣。

坐落在瓦莱塔城内的地中海议会中心已有 400 多年的历史，饱经风霜，现已整修一新对外开放。在瓦莱塔港对面还有两处海岬，是三面环水的陆地，为深水海湾所环抱，维托利奥萨（Vittoriosa）和森格莱阿（Senglea）两座古城像两名忠实的卫士默默履行着自己的职责。

瓦莱塔与北京的时差为 7 个小时。

2. "三姐妹城"

维托利奥萨、森格莱阿和科斯皮夸（Cosepicua）构成"三姐妹城"，是马耳他的历史古迹。"三姐妹城"是 16 世纪圣约翰骑士团为抵抗外敌入侵而修建的，它们与 1565 年进行大突围的英雄事迹密切相关。在这里，有古老的防御工程以及 1090 年罗马征服者修建的古老教堂。如今，"三姐妹城"仍然是马耳他最美丽的地区之一。

·维托利奥萨城

这是"三姐妹城"中损坏最少又最神秘的地方。圣劳伦斯（St. Lawrence）教堂坐落在水滨，与森格莱阿遥遥相对，是进入"三姐妹城"的起点。这里原先是圣约翰骑士团的修道院，至今仍保留着许多骑士的遗迹。它建于 1723 年，取代了由诺曼人建造的一座较小的教堂。它是一座宏伟的建筑，矗立在一个风景如画的角落里。2013 年有人口 2475人。

圣劳伦斯教堂的前面耸立着建于 1797 年的自由纪念碑，这是为纪念英国军队撤离马耳他而建立的。它的后面是教堂博物馆，里面保存着最勇敢的骑士团团长、来自瓦莱塔的吉恩帕里索特的帽子。

沿着教堂继续往后走，就进入胜利广场，这是维托利奥萨的中心，有一组带阳台的学院建筑和一座胜利纪念碑。从这里向右行，走进大门街就可见到宗教法官的一座豪华邸宅，它曾经充当过宗教裁判所的法庭、住宅和监狱。阴森恐怖的审判室让人想起宗教裁判所曾经拥有的无上权力。审判室的门故意做得很低,这样,每个囚犯进门都不得不向主审法官低头。这间屋子下面是蜂巢般狭小的牢房,受迫害者就被囚禁在这里。

·森格莱阿城

它与维托利奥萨隔水相望,其名字源自一位名叫森格莱阿的骑士团团长。1544 年,森格莱阿团长在水边设立要塞,并建立了这个聚居区。第二次世界大战期间,它遭到了严重的毁坏,但是它获得了另一种魅力。2013 年有人口 2719 人。

20 世纪 70 年代,在马耳他经济发展时期,这个地方以它特有的气质成为艺术家们的聚居地,外国的画家、作家和雕刻家们来到这儿,住在能俯瞰港湾的房子里。现在,由于有了这些零零星星的移居者,这里又恢复了那种熟悉的本土生活。森格莱阿的吸引力来自大港上方的风景。这个港口已经不像过去那么繁忙了。从要塞顶端的森格莱阿角哨位远眺,瓦莱塔和圣安格勒堡看起来十分壮观,特别是在夜晚灯光的辉映下具有独特的魅力。森格莱阿角的哨位上雕刻着一只特大的眼睛和一只特大的耳朵,它们是警惕的象征。

·科斯皮夸城

沿着水边环绕着森格莱阿有一条路,那是通往科斯皮夸令人愉快的步行小路。在凉爽的夜晚,海湾中的水平静得像一泓深潭。令人印象深刻的是 16～17 世纪教区的教堂——“我们的胜利女王”教堂在这里重建。每年 9 月 8 日,人们会抬着雕像在街上游行,举国欢庆胜利纪念日。2013 年有人口 5186 人。

3. 姆迪纳

姆迪纳是一个比瓦莱塔更古老的城市,素有“寂静之城”的美誉。狭窄、蜿蜒的小道被古老而华丽的街灯装饰着,市中心矗立着雄伟的巴洛克式大教堂,教堂内的美丽壁画和富丽堂皇的装饰令人目不暇接。城区内遍布宏伟的宫殿、寺院、教学楼和博物馆。广场四周的一些显赫建筑物可追溯到 1090 年的诺曼时期。姆迪纳的历史可上溯至腓尼基时代,同时,它也是马耳他最早建立的城市。在骑士团抵达之前,这里一直是马耳他的首府。姆迪纳的城塔矗立在岛中心的陡峭山丘上,外环一圈是坚固的城墙。它是世界上拥有中世纪围墙且至今保存得最完美的典范之一。姆迪纳一向是马耳他显贵们的府邸,至今仍然如此。城市具有正门、希腊门、"城墙之门"三个入口。这座"寂静之城"能让人体会庄严而静默的冥想气氛。2013 年有人口 236 人。

长期以来,人们只能在姆迪纳步行,因为其狭窄的街道不适用于现代化的交通工具。但是,在当地居民被允许使用汽车,餐馆、酒吧、咖啡馆在历史性建筑中被允许开设时,姆迪纳就已不再安静。姆迪纳的街道修建得狭窄且成角度,既充分利用了有限的空间,使稀少的冷空气可以流通起来,又使高大冰冷的石头建筑的影子相互投射。因此,在炎热的夏天,人们仍可感到凉爽。

姆迪纳附近的圣安哥拉要塞建于公元 9 世纪,其外形至今仍保存得十分完好。从瓦莱塔看去,可以清楚地见到它的全貌,它犹如漂浮在海水中的小城市,它一侧的围墙就紧邻水边。圣安娜教堂就位于圣安哥拉的东南半个街区。

4. 拉巴特

在姆迪纳围墙之外就是拉巴特,罗马时期的"护城河"将姆迪纳与其他相连城镇分割开来。几个世纪过去,骑士们建造的已经干涸的护城河和陡峭的固若金汤的堡垒仍然守卫着这座城市。现在拉巴特是马耳他岛农村地区的商业中心,银行、写字楼、商店、市场以及价格低廉的餐馆一应俱全。2013 年有人口 11176 人。

5. 戈佐岛

从马耳他岛北端的色科瓦(Cirkwwa)乘渡轮到马耳他的姐妹岛——戈佐岛,只需 25 分钟的航程。在戈佐岛上,肥沃丰饶的山谷从城市中心辐射开,用碎石砌就的高墙和多刺的梨木篱笆之上是绿色的慢坡。不管从哪里望过去,大海都一步之遥。实际上,正是戈佐岛神奇的海岸给人们带来如此强烈的印象:涓涓溪流、红沙、海滨、青绿色的海湾,雄伟的石质岩层,石灰石与小盐田交错在一起,高高耸立的悬崖矗立在晶莹的水面之上……石头上的村庄，既有乡村风格，又具文雅情调。宽大的广场正对着建筑物下面金黄色的雕饰阳台……从老农庄典型的拱廊到最现代的房屋，无数具有创意细节的建筑令人叹为观止。

戈佐岛上的人（下文简称戈佐人）一直在极力地维护着他们的传统生活方式，他们开垦肥沃的土地，种植作物，同时他们还是渔猎老手。在穆加海湾，你会羡慕他们那色彩斑斓的渔船、渔网和将要载满美味的硕大的龙虾缸罐。如今，戈佐岛上的居民大多是热情而淳朴的农民或渔夫。2013 年有人口 31446 人。

戈佐岛被许多美丽的蓝色海湾环绕着，它们像一串天蓝色的项链扮饰着这座神奇小岛，如朗姆拉、杜维拉、雪兰迪和马尔萨佛。杜维拉海湾是地理上的谜，在它悬崖的后面有一个自然的浅湾——内陆海，游客在风平浪静时乘舟通过一条与地中海相连的神秘的地下水道，从位于悬崖后的内陆海出发，一转眼就到了开阔的地中海。清澈透明的海水在阳光下变换着炫目的蓝色。

戈佐岛上的维多利亚原名拉巴特，即郊区的意思。在 1887 年，维多利亚女皇为庆祝在位 50 年时，把拉巴特升为城市，并以她的名字"维多利亚"来命名。但很多戈佐人仍然沿用它原来的名字——拉巴特。大城堡（Citadel）是首府的中心，在中世纪时具有战略价值。几百年来，戈佐岛的一些港口吸引了无数的海盗和海盗船，他们经常到这里来寻找食物和水，还不时把一些不幸的岛民抓去，出卖为奴。因此，岛上的居民聚集在岛上最高处，建造了这座大城堡。后来骑士们在 1565 年大突围中获胜后，又加固和扩建了大城堡的壁垒，也就是今天所看到的规模。大城堡中有建筑家罗伦左·加珐于 1697 ~ 1711 年建造的大教堂。大城堡里还有教堂博物馆、古时的监狱、军械库以及艺术和手工艺品中心等。

6. 科米诺岛

科米诺岛这个几乎荒芜的岛屿是个独一无二的小岛，岛上没有车辆，仅有几条小路，据统计现常住人口仅有一家 4 人。岛上早春时节花团锦簇，17世纪瞭望台的遗迹，像守护神一样给昔日隐士们的历史和被流放的避难所投下充满浪漫色彩的影子。这座小岛曾经是海盗出没的地方，今天已经成为太阳崇拜者和水上运动爱好者的天堂。他们来到这里寻求祥和、宁静以及欣赏科米诺岛著名的蓝潟湖（Blue Lagoon）。如果说马耳他岛是繁忙之岛，戈佐岛是寂静之岛，那么科米诺岛就是一片世外桃源，在这里闲散和运动是生活中的固定项目。这个岛屿太渺小了，以至于被世界的进步遗忘了。正因为如此，它才得以保持其原始本色：色彩斑斓的海岸线以及点缀其中的两小片沙滩环绕着寸草不生、岩石密布的荒原。岛上随处可见漂亮的山坳、小溪、石林和岩石隧道，当然还有壮丽的蓝潟湖。环岛的一片水域色彩夺目：靛青和深蓝色的海水——沙滩海湾中的一片蓝色，融入了位于科米诺岛和科米诺托岛之间的蓝潟湖的水域中。这里是地中海最美丽的地方。似乎是为了锦上添花，这里甚至还有海豚嬉戏在群岛之间。

在古代，有人曾将这座岛称为科斯拉，而科米诺是其一直沿用的名字，它来自曾经在岛上大量生长的香料植物孜然芹。如今，孜然芹仍遍布在全岛的灌木丛中，而点缀小岛的却是一种开出粉红色或紫红色花朵有芬芳气息的名为百里香的植物。在春天，成群的蜜蜂便会用它的花粉酿造出也许是该地区品质最佳的蜂蜜。

四 建筑艺术

马耳他包含了各种各样的巴洛克式欧式建筑，最明显的是首都瓦莱塔。它具有典型巴洛克式建筑风格，其巨大的防御工事也基本完好。瓦莱塔于1980年成为联合国教科文组织世界文化遗产，被列入《世界遗产名录》。

1902年，在帕奥拉一条不引人注意的小路上，发生了一件引起世人轰动的大事。有人盖房时在地下发现一处洞穴，后来人们才知道，原来这里埋藏着一座史前建筑。它由上下交错、多层重叠的多层房间组成，里边有一些进出洞口和奇妙的小房间，旁边还有一些大小不等的壁孔。

中央大厅耸立着直接由巨大的石料凿成的大圆柱和小支柱，它们支撑着半圆形屋顶。整个建筑线条清晰，棱角分明，甚至那些粗大的石架也不例外，目前没有发现用石头镶嵌补漏的地方。天衣无缝的石板上耸立着巨大的独石柱，整个建筑共分 3 层，最深处达 12 米。这些不可思议的史前地下建筑的设计者是谁？在石器时代，他们为什么花费这么大的精力来建造这座巨大的地下建筑？人们百思不得其解。

马耳他岛的面积很小，仅 245.73 平方公里。但在这样一个小岛上，从 1902 年开始，人们发现了三十多处巨石神庙的遗址。这种精心设计的巨石建筑遗迹在马耳他岛上不止一处。在哈加琴姆、穆那德利亚、哈尔萨夫里尼，考古学家们也发现了几座经过精心设计的庞大建筑物。它们都用石灰石建成，有的雕琢粗糙，有的琢磨光滑，有的建筑物的墙上有粉饰，有的则精雕细刻，各有特色。哈加琴姆的庙宇用大石块建造，里面有一些石桌，它们排列在通往神殿门洞内的两侧，有些石桌至今未能被确定究竟是祭台还是柱基。考古学家在神殿里还发现了多尊母神的小石像。这座建筑是最复杂的石器时代遗迹之一，许多谜团有待进一步考证。

穆那德利亚的庙宇又是另一番景象。它建于 4500 年前，建在海边的峭壁上，可以在上面俯瞰苍茫无际的地中海。它的底层呈扇形，具有典型的马耳他巨石建筑的特征。那些大石块由于峭壁的掩护，很少受到侵蚀风化，保存得相当完好。

最令人感到神秘莫测的是名为"蒙娜亚德拉"的一座神庙。这座庙宇又被称为"太阳神庙"，它的结构很奇特，人们在惊叹之余又觉疑雾重重。这座庙宇实际上是一座相当准确的太阳钟！保罗·麦克列夫指出，根据太阳光线投射在神庙内祭坛石和石柱上的位置，可以准确地显示夏至、冬至等一年中的主要节令。神庙的建造者们居然能有那么高深的天文学和历法知识，能够周密地计算出太阳光线的位置，设计出那么精确的太阳钟和日历柱。这一切该怎么解释呢？石器时代的马耳他岛居民真有这么高的智慧吗？如果真是这样，那么他们是怎样获得这些知识的？为什么他们在其他领域却没有相应的发展？是什么因素激发了他们建造巨石建筑的疯狂热情？而这些知识又为什么莫名其妙地中断了？这一切至今仍没有人能够回答。巨石无言地耸立着，把一切高深莫测的疑问保持在一片沉默中……

第二章

历　史

第一节　上古简史

一　史前时期（公元前 1000 年以前）

马耳他本土迄今没有发掘出旧石器时代和中石器时代的文化遗迹，但是，我们也不能完全否定这一时期马耳他列岛上就没有人类居住。在那时地中海的海面很可能比目前低得多，马耳他岛的面积也远远大于现在。如果那时确有人类在岛上居住，那就大概住在沿海一带。因为，可以将西西里岛靠打猎和采集为生的部落，大量利用贝类等海生物并主要居住在沿海一带作为旁证，由此推断，马耳他岛的古人类也可能生活在岛屿的沿海一带。后来海面上升，淹没了旧石器时代人类的住所。总之，目前还不能排除新石器时代以前已有人类在马耳他列岛居住的可能性。

公元前 5000 年后期至公元前 4000 年初期，从中东渡海而来的移民到达西西里，并带来新石器时代文化。一般认为，最初定居于马耳他的居民来自西西里，因为西西里的新石器时代最初文化发展阶段（斯坦蒂内洛人）与马耳他的新石器时代最初文化发展阶段（阿达拉姆人）有明显的相似之处。西西里移民来到马耳他岛大约在公元前 3800 年。马耳他的新石器时代文化虽然起源于西西里，却有着自己的特色。它循着一条特殊的路线演进。早期的马耳他人主要依赖农耕和畜牧业，在长期的劳作活动中又培育出若干种谷物和其他植物。他们住在简陋的茅屋里，并组成小的村落。由于列岛上人口数量少，对农田的需求不是很迫切，列岛上许多地区仍然丛林茂密。

在新石器时代移民至此后的600年间，马耳他远古居民生活方式演进较慢，列岛没有发生很大改变。约在公元前3200年，马耳他诸岛的新石器文化的发展达到青铜器时代的水平。岛上资源也得到进一步利用，尤其是建筑水平的发展。青铜器时代的马耳他人的宗教信仰主要是对丰收神和祖先的崇拜。宗教信仰的鼎盛为宗教建筑技术的发展带来良好的契机，当时的马耳他人大量兴修神庙，建造了一系列极富特色的神庙和坟墓。早期以石凿的肾形墓穴为主，后来神庙的形态变得越来越复杂，采取了一种三叶形结构，其后又为数目各异的精巧的半圆形凹室所代替。不仅神庙的外观设计有所发展，而且规模也扩大了，石工很精巧，内部装修和点缀复杂、精致。

马耳他的巨石建筑或者巨石文化比地中海西部地区任何已知的类似建筑或文化更为古老。这种宗教的鼎盛和建筑技术的发展绝大部分发生在青铜器时代吉冈提亚人阶段。这一阶段持续了好几百年。

约从公元前2500年开始，马耳他的气候变得更加干燥。在神庙建筑最为盛行的吉冈提亚时期，列岛人口增长较快，虽然粮食产量也同时增加，但终于再无荒地可以开垦了。土地利用水平已达最大限度，列岛粮食再也不能供应更多的居民。然而人口还在继续增加，社会盲目地使自己陷入一种自我毁灭的境地。在一个耕种与休耕互相交叠的制度下，有可能缩短休耕时间以增加粮食产量，而这自然引起土地肥力加速下降，造成恶性循环。因此，社会的农业基础即遭破坏，农业自然也走向衰落。年复一年，由于营养不足而死亡的人迅速增加，婴儿死亡率上升，居民身体本已虚弱，每遭疾病，死者更多。

不知经过多久，又有一个来自意大利某地区的青铜器时代的民族移居到马耳他来。这些新马耳他人，或者说随后来到岛上的青铜器时代的开拓者，并没有什么特别值得注意之处。这些青铜器时代的头一批马耳他人把青铜器时代塔欣人建造的巨大神庙重新加以利用，将其作为火葬场，于是被称为塔欣墓场人。这些居民为自己造了许多石棚（一种巨石建筑，由若干块较小的岩石支撑着一块完整的大石作为顶盖）。火葬后的骨灰即埋在这些石棚里。塔欣墓场人定居列岛有数百年。

约在公元前 1450 年，马耳他为另一批青铜器时代的人——纳杜的博格人——所侵入。这些开拓者大约来自西西里，他们因一个马耳他的遗址而得名，这遗址位于马尔萨什洛克湾以北的一处海角上。入侵者征服了墓场人，而将这些原有居民融入他们的集体。纳杜的博格人生活在战争年代，他们的村庄设有防御工事，一般坐落在小山顶上。战争的发生，可能是由于又有新的入侵者企图在列岛上定居，也可能因为马耳他被分为若干村落，各有自己的土地，互相争夺。

公元前 900 年，另一个叫巴里亚的移民集团定居于马耳他，其带来的新文化和纳杜的博格人文化同时存在。马耳他的史前史于公元前 800 年前后结束，同时迦太基人移居到马耳他诸岛，在文化上开始对原有居民产生影响。

青铜器时代大部分时间处于战争状态，农业生产率下降，并导致人们依赖畜牧更甚于农耕，因为保护牲口免受掠夺尚有可能，而已种的庄稼则往往无法保全。这里出现了进出口物品的现象，列岛曾输入青铜器。在一些属于青铜器时代晚期的遗址上，很多和生产纺织物有关的工具被发现。有人认为当时人们曾用纺织品购买周围地区的青铜器和其他货物。

二 腓尼基人（公元前 1000 年至公元前 218 年）

在公元前 1000 年，腓尼基人已在地中海西部海盆进行贸易，随着贸易活动的范围扩大，在公元前 8 世纪至公元前 7 世纪移住到马耳他列岛。公元前 8 世纪，腓尼基人开始同西西里和意大利南部的商人通商，并在地中海西部建立了许多殖民地。与此同时，希腊人也开始同西西里和意大利南部的商人通商，于是也在地中海西部建立了殖民地。

在以后的几个世纪中，腓尼基人和希腊人在地中海中部有过利害冲突，冲突往往导致战争，然而双方在马耳他列岛却能和平相处。列岛上曾发现过不少从希腊输入的物品，但是，希腊人似乎未曾拥有多大势力，也未曾给马耳他列岛造成很大的影响。马耳他被腓尼基人牢固地控制着，腓尼基文化在此似乎已经根深蒂固。从这个时期起，已发现有文字记载。希腊时代的"Malet"，在腓尼基语中为"避风之地"或"避难所"之意。

三 罗马人统治下的马耳他（公元前218年至公元5世纪）

公元前4世纪以后，罗马的势力在意大利南部不断扩大，与腓尼基人发生了冲突。由于马耳他列岛自古以来就是海上船舶的优良避风场所和重要的军事基地，故在两者冲突中马耳他首当其冲。在第一次布匿战争（大约公元前242年）中，马耳他已成为腓尼基人的海军基地。战争期间，罗马人攻占了马耳他，在岛上纵火劫掠，为所欲为。后来腓尼基人拼命夺回了这个海岛，但在公元前218年第二次布匿战争中，罗马人又取得了绝对的控制权。

罗马人统治马耳他有一个半世纪。毫无疑问，罗马统治下的马耳他有很长一段时期十分兴旺：经济繁荣，达到了圣约翰骑士团着手开发列岛前从未有过的程度。设防的首都位于马耳他岛屿中部，大致在现在姆迪纳和拉巴特的位置。那是一个相当美丽和繁荣的城市：四通八达的街道，琳琅满目的商品，安居乐业的人民，其范围大小约为现在姆迪纳的3倍。在马尔萨地区有港口设施，港口附近还有一个市镇。首都和港口间大概有一条宽敞平坦的道路相通。

罗马人统治时期，戈佐岛也有一个中心城市，它位于现在的卡斯特洛。许多庄园遗址的发掘证明了当时的乡间庄园密布。从发现的遗留物中可以了解到当时的农作物以小麦和橄榄为主。马耳他生产许多供出口的奢侈品。

此外，当时的马耳他列岛还有一个著名的高级纺织品制造业中心。

马耳他至今还保留着罗马统治下繁荣时代的若干遗迹。除上面已经提到的庄园外，艾思图非哈地方的浴室还保存得相当完好，在拉巴特则有几处优美的早期基督教的地下墓窖。在17世纪开始后的一段时间，拉巴特街道上还有许多罗马建筑物的遗迹，它生动地说明了古代人生活的富裕与生活环境的优美。

第二节　中世纪初期和中期简史

一　中世纪初期（公元 5～10 世纪）

公元 5 世纪期间，罗马的势力在地中海迅速衰落，汪达尔人得以在北非建立起一个王国。随着王国的日益强大，汪达尔人迅速建设起一支强大的海军，开始袭击马耳他和西西里。公元 6 世纪期间，拜占庭人控制了马耳他和西西里。

公元 9 世纪中期，穆斯林从阿拉伯本土向外扩张，在北非、西班牙和西西里征服了大片地区。公元 870 年，他们夺取了拜占庭人所控制的马耳他岛。阿拉伯人对马耳他两个世纪的统治在文化上和经济上都给列岛以深远的影响。当时的马耳他语基本上就是阿拉伯语。

在此期间，马耳他的经济有了较大的发展。当时的一些记载一直流传至今："城镇村庄，林木水果。"这种描述使人眼前呈现一幅四野葱绿、富庶兴旺的画面。一些保存至今的史料证明，在阿拉伯统治时期，列岛上人工栽培的果木相当多。阿拉伯人带来新的农作物，大力变革岛上的耕作方式，并利用灌溉进行耕作，尤其以种植棉花和柑橘为重点，棉花在马耳他的农业经济中占重要地位曾有数世纪之久。阿拉伯人统治地中海中部时期，贸易也有了较大的发展。马耳他本身也成为阿拉伯人的贸易站。阿拉伯人把罗马时代的旧都再度设防，并更名为姆迪纳（即"城市"之意）。阿拉伯人还兴建了今天的圣安德鲁要塞及其周围的市镇。

总之，阿拉伯人的统治给马耳他文化与经济发展打下了深深的烙印。阿拉伯人留下的最重要的贡献还有马耳他语。在很长的一段时期内，马耳他人讲的阿拉伯语吸收了大量的外来词语，它们来自法语、意大利语、西班牙语以及后来的英语。这种多样语言糅合的结果，使马耳他语演变为一种独立的语言。

二 中世纪中期（公元 10 ~ 15 世纪）

公元 11 世纪初，有一群诺曼人朝圣回国，在途经意大利南部时，被招募去当雇佣兵。许多年后，这一小股的诺曼武士势力逐渐变得非常强大，在控制了意大利半岛的东南部之后，转而注目于西西里。1061 年 5 月，一个马耳他历史上久负名望的人——诺曼人罗哲尔，攻占了墨西拿。最终，诺曼人统治了整个西西里。1091 年罗哲尔的舰队进攻马耳他，利用智慧，施展计谋，兵不血刃，就从阿拉伯人手中夺取了列岛。

诺曼人征服马耳他的初期，穆斯林的影响几乎丝毫未受削弱。当时只有少数诺曼人定居列岛。1240 年，为了征税，列岛曾有过一次人口估计。有关这一估计的原始文件没有流传下来，但对其中各要点的摘要保存下来，这一摘要表明，穆斯林在数量上超过基督教徒，并且掌握着社会中的大部分财富。

1090 ~ 1200 年，只有少量的欧洲人和基督教徒移居马耳他。诺曼人在西西里人数也不多，与其说是移民，不如说是统治者。12 世纪后期，热那亚人在马耳他建立了一个贸易站，但是参与这一活动的人很少。13 世纪时，发生了一些新的事件，导致伊斯兰教势力的削弱。1224 年，阿布鲁齐地区的切拉诺发生起义，起义的居民有一部分被放逐到马耳他。这批移民人数也许不多，但对当地具有重要意义。此后短短几年内，驱逐穆斯林的运动就开始了。13 世纪期间，有一些基督教教团开始在岛上定居。其修道院无疑是欧洲文化的重要传播机构，他们普遍加强了基督教的地位。

穆斯林在公元 13 世纪 40 年代期间终于被逐出列岛，基督教徒成为多数居民。无疑有许多穆斯林宁愿放弃宗教信仰，而不愿离开家园。此外，还有一些因素促成列岛穆斯林势力的衰退。最初，诺曼人对西西里经济潜力的开发进程相当缓慢，但在罗哲尔二世即位统治（罗哲尔二世 1097 ~ 1154 年在位，所建之国称西西里王国）西西里王国（国土包括西西里、马耳他等地）时，其经济扩张的速度加快。邻近岛屿的繁荣使马耳他受到了很大的影响。马耳他通过贸易加强了与海外的联系，特别是与西西里和意大利南部的联系。在继承罗哲尔二世的两个诺曼人国王——坏威廉和好威廉的相继统治下，列岛继续趋向繁荣。好威廉逝世后，王国进入一个混乱的时期。但在腓特列二世皇帝[1]（1198～1250年在位）稳定了局势后，西西里就成为一个生机勃勃的文化和经济中心，从而把地中海中部地区变成欧洲最富庶区域之一。

腓特列二世是一位果断英明的君主，博学多才，治国有方，他深知妥善治理国家经济极为必要。这位皇帝鼓励改进农业，大力发展新的工业部门，王国的贸易得到审慎的管理。马耳他对腓特列家族来说举足轻重，因为岛上有大量的皇家财产。皇帝热心于在皇家土地上养牛养猪，饲养猎鹰，并曾计划设立一所露天、广阔的养殖场。这一地区的经济繁荣盛极一时，但未能持久。1250年，已被逐出教会的腓特列去世，教皇鼓动安茹的查理（1226～1285年），即法国国王路易九世的幼弟（称安茹伯爵）消灭这一王朝，夺取了西西里王国。这个傲慢的法国骗子很快就激起了西西里人的憎恨，1282年岛上的居民揭竿而起，这里的法国人几乎全遭杀害。[2] 西西里人以前曾同阿拉冈有过接触，法国人被击败后，西西里就成为阿拉冈王国的领土。1283年，安茹的查理企图以马耳他为基地收复西西里。他的舰队在大港海战中被击败，马耳他于是成为阿拉冈王国的一部分。

阿拉冈对马耳他和西西里有重大影响。马耳他贵族阶层的形成始于阿拉冈统治的早期，而这个新的社会成分显然促使西班牙文化的某些方面渗入当地的生活。阿拉冈国王统治着西班牙本土的一部分、西西里、希腊的部分属地以及其他一些地区，构成一个"地中海西部共同市场"。阿拉冈利用这个贸易区及其与北非之间的贸易联系而大大获益。马耳他从与阿拉冈其他领地的交往中也得到好处，并扩大了同其他国家的接触。构成广大的阿拉冈王国的大多数地区，在处理本身的事务上享有相当大程度的自治

---

[1] 腓特列二世是德国雷亨陶芬王朝腓特列一世的孙子，其母是罗哲尔二世的女儿。1198年为西西里王国国王，1211年是神圣罗马帝国皇帝兼西西里王国国王。

[2] 西西里岛的居民在复活节的翌日，在巴勒莫起义者领导下，以晚祷钟声为号，反抗法国人统治的事件，史称西西里晚祷起义。

权，马耳他也不例外。15世纪时，马耳他的行政机构总称为"尤尼佛西塔"（Universita），即"人民议会"（Consiglio Popolare）。人民代表由村镇的户长从贵族、知识分子、神父和商人中选出。人民议会的官员称为"哈基姆"或"执仗长官"。"哈基姆"是首席法官，也是人民议会的首脑。"哈基姆"由阿拉冈国王或由其派往西西里的总督任命。政府首脑下设4个选任的"纠拉提"管理日常行政事务。

此外，还有一批官员负责特殊任务，"卡塔帕尼"监察市场条例的执行并管理度量衡；"马拉梅罗"负责城墙的维修；"波尔托拉诺"则管理港务。总之，人民议会没有立法权，但是可以讨论马耳他的内部事务，向国王陈述马耳他人的需要，组织粮食供应和征收赋税。

马耳他居民的自治权有限。从当地官员和阿拉冈当局之间的往来文书中可以清楚地看到，前者只能在经过审慎划定的范围内做出一些行政决定。阿拉冈王室常把马耳他当作领地授予有功之臣，以表奖励。这些享有马耳他领地的贵族大都相当贪婪，不少贵族常常策谋叛乱，使岛上居民也卷入反抗国王的战争。这些冒险家得势之时，"尤尼佛西塔"对于事态所能施加的影响就微乎其微了。鉴于这种局面，马耳他人在1428年筹集了一笔巨款交给国王，以此赎买列岛当时的领地权，今后列岛不再作为领地授予任何人。

设在姆迪纳的"尤尼佛西塔"并不掌管马耳他所有地区的事务。15世纪在戈佐岛另立一位"尤尼佛西塔"，与阿拉冈当局直接联系。而姆迪纳所设的政府是否为比尔古城所承认，也尚属疑问。在中古时期的马耳他，比尔古城在某些方面情况比较特殊，该城居民主要以经商为生，有许多外国人，特别是商人和工匠在这一居民点定居。因此，在中古马耳他的全部城镇和村庄中，唯有比尔古这个地名属于拉丁语，而不属于阿拉伯语。

在阿拉冈统治期间，基督教徒在马耳他社会里的地位上升并居于主要地位，贵族的分封、地方政府的发展、移民——特别是来自西班牙和意大利南部的移民的影响，以及伊比利亚半岛和西西里文化的影响，促使马耳他居民在人生观和生活方式方面发生了显著变化。

　　在阿拉冈统治时期，马耳他的经济情况不佳。穆斯林的退出必然在经济上造成一定破坏，而西西里晚祷起义前后发生的动乱一度使马耳他成为争夺的对象。14世纪时，海盗的劫掠成为地中海中部地区一个越来越严重的问题。大多数港口，包括马耳他在内，实际上都或多或少地参与到海盗活动之中。经过一段时期之后，宗教因素所起的作用愈来愈大，北非穆斯林有袭击南欧航运的强烈趋势，而南欧的基督教徒同样企图袭击北非航运。马耳他由于面积小，且位置偏僻，遭到袭击的可能性更大。此外，西西里和加拉勃利亚的海盗每逢北非沿岸买卖不佳，便在列岛四周的海面发动袭击。

　　公元15世纪，这一对峙的规模扩大了。1412年、1422年和1423年，都有北非的军队袭击马耳他。1424年，一支阿拉冈的远征军以马耳他为基地，向穆斯林进行了一次报复性的袭击。这次袭击招来1429年对列岛的一次反击，其结果是马耳他岛和戈佐岛都遭洗劫。3年后，阿拉冈人进行报复，大规模地袭击了靠近突尼斯海岸的岛屿杰尔巴，但这也对仍然满目疮痍的马耳他经济造成了破坏，马耳他农业发展遭遇极大挫折，其后数年颗粒无收。15世纪时，马耳他旱灾越来越频繁，使得农业的各种问题恶化。此外，由于棉花的种植显得日益重要，橄榄树的栽培受到影响，这也促使土地日益干旱，增加了歉收的概率。

　　连年的战祸阻碍了商业的发展，使棉花的输出与从西西里输入主要的食物日益困难。人口数量有一定幅度的减少，瘟疫也是促使人口减少和商业萧条的另一因素。马耳他的人口是从13世纪前半期的最高峰节节下降的。马耳他的衰退是从驱逐穆斯林开始的，至15世纪时，衰退速度就加快了。当地的自然环境也因人口的变化而更加恶劣。位于海滨或地形广阔地区的村落全被舍弃，居民大都乐于在内地的居民点安家。村庄既然消失，过去由农民耕种的农田也就逐渐荒废，不少农田陷于无人经营状态。15世纪中期，"尤尼佛西塔"的卷宗上有不少关于贫困和发展不景气的记载，其中有一段记录谈到马耳他当时的情况是：

　　　　汪洋大海之中的一块礁石，孤立无援，生活艰难。

由于当时财源不足或无心经营，姆迪纳和比尔古的防御工事得不到适当的维修，镇上大量居民只得迁居他处。根据 16 世纪的一篇文章的记述，那个曾经是"美物皆备、产量且丰、备受神恩"的马耳他岛已经变为：

> 汪洋中一块孤石，上覆三四尺厚的一层土壤，其中碎石累累，不易种植五谷……

因土地贫瘠，海盗频繁袭击，马耳他贫困愁苦。总之，在马耳他定居不但令人不愉快，而且简直无法忍受。

第三节　中世纪晚期简史

一　圣约翰骑士团的征服（1530～1565 年）

当马耳他人屡遭北非海盗袭击和不断骚扰之际，罗得岛上的圣约翰骑士团也面临奥斯曼土耳其人带来的越来越大的压力。15 世纪后半期，土耳其人的多次进攻都被圣约翰骑士团打退。但是，到 1522 年，经过一场长时间的相互进攻后，骑士团最终被迫放弃罗得岛。从地中海东部这座精心构筑的要塞中撤走。他们被迫向西转移，为寻找新的基地不得不长期奔波，费尽心机。

随着岁月的消逝，骑士团实力逐渐削弱。团长意识到唯有迅速取得新的基地才能避免骑士团彻底垮台。查理五世皇帝提出有条件地把马耳他划给骑士团驻守。于是骑士团派出一个委员会到岛上察看，提出了报告：马耳他仅有的一点防御工事都已年久失修，岛上每年生产的粮食只能维持几个月，必须从西西里进口大量粮食。由于处境不见好转，最后在 1530 年春，圣约翰骑士团不得不把马耳他列岛连同的黎波里要塞一起作为皇帝赐予的领地接受下来。封建臣属通常应尽种种义务，而他们只每年进贡一头猎鹰，其他全部免除。

查理五世皇帝开出的条件则是：今后如果骑士团撤走，未经查理五世或其继承人同意，不得擅自处理马耳他列岛。骑士团舰队司令一职此后由意大利人担任，以免这一关键性的职位落入法兰西人之手。在任命马耳他主教一事上，皇帝也保留一定权力。在双方就马耳他移交骑士团一事达成协议后，1530 年 10 月，团长及骑士团主要成员分乘三艘战舰到达马耳他，定居在比尔古。

在磋商期间，双方都未征求马耳他人的意见。1428 年，马耳他人曾向阿拉冈的国王阿尔方斯五世交了 30000 弗洛林①换取了列岛永远直接归国王管辖，不做领地封赠臣属的诺言。因此，当马耳他人听说马耳他可能成为无家可归的骑士团的基地时，就派遣使者去见西西里总督，提醒他许下的诺言。而总督欺骗岛上居民说：并未做出任何决定，不必担心。而当查理五世将马耳他赐予骑士团时，马耳他人再次进行抗议，此时木已成舟，无法挽回了。

骑士团控制了马耳他岛上他们唯一真正感兴趣的地方——沿港口一带，并接管姆迪纳的"尤尼佛西塔"过去负责的一切职权，骑士团还设立了自己的法庭，成了列岛之主。

骑士团定居下来后，对马耳他的不利条件看得更加清楚。岛上的粮食大部分必须从西西里进口，岛上的军事设施非常落后，现有的防御工事陈旧不堪，需要全面加以修建。当地居民稀少，无法为列岛提供足够的防卫力量。马耳他又缺乏自然资源、缺乏工业等。骑士团财政很拮据，无力建设马耳他的防御工事，因此，想另寻基地。

1531 年夏，骑士团的舰队迅速地袭击了莫里亚的莫登港，并占领了该镇。不巧的是离莫登不远驻有一支土耳其大军，骑士团只得撤退。与此同时，骑士团继续进行外交活动以寻求新的基地。团长向查理五世建议，叙拉古（今名锡腊库扎）要比马耳他更为合适。骑士团还建议迁到格利博卢或意大利"靴跟"上的奥特朗托，但皇帝对此并不热情支持。

16 世纪 20 年代到 30 年代初期，骑士团动荡不安的处境对马耳他起了严重的副作用。马耳他的骑士们都出生于欧洲高贵门第，只求暂时落脚

① "弗洛林"是 1252 年在佛罗伦萨铸造的金币。

岛上，显然不愿在防御工事和其他建筑上投资过多。这种态度持续了将近40年之久，这就使得岛上的防御工事千疮百孔。

骑士团统治的头几年几乎毫无建树。骑士团到来之时，与卡斯特洛城门相连的比尔古城区大半均未设防，于是其在该城所在的半岛上面向陆地的一边设置若干工事，以加强防卫。除此以外，还修复了一些原有的工事，虽然骑士们明知这些工事远远不够，却没有兴修其他新的防御工事。

至1532年，通过外交及军事手段另觅新基地的企图均告失败，骑士们这时才意识到他们在马耳他很可能还要再住几年，于是开始兴建一批简陋的工程。1532年11月，骑士团为一所医院奠基，大约与此同时，各分团开始在比尔古修建骑士府，这些建筑物大部分都修建在距卡斯特洛较远的比尔古一带。但这批骑士府第和防御工事规模太小，尤其是骑士府。

骑士们知道要想把马耳他作为可靠的海军基地，岛上防御工事就必须能全面控制大港。1541年，骑士团把军事工程师安东尼奥·费尔罗莫利诺请到马耳他，请他提出改善防御工事的良策。费尔罗莫利诺研究全部问题后得出结论：在塞伯拉斯半岛修建一座新的要塞。由于骑士团内部意见不一而只将比尔古及圣安格洛的工事加以改进。

1551年7月，一支土耳其舰队开进马萨姆希特，登陆者估计有万人。一上岸即遭骑士团军队伏击，接着又遭到由英国骑士尼古拉斯·厄普顿爵士率领的一支骑兵的突击。土耳其军队登陆后，司令官把部队驻扎在塞伯拉斯半岛上，由于感到兵力太弱，难以迅速攻下比尔古和圣安格洛，于是转而开往姆迪纳，途中在比尔基卡拉和戈尔米附近一带大肆掳掠烧杀。当时姆迪纳虽然防御工事薄弱，防守兵力孤单，但居高临下，占有"地利"，加之指挥官用兵有方，终于使土耳其人明白，要攻下姆迪纳不是轻而易举的事，转而决定攻打戈佐岛，该处城堡防守较弱。戈佐岛上的驻军未能坚持多久，几天后就向土耳其人投降。

1551年，戈佐岛军事失利后，骑士团成立一个委员会来检查马耳他的防务，提出改进意见。首先，在塞伯拉斯半岛尖端修建一座星形要塞（圣埃尔莫），以便控制半岛和各港口。其次，还建议在毗邻的利索拉半岛上连接大陆的一端也修筑一座要塞，以免进攻者利用它作为一个现成的炮台，此即圣迈克尔要塞。圣迈克尔和圣埃尔莫于 1552 年建成，但塞伯拉斯半岛上的新城未动工。

土耳其的海上威胁以及北非沿海各国海盗的兴起，改变了马耳他的战略地位。对地中海中部海路控制权的争夺日益激烈，在这种形势下，马耳他成了关键性的要塞。1547 年，土耳其军队在马萨希洛克登陆。虽然这次进攻被击退，骑士团及马耳他人的损失也很轻微，但这不过是两军的首次接触，类似的袭击接踵而来。从 1548 年至 1560 年，土耳其军队几次在戈佐岛登陆。此外，骑士团的战舰在掠夺穆斯林的海上货运中一直是很成功的。

16 世纪 60 年代初，从列万特一带传来消息，一支土耳其大军正准备远征马耳他，骑士团为保卫马耳他做好了力所能及的一切准备。1565 年春，在瓦莱特（Valette）团长控制下的要塞只有圣埃尔莫、圣安格洛和圣迈克尔，还有森格莱阿和比尔古这两座设防城镇。在马耳他的中部，防守薄弱的是姆迪纳城。自 1551 年被围攻以来加强了防御的戈佐城堡，也驻扎着守军。这些阵地上驻守着大约 9000 人，由骑士、外籍兵士及马耳他人组成。这支兵力大部分集中在沿港湾的各个要塞，在姆迪纳和戈佐岛上的城堡只布置了少量的分遣队。可利用的骑兵则全部驻扎在姆迪纳。

二　马耳他之围（1565 年）

公元 1565 年 5 月 18 日，一支约有 200 艘战船的土耳其舰队开到马耳他附近水域，向海岛逼近，然后绕过岛的南端，对西海岸进行侦察。当晚，土耳其舰队在西海岸一处小海湾过夜，次日拂晓，土耳其军队决定在马尔萨什洛克登陆。这座马蹄铁形的大海湾海岸线长达 10 公里，其中大部分地方都便于登陆，这就使得土耳其军队能够在一条较长的战线上对基督教徒发起进攻，从而充分利用他们在数量上的优势。而沿岸又未设置大型炮兵阵地，瓦莱特团长只得听任土耳其军队登陆，未做重大抵抗。

其后一连 3 天，土耳其军队大肆烧杀掳掠。一些农民未能逃入设防的城寨，大批牲畜因此落入土耳其军队手中。骑士团无力离开阵地进行全面决战，骑兵也因马耳他野外地形不利而大受束缚。

5月21日，双方在比尔古附近发生一场短促的战斗，土耳其军队似乎即将进攻骑士团的各个主要防御阵地。

5月22日，土耳其军队开始配置炮兵，准备攻打圣埃尔莫要塞。为了修建大炮阵地，构筑壁垒，挖掘战壕，费去相当时日。在这段时间内，战斗时断时续。而激战的爆发却是由于基督教徒一方的主动。圣埃尔莫的守军在5月29日凌晨出击。前沿战壕中的穆斯林措手不及，陷入一片惊慌。后来，土耳其军队指挥官派来生力军，将守军逐回堡内，并在混战中占领了要塞的若干外围防御工事。

几天之后，仍是由于守军疏忽大意，土耳其军队又控制了要塞前方其余的外围防御工事。土耳其军队大为振奋，想一举拿下要塞主堡。但他们的准备工作没有做好，圣埃尔莫四周的城壕没有填平，爬城的云梯又太短。随之而来的是一场大屠杀。守军在实战中成功地试用几种武器，如沸腾的沥青、野火①等，且是在土耳其军队到来之前加紧准备的，在几个星期中制造出一种杀伤力极大的绝妙武器——一个大圈，缠上大量棉布，注入化学燃烧剂。这种投掷武器可以迅速点燃，从城墙上投向攻城者，通常一圈可套住一小群人，使穆斯林的宽袍大袖立即着火燃烧。土耳其军队在这一天伤亡极大。守军则阵亡百人上下，其中包括20名骑士。

6月初，赫赫有名的海盗头子德拉加特率领1500人从北非海岸到达。他在海角上设置了一些新的炮队，另一炮队在圣埃尔莫前沿开阔地带与圣安格洛之间构筑了阵地，而又一处炮兵阵地也在绞架岬（今名里卡索里岬）筑成。至此圣埃尔莫受到三个方面的轰击，堡垒所遭破坏的速度加快了。

当时，堡垒四壁已出现了几处缺口，守军认为他们已经打了一场漂亮仗，荣誉上已经说得过去，如今已到了从一处必将陷落的阵地撤出的时刻。6月5日，一位英勇无畏、名震一时的骑士梅德兰诺爵士被派往骑士团执事会申述守卫部队的这种看法。但是瓦莱特团长不以为然。他认为只要继续坚守其堡垒，就能为骑士团赢得极其珍贵的时间。由于他的威信，

---

① 一称希腊火，是以前海战中用来焚毁敌船的一种燃烧剂。

执事会支持了他的观点。梅德兰诺回到圣埃尔莫去传达执事会的决定。守卫部队听说竟然要求他们继续坚守一处显然短期之内即将失守的阵地，无不大为惊异。于是他们起草了一份由 50 多位骑士签名的声明。该声明说，他们准备为骑士团牺牲，如果团长再不下令让他们撤退，他们就要从堡内冲杀出来，同土耳其军队决一死战，在战场上光荣献身。

瓦莱特巧妙地处置了这种局面，他派出一个 3 人调查团前往调查圣埃尔莫的工事状况。调查团中有一位成员坚信其堡垒还可以再守一段时间，他自告奋勇担任指挥，率领一支援军进入圣埃尔莫，援军由志愿人员组成。瓦莱特给圣埃尔莫的骑士送去一封文笔犀利的短信，在信中告知他们从危险岗位撤退下去而由他人代替，这是任何骑士都不能容忍的耻辱。圣埃尔莫的骑士们请求团长允许他们继续留在堡内。瓦莱特表示同意，但要求守卫部队洗雪他们荣誉上的污点。

6 月中旬，土耳其军队终于认清若要攻下圣埃尔莫，就必须完全截断堡内人员的给养线路。穆斯林已经把这座要塞置于炮火包围中，轰开了一些缺口，在外围阵地上布置了狙击手。土耳其军队的司令部于是决定将战壕一直延伸到大港边上，并用火力将每晚从圣安格洛派来的船只所停靠的地点加以封锁。土耳其军队沿着毫无遮掩的海岸构筑新的工事，因而出现重大伤亡。在此期间，土耳其司令官德拉加特也被炮弹炸飞的一块岩石碎片击中，重伤致死。新的工事于 6 月 19 日完成，要塞于是陷入严密的包围圈中，援兵从此断绝。此后 3 天，土耳其军队的大炮不断轰击，接着在 22 日发动总攻。守军又一次鼓起勇气，拼死抵抗，总算再度打退了土耳其军队。但是，守军明白大势已去，当天晚上，他们举行了祈祷。次日清晨，受伤的人和垂死的人都被运送到各缺口处，用东西支撑着，手执利剑，准备就义。

6 月 23 日早晨，土耳其士兵咆哮而来。他们一次次受挫、动摇、退缩，又一次次重新集结，凶猛地攻入堡内，把遍体鳞伤、已经垂危的基督教骑士均残酷杀害。已死的骑士和垂死的骑士全部被斩首，尸体划上血淋淋的十字架以嘲笑戏弄，然后一一捆绑在木头上投入海港中。这些遗体被比尔古守军从水中捞起，以隆重的哀悼仪式葬入骑士团的修会教堂。于是，基督教军队中也爆发了类似的毫无理智的怒火，将土耳其战俘全部斩首，头颅被填入大炮炮膛，射向敌方阵地。从此以后，双方在战场上都不留战俘。

土耳其军队攻克圣埃尔莫，费了几乎整整一个月，而付出竟然达8000人的伤亡代价，包括最有将才的司令官德拉加特在内。穆斯林还丧失了他们的傲气与必胜的信念。在土耳其军队中，已经种下了失败的种子，况且这样一支大军的组织与给养问题也开始造成某些困难。

基督教徒方面丧失了1500名战斗人员，其中包括大约130名骑士。但他们打了一场英勇的牵制战，震惊当世。全体守军士气高昂，而圣埃尔莫陷落时发生的暴行，更激起了一股狂热的仇恨，进一步坚定了他们的战斗意志。圣约翰骑士团的骑士们追求荣誉，骑士们更是舍生忘死，英勇战斗。

圣埃尔莫陷落后，土耳其舰队驶入马萨姆希特，穆斯塔法调动部队主力进攻比尔古、森格莱阿各处阵地。圣埃尔莫遭围攻期间，两城的防御工事大为加强，整个防御体系也进行了精密的组织。穆斯塔法指示，土耳其军队的战壕应从科尔丁一直延伸到比希，从而将比尔古及森格莱阿完全包围。但在此项工事完成之前，从西西里派来的一支救兵，约有700名士兵、50名骑士以及若干西班牙步兵，于6月29日在马耳他北部登陆。这支部队得以穿过尚未合拢的土耳其战线进入比尔古。

土耳其的军工作业在大约两周之后完成，7月15日开始进攻圣迈克尔要塞。这是一次联合作战，从陆上以及要塞侧翼的法兰西湾同时发动攻击。7月初，土耳其军队也得到了增援部队，这是由德拉加特的女婿哈森从阿尔及尔带来的2500人，海陆两路都挑选他们打头阵。哈森指挥陆上的一路，他的副将则率领预定在法兰西湾登陆的船队。这次攻势一度近于成功，海陆两路都在圣迈克尔的城墙上插进了小小的楔子。骑士团的预备队从比尔古增援而至，土耳其军队则派出近1000名近卫军分乘10条战船前往加强海路攻势。近卫军在绕过森格莱阿时暴露了自己，被一支紧靠海边设置的圣安格洛的炮队打得落花流水，10只船中有9只立即沉没，船上的近卫军绝大多数阵亡。这一损失决定了胜负，已经攀登上森格莱阿和圣迈克尔城墙的穆斯林都被扔了下去。基督教徒这一天的损失为200～300人，穆斯林则为2000～3000人。

土耳其军队曾两度胜利在望，但是，由于骑士团英雄们的勇敢机智，其功败垂成。8月上旬，穆斯塔法的部队杀出一条血路，深深插入圣迈克尔的一个突破口，把自己的旗帜插上城墙。此时比尔古也正陷于苦战之中，看来土耳其倚仗自己的优势兵力终于要占上风了。但穆斯塔法军队后方突然一片混乱，传言一支基督教救兵已从西西里出发，进攻土耳其设在马尔萨的大营的帐篷着火燃烧，浓烟烈焰遥遥可见。穆斯塔法只好传令收兵，全军向后转移，开赴马尔萨进行抵抗。这其实是骑士团驻在姆迪纳的骑兵部队在战斗高潮时扑向警卫不严的营地，屠杀了伤兵，焚毁了营房的帐篷和给养，从而使穆斯塔法召回了自己即将获胜的军队。

土耳其军队在8月18日本应夺得围城战的胜利。那一天，土耳其军队挖空了比尔古一座城堡的大部分地基，一声爆炸，城堡大部坍塌，守军措手不及，土耳其军队开始攻入城内。消息传到瓦莱特耳中，他当即亲自率领士兵反攻，一往无前，锐不可当，来犯者终于被击退。土耳其军队当晚又一次发动进攻，但又再度被驱逐出去。

接着，在9月6日，西西里总督派出的由9000名士兵组成的军队又在马耳他最北部一个叫梅利耶哈的海湾登陆。9月8日，穆斯塔法命令部队在圣保罗湾重行登陆，向内地推进。但他的士兵在敌方生力军发动头一次冲锋时就掉头逃命。他们在圣保罗湾争相挤上把他们送往舰队去的小艇时，又有多人被杀。

这场战役基督教徒得以取胜的原因如下。

第一，骑士们都是受过高度训练的超群绝伦的战士。他们献身十字军事业，以勇敢为最高的道德准则。他们总要坚持奋战直到战胜或是战死，而绝不会有投降、失败或逃命的念头。他们的榜样必然也会影响其余的守军。

第二，瓦莱特团长的英明领导对骑士团的胜利关系甚大。瓦莱特深谋远虑，勇于决断。他所进行的防御准备彻底，虽然圣埃尔莫一战损失惨重，但拖延了土耳其攻势，有利于全局，以及他在使用骑士团的薄弱兵力时所施展的技巧，都显示了他的足智多谋。

第三，作为军事统帅，他的人格本身尤为重要。人人都深信瓦莱特在必要时也会为自己的骑士团赴死，而且死得英勇。当土耳其军队爆破了比尔古的一大段城墙，攻入城内时，瓦莱特遇见头一批从战场退下来的慌乱的人群，他善言加以安抚，提起长矛，大步走向突破口。人们立即群起效法，团结在他的周围，在他的领导下夺得了此役中又一次最重要的胜利。

1565年春天，马耳他有一支由9000名士兵组成的武装部队，其中马耳他人超过5000名，他们在战斗中起了决定性的作用。他们虽然训练不佳，但是在瓦莱特的率领下，总是能在紧要关头做出重大的贡献。马耳他的妇女和儿童也起了重要作用。大批当地居民在战斗中牺牲，大多数不是由于战争波及，而是战斗的直接后果。马耳他妇女协同士兵重修城墙，为战士运送食物，救护伤员，到了后期更经常积极地参与战斗。

尽管基督教徒一方十分勇敢，但穆斯林一方原来还是能够获胜的。战败之责必须算在土耳其司令官身上。土耳其军队的作战计划前后不一，司令官滥用兵力，因而使士气一蹶不振。对圣埃尔莫实力的错误判断，以及后来未能阻击援军乘夜间源源不断地进入该堡，这些错误枉送了数百人的生命。

土耳其军队的大炮比骑士团多，土耳其军队只要把各处城防一一轰溃，然后利用自己的优势兵力冲击各处突破口，即可夺得胜利。但土耳其军队总是在各处防御工事受到足够破坏之前即投入攻击，结果使兵员做出不必要的牺牲。土耳其军队在战役中还忽略了若干细节，为此付出了极大的代价。战略误判和战术错误使土耳其军队不得不付出高昂的代价并最终失败。

马耳他之围是欧洲史上的一次重大的战役。如果说1565年还不是欧洲和骑士团生死存亡的最紧要关头，但它是马耳他近代史的奠基之年。骑士团获胜并从此留了下来，在其后的两个半世纪中，圣约翰骑士们修建堡垒要塞、军火作坊，以及新的城市、宫殿和别墅。而马耳他人即依赖这一开支而富裕起来。在骑士团统治期间，马耳他人口增加5倍，发展了新的贸易、新的工业，列岛成为欧洲最繁荣的社会之一。而这一切无不源于1565年的胜利。

三 圣约翰骑士团的统治 （1565～1792 年）

骑士团与马耳他人虽于 1565 年获得全胜，但面临的许多问题亟待解决。战争使马耳他乡村一片荒芜，许多城镇与村庄遭到严重破坏。约有 7000 名马耳他人死于战祸，骑士参战者被杀几乎近半数。列岛当时曾遭受巨大破坏，居民普遍陷入艰难困苦之中。

骑士团的问题要更为复杂。骑士团在人力和物资上都损失惨重。大部分要塞被夷为废墟，大围攻耗费了巨额资财。在这种情况下，昔日的意见分歧再度爆发，鉴于骑士团在岛上有限的一点产业已遭破坏，而土耳其军队又势必卷土重来，许多骑士主张舍弃马耳他。

曾一心想把马耳他定为骑士团大本营的瓦莱特团长，似乎也对是否应留驻本岛产生了怀疑。大围攻刚一解除，团长就请求教皇派遣一个能够在塞伯拉斯半岛设计一座新城的军事工程师。而当被选定的弗朗西斯科·拉帕雷里于 1565 年 12 月到达马耳他时，他发现骑士团的许多资产均已包装完毕，等待启运。拉帕雷里看到骑士团正处于不稳定与解体状态，便加紧进行工作。他察看了塞伯拉斯半岛，充分肯定了其防御与战略上的种种有利条件，并于数日之内向骑士团执事会提出了修建新城瓦莱塔的计划。尽管骑士们仍踌躇不决，拉帕雷里却已募齐工人，筹足物资，并把新城防御工事的基线标划了出来。拉帕雷里此举起了促进作用，1566 年 3 月 28 日团长瓦莱特就为这一以他的名字命名的新城瓦莱塔 （Valetta） 奠基。修建瓦莱塔的决定对骑士团起了稳定人心的作用，但它并没有使骑士团是否应留居马耳他的这一争议立即平息下来。

马耳他由于获得大捷而声名远扬，大量旅游者和"冒险家"纷至沓来。人口的流入更加动摇了骑士团的教规，导致伤风败俗的行径变本加厉。无法无天的现象在拉·卡西埃尔 （1572～1581 年在任） 统治期间达到顶峰。团长竭力抵制一些下属这种过度的荒淫放荡生活，下令取缔城内所有娼妓。这一命令的颁布激怒了骑士团的许多成员。团长拉·卡西埃尔立遭拘捕，并在他企图迫害的妇女们的嘲笑声中被解往圣安格洛要塞囚禁起来。有人企图另立骑士团最有名的海军统帅之一罗米加斯为团长，但教皇进行了干预，把罗米加斯和卡西埃尔同时召往罗马以清查原委。最后，卡西埃尔得以复职。

瓦莱塔城就是在这种违犯清规、背离誓言、纵容异端和岛上纷争不息的背景下奠基和建立起来的。这座城市在许多岛民处于极度匮乏的时刻兴工修建，使大量马耳他人得到了工作。瓦莱塔的兴建也使骑士们从此不能轻易丢弃马耳他。拉·卡西埃尔事件后，教团终于安定下来，这对骑士团本身和马耳他人民都是幸事，广泛的违法乱纪现象普遍消除了。这时期的马耳他出现了安定、发展的局面。

在人口方面，圣约翰骑士团初至马耳他列岛时本岛居民约有两万人，戈佐岛居民估计有 5000 人，而科米诺岛则杳无人烟。在整个骑士团统治期间，马耳他的人口虽然不时地受到战争、饥荒和瘟疫的影响，但还是稳步增长。1590 年以后，马耳他的人口统计曾经不定期地进行。根据统计，1760 年仅马耳他岛上的居民约有 6.6 万人，到 1798 年马耳他诸岛的居民总数上升到大约 10 万人。其中，海港的市镇居民数量增长要比边远地区和乡村更快一些。瓦莱塔新城市 1590 年不过 3000 名居民，1632 年达到 9000 名。戈尔米的居民由 16 世纪末的 2000 名增加到 1766 年的近 4000 名。比尔基卡拉从 1614 年的 2000 名居民增加到 1766 年的 3900 名居民。

在城镇和村庄方面，随着人口的增长，马耳他居民点的分布结构和规模也发生了变化。马耳他居民区的发展有以下三个特点。

第一，人们仍然不愿在沿海和岛的北部定居。

第二，像戈尔米、比尔基卡拉、泽布吉与泽通等一些乡村居民点都得到相当大的发展，而较小的村落则极少发展，有些干脆消失了。1436 年马耳他大小村落有 38 个，而到 1798 年只存在 24 个。这些村落的结构也发生了很大的变化，它不仅成为居民的密集中心，而且逐渐发展成为集市交易和商业活动的中心。戈佐岛的乡村居民点主要是在 18 ~ 20 世纪发展起来的。

第三，大港和马萨姆希特附近建立和发展了好几个新的城镇。1571 年，骑士团决定于 3 月 18 日从旧都城迁入瓦莱塔新都城。于是，新都城迅速发展起来，接二连三地建起了许多欧洲文艺复兴式和古典式的建筑物，以及与马耳他本地的建筑风格糅合在一起的建筑物。至 1582 年，瓦莱塔新都城已经大体建成，它拥有整齐的街道，宏伟的办公大楼、剧院、图书馆等公共建筑物，还拥有许多豪华的私人住宅。它从规模上和建筑风格上成为"欧洲的缩影"。

骑士团来到马耳他，给当地的社会以巨大的冲击。骑士团作为贵族的社会集团落脚马耳他后，与当地原有的上层和贵族等级相结合，进一步壮大了上层和贵族等级的规模，从而巩固了马耳他的封建社会结构，同时也加深了马耳他贵族与平民的对立。在骑士团的统治下，官职仍然由马耳他人担任，但是其由骑士团团长从马耳他的上层和贵族中挑选。人民议会的权力有所削弱，到 18 世纪它主要负责马耳他列岛的粮食供应，其他的权力由骑士团及其团长来行使。

17 世纪时，骑士团的历任团长已经不满足于管好国务，施行仁政，而且还为骑士团发展许多福利事业，如设置各种基金，确保骑士团安居乐业。

在宗教方面，骑士团统治期间教会在马耳他的社会生活中起着越来越大的作用。教堂数量增加很快，旧教堂进行扩建，而且被装饰得富丽堂皇。宗教节日的礼节仪式也越来越复杂和烦琐。老教区的地位日益重要，不仅成为军事防御体系的一部分，而且也成为居民的安居中心。许多村庄被提升为新教区，从而加速了马耳他城镇的形成和发展。

在经济方面，在圣约翰骑士团到达马耳他前，岛上经济状况十分萧条，列岛所产粮食不能满足居民的需要，海盗又不断地直接危害马耳他的经济，截断通往西西里的海路。骑士团的到达改变了这种状况，从许多方面促进了马耳他经济的发展。首先，骑士团终于造成一种相对安定的局面，使列岛成为一个比较安全的投资场所。其次，骑士团在马耳他消耗的巨款为马耳他人不但提供了工作，而且提供了资金。最后，骑士团兴办了一些为他们的军事结构所必需的工业，这些工业又促进了辅助性生产活动的兴起。因此可以说，骑士团的军事机构对列岛经济产生了积极的影响。

在农业方面，虽然列岛对农业的依赖已较前略差，但就所雇用的人数来说，农业在马耳他经济中仍居主要地位。13 世纪后期以来，当地农业已不仅供应当地需要，还有不少产品可供出口。整个农业主要生产粮食、棉花、茴香、葡萄与橄榄。葡萄业的衰落过程则略有不同。在 15 世纪头几十年中，葡萄仍是马耳他岛和戈佐岛的重要作物。1429 年，列岛遭到来自北非的大规模袭击，农田受到严重损坏，许多葡萄园被毁。19 世纪以前，岛上根本没有酿酒业。

17～18 世纪，按照经济、社会和战略等方面的需要，马耳他对现有作物品种稳步地进行调整。自 17 世纪直至骑士团统治后期，棉花地位日益重要，种植面积也大量增加。棉花要求优质土地，所扩大的种植面积主要自小麦用地取得。但总的来看，谷物产量并未缩减，唯质量有所变化。在土质较差的田地上大量增加种植大麦与"米希亚托"（一种抗病性强的杂交作物），以供社会下层阶级食用，并用作饲料。牲畜饲料主要为棉秆和棉籽，纤维则由农民纺纱，纱成为列岛主要的出口物资，棉花因而在乡村生活中占据了首要地位。

马耳他在骑士团到来以前的许多世纪里，一向以生产茴香闻名，科米诺岛实际上即以此种植物而得名。茴香的籽不仅可供药用，而且是一种调味品，有相当数量可供出口。马耳他列岛所产柑橘质量很高，颇负盛名。亚麻与大麻的种植居次要地位。蓢草约在 18 世纪才被引入，骑士团起初竭力反对，唯恐空气受到此种植物的污染，后来方允许种植。

马耳他列岛最重要的肉食来源是牛，其中许多是从西西里进口的，然后在列岛催肥。主要奶源为山羊，绝大多数村庄均大量饲养山羊。

马耳他列岛各处的耕作方式并不划一。地理条件、土壤类型以及居民区的特点互不相同，致使不同地区的使用方式与利用强度也往往互有差异。地处边远而人口稀少的马耳他北部在 17 世纪初土地利用率很低，至骑士团统治期间，其开始大为提高，若干石灰石山脊虽然被多次大力开发造田，但仍然只能勉强用作粗放性质的牧场。对比之下，山脊之间充满土壤的低洼地带常常具有较便利的水源，遂发展起一批精耕细作的水浇园田，亦称为"格尼思"。马耳他中部及南部一些古老村落周围的土地，一般均被精耕细作，闲置者极少。

四　圣约翰骑士团的衰落（1792～1798 年）

公元 16 世纪前后，欧洲民族主义潮流的兴起使骑士团陷入困境。教团此时已不再单纯代表整个基督教世界，因为其成员来自若干不同的国家。这些国家对骑士团所采取的态度、他们之间的相互关系以及对土耳其所持的不同立场，势必成为不断发生摩擦的根源。骑士团与土耳其相抗衡，就不再只意味着拼杀搏斗，胜败存亡而已，因为这一斗争触犯了欧洲国家的权益，骑士团一直在外交上受到压力，笼罩在各国利益之争的阴影里。

骑士团所扮演的角色愈来愈不合时宜，无论企图另辟新路再度发挥作用，还是在与其他欧洲列强的关系中保持其地位，都有着重重困难。教团本应与其他国家合作，但他们的团章规定禁止与任何一国结盟，以免与另一基督教国家发生冲突。团章并非不可变通，但假如骑士团加入某一不利于法国的同盟，那么骑士团在法国的产业就势必会被法国没收。既然跻身于较大的政治集团已属无望，骑士团的另一出路便是自行建立一个帝国。骑士团确实也曾企图一试，但终于由于资源贫乏，没有结果。

解决骑士团的种种问题还有另一个办法，就是将原来在欧洲各国的资金抽回到本土投资。这一办法也由于受到马耳他所处的地理环境所限而无法实行。从自然条件来看，列岛面积过小，无力进行大规模的发展，而当地经济也无法发展到所要求的水平。邻近又没有骑士团可以提出领土要求的地盘。

所有这一切因素，决定了教团与列岛在很大程度上对外部势力的依赖。随着 1713 年法国波旁王朝取代西班牙统治西西里，法国对马耳他的影响越来越大。18 世纪，法国已经控制马耳他。1789 年，骑士团共有 600 名左右的成员，其中法国人有 400 名。在 1780～1789 年，骑士团平均年收入的一半来自法国。法国是其保护国。

骑士团的盛衰存亡主要取决于法国。法国在 18 世纪很长一段时期里总是大度宽容，为此付出若干代价亦在所不惜。骑士团在法国拥有大量地产，每年将大笔款项由法国调至马耳他，任何一个商业国家对此都很难泰然处之，无动于衷。但骑士团毕竟没有让马耳他落入敌国手中，毕竟有助于遏制北非海盗。此外，骑士团在法国内部朋友甚多，影响颇大。即便如此，法国政界人士还不能不被 18 世纪后半期发生的若干事件所震动。最先是俄国再次对马耳他感兴趣，而波旁王室从来就不容任何人忽视他们对列岛的权利。给予马耳他骑士团沉重打击的是，法国大革命推翻了法国封建王朝的统治，没收了骑士团赖以生存的在法国的财产。在其他欧洲国家，骑士团的财产也相继被没收。在德国、西班牙、西西里和那不勒斯，骑士团的财产不是被接管就是被课以重税。骑士团的年收入从 1788 年的 300 万利弗①下降到 1797 年的 100 万利弗。

此外，马耳他内部此时也动荡不安。随着骑士团在欧洲影响日益衰落，骑士团加紧了对马耳他列岛的控制。骑士团制定了一部十分严厉的新法典，规定 13 种罪行要判处死刑，从而激发了包括本地贵族和上层人物在内的马耳他人的愤怒。在平托团长（1741～1773 年在任）统治下，虽然有过若干繁荣时期，但经济上也同样遭到挫折。这位骑士团团长刚愎自用和专横独断，引起当地人民普遍不满。

骑士团与马耳他其他神职人员之间的摩擦的剧烈程度是世所罕见的。这种局面存在已非一日。教皇虽是骑士团在尘世的至高无上的领袖，但极少有哪一位团长甘心情愿地听任梵蒂冈插手马耳他内政，或是让梵蒂冈听取岛上居民不经由教团而直接提呈的请愿。事态发展往往引起双方尖锐的对立。从 16 世纪起，骑士团属下人员与主教或宗教法庭裁判官的支持者之间发生了无数纠纷。

骑士团到底有何功劳值得法国付出如此代价，法国国内掀起了对这一问题的一场相当大的争论。随着法国大革命的进展，骑士团这样一个贵族阶级的宗教团体也就越来越不得人心。在这一时期，骑士团步步退让，且不时献出巨额款项。但这样的让步依然无济于事，骑士团在法国的财产在 1792 年被没收。圣约翰骑士团从此在经济上元气大伤，一蹶不振。

---

① 利弗（livre），法国古代的记账货币（或银币）。

从此时起，骑士团的瓦解已成定局，剩下的只是时间问题了。1797年，法国督政府①讨论了马耳他局势，同意达来朗外交部部长的观点，即"在马耳他问题上，抢在奥、英、俄诸国之前方为得计"。

法国人早就在列岛培植颠覆分子，至1797年，这种颠覆活动加剧了。骑士团的司库、要塞总指挥以及许多法国籍的骑士都私通法国。此时拿破仑远征埃及，于1798年6月9日行经马耳他中途暂歇，要求允许其舰队开入大港（给船舰加水）。这一要求遭到拒绝。次日，法国军队奉命登陆。守卫要塞的兵力本来不足，加之亲法分子的阻挠，骑士团团长霍姆佩施优柔寡断，抵抗力进一步受到削弱。马耳他人更派出一个代表团，向骑士团明白表示：当地人民不愿对法国作战。

军事上既然瓦解，骑士团团长只得于6月11日请求停火，派代表到"东方"号战舰上就骑士团投降一事与拿破仑进行磋商。拿破仑提出的条件异常苛刻：骑士团应放弃列岛以及岛上全部财产；答应给予骑士团团长"年金"；法籍骑士也可享受"年金"，并可留居马耳他或返回本国；骑士团成员在岛上的个人财产仍归个人所有；马耳他人则得到了他们通常想得到的那种保证，即其宗教信仰和各项权益都将得到保障。

过了几天，骑士团团长及其随从就全被驱逐出列岛。他们走时，骑士团的动产大部分不准带走，连档案都留下了。骑士团在俄国沙皇那里找到了暂时的寄身之地，虽然沙皇为他们进行了紧张的外交活动，企图使他们重新立足马耳他，但这一组织仍然很快就从欧洲外交舞台上销声匿迹了。骑士团在组织上及职能上从此面目全非，但至今仍然存在，其总部设在罗马，在世界许多地区设有医院或派有代表。

岛上居民对骑士团早就极为反感，对他们的离开无不高兴。然而，骑士团却在列岛留下难以磨灭的烙印。在他们统治期间，列岛人口大约增加了5倍，新的市镇和村落成批涌现，原有的居民点也扩展而且繁荣起来，兴办了一整套新工业体系。应该说，列岛的整个生活内容发生了重大的

---

① 督政府，系根据法国共和三年宪法而建立的法国革命政体，前后持续4年（1795年11月至1799年11月）。

变化。

1530 年时的马耳他以农业为主，岛上多数居民散居穷乡僻壤，与外界不相往来。历时两个半世纪的骑士团统治改变了这种生活状况。至 1798 年，马耳他的大多数居民已从偏僻的乡村搬入骑士团在各港口附近成批新建或改建的居民点。马耳他人于是就与骑士们以及来自西欧的其他许多人发生密切联系。大港成了贸易中心，马耳他因而与欧洲社会有了频繁的往来。

第四节　英国殖民统治时期

一　英国的占领（1800～1815 年）

当年拿破仑既已解决并收留了奄奄一息的骑士团，便力图按法国大革命的原则改革和影响马耳他社会和马耳他人的生活。当地封建制度被废除，贵族阶级被推翻，所有的马耳他人被宣布不分阶级和等级一律平等。法国还开办 15 所初级学校，讲授法语、法国宪法和法国公民道德，给马耳他青少年进行启蒙教育，灌输革命思想。拿破仑将代表封建制度和贵族等级的骑士团徽章销毁，骑士团机构中的珍品和物资也被悉数搬走。法国人接着便着手限制教会在马耳他的势力，教皇控制当地教会事务的权力被取消，从而直接危及罗马天主教在马耳他社会中的地位。外国神职人员奉命离境。每个教团只准设一个修道院，多余机构都必须关闭。任何教团不允许有一个以上的女修道会存在。任何人未满 30 岁不得宣誓担任圣职，现有教士在全部就职前，不得增设新的神职人员。法国还规定，当地人的婚礼改行世俗的而不是宗教的仪式。这些措施以及其他一些反宗教的条令引起了当地教徒的不满。

法国当局对所征服的国家大肆劫掠。骑士团的财富大部都已运走，以做他处法军军需；马耳他当局不久即因经费支出问题而采取某些权宜之计，这就引起更大的骚动。法国人拒不偿付骑士团在列岛的债务，致使货主们在货物早已付出后也无法收回贷款。骑士团过去对忠诚的雇员均给以年金，而法国人对此却概不承认。官办当铺奉命提高利率，苛捐杂税层出不穷，当局更任意提高国有土地的租金。列岛已因法国侵略而遭到破坏，贸易与就业皆陷于混乱状态，教会和贵族已饱受凌辱，再加上贫困，于是列岛出现了爆炸性局势。

拿破仑只在马耳他停留 7 天，接着便率领远征军急急向埃及进发。一支 4000 人左右的军队在沃布瓦将军统率下留守列岛。岛上居民早已对新统治者产生了强烈反感。1798 年 8 月 24 日，得悉法国舰队已在埃及阿布基尔湾被英国皇家海军击溃时，[①] 马耳他人极其迅速地按军事编制组织起来。当 9 月 2 日法国人又准备洗劫姆迪纳的教堂时，教徒们奋起反抗，将城里为数很少的驻军全部杀死。几个小时之内，全岛居民揭竿而起。沃布瓦将军不久就放弃了重新控制农村的一切尝试，他率部牢牢地据守大港周围的设防地区，深信装备低劣的非正规兵力绝不可能把他们从那里逐出。

马耳他人组成了自己的临时政府和国民大会，并且宣称他们自己是那不勒斯国王的臣民。他们立即派出使者向西西里以及正停泊在这里的英国舰队求援。英国海军上将纳尔逊正在寻求这种机遇，立即向列岛派去一支葡萄牙分舰队。不久，皇家海军鲍尔海军上校又率领一支小小的英国分舰队进行增援。10 月间，纳尔逊亲自从西西里来此商讨作战方案，决定对列岛实行全面封锁，以便阻止法国人获得补给和增援。

法国人虽然无力重新控制农村，但当地的起义者也同样不能驱逐据守设防城镇的法国军队。马耳他人装备很差，枪械不足，又缺乏能够在防御工事上轰开缺口的重炮。他们在几次英勇突袭皆未成功之后，便按兵不动，准备将法军围困饿死。然而，围攻者和被围攻者谁将首先饿死，无法预料。1799 年 12 月，一支英国军队被派往马耳他。两个月后，又有 1000多名士兵组成的军队从西西里王国被调来。法国人拼命想突破封锁，运入

---

① 指英国海军上将纳尔逊（1758～1805 年）指挥英国舰队在埃及阿布基尔湾歼灭运送军队的法国舰队。

给养以增援部队，但这一企图始终未能实现。

在此期间，贫困、疾病和饥饿使大批马耳他人死亡。但是，法国人的处境更糟，在 l800 年漫长的炎夏季节里，他们逐渐耗尽了剩余的给养，甚至把瓦莱塔的狗、猫和老鼠也都全部吃光。8 月，法国的指挥官们终于认识到自己已处于绝境。到 9 月初，沃布瓦便向英国防军司令官皮戈特表示愿意投降了。9 月 5 日，沃布瓦在投降书上签字，条件是法国人放弃他们在马耳他占据的全部设防地区，返回法国。

当时的马耳他与欧洲列强的关系错综复杂：首先，马耳他人及其临时政府一再明确表示他们要参与决定列岛的前途；其次，为围攻瓦莱塔提供人力物力的西西里王国，根据以往马耳他对西西里的附属关系也对列岛提出了要求；最后，圣约翰骑士团在俄国沙皇的支持下，认为他们对列岛享有权利。

鲍尔上校建议把大港作为英国在地中海进行贸易的重要集散中心。鲍尔还指出马耳他诸港能为海军作战提供可靠的基地，而且大港内还拥有一所规模虽小但设备齐全的造船厂。至于管理列岛的费用，则凭进口税和骑士团产业的岁入就足以保障，不必由英国国库支付。但是，在这期间，英国政府同法国进行的和平谈判已取得很大进展，停战的条件之一就是英国放弃马耳他。1802 年 3 月 25 日签订了《亚眠条约》，其中的第 10 条对马耳他的地位做出新的规定。列岛将归还给圣约翰骑士团，但教团团章必须加以修改。英法两个分团应解散，另成立一个马耳他分团。骑士团与北非之间应设法建立和平关系。列岛的独立则由英国、法国、奥地利、俄国、西班牙及普鲁士共同予以保证。马耳他诸港应在适当收费的前提下对各国船只开放。条约中也做出安排使马耳他人能有更多机会参加列岛的行政管理，规定文职官员至少有一半由他们担任。

这一条约从书面上看，对各方都有好处，各得其所，对马耳他人尤其如此，但能否得到贯彻有赖于当时处于贫困和分散状态的圣约翰骑士团。而且，拿破仑不久就又使高贵的骑士团更加陷入困境——他将骑士团在欧洲的大部分产业予以没收。《亚眠条约》的这一条款已成"一纸空文"。

马耳他人倒不一定清楚他们在《亚眠条约》下的前景究将如何，但认为骑士团即将返回这一点是无法容忍的，于是到处组织了抗议集会。

马耳他人要求保留某些权力，岛上居民将拥有自己的议会——居民议会，它在英王陛下派驻马耳他代表的同意下，有立法和征税的权力。

由于英法两国不久就肆意违犯《亚眠条约》，1802年10月伦敦发出命令，停止为英国撤离马耳他所进行的准备工作。翌年5月，战争重新开始。这时英国政府开始认识到马耳他在地中海事务中具有重要的作用。骑士团的小小造船厂为英国皇家海军提供了一个有用的修船基地。马耳他还可用来对法国在列万特的利益加以排挤。列岛在商业上也逐渐成为英国日益重要的资产。

19世纪初，英国商界越来越对地中海地区感兴趣，而过去英国商业进入这个地区相对来说是比较少的。英国越来越认识到马耳他作为一个通商往来的基地的重要性，因而越来越对马耳他感兴趣。

此时，马耳他已经远远不仅是皇家海军的基地，它还日益成为英国的一个货物仓库，各种货物从这里最后批发到意大利、莫里亚与列万特。马耳他除了可以被用作往返货物的集散地外，也是一个方便和可靠的检疫港。

1806年，拿破仑发布了从经济上打击英国的《柏林敕令》，次年又颁布了《米兰敕令》，宣布不论何国船舶，不论所装何种货物，如系来自英国港口，或英国殖民地，或英军所占领的国家，或开往这些地区，一律缉捕。敕令还关闭了为英国装运货物的各欧洲港口，并宣布对联合王国进行封锁。这一措施使马耳他和其他一些商业中心的贸易骤然间繁荣起来，它们因位置适宜而成为绕道与欧洲进行贸易的船只的基地。

英国人也以封锁港口回应法国的上述行动，但这一封锁是有选择性的。任何商人，只要所经营的大部分是英国货物，就仍被允许与欧洲大陆进行贸易。马耳他、直布罗陀、西西里等都成为发往欧洲的英国货物的装运点而迅速兴隆起来。马耳他尤为得天独厚，因为它是为给船只签发执照的中心之一。事实上，商船为了从英国海军手中取得航运许可，也必须到列岛来。

马耳他

美国针对英国的《禁运法案》①，促使地中海和马耳他的贸易进一步兴旺，因为它使英国对列万特和西西里物产的需要增长了。载运货物来到马耳他的船只，现在往往能在返航时捎上有利可图的货物。大港周围的货栈堆满了等待转运的货物，马耳他、英国、意大利及希腊的进出口商行都在列岛上经营商业，买进卖出，获利极大。

英国的占领引起了马耳他人的不满。1811年7月，英王乔治三世接到马耳他上层人士的一份请愿书，指出马耳他人民正在英国政府的"恐怖、镇压和专制"的统治之下受到"欺骗、打击和虐待"。他们要求恢复圣约翰骑士团于1782年废除的马耳他人原有的权利，其中包括恢复人民议会，恢复出版自由以及恢复有权向议会上诉的陪审制度。当时的专员希尔德布兰德·奥克斯爵士及其委员会拒绝了这份请愿书，以强硬的措辞回答：

> 我们十分坚信，把任何一部分政治权力交给这样一个特别不适于享有这种权力的民族，一定会引起不良的后果，因此为了马耳他人的真正幸福，我们毫不迟疑地说：要求恢复昔日那种立法审议会的种种理由，实际上是模糊的和毫无根据的，即使恰恰相反，它们是明确的和无可争议的，我们也仍然感到，由于重新建立立法审议会是一个充满了极大危险和包含着极其严重后果的措施，我们有责任极其认真地对重建该会的要求，予以断然拒绝。

马耳他已经成为皇家海军的重要基地，英国人当然不会允许这个军港的作用由于当地的政治压力而有所削弱。

接着，英国选中曾经在锡兰担任过行政长官的托马斯·梅特兰爵士担任马耳他总督兼总司令。梅特兰在1813年瘟疫流行期间来到马耳他就职。他以其特有的果断措施使瘟疫得到控制，到1814年已经可以解除对于在

---

① 美国杰弗逊总统为了美国资产阶级的利益，于1807年12月22日让议会通过《禁运法案》，断绝了与英国的贸易。

列岛周围行动的限制了。

梅特兰接着就开始改组列岛的行政机构。昔日的"尤尼佛西塔"此时仍然经管列岛谷物进口，由于工作效率过低而被撤销。对法庭进行了某些迫切需要的改革，教会法庭的权限范围受到限制，遗赠教会的财产必须于1年内全部转售。公证人和律师此后必须能在书面和口头上熟练地运用英语方为合格，所有请愿书及政府契约都必须使用英语，英语将代替意大利语而成为官方语言。各种决定都是由梅特兰独自做出的，必然触犯马耳他社会中的某些阶层和人民大众。梅特兰专横独断的作风使事情变糟，不久马耳他人就给他取了个"托姆王"的外号。① 他降低关税、检疫和运输的费用，力图部分恢复马耳他昔日的贸易。为了给予逐渐衰落的棉纺工业以刺激，他还开办了工厂。

二 英国的统治 (1815～1940 年)

在1814年签订的《巴黎条约》中，欧洲强国承认了英国对马耳他的占领，从此，马耳他沦为英国的殖民地。

当时的马耳他作为英国在欧洲的主要殖民地像英帝国的一些更加遥远的殖民地一样落后。拿破仑占领马耳他的时间短促，并没有彻底摧毁这里根深蒂固的中世纪的土地制度，土地保留在原地主手里已近500年：1/3的土地为外国占领者所有，1/3 的土地为教会所有，另1/3 的土地为地主私人所有。拿破仑创办的初等学校没有坚持下去，普通教育几乎没有，大部分居民是文盲。他们仅依靠传教士和绅士获得一些知识和消息。平等和正义只是一句空话。法律为上层人物和富人服务：

> 许多案件都是由于有人使用了大量的法律手段而得以无限期地拖延下来，结果总是最富有的人获胜；原告和被告都不能叫作见证人；

---

① 托姆王 (King Tom)，指托马斯·梅特兰专断独行，有如专制君主，故取了这个绰号。托姆是他的名字托马斯的简称。

道听途说却被当成真凭实据，就连警察出拘票也不需要地方法官批准。①

在经济方面，除了商业外，农业耕作制度经过若干世纪在征服自然方面取得了一定的成就，但是，生产关系的中世纪的传统也阻碍了农业的进一步发展。

英国的军事占领，英国总督在政治和行政上的统治，以及英国保留和加强在马耳他群岛上的封建主义的社会制度等，加深了英国占领者与马耳他人的矛盾和冲突。《马耳他群岛》的作者查尔斯·欧文不得不承认：

> 居留在群岛上的英国人及其朋友们，没有赢得马耳他人的爱戴和尊重。他们高高在上，常常以挂名职位领取高薪，往往轻浮地对待马耳他，把它看作以廉价方式过舒适生活的地方。②

即便是在上层社会中，英国人和马耳他人也互相不来往。

英国占领者和马耳他人的矛盾及冲突主要表现在政治、宗教和语言等方面。

在政治方面，英国人要把马耳他作为在欧洲的殖民地，建立英国人的纯粹的统治，即建立英国总督制在行政上领导马耳他。而马耳他人，特别是马耳他的下层人民要求民族独立，马耳他的上层人民则要求某种程度上的自治。在英国统治期间，特别是在英国占领的初期，经济的萧条、瘟疫的发生、工人失业（1824年达4000人），使许多马耳他工人被迫露天过夜，并以果实、三叶草充饥。马耳他人民打着"要工作""要饭吃"的标语和口号，向英国占领当局示威。马耳他下层人民对英国人及其军队的暴虐忍无可忍，多次举行游行示威，甚至拿起武器与英国占领军对峙，要将英国占领者赶出马耳他。

---

① 〔英〕查尔斯·欧文：《马耳他群岛》，西南师范学院外语系、地理系翻译组译，四川人民出版社，1979，第23页。

② 〔英〕查尔斯·欧文：《马耳他群岛》，西南师范学院外语系、地理系翻译组译，四川人民出版社，1979，第30页。

英国统治者与马耳他上层的冲突，主要表现在马耳他人民议会与英国总督的冲突方面。当地的贵族卡米洛·塞伯拉斯和乔治·米特洛维奇等组成了一个要求成立代表机构的委员会，提出要求进行自由选举，建立一个有 30 位成员的议事机构。在遭到英国当局的拒绝后，他们又于 1836 年要求恢复人民议会。人民议会恢复后，他们不满足于人民议会已有的经济职能，还要求增加人民议会的政治职能。他们还要求马耳他居民在政府中享有发言权和出版自由。而英国只准许建立一个由 7 名成员组成的咨询委员会，其中 3 人被规定为马耳他人——一个大主教、一个地主代表和一个商人代表。在得不到满足的情况下，卡米洛·塞伯拉斯和乔治·米特洛维奇等继续为维护马耳他群岛的利益进行不屈不挠的斗争。

在宗教方面，主要是英国占领者与当地的天主教徒发生冲突。马耳他大主教绝不甘心失去在群岛上的无上权力，要求教会与总督平起平坐，分享在马耳他的统治权。他要求教会法庭不仅处理教会事务，而且也要处理民间事务。他拒绝新教在马耳他的传播。英国占领者仅仅做了某些让步，但是在权力问题上绝不后退。

在语言方面，马耳他原来的官方语言是意大利语言，英国占领者则要求改为英语。当地马耳他人在语言问题上与英国占领者进行长期的斗争。

19 世纪 80 年代，英国占领者与马耳他人在政治和语言方面的矛盾越来越尖锐。英国被迫做出让步，于 1881 年组成了一个由 3 名官方议员的"备总督咨询并协助总督工作的"行政会议。英国还于 1887 年宣称，政府的目的就是：

> 使马耳他人民的代表首次获得决定财政问题和其他有关地方事务问题的特定的权力……[1]

但是，由于总督拥有对议会决定的否决权，议会形同虚设。何况，马

---

[1] 〔英〕查尔斯·欧文：《马耳他群岛》，西南师范学院外语系、地理系翻译组译，四川人民出版社，1979，第 33 页。

耳他实行的是限制性选举，有资格参加选举的公民只有 1 万人，从而挫伤了广大人民参与政治的积极性。

20 世纪初，马耳他推行一部经过修改过的宪法，但是当选"国民议会"的议员们继续坚持与英国当局相抗衡和不合作的立场。马耳他宪法运动的新领导人思里科·米齐于 1919 年利用马耳他经济再度衰退和社会动荡之际再次掀起改革宪法的运动。正是在内外压力下，英国于 1921 年同意实行一部使马耳他人享有管理地方事务的宪法。根据规定，政府由立法院和参议院两院组成，议案必须经过两院通过才能成为法律。这样，在马耳他存在两个政府：一个政府处理与英帝国有关的事务，接受大英帝国的领导；另一个政府则处理当地事务，它根据列岛上居民通过其民意机构所反映的意愿行事。

英国还在马耳他推行政党政治，随后在马耳他诞生了以米齐为首的亲意大利的国民党和以斯特里克兰为首的亲英的立宪党。这两个党在以后多次选举中轮流执政，在宗教和语言问题上展开激烈的较量。1936 年，马耳他宪法再次进行修改，意大利语被正式排除了，英语成为官方语言，而马耳他语则成为法庭使用的语言。

在统治初期，英国更注重马耳他的军事战略地位。当时的英国首相威灵顿在英国上院说：

> 马耳他是什么呢？它是一个要塞和一个海港……它是我们地中海舰队和部队的一个巨大的海军和陆军武器库。我们通过征服和征服后的条约而占有它。我们占有它，是把它当做一个重要的据点，一个巨大的陆军和海军武器库，而不是当作别的什么。[①]

因为地中海上的战略形势不断变化，英国担心法国可能企图把它从马耳他赶走。当法国唆使埃及的统治者穆罕默德·阿里（1769～1849 年在位）采

---

① 〔英〕查尔斯·欧文：《马耳他群岛》，西南师范学院外语系、地理系翻译组译，四川人民出版社，1979，第 32 页。

取与英国为敌的政策时，英国深为震惊。埃及横跨通往大英帝国最重要属地印度的陆上捷径，一个怀有敌意的埃及政府当然会给英国带来困难。

1837年，穆罕默德·阿里为在波斯湾获得立足点，派军队迅速开进阿拉伯，占领位于通往印度的另一条陆路上的巴格达，这时英国便做出了果断的反应。它于1839年攻占了亚丁，并着手为进攻埃及的地中海沿岸地区进行种种准备，以便在必要时采取强硬措施。法国也越来越对英国采取敌对态度。由于整个局势日趋紧张，马耳他列岛的防御体系也有所改变。配备了新武器，增加了驻军，修整了防御工事并使之现代化。瓦莱塔等市镇安设了新的给水系统，弗洛尔亚纳也挖掘了粮窖。为了满足皇家海军的需要建筑了一个大面包厂，英国海军部第一所干船坞也于1848年在马耳他开始使用，所有这些以军事为目的的活动使马耳他重新繁荣起来。克里米亚战争（1853～1856年）期间，英国军队支援土耳其对俄作战，马耳他又成为前方供应站和船舶修理港。

19世纪40年代末，英国在马耳他的军事费用平均每年为20万英镑左右，1854年超过40万英镑，1856年达到80万英镑。马耳他此时确已成为皇家海军的一个主要基地。1869年苏伊士运河的通航，更把马耳他列岛置于大英帝国的主要航道（通往印度的地中海航道）之上。

随着英国的其他军事基地的发展，马耳他列岛日益成为这一帝国基地系统中的枢纽之一，又是地中海舰队司令部所在地，守卫着一条对英国利益生死攸关的航道。因此，19世纪下半叶英国进一步加紧对马耳他军事设施的建设：海军造船厂进行了巨大的扩建，港口改善了，新的固定防御工事修筑起来，兵营和军事医院也建立了。

19世纪下半叶，英国对马耳他军事战略地位的提升以及对马耳他军事设施的建设和改造带动了马耳他经济和社会的发展。圣约翰骑士团被逐出列岛时，岛上人口约10万人。其后两年中，战争、饥荒、瘟疫相继而至，人口自然减少。19世纪第一个10年末，人口因繁荣时期的来临而再次骤增。

1813年发生的瘟疫，夺去了4000多马耳他人的生命，它不仅标志着一个繁荣时期的终了，而且使10年来的人口增长宣告结束。从这时起，出现了持续多年的经济停滞，人口增长速度缓慢。1830年天花流行，岛上居民死亡达756人，而1837年的霍乱又使4253人死亡。此外，马耳他列岛的工资水平过低，长期未能改善，也促使马耳他人移居国外，从而使人口数量下降。1842年首次进行人口调查时，列岛人口总数才114500人，这反映了1813～1842年马耳他人口增长相对缓慢。

1842年以后人口增长加快，1851年列岛居民总数为123600人，1871年为141770人，进入20世纪后不久达到20万人，及至第二次世界大战前的几年，更超过了25万人。

19世纪的行政官员对人口骤增所引起的种种问题十分关注，但要寻求出路没有多少活动余地。在人口继续明显增长的情况下，权宜之计就是动员部分过剩人口移居他处。在19世纪初的高度繁荣年代里，很少有人想移居国外，但到1820年，少数马耳他人又开始离岛外出寻求机会。英国的行政官员们决定不使用公费进行移民，然而，对那些在国外不幸未能安家立业处于困境的马耳他移民，却可动用公款资助他们返回故乡。这一保险措施显然是用来提高移民的积极性。

到19世纪末，分布在地中海沿岸的马耳他移民已经远远超过了5万人。阿尔及利亚、突尼斯、利比亚和埃及是最重要的移民地，在士麦拿、君士坦丁堡、直布罗陀、西西里与爱奥尼亚群岛，也建立了一些不小的马耳他人村社。到达北美洲和澳大利亚的马耳他人为数不多。第一次世界大战以后，移民的去向有所改变：地中海沿岸已不再为人向往，越来越多的马耳他人移居英国、美国和澳大利亚。第二次世界大战结束以来，澳大利亚接受了成千上万名马耳他移民。

在1800年英国人占领列岛时，居民点包括两种基本类型：一种是马耳他乡间人口密集的大村庄；另一种是骑士团在大港周围建立或加以扩展的一些城镇。沿海和边远地区则人烟稀少。英国统治期间，边远地区有居民出现，而在原有的港畔城镇周围又出现了一片片的郊区。19世纪初，瓦莱塔人口约两万人，到1861年则达25000人，这一数字标志着该城发展中的一个高峰。19～20世纪，马耳他发展最为迅速的居民点当推郊区。斯利马在1833年还被描述为"主要供瓦莱塔居民避暑"的一个小村，到

19 世纪末已成为一个小城镇的中心区，类似的居民点也开始在姆西达和圣朱利安发展起来。斯利马在 1861 年仅有 324 人，到 1957 年即超过 23000 人。圣朱利安在 1871 年才有居民 600 人，到第二次世界大战结束时已达 9122 人。现在，斯利马、圣朱利安、姆西达、皮埃塔和格齐拉等郊区已经彼此相连，成为马萨姆希特湾北岸的一大片城区。

在斯利马地区发展起来的郊区的主要居民为自由职业者和商人阶层，而哈姆隆、帕奥拉和马尔萨主要是工人阶级聚居的郊区，该地的发展更为突飞猛进。有些老村子如扎巴尔、戈尔米、比尔基卡拉等，由于地理位置适宜，无不发展成为港畔郊区，人口增长极为迅速。在边远海滨地区的圣保罗湾、马尔萨什洛克、比尔泽布贾和马尔萨什卡拉，也有一批居民点发展起来。这些村庄原不过是些小渔村，但在 20 世纪中都已发展成为度假胜地。在马耳他西北部的梅利哈、姆贾尔，其居民点也随着 19~20 世纪这一地区的农业垦殖业的发展而发展起来。

20 世纪，建筑式样以及马耳他村庄的外貌都有了明显改变。传统的建筑方法已为更现代化的技术所代替，往昔人口密集的村庄，也沿着条条道路而成带状向四周扩展。马耳他居民点在数量和规模上的增长，在城镇规划上也带来了若干复杂问题。

在交通方面，马耳他岛的内陆交通也有所发展。某些道路由于军事需要得以改善，另一些则为了新居民点的需要而修筑起来。总的来说，马耳他列岛在若干个世纪以来逐渐形成的交通网，均为适应现代要求而加以改建。列岛的多数道路直到 1920 年以后才铺设碎石路面。到第二次世界大战结束前，马耳他已建成了一些比较现代化的主要公路。

马耳他拥有铁路交通，但其历史较短，成效亦甚微。1880 年马耳他铁路公司成立，1883 年在瓦莱塔与姆迪纳之间修筑一条铁路。1890 年，政府接管了这条线路并进行了全面大修，于 1892 年重新通车。1903 年政府又准许另一家公司开始在马耳他修筑电车轨道，该公司所经营的 3 条电车线路把瓦莱塔与比尔基卡拉、科斯皮夸以及泽布季连接起来。

在农业方面，马耳他的农业经历了一系列深刻的变化。马耳他政府不断表示希望能提高当地农业生产力，这既能减轻其他国家的封锁对列岛的威胁，也将使马耳他人有更多的就业机会。马耳他政府为改进当地农业生产，曾推行种种计划，但都未能获得完全成功。鲍尔所采取的最早措施之一是把马铃薯引进列岛，经过了一段时间的实践，其方为当地农民所接受，最后终于成为马耳他的主要出口农产品之一。

从 19 世纪 40 年代开始，在马耳他西北部的空旷土地上进行大规模的垦殖。这些土地都是民政当局的产业。这一地区大部分由石灰岩构成，最好的地方也只覆盖着薄薄的一层土壤。山谷里虽有好地，但绝大部分均已种植。从 1840 年至 19 世纪末，马耳他西北部政府所有的土地被划分为若干几何图形，并租给农民，租金低而租期长，但马耳他政府规定要对其加以开垦和种植。这一垦殖是经过周密筹划的，政府修筑了通往这一带的道路，还在姆贾尔和梅利哈建立了新村，以供迁往西北部的农民居住，从而开垦出了一些新的农田。垦殖进行数年以后，发现西北部的某些地区地面表层以下不远处有可资灌溉的水源，潜力甚大，于是打了不少井以利用这些水源，从而开辟了若干个水源丰富、灌溉方便的农业耕作区。

葡萄的种植以往在马耳他列岛仅处于次要地位。大约在 19 世纪末，葡萄业得到迅速发展。但在 20 世纪初因发生虫灾而遭受严重挫折。后来这一问题由向栽培者推广具有抗病能力的美洲葡萄而予以解决，于是葡萄园面积迅速扩大，其制酒业也开始日益发展。

生活水平的提高、英国侨民的增多都促使新鲜水果及蔬菜的需要不断增加。结果马耳他列岛各处兴办了一大批引水灌溉的园艺场。

很早以前英国人即已引入奶牛以满足对鲜牛奶的需要。但直至近代，马耳他列岛主要奶源仍为大群山羊。第二次世界大战以来，马耳他以发放津贴为手段，促使乳牛饲养头数有所增加，山羊头数因而有所下降。

在工业方面，一般来说，凡与英国军事机构联系不大的马耳他工业都未能得到发展。那时期，马耳他手工业因为进口货物的竞争而衰落，受打击最重的是棉纺工业。英国人接管马耳他列岛时，这一工业已陷入困境，在整个 19 世纪更是每况愈下。但棉纺工业的衰落过程比较缓慢，因为产品在当地市场上仍有一定销路，还可以通过压低工资而降低产品价格。第一次世界大战时，棉纺工业实际上已经完全消失了。

英国人接管了骑士团的小船厂后，皇家海军拟定了扩大船厂的计划。然而，第一个干船坞却在 1844 年才动工修建，地点是在战舰湾头上（英国人将大港的这一部分改名为船坞湾），这个干船坞于 1848 年启用。为了应对日益增加的海军修理任务，不久又拟订了修建类似工程的计划。英国人决定以法兰西湾为修建地点，于是动工兴修当时堪称规模巨大的萨默塞特船坞，该船坞于 1871 年竣工启用。1892 年，汉密尔顿船坞亦告竣工。1899 年又动工修建了另外两个干船坞。此后这种扩建工程继续进行，直到海军造船厂在战舰湾拥有 1 个船坞，在法兰西湾拥有 4 个船坞时为止，这些船坞配有大量的港畔工厂及其他修配设施。在马萨姆希特湾也修建了若干海军修理场所，马耳他岛上建立了一所小型造船厂。与此同时，为修配潜水艇和驱逐舰也着手进行某些准备工作。第一次世界大战期间，海军造船厂雇用职工有 1 万名之多。

骑士团在大港修建的商业设施也获得了巨大扩展。蒸汽帆船的普遍使用使大规模煤仓出现，因为来此添加燃料的不仅有皇家海军舰艇，还有一些私人船只。由于货运的扩大，有必要改善港口设施以供来者使用。1840 年前后，大港内部扩大，1859 年又在这个城区里动工新建了大量商用港口设施。1873 年，英国马耳他水船坞公司在马萨姆希特湾开设了一所商船修配厂，它在许多年中生意兴隆。

在贸易方面，19 世纪前半期，马耳他列岛对外贸易经历了大幅度的波动。这个世纪初期的繁荣由于 1813 年的瘟疫而告中断，接着便是 10 年左右的困难时期，直到 1825 年贸易才又开始好转。然而，总的来说访问演出经济还是处于脆弱状态，大批马耳他人生活水平很低，未能改善和提高。19 世纪 40 年代经济开始复苏，克里米亚战争期间达到极盛时期。经济繁荣不仅是由于军事开支的增加，而且由于这一时期地中海贸易的普遍增长。

从 1859 年开始，在大港的深处修建了供商船使用的新设施。苏伊士运河开航后，来马耳他列岛的船只数量骤增，不久马耳他的贸易便日趋繁荣。到 1880 年，大港已确立为往来于英国、印度与东方之间的船只的主要加煤站，集散贸易大为兴旺。

马耳他政府税收中很大一部分来自对各种港埠活动所征收的赋税，数量增长迅速。此外，瓦莱塔与姆迪纳之间铁路的修筑，以及海军部和皇家工兵部队所支出的大量费用，都有助于维持社会上的充分就业及优厚的劳动报酬，以满足兴修学校、排水系统、给水管道、医院、公路等设施所需的费用。

进入 20 世纪后，马耳他在商业繁荣的同时已出现相当多的不祥之兆。政府岁入下降，失业人数增加。一些特殊因素使之有所缓和，如 20 世纪初海军部着手在大港入口处修筑庞大的防波堤。这项工程规模较大，所需劳动力之多，使其甚至不得不从西班牙和意大利招工。由于劳动力奇缺，工资在几年内增加了 1 倍。1905 年，有 9000 多名马耳他人受雇于海军机构。但 1911 年，海军部雇用的马耳他人减少到 5000 人左右，工资也随之下降。与此同时，由于英国加强英伦本岛的舰队，马耳他的防务因此削弱，若干海军部队从大港撤走，遂使马耳他列岛的困难进一步增加。

随着第一次世界大战的爆发，马耳他不仅为皇家海军所利用，而且特别是法国人的军舰，也日益对其加以利用。造船厂全力从事损坏船只的修理以及船只改装。马耳他也成了达达尼尔及萨洛尼卡两战役伤员的治疗中心，成千上万名伤员在列岛上接受治疗。马耳他人实现了充分就业，马耳他经济开始有了起色。

然而，第一次世界大战所带来的并不全是好处。贸易的中断使政府收入减少，食品价格也由于数量少运费高而日益上涨。结果生活费用迅速提高，某些日用必需品价格猛涨，而社会各阶层的收入却未相应增加。1917 年造船厂工人举行了象征性罢工。战争虽于 1918 年停止，但局势并未缓和，生活费用依然很高，而军事机构的支出以及就业机会急剧减少。1919 年 6 月 17 日，瓦莱塔发生了大规模的涉及马耳他各个阶层的暴动，他们对英国占领者进行袭击：亲英国的《马耳他记事报》报馆遭到洗劫，亲英国的政治家的住宅被捣毁。英国调动军队开入城内进行镇压，导致大量马耳他人伤亡。

三　第二次世界大战中的马耳他（1939～1945 年）

在第二次世界大战期间，马耳他经历了又一次大围攻，其间每一细节都表现了马耳他人一如 1565 年之役那样的英勇顽强，而对于西方世界来说，其重要性很可能有过之而无不及。两次围攻有很多相似之点：马耳他人都起了突出的作用。

第二次世界大战爆发后不久，墨索里尼于 1940 年 6 月 11 日再次把意大利拖进了战争。当天，马耳他即遭到了第一次空袭，意大利飞机轰炸了海军造船厂和一个机场。当时马耳他岛上的全部防空力量如下：重高射炮 34 门，轻高射炮 8 门，探照灯 24 只，雷达站 1 所和"角斗士"式战斗机数架。在塔阿利、卢加、哈尔法达三处有机场，在马尔萨什洛克的卡拉弗朗纳有一处水上飞机基地。

"角斗士"式战斗机虽然是老式的双翼飞机，但操纵灵活，可靠耐飞。在 4572 米高度的最大速度虽然仅有 330 公里/时，但能迅速爬到这个高度，而且它的有效高度为 9906 米，与它的对手意大利的战斗机高度相仿。敌机很难在马耳他上空把它打下来；最大缺点则是很难追上意大利于 1940 年 6 月用来对付马耳他的"S. M－79 型"轰炸机。"角斗士"式战斗机只有在发动机经过改装使速度提高后才能追击"S. M－79 型"轰炸机。可是，改装后的发动机损耗较快。

意大利对马耳他作战的第一天，"角斗士"式战斗机就打下了 1 架敌机；虽然 4 架中有 1 架不久即遭损坏，无法收拾，但其余 3 架继续牵制敌机，很快获得了"忠诚""希望""博爱"的称号。3 架飞机无法与意大利在西西里拥有的 200 架战机相匹敌，但是"忠诚"、"希望"和"博爱"迫使意大利人不得不从较高处投弹，因而准确性大为降低。有一段时期皇家空军甚至采取夜袭，并被迫派出大批战斗机为轰炸机护航。在马耳他上空作战的意大利飞行员估计岛上有防空战斗机 25 架之多。"角斗士"式战斗机作用之大，由此可见一斑。有 1 架"角斗士"式战斗机的驾驶员在大约 1 个月中 6 战 6 捷，于 1940 年 7 月初获"优秀飞行十字勋章"。

"忠诚"、"希望"和"博爱"孤军奋战，在于他们使马耳他守军和人民意识到他们正以某种方式反击敌人，毫不气馁。3架"角斗士"式战斗机孤军作战将近3周，直到1940年6月末才有4架"旋风式"战斗机（这是皇家空军用以替换"角斗士"式战斗机的一种战斗机）于飞往中东途中在马耳他加油时留了下来。大约一个月以后从一艘由直布罗陀驶往马耳他的航空母舰上又飞来12架"旋风式"战斗机前来支援。

到1940年6月底，英国逐渐结集起一支空军部队，除上述的"旋风式"战斗机外，又调来能携带水雷的"旗鱼式"双翼水上飞机，开始袭击意大利船只。1940年9月英国又调来"马里兰式"飞机进行迫切需要的空中侦察，还从亚历山大港调来了更多的"桑德兰式"战斗机。此后不久，"威灵顿式"远程轰炸机进驻该岛，开始轰炸意大利海港及船只，效果显著。马耳他基地上的空军日益成为一支有效的战斗力量。

然而，1940年12月德国第10航空队进驻意大利南部与西西里。它在西西里拥有61架俯冲轰炸机、77架远程轰炸机、12架侦察机以及1支战斗机队，加上意大利的飞机，约有250架飞机可用于袭击马耳他。而马耳他约有60架飞机。德国空军迅速取得了令人瞩目的成就。第10航空队初次出击就重创英国航空母舰"辉煌号"，迫使它驶离地中海进行修理。从此，马耳他所受空袭加剧，皇家空军面临越来越大的压力。

1941年4月初，德国人进攻希腊，那里的英国作战部队被迫撤退。德国人紧接着于5月底进攻克里特岛，并占领该岛。克里特岛进一步为德国人提供了几个扼制马耳他—亚历山大港供应线的机场。英国军队至此已在中东受到极大打击，马耳他也危在旦夕。幸运的是，德国人在1941年6月22日进攻俄国，因此不得不从地中海抽出部分兵力，投入这一新战场。从马耳他的角度来看，德国第10航空队大部分兵力调往他处是特别令人高兴的。

1941年5月，英国空军元帅休·劳埃德爵士调任马耳他空军司令，主要任务是集中力量击沉轴心国为北非运送物资的舰只。劳埃德到任时对这一空军作战基地准备不足的情况感到十分意外，然而由于岛上人员灵活机敏，富于主动精神，加之可资使用的飞机为数增多，空中作战空前协调。在最主要的几处机场周围修建了巨型跑道及飞机疏散网点，使敌方难以炸毁地面上的飞机。在劳埃德的指挥下，马耳他空军加紧轰炸轴心国轮船和港口。

轴心国船只的危险还不只来自空中的攻击。1941 年初，一支 U 级潜水艇队进驻马萨姆希特港。新来的潜水艇中有一艘由海军少校万克林指挥的 "拥护者号"，它游弋 24 次，击沉轴心国运输舰达 94900 吨，外加两艘驱逐舰和两艘潜水艇。"拥护者" 还重创了一艘巡洋舰。

此外，还有几艘驻马耳他的潜水艇击沉轴心国船只的吨数也为数不少。9 月，由意大利运往北非的战略物资中有 28% 未能到达，10 月为 21%，而 11 月竟超过 60%。其结果不仅使北非轴心国军队军需奇缺，而且船只损失也是任何国家难以承担的。因此，造成轴心国在北非的进展停滞不前，而盟国军队则得以准备反攻。11 月，第 8 军发动了一次 "十字军" 攻势，轴心国军队立即迅速撤退。同盟国在北非获胜似乎已成定局。1941 年 12 月，德国人被迫从其他战场上抽调若干个飞行中队以加强轴心国在西西里与北非的空中力量。

1942 年头几个月，马耳他领土频遭空袭，几无间断。2 月，有 1000 多吨炸弹倾泻在列岛上，3 月超过了 2000 吨，至 4 月时竟达 6700 吨。频繁轰炸使岛上的空军活动受到很大限制。一段时间之后，马耳他已很少考虑轰炸机出击，而只是全力以赴使剩下的战斗机能起飞作战。"威灵顿式" 远程轰炸机撤到埃及，最后连潜水艇也被迫迁往亚历山大港。但英国无意轻易放弃马耳他岛，3～5 月有数量可观的 "喷火式" 战斗机从航空母舰上飞来。航空母舰深入地中海西部海盆，直达撒丁岛南面某处，"喷火式" 战斗机即从此飞往马耳他。这些飞机在战斗中很快 "消耗殆尽"，但使轴心国空军遭到严重挫败。马耳他的战斗机中队逐渐增加。至 1942 年 7 月 1 日，从马耳他起飞作战的飞机有 200 多架，其中 100 多架是 "喷火式" 战斗机。"喷火式" 战斗机使皇家空军在武器上重占优势。

1942 年 7 月，轴心国攻势被阻于阿拉曼之时，马耳他的空军不仅重新开始掌握该岛制空权，而且又再度袭击敌船，并且卓有成效。7 月，潜水艇重返马耳他。为了不让马耳他岛恢复实力，轴心国加紧轰炸，但马耳他此时已拥有一支强大的战斗机队，击落的轰炸机比例也较前为高。8

月、9月两月，空袭持续不断，而轴心国损失的飞机数亦不断增加。与此同时，马耳他部队所击沉的敌方军需船只吨数又一次达到高水平。1942年10月，轴心国空军在马耳他上空已处于劣势，通往北非的海路再度处于盟国的经常监视和威胁之下。

马耳他在盟军的部队在北非争夺战中起着决定作用，战斗主要围绕后勤供应展开。每当地中海中部海路为马耳他所控制时，盟国在北非的军事行动几乎无往而不胜。由于该岛地理上固有的不利条件，以马耳他为作战基地费用高昂。岛上面积有限，目标必然集中，当地粮食产量不足，加上工业力量薄弱，这就迫使守军不得不运进大量物资。所以，马耳他的给养问题与北非轴心国军队同样紧张。争夺北非及地中海中部的战斗乃是一场争夺军需品的战斗。马耳他的盟国部队竭力扼制轴心国的运输线，同样，德国潜水艇也协同德意空军袭击为马耳他供应物资的船只。盟国的船只损失巨大，例如在军舰护航下开赴马耳他的船队全军覆没或被迫返回出发港的情况屡见不鲜。1942年上半年，岛上发生饥荒，飞机燃料供应下降到非常低的水平，马耳他处于危机状态。

1942年底，马耳他很快就退出了战场。1943年，盟军攻打西西里，马耳他是作战司令部初期所在地。岛的面积过小，难以容纳全部进攻部队，于是被用作战斗机基地，以便为进攻主力提供空中掩护。但仅为此目的，马耳他仍被嫌不够大。挤在本岛的战斗机，连同驻在戈佐岛专门修筑的跑道上的3个中队，共达30个中队之多，但它们是否足以取得制空权尚属疑问。幸而结果一切顺利，制空权始终得到保持并且终于占领西西里机场。西西里一旦落入盟军手中，马耳他的战略价值即随之减少，轴心国从此已无力与盟国争夺通过地中海中部的狭窄航道。

战前时期不仅岛上的军事体制受到忽略，而且未设法建立有效的民防体系。马萨姆希特及大港周围那些人口稠密、拥挤不堪的城市如遇空袭必遭严重破坏，而且由于缺乏防空洞，问题更加严重，后来事实果然如此。起初空袭尚不猛烈，1940年11月底，战争进行已大约6个月，遭炸被毁或部分损坏的住房大约只有200幢。在此期间防空洞的修建加紧了。幸而马耳他有可能修建高度有效的防空洞，在质地较软的抱球虫石灰岩里挖了数以百计的隧道和石室。工程当然浩大，需要大量劳动力，而此时劳动力缺乏，有经验的矿工不多，当然也没有诸如自动钻和气钻等必不可少的工具。至 1941 年 5 月，马耳他已为 165900 名居民每人提供两平方英尺（相当于 0.1858061 平方米）的最起码的防空洞，经常有 18000 人睡在瓦莱塔、招洛尔亚纳和三镇的防空洞里。船厂许多车间也迁入岩石凿成的洞穴里。

马耳他大部分地区的居民的生活全被打乱。当地住房主要用石块修成，遭炸倒塌，许多街道不久即为碎石瓦砾所堵塞。如果说 1940 年 11 月还只有 200 幢住房被毁或严重损坏，那么一年以后，这个数字即达 2552 幢。1942 年 4 月这一个月里就有 11450 幢房屋被毁。至 1941 年 11 月为止，有 344 名平民死于空袭。伤亡数字如此之小，一半是由于修建了防空洞，一半则是由于居民都已被疏散到较为安全的地区。1941 年 5 月时已有 55000 人离家外出。大量居民自港口地区搬到农村。姆迪纳是传统的避难地，自战争开始以来该地的居民几乎增加一倍。由于疏散，许多家庭住房拥挤，无数被疏散的居民只得住在木棚子里。

岛上商业大部分瘫痪，但还没有出现失业现象。实际情况是工人奇缺，劳动力不得不做统一调配。马耳他实行了国民义务兵役制，凡年 18～41 岁的男子均有义务在马耳他军队里服役。入伍的马耳他人，包括志愿人员，总数为 14650 人。

在商业系统中，银行界进行了一场特殊的战争。大战爆发时一家法国银行和罗马银行实际都破产了。此种事态使人们对银行普遍失去信心，马耳他出现私人囤积现象，政府不得不采取措施防止人们从银行挤兑。一段时间之后英国钞票停止流通，岛上另外发行一种专用钞票。其原因有二。

第一，马耳他列岛万一陷落，轴心国也不致得到大量英镑。

第二，旧钞票已不敷流通。马耳他一经实现充分就业，工资即迅速上升，这就需要增加纸币发行额以便支付工资。当局一再印发钞票，纸币最后甚至取代了不少银币。战争一结束，战时通货自然全部回收。

第二次世界大战期间，岛上积累了相当多的资金。一方面进口急剧削减；另一方面由于军事部门的工资支出款项越来越大，储蓄额自然增加。

财富趋向有货可售的人们手里,尤其是农民,其中很多人在战时都发了财。虽然采取强有力的措施防止黑市发展,但黑市仍然存在,物资奇缺期间一个鸡蛋竟能卖到两先令6便士。

在1942年的大半年时间里,马耳他人口的绝大部分均在饥饿线上挣扎。现役军人每人每天应得4000卡热量,而在马耳他则只有2000卡。马耳他成年男工每人只能得到1690卡,而成年女工得到1500卡。至1942年5月,许多基本物资(包括做饭用的燃料)都异常缺乏,马耳他不得不开办一些为平民提供集体伙食的食堂,即所谓胜利食堂。人们从荒地里拾柴草来烘烤面包,从炸毁的住房中收集木头供胜利食堂做燃料。1942年6月,岛上特有的山羊群很快被屠宰掉,嫩羊肉成了胜利食堂的主食,人们还吃掉了大量马肉,当地的马匹也都被宰掉。即便采取这些权宜之计,居民也日渐消瘦。1942年8月,军队指挥官对士兵体重下降的速度感到担心。1942年夏末,在取得空中胜利后很久,物资仍继续缺乏。运输舰队已经恢复航行,但是,这些船只运来的东西仍仅足以勉强维持居民和战斗部队食用。直至1943年初,食物供应才真正较为充足。

1943年6月,盟军在西西里岛登陆,马耳他实际上从此退出第二次世界大战。列岛上的战争时间虽然不长,但很激烈。马耳他经历了第二次世界大战中几次最剧烈的轰炸,一些地方损失惨重。幸而马耳他房屋主要用石头建筑,燃烧弹不起作用,没有像北欧城镇那样大片被焚毁。死于战争中的平民,除在英国军队中服役的马耳他人外,只有1490名,为数不多。总的来说,马耳他及其人民与英国军队一起,在第二次世界大战中发挥了不可忽视的作用。

第五节　走向独立与共和

一　民族自治(1945~1963年)

在第二次世界大战结束不久,亚、非、拉三大洲的民族民主解放运动风起云涌，汹涌澎湃，而处于欧洲的这块英国殖民地——马耳他也被卷入了要求民族解放和独立的运动洪流中。

1943 年 7 月 7 日，马耳他总督宣布，英国政府有意于战后恢复马耳他内部自治，但"与马耳他作为帝国堡垒相关的一切事宜"的处理权限，则仍将依照战前宪法规定予以保留。

马耳他人成立了国民议会，与联合王国派来的一个制宪委员会一起，共同制定了一部新宪法。新宪法于 1947 年开始实施。1947 年宪法规定：马耳他将建立一个由选举产生的，由 40 名议员组成的立法议会，但是议会的权力不得涉及某些仍将属于英国总督特权的政策范围；建立一个内部自治政府，总理和内阁从立法议会的议员中挑选和任命；总督保留的权力包括防务、民航、移民、物价和国籍等。

根据 1947 年宪法，9 月马耳他举行了首次立法选举，马耳他工党在保罗·布法（Paul Boffa）博士领导下赢得了压倒的多数，并于 9 月 5 日成立自治政府。以保罗·布法博士为首的工党政府执政至 1949 年，总理同公共工程及建设部部长多米尼克·明托夫（Dominic Mintoff）在如何与英国进行谈判以解决海军造船厂多余工人的问题上发生了分歧。由于工党支持明托夫，总理于是辞职，另行成立了独立工党。在 1950 年的选举中，国民党虽未得到超过半数的选票，但获得议会的多数。于是，思里科·米齐博士组成了国民党政府。但他执政几个月后即逝世，由乔治·鲍格·奥利维尔（Georgio Borg Olivier）接任总理。这个国民党政府只存在了很短一段时期，1951 年又举行新的选举，这次仍无任何政党取得超过半数的选票。但是，国民党人在保罗·布法博士的支持者的帮助下组成政府。1953 年再次举行选举，结果仍与此相仿。在此期间，马耳他成为北大西洋公约组织地中海辖区的司令部。同年，国民党议员们在议会中提出动议：马耳他应该取得自治领的地位。英国政府以马耳他没有达到充分的自给自足能力为理由拒绝了这一建议。

1955 年的选举中，多米尼克·明托夫所领导的马耳他工党获得绝对多数选票。于是，明托夫开始制定一整套雄心勃勃的纲领。社会福利事业和教育事业的发展速度加快了，新政府着手致力于解决马耳他长期存在的经济问题，并与英国政府就马耳他并入联合王国的可能性进行了讨论。结果在两个主要的问题上未能达成协议。

第一，英国政府不愿让马耳他人不付相应代价而分享联合王国种种社会福利待遇。

第二，马耳他原为一个极度信仰罗马天主教的国家，如果成为以新教为国教的国家，则必然产生复杂的宗教问题。

在1956年马耳他公民投票中，也只有45%马耳他人表示赞同，其未取得多数马耳他人的支持。即便是马耳他两个主要政党——国民党和工党，在马耳他前途问题上也出现严重的分歧：前者谋求马耳他在英联邦内部的完全独立；后者希望采取某种形式的联合，即马耳他政府的代表能在英国议会中占有席位。

在这期间，由于意大利与联合王国都终于成为同一防御条约——北大西洋公约组织的成员国，这就减少了马耳他基地的战略重要性。当然，这些长期因素尚未能产生直接的经济影响，冷战使军费继续保持在一个高水平上。英国军队继续雇用大批马耳他人，他们不仅修理战时被破坏的军事设施，而且英国还为弥补防务上原有的某些弱点花费巨额金钱。在战后英国为维护殖民地利益的一系列军事行动中以及在中东的紧张局势中，马耳他都起了重要的作用。但1957年，邓肯·桑兹彻底整顿英国防务，决定减少某些海外基地——包括马耳他在内——的驻军和装备。从这时起，英国在马耳他的驻军不断减少，马耳他在英国防御结构中仅被列为辅助基地，其战略地位明显下降。

20世纪50年代的前5年，英国为马耳他经济多样化做了更大的努力。1955年，英国政府宣布愿意为马耳他的经济多样化承担义务。英国殖民部的专家前往马耳他考察当地资源，对农业、林业和奶品制造业都认真进行研究，并对总的经济状况提出大量报告。由此制订发展计划，其大意是要求政府提供资金鼓励工业、旅游业和农业的发展。发展资金的绝大部分将用于鼓励建立新工业。当局在马尔萨划出了一个工厂区，厂商享有免税期，工厂所付房租极低，还采取了关税保护、赠款或贷款等措施。于是，马尔萨工厂区以及其他地方建立的工厂迅速开工投产。

马耳他岛内一直存在人口增长过快的问题，但重新实行移民政策以及第二次世界大战缓和了这一压力。但至 1946 年，这一趋势被颠倒过来，人口增加 9000 人。从 1947 年起，对已经批准的移民，马耳他政府开始承担其费用的 75%，这就促使了人口增长率的下降。1949 年，马耳他与澳大利亚签订了旅费援助协定。同年，3500 名马耳他人移居该地。1950 年，又有 5000 名马耳他人前往澳大利亚，人口增长于是停止。1954 年，11000 多人离开马耳他，于是人口下降了 4500 多人。1955 年，又有 9000 多人移居国外，但到 1956 年，由于马耳他与联合王国的合并大有希望，加之列岛经济繁荣，这就诱使大量马耳他人从澳大利亚返回国内。1956 年标志着向外移民时期的结束。移民政策也有其严重不利之处，马耳他在 20 世纪 50 年代中期因之出现技术工人缺乏现象。

二　走向独立（1963～1964 年）

在 1956 年马耳他与英国合并的建议失败后，马耳他政府与英国政府的关系迅速趋于紧张。1958 年 4 月，明托夫政府辞职。接着，马耳他列岛上群众的不满情绪与日俱增，并爆发了一系列的游行示威。当时的总督罗伯特·莱柯克爵士宣布了紧急状态，接管了政权。宪法在 1959 年被废止，马耳他列岛再次被置于殖民统治之下。马耳他的民族民主解放运动受到了严重的挫折。

尽管如此，马耳他人民要求民族独立的呼声和所从事的斗争从来没有停止过。1960 年 7 月，在希拉里·布拉德爵士的领导下组成了一个制宪委员会，并在次年 2 月公布了他们提出的建议。建议马耳他实现完全的自治，认为过去依照战前宪法规定所做的保留已无必要，马耳他政府应能对所有问题进行立法，但对某些范围内的问题则应与联合王国进行磋商，而在必要时由英国裁决。布拉德的报告得到采纳，马耳他再度取得某种程度的自治。新宪法勉强地被马耳他人民所接受，并于 1962 年开始实施。国民党和工党对新宪法都有所保留。

1962 年 2 月举行大选，乔治·鲍格·奥利维尔博士领导下的国民党获得 25 席，而工党仅获得 16 席。国民党获胜，并组成国民党政府。同年

8月，这位新领导人告知英国殖民大臣，马耳他人期望获得全部独立。第二年夏天，在伦敦邓肯·桑兹先生主持召开了独立大会。两个主要政党——国民党和工党均赞同独立，但出席大会的几个较小的政党，如基督教工人党、民主国民党和进步立宪党则表示反对。尽管这样，殖民大臣最后还是接受了如下的论点：既然这两个主要政党在上次选举中获得76%的选票，又都把要求独立列入竞选宣言，那么，就应当根据他们的愿望给予马耳他独立地位。但是，英国和马耳他双方在许多问题上没有达成协议：马耳他作为联邦成员的资格、教会的地位、马耳他实行君主立宪制还是共和制。

1963年，马耳他人民就宪法和独立问题举行公民投票，要求公民回答："你赞成目前提出的这部争取独立的宪法吗？"投票结果：66000票赞成，55000票反对，36000票弃权。马耳他争取独立的宪法终于获得通过，反映了马耳他大多数人民的意愿。1964年2月，马耳他自治政府与英国当局举行制宪和独立谈判，7月达成协议。1964年7月21日颁布的独立宪法规定，马耳他实行君主立宪制的政治体制，英国女王为马耳他国家元首，马耳他为英联邦成员国，保留总督作为英国女王的代表。协议还规定，英国军队可以留驻马耳他10年，直到1974年为止。1964年9月21日，马耳他正式宣布独立，马耳他人民经过长期的和不屈不挠的斗争终于开花结果，最终赢得了胜利。这一年，马耳他加入联合国。

马耳他从1959年开始实施第一个五年计划。计划规定1959~1964年将支出3225万英镑，其中2200万英镑由联合王国以贷款和赠款形式提供。后来，这一计划于1961年进行修改。主要因为当地经济的发展速度不足以吸收扩大了的投资，头几年预定的支出计划未能完成。但是，实施第一个五年计划的结果使马耳他列岛上的经济结构发生了很大的变化。

在工业方面，由于马耳他战略地位的下降，在第一个五年计划中纷纷将军用工业和军事设施转为民用。第一个五年计划期间，马耳他当局打算把皇家海军马耳他造船厂改为民用，以免由于企业关闭而引起的大量劳动力过剩。把这家造船厂由军用改为民用本来就有许多困难亟待克服。1959年，C.H.贝利股份有限公司在马耳他成立了一个公司，贝利公司是其主要股东。这个新公司称为贝利（马耳他）有限公司。同年，它从英国海军部承租船厂，租期长达 99 年，船厂所有权在马耳他独立时已转移给马耳他政府。贝利公司出资 75 万英镑，并取得了具有监督权的股票。

　　与此同时，英国殖民部以贷款方式提供的 600 万英镑（后来增加到 725 万英镑）主要用于将船厂改建为民用船厂。贝利公司同殖民部对若干财政问题的意见存在分歧，经过长期争论未能解决，船厂于 1963 年由一个管理委员会接收，贝利公司对这一企业的经营自此告终。管理委员会不久即着手与若干英国造船公司接洽，后来确定由斯旺·亨特和威格姆·理查逊股份公司进行船厂的经营管理（史密斯船舶股份公司和斯旺·亨特公司自此合并）。在斯旺·亨特公司的经营下，船厂的改造、现代化及多种经营等均取得较好的进展。这些事件对列岛很有影响。除船厂由军用改为民用见效甚慢一事外，人们还看到，在马耳他的多样化经济中，新工业诚然能占有一定地位。

　　马耳他的农业结构很可能是园艺发展的最大障碍。马耳他的农村基本上属小本经营，而且采用传统的耕种方法，农民并不习惯于为口味极高的市场生产高质量的产品。尽管存在这些问题，农业还是取得了一些进展。一个英国大园艺公司在塔阿利机场旧址附近繁殖供插栽的菊花。所有插枝全供出口，插枝裹以塑料薄膜，被空运到联合王国。马耳他政府对设立温室的农户给予资助，其主要作物为番茄。马铃薯是马耳他列岛出口量最大的农产品。农业的发展在促进列岛经济多样化方面起到重要作用。

　　旅游业是马耳他列岛经济中最有发展潜力的产业。新兴产业的发展部分是由于马耳他人的努力，但外国公司同样也有贡献，例如，许多房地产公司发现马耳他有利可图，于是马耳他几乎出现了一个买卖土地修建假日寓所和住房的热潮。一段时期以来，旅游者飞往南方度假显然已成风气。马耳他与北非、西西里、西班牙南部日益受到欢迎。作为一个游览胜地，除了良好的气候和优良的游泳设备外，马耳他确实具备一些有利条件，其中最重要的就是它同英国的关系。到目前为止，绝大部分游客来自英国。列岛是英镑区的一部分。没有货币限制，列岛成为购买假期寓所的英国人的理想之地。

此外，马耳他列岛遍布历史遗迹，可供游览参观之景物比比皆是。马耳他游客迅速增加，1966年游客总数达72791人，其中有21647人是游艇在马耳他短期停泊期间来岛上小住的旅行者。为此，马耳他列岛开设了一些新的旅馆，许多原有设施也进行了扩建。

三　走向共和（1964～1974年）

在1966年3月，马耳他举行独立后第一次立法选举。在选举中，国民党获得议会多数，并组成首届内阁，乔治·鲍格·奥利维尔博士任总理。最大的反对党依然是马耳他工党，而一些小的政党则未在立法机构中获得任何席位。1971年，马耳他举行独立后的第二次立法选举。在选举中，工党获得议会多数席位，并组成以多米尼克·明托夫为首的工党政府。

在工党执政期间，马耳他政府于1974年收回英国租借的科米诺岛90%的土地。同年12月13日，马耳他议会通过宪法修改案，将马耳他立宪君主制的政治体制改为共和制的政治体制。从此，马耳他成为共和国，总统为国家元首，并由议会选举产生。

1964年标志着第一个五年计划的结束。在第一个五年计划期间，马耳他建立了一些新的工业，船厂营业额总算有了希望，旅游业也开始好转，列岛工业的基本结构得到了极大的改善。在大港岸边修建了一个深水码头，增修了一些公路，许多值得游览的地方得到了开辟，一个新的发电站和蒸馏水厂开始施工。在第一个五年计划期间，人们接受了许多教训，并把这些经验运用到1964～1969年的第二个五年计划中。制造业虽然仍是第二个五年计划中的最大部门，但也为游览业和农业适当让路，后两个部门的发展资金大大增加。

从经济上看，马耳他列岛此时正处于战后最困难的时期。英国军费继续削减，而同时列岛却未能提供新的就业机会以安排全部失业者。马耳他还存在国际收支巨额逆差的问题。1966年进口额为3890万英镑。出口虽由于新工业的推动，在前几年出现上升的趋向，也不过只赚得780万英镑。这一逆差一向由英国军费开支及国外投资来弥补，而今后则必须通过出口工业及旅游业赚取更多的外汇来弥补。

马耳他独立时曾与联合王国签订共同防御及互助协定，该协定规定，英国政府在 1964～1974 年向马耳他提供 5000 万英镑作为使用岛上军事设备的补偿。在执行协定的前 5 年中，英国所提供款项应略高于总数之半，其中，75% 属于赠送，25% 则为按联合王国财政部当时通行的利率提供的贷款。在执行协定的后半期，贷款与赠款的比例则将另行讨论决定。除此之外，联合王国另拨款 100 万英镑用于修复英国军队征用的历史建筑物。

第六节　马耳他共和国简史

一　工党执政时期（1974～1987 年）

马耳他工党自 1971 年第二次立法选举上台执政以来，经过 1976 年和 1981 年立法选举，已经连续执政长达 16 年之久。

在这期间，马耳他政府在多米尼克·明托夫总理的领导下，对马耳他的政治体制进行改革，将君主立宪制的政治体制改为共和制的政治体制。他还与英国进行艰苦的谈判，于 1979 年 3 月 31 日收回英国在马耳他的军事基地。他还从 1980 年起将 3 月 31 日定为国庆日。在 20 世纪 70 年代，明托夫政府还与天主教会进行斗争，要求取消天主教会的特权，要求其缴纳土地税和其他赋税，要求政教分离等，但是这遭到天主教会的顽强抵制。执政党与教会的关系日益恶化。在这期间，诞生了许多小政党和政治组织，从而使马耳他的政党政治有所发展，但是，工党和国民党仍然是马耳他的主要政党，左右着马耳他的政坛。特别是在 1981 年立法选举中，国民党赢得多数选票，但是工党获得议会多数席位。于是，国民党指责工党在大选中有舞弊行为，要求重新进行选举，但是遭到工党政府的拒绝。在野的国民党与执政的工党之间斗争越来越激烈。

鉴于马耳他资源贫乏和依赖进口，工党政府执政后努力发展民族经济，大力吸收外资，扩大出口，发展旅游业，力图改变马耳他在英国殖民地期间的经济结构。在 1973～1980 年"七年经济发展计划"期间，经济有较大的发展。1970～1978 年，马耳他的经济年增长率为 11.2%。1980 年国民生产总值为 42389 万马耳他镑（简称马镑，约合 119536 万美元）。1979 年通货膨胀率为 11.7%；失业率为 2.4%，是 25 年来最低水平。1981 年 7 月工党政府公布的 1981～1985 年发展计划所规定的指标，由于受到西方国家经济衰退的影响，完成得并不理想。

　　但是，经过工党政府的不懈努力，马耳他的经济结构发生了根本性的变化，它已经从"基地经济"走向"自主和自决的经济"。在马耳他经济结构中，工业以修船和造船为最重要产业；农业以小麦、大麦、马铃薯、洋葱、豆类、蔬菜为主，但是粮食不能自给自足，主要仍依赖进口；旅游业已成为马耳他经济的支柱产业。

　　在这期间，马耳他人均收入有了较大的提高。中、小学实行免费教育，全民实行免费医疗，推行社会保障制度。在这期间，马耳他的文化教育、新闻出版事业都有较大的发展。

　　在对外关系方面，根据宪法的规定，马耳他奉行"积极中立和不结盟外交政策"，以"促进世界持久和平，特别是地中海的和平"，"为提高本国生活水平服务"，马耳他不允许外国在其境内设立军事基地。在苏、美关系方面，马耳他推行等距离外交。它认为超级大国在地中海的争夺是地中海不安宁的原因，主张地中海国家联合起来，摆脱超级大国的控制，要求苏、美以及地中海南北邻国在安全上和经济上共同保证其中立的地位。在与欧洲经济共同体关系方面，工党政府接受欧洲经济共同体给予的优惠和援助，这对马耳他经济的发展起了积极的作用。明托夫总理于 1981 年建议马耳他与欧洲经济共同体建立"特效关系"。工党政府努力发展与第三世界的关系，特别是与阿拉伯国家的关系，以积极争取石油生产国的投资和经济援助。明托夫总理及其政府还积极发展与中国的关系，1972 年 1 月 31 日马耳他与中国建交。此后，马、中两国领导人互访不断，两国关系有了进一步的发展。

二 国民党执政时期 (1987~1996 年)

在 1987 年立法选举中，工党及其政府由于经济不景气、通货膨胀和失业压力增加、出现贪污腐败问题以及与教会关系恶化而败北，国民党获得议会的多数而上台执政。以国民党的领袖埃迪·芬内克·阿达米 (Eddie Fenech Adami) 为总理组织了多届内阁。

在这期间，国民党政府在政府机构、议会、经济结构、财政、税收和金融体制等领域推行了一系列变革，进行了公务员制度、选举制度、政党财政制度的改革及公司董事会成员行为规范 4 个反腐败常设委员会，对执政党及其政府改善形象和争取民心起到了一定的积极作用。工党除了继续进行自身组织建设和政策修订外，还加强了宣传力度和舆论攻势，在加入欧洲联盟、实行增值税、反腐败和缉毒等问题上与国民党政府针锋相对，朝野两党斗争日益激烈。在 1992 年 2 月 22 日的立法选举中，在总共 65 席中，国民党获得 34 席，工党获得 31 席。马耳他两个主要政党之间的席位相差不大，从而增加了国民党的执政难度。

在这期间，国民党政府进一步对马耳他经济进行广泛的改革，造就了马耳他市场经济的模式。它高度重视外贸和旅游业，发展服务业和商业，加速进行经济结构调整，从而促进了马耳他经济的发展。国民党政府进行了税制改革，议会通过了新的银行法案，成立了国际性的金融服务中心。马耳他政府继续放松汇率的管制以及对私营部门的控制，从而进一步活跃了金融市场，促进了马耳他经济的发展。在这期间，马耳他同 100 多个国家和地区发展贸易关系。欧洲联盟则是马耳他最主要的贸易对象，其中意大利和英国是马耳他第一、第二大贸易伙伴。

在这期间，马耳他人民的生活水平进一步提高，教育和文化事业有了长足的发展，新闻出版事业兴旺发达。

在对外关系方面，随着世界两极体系的解体和东西方冷战的结束，国民党政府认为马耳他推行的中立不结盟政策已经毫无意义。20 世纪 90 年代以来，马耳他以新的姿态，积极地开展大国外交、国际组织外交和经济外交。马耳他重视联合国等国际组织的作用，并积极参与国际事务。马耳他视英联邦为连接欧洲、亚洲、非洲和北美洲的一条纽带，注意发挥在该组织中的作用和影响。马耳他政府于1990年正式申请加入欧洲联盟，并把加入欧洲联盟作为对外关系的首要目标。马耳他在全力争取加入欧洲联盟的同时，积极参与欧洲政治与安全进程。在中东，马耳他一贯支持巴勒斯坦民族解放事业，希望通过和平对话方式促进阿以之间的和解。在这期间，马耳他与中国在政治、经济、科技等方面的友好合作关系稳步发展。

三 工党第二次执政时期（1996～1998年）

在20世纪90年代，马耳他经济的下滑，加上政府大力实行增值税，使执政的国民党越来越不得人心。而马耳他工党在阿尔弗雷德·桑特（Alfred Sant）领导下经过组织上的整顿，面貌焕然一新，俨然以"新工党"的姿态出现在公众面前。在1996年10月的立法选举中，工党战胜国民党，赢得选举的胜利，再次上台执政。

阿尔弗雷德·桑特组织了一个精干的工党内阁。他对马耳他内外政策做了较大的调整：对内调整经济结构，并在财政、金融、税收、司法、教育和医疗等各个领域进行了一系列的改革，更加重视中下层人民的利益和扶持中小企业，特别是私营企业的发展。对外宣布退出北约和平伙伴关系计划，并停止与欧盟进行的关于加入欧盟的谈判，重申中立原则，强调与地中海南北两岸国家的关系。但是，阿尔弗雷德·桑特总理冻结了马耳他申请加入欧盟的进程，并实行了一个严厉的年度预算，这导致内阁中主要成员不满，个别阁员辞职，从而在工党内部引起连锁反应，"新工党"开始出现裂痕。

阿尔弗雷德·桑特政府采取措施，提高行政机构的办事效率，遏止马耳他经济的衰退，并使之现代化。但是，他的领导方式和工作作风没有被官员所认同；他的经济措施损害了职工的利益，从而激起广大劳动人民的不满。当时，作为议会中普通议员、80岁高龄的明托夫也起来与阿尔弗雷德·桑特政府作对，反对内阁的法案，从而导致了"新工党"的进一步分裂。在内外夹击的情况下，阿尔弗雷德·桑特总理被迫于1998年解散议会，提前进行立法选举。

四 国民党第二次执政时期（1998～2013 年）

在 1998 年 9 月的立法选举中，国民党击败工党再次上台执政。埃迪·芬内克·阿达米组成了马耳他新一届内阁。

国民党及其总理埃迪·芬内克·阿达米一上台执政，立即对马耳他的内外政策做了大幅度的调整。在内政方面，他继续在财政、金融、税收、司法、教育和医疗等领域推行一系列的改革措施。在对外关系方面，埃迪·芬内克·阿达米总理认为加入欧洲联盟是捍卫马耳他群岛利益最稳妥的方法，因此，他重新恢复加入欧洲联盟的申请，2000 年与欧洲联盟重开入盟谈判并取得重大的进展，于 2002 年底，与欧洲联盟结束了关于马耳他加入欧洲联盟的谈判。2003 年 3 月，马耳他举行公民投票，53.6% 的民众支持加入欧洲联盟。

在 2003 年 4 月 12 日的议会提前选举中，国民党再次蝉联执政，4 月 15 日国民党组成新一届内阁。在这期间，国民党及其总理埃迪·芬内克·阿达米继续对内诸多领域进行一系列的改革，对外于 4 月 16 日与欧洲联盟正式签署加入欧盟条约。2004 年 3 月，埃迪·芬内克·阿达米总理辞职，劳伦斯·冈奇（Lawrence Gonzi）接任总理兼财政部部长，并对内阁进行调整。新内阁由总理、副总理、11 位部长和 7 位国务秘书共 20 名成员组成。2004 年 5 月 1 日，马耳他加入欧洲联盟。

在这期间，国民党政府对马耳他经济政策和经济结构进行调整。它于 2001 年通过《商业促进法》，以便以更加优惠的政策鼓励和促进投资，并扶持中小企业的发展。它通过了对马耳他干船坞和造船厂进行结构调整的方案。2002 年，马耳他经济出现恢复性增长，走出低谷。自此，马耳他经济保持增长的势头。

在这期间，马耳他的社会保障制度又有了新的发展，人民生活水平进一步提高，文化和教育事业进一步繁荣。

自国民党上台执政以来，马耳他政府积极参与国际事务，重视联合国等国际组织的作用，主张振兴联合国，倡导联合国改革，力主提高和增强联大的作用，加强联大同联合国其他主要机构特别是安理会的联系，主张安理会应逐步建立一个多数表决机制。另外，马耳他政府还建议增加托管理事会职能，并认为联合国要关注经济和社会发展问题。

　　马耳他政府重视发展和加强与美、俄、中等大国的友好关系，特别是在与大国经贸合作方面迅速发展。马耳他政府主张欧洲和地中海并重，重视地中海的安全与稳定，积极推动欧洲－地中海合作的进程。马耳他政府还努力发展同地中海周围各国的关系，特别是同利比亚、埃及和突尼斯等主要的地中海邻国之间的友好合作关系。马耳他关注中东局势，一贯支持巴勒斯坦事业，积极支持巴以和平进程，主张通过和平对话解决中东问题，希望中东地区早日实现和平与稳定。马耳他于 2007 年 12 月加入申根区，2008 年 1 月起正式加入欧元区，成为第 14 个采用欧元的国家。

　　2008 年 3 月，国民党再次蝉联执政。国民党在执政期间对马耳他的内外政策进行了调整，在财政、金融、税收、教育和医疗等领域推行改革措施，使普通百姓得到实惠，赢得了选民的信任。

　　五　工党第三次执政时期（2013 年至今）

　　2013 年 3 月 9 日，马耳他大选结果出炉，工党以 55.2% 的得票率击败国民党，赢得执政的权力，工党领袖穆斯卡特当天宣誓就任总理。工党是在 2013 年击败两次蝉联的执政党国民党赢得大选上台的。工党获胜后，可以预期的是，在未来几年的执政周期内，马耳他的大政方针将保持稳定，包括它的移民政策等。加之新政府积极融入中国所倡议的"一带一路"，素有欧洲"新加坡"之称的马耳他将进入加速发展通道，一年一小变，三年一大变，马耳他即将迎来黄金期。

　　2017 年 6 月 5 日，马耳他工党在大选中胜出，马耳他总理穆斯卡特获得连任。

第七节　著名历史人物

一　传教士圣保罗

　　圣保罗教堂位于共和国广场的东南端，是瓦莱塔古老的教堂之一，是为了纪念圣保罗因为海难受困于此而建造的。这座教堂有特色的就是壁画，当时请了好的画师为建成的教堂画壁画，内容主要是圣保罗的生平以及船难事件的过程。这些作品至今仍完好保存在金碧辉煌的教堂内，具有相当高的艺术价值。教堂中有一尊圣保罗的木雕像，并珍藏有保罗的圣物：一只手臂骨和一截保罗被砍头时所倚靠的柱子。

保罗是早期教会最具有影响力的传教士之一，基督徒的第一代领导者之一，被奉为外邦人的使徒。在诸多参与基督教信仰传播活动的使徒与传教士之中，保罗通常被认为是在整个基督教历史上最重要的两个人之一，并且是史上最伟大的宗教领导者之一。圣经新约约有一半由他所写。他在整个罗马帝国的早期基督教社群之中传播耶稣基督的福音。

自三十几岁至五十几岁，他在小亚细亚建立了好几个教会，在欧洲建立了至少三个，其中包括哥林多教会。他一生中至少进行了三次漫长的宣教之旅，足迹遍至小亚细亚、希腊、意大利各地，在外邦人中建立了许多教会，影响深远。

在天主教会及圣公会，其纪念圣日为 6 月 29 日。

1. 第一次传教旅行

《使徒行传》的作者把保罗的旅行分成三段。第一次旅行，一开始由巴拿巴带领，保罗从安提阿来到了塞浦路斯，然后又去了小亚细亚南部，接着回到了安提阿。在塞浦路斯，保罗驳斥了法术师以吕马并使其眼盲，因为以吕马批评了他们的教会。从此刻开始，保罗被描写成这一次旅行团队的领导者。

他们又航行去了位于旁非利亚的别加，约翰·马可离开并回到了耶路撒冷。保罗和巴拿巴继续去了安提阿。在安息日，他们去了犹太教堂。教堂领导者邀请他们去演讲。保罗回顾了以色列自埃及至大卫王的历史。他把耶稣作为神赐予大卫的儿子来介绍。他说，他们是为了把拯救的消息带给大家才来到这里的。他细数了耶稣死而复活的故事。

2. 第二次传教旅行

保罗是在和耶路撒冷会议争论了割礼问题之后启程的。在他们环绕地中海的旅程之中，保罗和他的同伴巴拿巴在安提阿停留，在那里他们激烈争论是否应该让约翰·马可与他们一起旅行。《使徒行传》说，约翰·马可在第一次传教旅行到塞浦路斯中离开他们回家了。由于无法达成一致，保罗和巴拿巴决定分手。巴拿巴和约翰·马可同行，而西拉与保罗合流。

保罗和西拉首先访问了大数（保罗的出生地）、特庇和路司得。在路司得，他们遇到了提摩太（St. Timothy）——一个被称颂的信徒。他们决定带上提摩太。教会信众数量保持增长，并且每日他们的信仰不断加强。

保罗的第二次传教旅程在公元50年至53年进行，历时约三年，这次保罗与西拉和提摩太同行，旅程中保罗见异象，首次把福音传入欧洲，前往了马其顿。在这次旅程中，他们在腓立比、特罗亚、帖撒罗尼迦、哥林多等地建立了教会。

3. 第三次传教旅行

以在加拉太和弗吕家的旅行为开端，保罗开始了他的第三次传教之旅。然后保罗去了以弗所，一个早期基督教的信仰中心，在那里停留了约三年。据《圣经》所述，他医治众人，驱逐恶魔，并且把有组织的传教活动带入了内地（罗马帝国境内）。

而保罗的第三次传教旅程在公元52年至57年进行，以以弗所为基地，其间再次穿越马其顿，旅程最后以耶路撒冷作为终点。

二 罗杰一世和罗杰二世

公元11世纪时，一群来自诺曼底的佣兵进入南意大利，并试图建立一个新的王国，马耳他的阿拉伯人因此同意向佣兵统领罗杰伯爵（Rogerde Hauteville）上缴税贡，其子罗杰二世继承父志，于1127年将马耳他纳入版图，这是马耳他再次天主教化的开端。在罗杰二世在岛上建立天主教自治区之后，马耳他的命运便与西西里岛结合在了一起。

罗杰一世（Roger I of Sicily，1031～1101年）自1072年起为西西里的伯爵，为欧特维尔家族的坦克雷德（Tancred of Hauteville）第二次婚姻所生的幺儿。到他死时，马耳他已有一个中央集权的高效率政府，其伯爵权威是不容挑战的。

罗杰一世 1057 年至意大利,帮助其兄罗伯特·圭斯卡德自拜占庭帝国手中夺取卡拉布里亚(1060 年)。1061 年他们开始征服不同的穆斯林统治下的西西里,并占领了墨西拿,1091 年克竟全功,1072 年占领巴勒摩并将其作为一转掠点,在罗伯特把罗杰当作属下并赐给他西西里和卡拉布里亚县有限的管理权和抽税权后,争执于是发生。罗伯特死后,罗杰从其子(后来安条克公国的博希蒙德一世)手中夺得全部的统治权,并于 1098 年接受教皇乌尔班二世封予的教皇使节称号,这使他得以控制西西里的教会。

罗杰二世是罗杰一世之子,是一位能干、精力充沛的统治者,先后取得了卡拉布里亚(1122 年)和阿普利亚(1127 年)的全部大陆领土。他被敌对教皇阿纳克莱图斯二世封为国王,从被加冕到 1140 年订立阿里亚诺法条的十年间,他把大部分时间花费在击退一个接一个的入侵者和平定诸侯的叛乱上:巴里的格里莫阿尔德、卡普阿的罗伯特二世、阿莱夫的瑞诺夫、拿波里的塞尔吉乌斯七世等。1139 年又强迫教皇英诺森二世确认他的统治权。他建立起一支强大的海军,在非洲的马地亚取得非正式称号——"非洲之王",拒绝参加第二次十字军东征,更愿意统治众多的阿拉伯人,并对穆斯林人表示宽容,于 1140 年颁布法典,他的宫廷成为阿拉伯和西方学者的交流中心。

三 杰拉德

杰拉德(1140 年 9 月 10 日至 9 月 3 日)是本笃会的弟弟,于 1080 年被任命为耶路撒冷的临终关怀院长,并在 1099 年第一次十字军东征的成功后成为耶路撒冷圣约翰骑士团(骑士医院)的创始人(1113 年得到教皇认可)。杰拉德和几名同伴在耶路撒冷的圣若翰洗者教堂附近的医院里成立了骑士团,主要目的是照料伤患和朝圣者。耶路撒冷圣约翰医院骑士团多次迁徙,居无定所。到 1530 年,奉教皇克雷芒七世和神圣罗马帝国皇帝查理五世的命令,医院骑士团来到马耳他岛,每年象征性地向西西里王国缴纳 1 马耳他鹰币作为租金,在岛上骑士团建立了马耳他骑士团国(Sovereign Military Order of Malta,缩写为 S. M. O. M)。

四 马耳他骑士团伟大的领袖法国大公瓦莱特

让·帕里索·德·拉·瓦莱特（Jean Parisot de la Valette，1495 年 2 月 4 日至 1568 年 8 月 21 日），法国贵族，在 1557～1568 年担任第 49 任马耳他骑士团大教长。作为医院骑士团的一员，他在罗得岛同奥斯曼帝国进行战斗。作为骑士团大教长，瓦莱特成为骑士团最伟大的英雄和领袖人物，在 1565 年马耳他之围中英勇抗击奥斯曼帝国并取得胜利。

瓦莱塔城是马耳他共和国的首都，是一座欧洲文化名城，以圣约翰骑士团首领拉·瓦莱特的名字命名，是全国政治、文化和商业中心，人口 1 万多人。该城建筑布局整齐，城街狭直，两旁建筑均由马耳他特有的石灰岩建成，呈灰白色。1565 年，在拉·瓦莱特的领导下，马耳他取得了"大围攻"战役的胜利，但损失惨重。当时首都及各个要塞一片废墟，瓦莱特决定建立一座新都，以抵御土耳其人的再次入侵。瓦莱塔城由此而来。由于"大围攻"战役的胜利，骑士团成了全欧洲的英雄，欧洲各国纷纷为其提供财富和技术，将瓦莱塔城建设得固若金汤。瓦莱塔城于 1566 年开始奠基，5 年后完工，此后一个半世纪城墙一再加固，极具威慑作用，且土耳其人再未进犯。瓦莱塔城由米开朗琪罗的助手弗朗西斯科·拉帕莱利设计。

五 耶路撒冷圣约翰医院骑士团历任首领

医院骑士团全称是"耶路撒冷圣约翰医院骑士团"，又被称为圣约翰骑士团，成立于 1099 年，圣约翰骑士团历任大头领（GRAND MASTERS of the KNIGHTS of St. JOHN）如下。

1. **耶路撒冷时期**（Jerusalem Era，1113～1142 年）

格拉德（Gerard，Procurator of Hospitals，1113～1120 年）。

雷蒙德·德·普伊（Raymond de Puy，Master of the Order，1120～1159 年）。

2. **骑士堡时代**（Krak des Chevaliers Era，1142～1271 年）

奥格·德·巴勒本（Auger de Balben，1159～1162 年）。

阿诺德·德·康普斯（Arnaud de Comps，1162~1163 年）。

吉尔伯特·阿塞勒（Gilbert d'Assaily，1163~1170 年）。

加斯顿·德·默伦（Gaston de Murols，1170~1172 年）。

朱伯特（Joubert，1172~1177 年）。

罗格一世·德·莫林（Roger I des Moulins，1177~1187 年）。

厄门加德·阿斯帕（Ermengard d'Asp，1188~1190 年）。

加尼尔·德·拿破仑（Garnier de Naplous，1190~1192 年）。

杰弗里一世·德·多金（Geoffroy I de Donjon，1192~1202 年）。

阿方索·德·波图加勒（Alfonso de Portugal，1202~1206 年）。

杰弗里二世·勒拉特（Geoffroy Ⅱ Lerat，1206~1207 年）。

加林·德·蒙太古（Garin de Montaigu，1207~1227 年）。

伯特兰一世·德·塞西伊（Bertrand I de Thessy，1228~1231 年）。

格林（Guerin，1231~1236 年）。

伯特兰二世·德·康普斯（Bertrand II de Comps，1236~1239 年）。

皮埃尔一世·德·维勒－布赖德（Pierre I de Vielle-Bride，1240~1242 年）。

吉尔多姆一世·德·查特尼弗（Guillaume I de Chateuneuf，1242~1258 年）。

休斯·德·雷维尔（Hughes de Revel，Grand Master of the Order，1267，1258~1277 年）。

3. 阿克城时期［Acre（Akko）Era，1271~1291 年］

尼古拉斯一世·洛奇（Nicolas I Lorgne，1277~1284 年）。

琼一世·德·维利尔斯（Jean I de Villiers，1284~1293 年）。

1291 年阿克城被马木路克王朝攻占，骑士团迁往塞浦路斯岛。

4. 塞浦路斯时期（Cyprus Era，1291~1307 年）

奥顿·德·品斯（Odon de Pins，1294~1296 年）。

吉尔多姆二世·德·维拉里特（Guillaume Ⅱ de Villaret，1296~1305 年）。

1309 年塞浦路斯被奥斯曼帝国攻占，骑士团迁往罗得岛。

5. 罗得岛时期（Rhodes Era, 1309～1522 年）

富尔克·德·维拉里特（Fulk de Villaret, 1305～1323 年）。

赫里德（Helion de Villeneuve, 1323～1346 年）。

迪德纳·德·高佐（Dieudonne de Gozon, 1346～1354 年）。

皮埃尔二世·德·科恩内兰（Pierre Ⅱ de Corneillan, 1354～1355 年）。

罗格二世·德施·品（Rogier Ⅱ Despins, 1355～1365 年）。

罗蒙二世·贝伦格（Ramon Ⅱ Berengar, 1365～1373 年）。

罗伯特·德·朱里（Robert de Juilly, 1373～1377 年）。

胡安·费尔南多德·厄尔迪（Juan Fernando de Erdia, 1377～1396 年）。

菲利伯特·德·奈拉克（Philibert de Naillac, 1396～1421 年）。

安东尼奥一世·迪·弗拉维纳奥（Antonio I di Fluviano, 1421～1437 年）。

琼二世·德·拉斯蒂科（Jean Ⅱ de Lastic, 1437～1454 年）。

雅克·德·米利（Jacques de Milly, 1454～1461 年）。

佩德罗·罗蒙·扎克斯塔（Pedro Ramon Zacosta, 1461～1467 年）。

贾巴蒂斯塔·奥西尼（Gianbattista Orsini, 1467～1476 年）。

皮埃尔三世·德·奥布森（Pierre Ⅲ d'Aubusson, 1476～1503 年）。

埃默里克·德·安伯瑟（Emeric de Amboise, 1503～1512 年）。

盖伊·德·布兰克弗特（Guy de Blanchefort, 1512～1513 年）。

法布里齐奥·迪·凯尔特 – 菲纳利（Fabrizio di Caretto – Finale, 1513～1521 年）。

1521 年奥斯曼帝国苏莱曼大帝攻占罗得岛，骑士团迁往马耳他岛。

6. 马耳他岛时期（Malta Era, 1530～1798 年）

菲利普·维里尔斯·亚当（Philippe de Villiers de l'Isle Adam, 1521～1534 年）。

彼得四世·德·庞特（Peter IV del Ponte, 1534～1535 年）。

迪迪埃·德·塞恩特 – 杰尔勒（Didier de Sainte – Jaille, 1535～1536 年）。

琼三世·奥米德斯（Jean Ⅲ Omedes，1536～1553 年）。

克劳德·德·拉·桑勒（Claude de la Sangle，1553～1557 年）。

琼四世·帕里斯特·德·拉·瓦莱特（Jean Ⅳ Parisot de la Valette，1557～1568 年）。

彼得五世·吉达劳蒂·德·蒙特（Pietro Ⅴ Guidalotti del Monte，1568～1572 年）。

琼五世·伊夫克·德·拉·卡西尔（Jean Ⅴ L'Eveque de la Cassiere，1572～1581 年）。

休二世·路邦·维尔德尔（Hugh Ⅱ Loubeaux‒Verdalle，1582～1595 年）。

马丁一世·加西亚（Martin Ⅰ Garcias，1595～1601 年）。

阿洛伊修斯·德·威格纳考特（Aloysius de Wignacourt，1601～1622 年）。

路易一世·蒙德斯·德·瓦斯考克豪斯（Luis Ⅰ Mendes de Vasconcelhos，1622～1623 年）。

安东尼奥二世·德·保罗（Antonio Ⅱ de Paula，1623～1636）。

胡安·保罗·拉斯卡拉斯·德·卡斯特拉（Juan Pablo Lascaris de Castellar，1636～1657 年）。

马丁二世·德·雷丁（Martin Ⅱ de Redi，1657～1660 年）。

安尼特·德·克里蒙·德·查滕根森（Annete de Clermont de Chattegesson，1660 年）。

拉菲尔·科托纳（Raphael Cotoner，1660～1663 年）。

尼古拉斯二世·科托纳（Nicolas Ⅱ Cotoner，1663～1680 年）。

格雷格里奥·查拉法·德·罗克拉（Gregorio Caraffa de Rocella，1680～1690 年）。

阿德林·德·威格纳考特（Adrien de Wignacourt，1690～1697 年）。

罗蒙三世·珀西伦（Ramon Ⅲ Percellos，1697～1720 年）。

马尔康托尼奥·佐达达里（Marcantonio Zondadari，1720～1722 年）。

安东尼奥·曼纽尔·德·维赫纳（Antonio Manuel de Vilhena，1722～

1736 年）。

雷蒙德三世·德斯帕（Raymond Ⅲ Despugh，1736 ~ 1741 年）。

曼纽尔一世·品脱（Manuel I Pinto，1741 ~ 1773 年）。

弗朗西斯科·西门子·德·特加达（Francisco Ximenez De Tejada，1773 ~ 1775 年）。

伊曼纽尔一世·德·罗汉 – 普杜克（Emmanuel Ⅱ de Rohan – Polduc，1775 ~ 1797 年）。

费迪南德·冯·霍姆佩施（Ferdinand von Hompesch，1797 ~ 1798 年）。

托马斯·迪·康塔拉（Thomas di Contara，1798 ~ 1805 年）。

1798 年 6 月 11 日，拿破仑攻占马耳他岛，驱逐骑士团，骑士团大部分成员迁往俄国，受沙皇庇护，沙皇被选为总团长。

7. 第一次罗马时期（First Roman Era，1798 ~ 1826 年）

保罗·罗曼诺夫［Paul Romanov（俄国沙皇），1798 ~ 1801 年］。

空位时期（1801 ~ 1803 年）。

贾巴蒂斯塔·托马斯（Gianbattista Tommasi，1803 年）。

空位时期（1803 ~ 1805 年）。

利特纳特·杰纳勒尔（Lieutenant – Generals，1805 年）。

莫尼克 – 玛利亚·格瓦拉·萨维多（Innico – Maria Guevara Svardo，1805 ~ 1814 年）。

安德烈·迪·格万尼（Andre DiGiovanni，1814 ~ 1821 年）。

8. 意大利斐拉拉时期（Ferrara Era，1826 ~ 1834 年）

安托万·巴斯卡（Antoine Busca，1821 ~ 1834 年）。

卡洛斯·坎迪达（Carlos Candida，1834 ~ 1845 年）。

菲利普·迪·科洛里德 – 梅尔斯（Philippe di Colloredo – Mels，1845 ~ 1864 年）。

亚历山大·博格（Alexandre Borgia，1865 ~ 1871 年）。

9. 第二次罗马时期（Second Roman Era，1834 年至今）

贾巴蒂斯塔·塞斯克（Gianbattista Ceschi，1871 ~ 1879 年和 1879 ~

1905 年）。

加里亚佐·冯·图恩·霍亨斯丁（Galeazzo von Thun und Hohenstein, 1905~1939 年）。

休斯·弗兰克·迪·卡瓦里瑞（Pius Franchi di Cavalieri, 1929~1931 年）。

卢多维克·奇克（Ludovico Chigi, 1931~1951 年）。

安东尼奥·赫尔克兰尼·西蒙那塔（Antonio Hercolani Simonetta, 1951~1955 年）。

欧内斯特·帕特诺（Ernesto Paterno, 1955~1962 年）。

安杰洛·莫哈纳·迪·科洛纳（Angelo de Mohana di Cologna, 1962~1988 年）。

贾卡洛·普拉维克尼（Giancarlo Pullavicini, 1988 年 1~4 月）。

安德鲁·威罗比·尼尼安·伯蒂（Andrew Willoughby Ninian Bertie, 1988~2008 年）。

马修·费斯汀（Matthew Festing, 2008 年至今）。

第三章

政　治

第一节　宪法、国体和政体的演变

一　英国统治初期的宪法、国体和政体

马耳他有史以来就是外来入侵者的殖民地，由于入侵者自我生存的需要或入侵国政治和经济的需要，马耳他长期以来都被作为军事基地，经济的畸形发展和政治上的不独立，使马耳他人民饱尝牺牲、屈辱和压迫之苦。

1814 年签订的《巴黎条约》中，欧洲列强承认了英国对马耳他的占有，马耳他列岛又沦为英国的殖民地，其政治制度、宪法、国体和政体受英国君主制度的影响和统治。

早在《巴黎条约》签订以前，英国就在事实上把马耳他作为它的殖民地。英国于 1813 年为马耳他制定了一部宪法，即《巴瑟斯特宪法》（The Bathurst Constitution）。这是一部典型的英国殖民地宪法。《巴瑟斯特宪法》规定，马耳他是英国的殖民地，由英国派驻总督进行统治。马耳他总督是英国宗主国权力机构的最高代表，在马耳他集军权、政权和经济权于一身。1813 年首次向马耳他殖民地派驻的总督是陆军中将托马斯·梅特兰。梅特兰只服从英国政府的管理和训令，其权力不受当地任何机构的限制，实行独裁统治。1813～1962 年，英国作为宗主国，先后向马耳他派遣了 34 位总督。马耳他的国家机构完全按照英国宗主国的模式建立起来，梅特兰废除了存在已久的人民议会，规定：

按照国王陛下的意旨，群岛政府所应奉行的重大原则是，行政、立法和司法这三权应完全分立……①

正是按照这些原则，梅特兰在马耳他建立起政府、高等法院，建立政府专卖机构来替代人民议会。

马耳他人民不能容忍英国在马耳他的专制和暴虐，掀起了改革宪法的运动，要求自治和独立。1835年，英国被迫修改马耳他宪法，规定由副总督和7名议员组成顾问议会，其中3名必须是马耳他人。顾问议会只不过是咨询机构，并不能制约总督的权力。在马耳他改革宪法运动进一步高涨的情况下，英国当局再次于1848年修改宪法。根据新修改的宪法，增加了顾问议会的人数，即其由8名增加到18名，除了副总督、9名官方议员外，还有8名民选的议员。

但是，1848年宪法又规定，总督在必要时可以超越议会而行动。顾问议会中的民选代表则认为，议会应当拥有管理群岛事务的权力，不应该受到议会内官方多数的约束。每当民选代表反对总督的措施时，官方指定的议长以摇铃方法结束辩论，以官方代表多数通过总督的措施，这使英国当局与民选代表和马耳他人民之间的矛盾进一步加深。

二 走向自治的宪法、国体和政体

经过马耳他人民的长期斗争，英国殖民当局被迫于1887年12月为马耳他制定新宪法，允许马耳他成立不完全的代议制政府，议会在有关列岛内部事务的多数问题上享有立法权和财政权，民选议员在议会中占有多数。1903年经过修改的宪法减少了对马耳他公民参加选举的年龄和资格的限制，从而扩大了选民的数量。

第一次世界大战期间，马耳他面临严重的经济和政治调整问题，与英国矛盾激化，导致了1919年6月7日发生著名的反英骚乱。1920年由保

---

① 〔英〕查尔斯·欧文：《马耳他群岛》，西南师范学院外语系、地理系翻译组译，四川人民出版社，1979，第25页。

罗·布法创建的马耳他工党和 1921 年建立的马耳他国民党领导马耳他人民为争取民族独立进行了长期的英勇斗争。这次危机迫使英国于 1921 年再次为马耳他制定宪法，即所谓的《阿梅里·米尔内尔宪法》（The Amery Milner Constitution）。该宪法规定，马耳他国家管理权分归两个政府拥有：一个是"马耳他政府"，主要管理纯粹的当地事务；另一个是"马耳他皇家政府"，主要管理国防、铸币和对外关系等"保留事务"（Reserved Matters）。每个政府都在自己职权范围内独立进行立法和行政工作。

"马耳他政府"对一个由两院组成的议会负责。两院包括：立法议会，由 32 名民选议员组成；参议院，由 17 名议员组成，其中，10 人来自教士、贵族、大学毕业生、商会和贸易联合理事会，7 人是有特定公民权的人，从具有特别条件的人员中选出。这是马耳他历史上第一个由马耳他人组成的议会。目前马耳他使用的单一可转让投票的比例代表选举制即从那时开始的。工党在两个议院各可获得 7 个席位，在马耳他首届联合政府中有两人担任部长。

1926 年，工党与宪政党结盟，在 1927 年选举中获胜，组成联合内阁。1929 年，维护英国殖民主义利益的教会势力开始对工党的政党联盟施加压力，1932 年，国民党得到教会的全力支持，选举获胜，上台执政。但这届政府在任仅 10 个月，英国政府就又中止了宪法的实施。

1936 年 8 月，英国政府又为马耳他制定新宪法，对总督咨询会议成员的任命做了规定，1939 年 2 月，英国政府又修改马耳他宪法，允许选举产生总督领导下的政府委员会成员。直到 1943 年 7 月在马耳他人民的强烈要求下，英国政府才又被迫同意恢复马耳他内部自治。

在第二次世界大战后马耳他民族解放运动进一步高涨的情况下，英国于 1947 年 9 月允许马耳他颁布新宪法，但是，1947 年宪法规定马耳他依然实行双头政治，即重新确定了在同一疆界内两个独立的自治政府：一个是处理内部事务或非特定事务的"内务政府"，另一个是处理对外或特定事务的"总督政府"。"内务政府"实行一院制，议院由 40 名议员组成，任期 4 年；"总督政府"内设立一个提名理事会和一个由总督和部长组成的执行委员会，提名理事会和执行委员会构成了马耳他枢密院。1947 年宪法废除了受资格限制的投票制度，开始实行全民投票，第一次给予妇女以投票权。

1947 年 9 月，马耳他举行了第一次大选，以保罗·布法博士为首的工党获胜上台执政，正式成立政府。在 1950 年的议会选举中，国民党获得相对多数票，并组成以思里科·米奇博士为首的国民党政府，这个少数党政府只存在一个短暂时期。在 1951 年、1953 年，马耳他都曾经进行了新的议会选举，但无任何政党超过半数票。在 1955 年大选中，明托夫所领导的马耳他工党获多数票当选。

以明托夫为首的工党在执政期间，采取反英路线，得到"左派"和进步力量的支持，力量得以迅速壮大。为了进一步争取实现马耳他人民的民族自治权利，此届政府向英国政府提出了两种解决马耳他问题的思路，结果未能达成协议，马、英关系由此紧张起来，罢工与暴动时有发生。1958 年 4 月，明托夫工党政府辞职。紧接着 1959 年英国政府宣布废除宪法，由英国总督直接接管政权，马耳他人民再次被置于殖民统治之下。

1961 年 10 月 24 日，马耳他颁布新宪法，即现行宪法，规定成立自治政府，议会获得完全的立法权，马耳他重新取得某种程度的自治。1962 年 2 月举行大选时，教会势力认为工党太"左倾"，便左右天主教徒的投票选举，结果工党在大选中失利，以乔治·鲍格·奥利维尔博士为首的国民党获胜上台。

三　走向独立的宪法、国体和政体

进入 20 世纪 60 年代后，马耳他国内支持独立的呼声高涨，马耳他的两个主要政党——工党和国民党又都赞同马耳他独立，1963 年，马耳他在伦敦召开制宪和独立大会，英国政府宣布同意马耳他在下一年独立。1964 年，以乔治·鲍格·奥利维尔为首的国民党政府，就新宪法条款与英国政府达成协议，同意马耳他独立。独立后的马耳他成为英联邦成员国。于是 9 月 21 日，马耳他正式独立，同日新宪法正式生效。独立后的宪法规定，马耳他是一个君主立宪国家，属英联邦，英国女王是马耳他的合法君主，女王任命的总督为其代表。议会由女王和众议院组成，行使国家最高立法权。马耳他的行政权属于英国女王，由总督代其行使。内阁由总督从众议院多数党议员中任命，对众议院负责。法院行使司法权。

1966 年，马耳他举行独立后的第一次大选，国民党获胜执政，由于教会势力的继续反对，工党仍未获胜，但所得议席比上届大选略有增加。为了改善与教会的关系，工党同教会举行了长时间的谈判，双方最后于1969年4月达成协议，教会答应不再干涉政治。

　　四　共和国宪法、国体和政体

　　在1971年6月大选中，工党获胜，组成独立后的第一届工党政府。在执政期间，为争取使马耳他成为共和国，工党曾多次提议修改宪法，议会最后通过了工党提出的修正案。1974年12月13日修改宪法，马耳他成为英联邦内的共和国，1964年的马耳他独立宪法变为马耳他共和国宪法。马耳他共和国宪法又于1994年和1996年两次修改，以便适应马耳他申请加入欧洲联盟的要求。

　　马耳他独立和成为共和政治体制之后，作为与现代化嫁接的结果，其政治结构和社会文化均按照英国的模式进行变革，因此，除表现出一种明显的英国色彩外，又呈现马耳他自身的传统和特色。

　　马耳他共和国宪法包括国家、原则、宣言、国籍、个人的基本权利和自由、议会、行政、司法、财政、公共职务和其他条款共11章126节及其附表。[①]

　　马耳他共和国宪法第1章第1节第1条开宗明义地规定，"马耳他是一个民主共和国"，实行民主共和的政治体制，推行主权在民、三权分立和相互制衡、法治、自由平等、保护人权和私有财产神圣不可侵犯的原则，实行议会民主制，行政机构由国家元首、总理及其政府组成，实行多党制，司法系统享有独立行事的权力，其在执行任务时不受行政部门的控制。

　　马耳他共和国宪法第1章第1节第1条开宗明义地还规定：

　　　　劳动以及对个人基本权利和自由的尊重是立国的基础。

　　第1节确定了公民拥有的政治、经济和社会等基本权利：

　　　　马耳他境内每个人都享有个人的基本权利和自由，也就是说，不

---

　　①　世界宪法大全编委会：《世界宪法大全》，第852～876页。

分种族、出身、政治观点、肤色、信仰和性别，在尊重他人的权利和自由以及公共利益的条件下，人人享有下列权利：

（1）个人的生命、自由、安全、享有财产和受法律保护；

（2）思想、言论、和平集会与结社的自由；

（3）私生活和家庭生活受到尊重。

第 4 章共用了 15 节来规定对个人的基本权利和自由的保护，其中，包括生命权的保护、免受任意逮捕或拘留的保护、免受强制劳动的保护、免受非人待遇的保护、免受无偿剥夺财产的保护、私人住宅及其他财产的保护、信仰自由的保护、言论自由的保护、集会和结社自由的保护、迁移自由的保护、不受种族歧视及其他歧视的保护等。

第二节　行政

一　总统

马耳他共和国宪法第 5 章第 49 节第 1 条规定，马耳他共和国设置总统职位。总统是马耳他共和国的国家元首，由众议院以绝对多数票选举产生。总统任期 5 年。现任马耳他共和国总统玛丽·路易斯·科勒略·普雷卡（Marie Louise Coleiro Preca），出生于 1958 年 12 月 7 日，曾任马耳他家庭和社会团结部部长。2014 年 3 月 4 日，马耳他总理约瑟夫·穆斯卡特提名其出任马耳他第九任总统。玛丽·路易斯·科勒略·普雷卡于 2014 年 4 月 4 日就任马耳他总统，她成为继阿加莎·巴巴拉之后的马耳他第二位女总统。

根据马耳他共和国宪法第 49 节第 2 条规定，下列人员无资格担任总统：

（1）非马耳他公民；

（2）现任或前任最高法院首席法官或法官；

（3）在其任期届满后 3 年内的文官委员会成员；

（4） 在其离任之日起3年内的广播局的成员；

（5） 在其任期届满后3年内的就业委员会委员。

根据第49节第3条规定，总统位置在下列情况下出现空缺：

（1） 自任命总统之日起届满5年；

（2） 议会以总统无能力履行其职务（无论是由于身心虚弱还是其他原因）为理由通过决议免除其职务；

（3） 自本节生效之日起，至议会在该日后第一次解散举行普选的结果正式揭晓时止的3个月期间，总统职务另由该日前夕任总督的人担任。如果此人停止担任总统职务，由议会依照本节第1条的规定任命1人担任；依照上述规定任职者为临时总统，应在上述3个月期限届满时停止担任总统职务。

如果总统缺位而尚未任命新总统，或者总统离开马耳他、休假或由于其他原因而无法履行宪法赋予的总统职责时，总理就应在同反对党领袖协商后任命一人暂行总统职责。如果没有合适的人能够暂行总统职务，则应由首席法官暂行总统职务。在马耳他共和国政治史中，曾经发生过两次代理总统的情况：一次是1981～1982年，曾经由阿尔贝特·伊斯莱尔（Albert Hyzler）临时代理国家元首的职务；另一次是1987～1989年，曾经由保罗·舒雷布（Paul Xuereb）临时代理国家元首的职务。

根据马耳他共和国宪法第5章第51节规定，受命担任总统职务的人在就职前，应按照宪法附表二所规定的誓词宣誓并签字。依据宪法第49节第4条而担任总统职务的人以及依据同节第1条而被任命为总统的人，都必须在议会面前举行就职宣誓。[①] 马耳他的行政权属于总统，由总统直接或通过其下属官员来行使。具体地说，总统应根据内阁或全权代表内阁的部长的建议行使其职权，这些职权主要有：

---

① 世界宪法大全编委会：《世界宪法大全》，第876页。

（1）解散议会的权力；

（2）任免总理的权力；

（3）根据总理建议任免内阁部长和国务秘书；

（4）任免反对党领袖的权力；

（5）指定议会开会的时间和地点，根据总理建议随时宣布议会闭会；

（6）根据总理建议，在征询反对党领袖的意见后，任命选举委员会成员；

（7）在选举委员通报大选结果后，宣布新一届议会开幕时间；

（8）批准议会通过的法案；

（9）根据主管部长提议，向议会推荐讨论财政议案和建议，或接受财政方面的请愿书；

（10）拥有赦免权。

由此可见，马耳他总统拥有一定的权力，但是，他必须根据总理的建议行事。

马耳他设置总统府，作为总统的办事机构。马耳他总统府的地址是首领宫（The Palace of the Grandmasters），原称圣安东尼奥宫，位于首都瓦莱塔中心，建于 1571 年。英国统治时为英国总督府，1974 年后，改为马耳他总统府和议会所在地。

总统府总体布局采用马耳他的传统风格，中心为院落，呈长方形，四周为两层房屋，其四周共有五个门，即正面是两个门，其余三面各有一个门。总统府高两层。一楼原为厨房、马厩和仆役的住处，主要的厅室在二楼。二楼主要分为两部分，一部分为总统办公室、大议事厅、大使厅和侍从厅等，在这些厅和室内安置总统的办公室、总统府秘书处、总统私人秘书处、外事办公室、通讯处、侍从副官处等；另一部分为新老两个议会厅。

大议事厅又称圣麦克尔和圣乔治厅，是骑士团首领的国事厅，也用于举办舞会及其他活动。该厅四周墙壁中楣的壁画描绘了 1565 年马耳他之围的场面，厅内的小阳台由骑士团最初抵马时所乘的船只嵌于壁上做成，供骑士团首领在上面欣赏厅内举行的活动之用。

大议事厅隔壁是大使厅，又称红厅，是当时骑士团首领接受各国特使国书的场所。现在马耳他总统也在此接受各国大使递交国书和会见外国政要。大使厅四周的墙壁中楣上的壁画描绘了骑士团的早期历史，墙上所挂的画像多是欧洲君主的画像，包括沙俄的叶卡捷琳娜二世和法国的路易十四、路易十五和路易十六，还有一幅是骑士团来马耳他时第一个首领拉亚当的画像。

侍从厅在大使厅之外，也称绿厅，墙壁中楣壁画描绘了骑士团自耶路撒冷撤退以来的历史，墙壁上有一幅建造瓦莱塔城的骑士团首领瓦莱特的画像，厅中间摆有绿宫（总统夏宫）的模型，四周摆设中有中国明朝的瓷器。

新议会厅由外国提供资金和设计改建而成，配有现代化设备，是现在议会开会的场所；老议会厅（已不再使用）四壁挂满了路易十四赠给骑士团首领的大壁毯，它十分珍美，专供游人观赏。总统府内通往侍从厅的走廊墙壁上挂着部分骑士团首领的画像，通往新老议会厅的走廊排列着中世纪骑士穿戴的全身胄甲，其看上去犹如一个个栩栩如生的骑士。其他装饰也保留了原来古色古香的特色。

二　总理和中央政府

根据马耳他共和国宪法第7章第80节第1条规定，马耳他设内阁，由总理和各部部长组成。因此，马耳他共和国总理是政府首脑，领导一个内阁。内阁对马耳他政府有全面指导与监督权，并直接对议会负责。

总统在任命总理时，应该遴选他认为最能获得议会多数支持的议员为总理，并根据总理的建议从议员中任命各部部长。如果在议会解散期间出现需要任命总理或部长的情况，则业已解散的议会议员可以视同现任议员而被任命为总理或部长。但是，这样任命的总理或部长，如果在下届议会召开时不再是议员，则应立即离职。另外，如果议会以全体议员的过半数票通过对政府的不信任案，则总统得免去总理的职务。

总理不在国内、外出度假或因故无法履行职责时，总统可授权内阁中任何成员代理总理职务，至总统撤销上述授权时为止。任何部长如因病或出国，不能履行其职务时，总统得根据总理的建议指定一名众议院议员担任临时部长。但是，如果在议会解散期间出现需要任命临时部长的情况，则业已解散的议会议员可以视同现任议员而被任命为临时部长。这样任命的临时部长在下届议会召开时如不再是议员，便立即离职。因不能履行职务而由他代理的部长已恢复履行职务，或者任职至由他代理的部长正式去职时为止，临时部长在获得总统通知后便立即离职。

总理、部长和议会秘书在就职前，必须进行宣誓效忠并签字。

总理领导一个内阁，对政府进行全面指导和监督。总理必须向总统介绍有关政府的问题，使总统充分了解马耳他政府的总体形势和运作状况，了解马耳他政府的一切情况。总统根据总理的建议可从议员中任命一名议会秘书，协助部长行使职权。总理有权向总统推荐国家总检察长和法官人选。政府各部中设常务秘书，监督两个以上政府部门的工作情况。总理向常务秘书分配任务。总理还可以任命一位内阁秘书，而内阁秘书则依照总理的指示负责安排内阁会议的事务和做记录，向有关人员或机构传达内阁的决定，并执行总理给予的其他指示。

马耳他共和国宪法第 7 章第 87 节规定，总理没有义务根据他人或任何机构的建议行使自己的职权。如果总理根据任何个人或机构的建议行使权力，则必须遵照规定行事。但是，在行事之前，他可以将建议退回提供建议的个人或机构重新考虑，并以一次为限；如果其重新考虑后提出另一建议取代原建议，总理仍然要遵照规定行事；任何法院，不得对总理是否接受任何个人或机构的建议进行调查。

马耳他设置总理府，作为总理的办事机构。马耳他的总理府是由卡斯蒂尔骑士的旅馆（Auberge de Castille）改建而成的。该旅馆建于 1574 年，坐落于瓦莱塔的最高处，当时可俯瞰全城，由圣约翰骑士团八支骑士团之一的卡斯蒂尔（西）、里昂（法）和葡萄牙语骑士所有。最初为在马耳他没有住所的骑士的临时用房，同时也招待一些过往贵宾。旅馆在法军占领时期和第二次世界大战期间曾遭到过严重损坏，后修复，现为 18 世纪巴洛克风格，正面虽有所装饰，但不过分。1798 年骑士团从马耳他败走后，旅馆曾被法军当作司令部，后又成为英军司令部。1972 年成为马耳他总理府所在地。

总理府内设置为总理直接服务的部门。这些服务部门是根据每届总理的需要而设置的，所以变动比较大，但是，内阁秘书局、整顿和人事处、信息处则是常设机构。根据 2007 年 8 月 22 日的资料，总理府设置有主要常务秘书厅、内阁秘书局、总理秘书处、议会秘书处、欧洲联盟秘书处、支援部队的内阁委员会、总务处等。

主要常务秘书厅由秘书长领导，下设总理府常务秘书，财政常务秘书，司法与家庭事务常务秘书，教育、青年与就业常务秘书，旅游与文化常务秘书，网络与通讯常务秘书，资源与基础设施常务秘书，戈佐岛常务秘书，健康与公共卫生常务秘书，投资、工业与电子常务秘书，农村事务与环保常务秘书，城市发展与道路常务秘书，家庭与社会团结常务秘书，外事常务秘书等。主要常务秘书厅秘书长还间接领导马耳他经济与社会发展委员会、马耳他科技委员会等。

总理府常务秘书也称为"战略与行动"常务秘书，他指导马耳他武装部队、总理府行动总局等重要的战略机构。总理府的机构是沟通总理与内阁各个部门之间的桥梁，是实行行政领导的大本营，是内外政策的决策中心，因此，总理府又被称为"小内阁"。总理府的人员编制保持在 300名工作人员左右，最多有 1500 名左右。

2017 年 6 月，约瑟夫·穆斯卡特（Joseph Muscat）连任总理。内阁成员包括副总理兼卫生部部长克里斯·费尔尼（Chris Fearne），经济、投资和小企业部部长克里斯琴·卡东纳（Christian Cardona），教育和就业部部长伊伐瑞斯特·巴特洛（Evarist Bartolo），能源和水利部部长乔·米兹（Joe Mizzi），欧洲与公平事务部部长海琳娜·达利（Helena Dalli，女），财政部部长爱德华·锡库鲁纳（Edward Sciluna），旅游部部长康拉德·米兹（Konrad Mizzi），内政事务和国家安全部部长迈克尔·法鲁贾（Michael Farrugia），司法、文化和地方政府部部长欧文·鲍尼其（Owen Bonnici），环境、可持续发展和气候变化部部长乔西·赫雷拉（Jose Herrara），外交与贸易促进部部长卡梅洛·阿贝拉（Carmelo Abela），交通、基础设施和大型项目部部长伊恩·博奇（Ian Borg），戈佐部部长贾斯汀·卡鲁安纳（Justyne Caruana，女），家庭、儿童权利和社会团结部部长迈克尔·法尔宗（Michael Falzon），金融服务、数字经济和创新国务秘书西尔维奥·斯肯布里（Silvio Schembri），改革、公民资格和简化事务国务秘书朱丽亚·法鲁贾·波尔泰利（Julia Farrugia Portelli，女），青年、体育和志愿者组织事务国务秘书克利夫顿·格里马（Clifton Grima），欧盟资金和社会对话事务国务秘书阿伦·法鲁贾（Aaron Farrugia），地方政府和社区事务国务秘书西尔维奥·帕尔尼斯（Silvio Parnis），消费者保护和2018瓦莱塔欧洲文化之都事务国务秘书迪奥·迪拜蒂斯塔（Deo Debattista），农业、渔业和动物权益国务秘书克林特·卡米莱里（Clint Carmilleri），规划和房地产市场事务国务秘书克里斯·阿玖斯（Chris Agius），社会事务国务秘书罗德里克·高蒂斯（Roderick Galdes），残疾人与老年人事务国务秘书托尼·阿玖斯·德赛利斯（Anthony Agius Decelis）等。

三　内阁的职能部门

马耳他内阁部门的数目和部门的职能，在马耳他共和国宪法和法律中没有硬性的规定，根据执政党在组织内阁时的需要，随时进行增添或者减少。目前，约瑟夫·穆斯卡特内阁的部门及其职能如下。

（一）司法和内政部

负责议会事务，法院和检察官事务，地方政府、警察、移民、机场安全、感化服务、公民保护、护照、身份证、公民权利和外出移民等事务，陆地和协会等事务，政府公证、公共注册、地震、公民注册等事务。

（二）财政部

负责财政、预算、国库、税收、间接税、进口税和消费税等事务，缔结合同，制定经济政策，联系中央银行，制定金融规则，领导马耳他统计局等单位。

（三）教育、青年和就业部

负责教育（含高等教育）、科学和技术政策、考试、青年、运动、就业和培训、产业和就业联系、职业卫生和安全、安全合作、图书和档案等事务，领导博物馆局等单位。

（四）外交和投资促进部

负责联系欧盟、联系外国、联系国际机构、联系国际经济组织、进行对外贸易、促进投资、获取欧盟信息、管理马耳他企业对外事务等。

（五）旅游和文化部

负责旅游、文化和艺术、文化遗产、剧场和地中海会议中心、国家管弦乐队等。

（六）竞争和通信部

负责竞争政策、小企业和就业、贸易服务、消费者保护、知识产权、民用航空、无线电报等事务，领导马耳他标准局、马耳他海事局、马耳他通信局等单位。

（七）资源和基础设施部

负责石油开发、制造业和维修、建筑和维护、公共清洁等事务，领导马耳他资源局、建筑工业咨询委员会等单位。

（八）戈佐部

负责戈佐岛上的事务。

（九）卫生、老龄和社区服务部

负责健康和卫生、老龄和社区的工作。

（十）信息技术和投资部

负责政府投资、国营广播服务、私有化、信息和通信技术、数据保护等事务，领导马耳他航空公司、马耳他网络公司、马耳他造船所、水务公司、能源公司、马耳他自由港公司等单位。

（十一）农村事务和环境部

负责农村发展、农业、园艺、渔业、水产业、兽医服务、环境、废物管理策略执行等事务，领导马耳他环境和评估局等单位。

（十二）城市发展和道路部

负责城市发展项目的协调等事务，领导马耳他运输局等单位。

（十三）家庭和社会团结部

负责社会政策，家庭政策，儿童政策，团结一致政策，社会安全、住房、平等政策等事务。

四　国家统计局

根据国家统计机构法律的规定，马耳他于 1947 年 3 月成立"国家统计局"。国家统计局虽然是财政部领导下的机构，但又是独立的国家机构。它的主要任务是为中央和地方政府、议会以及公众提供有关马耳他人口、经济、社会、文化等方面的调查和统计资料，并为领导机构和议会提供上述情况的咨询和建议。

在此以前，马耳他有关部门已经做了许多调查和统计工作，先后出版过《1842年马耳他人口调查蓝皮书》《1851年马耳他人口和经济统计蓝皮书》。《马耳他蓝皮书》（1863～1872年）统计了10年有关马耳他人口、教育、财政、公共部门销售、进出口贸易、国际贸易等方面的概况。进入21世纪以来，马耳他国家统计局每年都要公布和出版有关马耳他年度人口、经济、社会、文化、劳动力状况、居民生活质量的信息、资料和调查报告。

国家统计局由局长统一领导，2014年拥有168名工作人员。国家统计局下设四个司和处以下设若干科室。它们分别如下。

·经济统计司：下设国民账户科、公共金融科、国际收支科、国际贸易与运输统计科、价格统计科。

·商业统计司：下设商业结构统计科、短期统计科、农业与环境统计科、商业统计科。

·社会统计司：下设生活水平与文化统计科、劳动力市场统计科、人口与旅游统计科、教育与信息社会统计科。

·资源与支持服务司：下设人力资源与预算统计科、对外合作与沟通科、IT系统统计科。

五 就业委员会和审计长

马耳他共和国宪法第11章第123节和第111节规定，马耳他设置马耳他就业委员会和审计长。

（一）就业委员会

马耳他就业委员会由主席和4名委员组成。总统应根据总理在与反对党领袖磋商后提出的建议任命就业委员会主席，并按照总理的建议任命4名委员中的两名；另两名应按照反对党领袖的建议任命。部长、议会秘书、议员、议员候选人、地方政府官员或公职人员均无资格出任就业委员会的成员。就业委员会的成员在离任之日起 3 年内，不得被任命或担任任何公职。

就业委员会的职责如下。保证在就业方面，任何人不因为个人的政治观点而受到不符合民主和社会公正准则的歧视、排斥或偏袒。凡是有蒙受上述歧视、排斥或偏袒损害的任何个人，可在规定时间内按规定方式请求就业委员会予以纠正。

就业委员会还可以从议会获得必要和适当的权力，以使就业委员会能够有效地采取适当的补救措施，并履行宪法所规定的各项职责。

（二）审计长

马耳他设置审计长，审计长为文官，由总统根据总理的建议任命。审计长没有任期的年限，可以任职至年满 60 岁为止。

审计长有权对马耳他所有政府部门和机构，包括文官委员会和议会秘书以及高等和初等各级法院的账目进行审查，并提出年度审计报告。审计长行使与马耳他政府的账目及其他公共机构及马耳他其他公共基金管理部门的账目有关的职责，还行使与监督和控制马耳他公共基金支出有关的职责。因此，审计长或由他授权的任何人有权查阅与上述账目有关的簿册、记录、报表以及其他文件。

审计长将年度审计报告提交财政部部长，财政部部长应在接到报告后 30 天内提交议会。如果议会正在闭会期间，则应在议会下次会议开始后 30 天内提交。

审计长在行使其职责时，不接受任何其他人或机构的指示或监督。

六 地方政府

马耳他中央政府领导的地方政府有大区和地方市政委员会两级。

至今，马耳他群岛大区的行政机构还未完全建立，大区的权力和职责又与地方市政委员会重叠，因此，大区的权力和职能主要由它所管辖的地方市政委员会行使，大区地位的重要性不及地方市政委员会，所以大区的作用往往被忽略。

目前只有地方市政委员会在行使自己的职能。地方市政委员会共有 68 个，其中 54 个在马耳他岛上，14 个在戈佐岛上。根据"地方市政委员会法"，地方市政委员会设置委员、市长、书记等职位。

每一个地方行政单位设置一个委员会，作为该地方行政单位的议事机构。委员会委员的数量由该委员会所在地的居民数量决定。凡有 5000 名居民设 5

个委员，有 5000～10000 名居民设 7 个委员，有 10000～15000 名居民设 9 个委员，有 15000～20000 名居民设 12 个委员，有 20000 名以上居民设 13 个委员。委员任期 3 年，每年改选 1/3，也就是说，每年有 22～23 个的地方市政委员会要进行委员的选举。选举采取普遍和直接的选举，由参加竞选的政党提出候选人名单，选民按名单投票，委员根据所得的选票按比例制产生。

委员会讨论地方市政的工作，审查财政年度预算执行的情况，决定来年的财政预算，任命书记和办事机构成员，根据 1/5 居民的请求讨论居民关心的问题。委员会的各种会议公开和透明，向全体居民和当地的媒体敞开大门。

市长是地方市政委员会的政治代表，任期 3 年。2005 年以前市长由新选出的委员会在举行第一次会议上从委员中选举产生。2005 年修改选举法，市长由普遍和直接选举产生。如果委员会拥有 7 个和 7 个以上的委员，则还要选出一位副市长，以协助市长工作。市长作为中央在地方的代表，贯彻中央政府的方针和政策，完成中央委托的任务。

书记是地方市政委员会的行政长官，由委员会与中央政府有关机构协商后任命。书记任期 3 年。书记领导书记处，收集和反映地方公众意见，安排委员会议日程，筹备委员会各种会议，整理会议记录，为市长提供年度财政报告，负责土地和城镇化，垃圾处理，维护道路交通，负责卫生、社会、教育、文化、体育和休闲事务，完成市长委托的工作。凡规模较大的地方市政委员会，还可以任命一个副书记，以协助书记工作。

此外，中央政府在戈佐岛上派驻一名专员，统一管理戈佐岛的事务。马耳他中央政府还在马耳他群岛上设置 6 个统计区和 13 个选区（Electoral Constituency）。①

七　文官

在马耳他共和国宪法中，专门设置第 10 章来规定马耳他文官系统②

---

① 选区在每次大选前都要重新划定。

② 根据马耳他共和国宪法第 11 章第 126 节用语解释，"文官系统"指的是马耳他政府的文职官员，还包括高级法院法官、初级法院法官和马耳他警察官员，但是不包括总统、总理、部长、议会秘书、议长、副议长、议员和根据宪法设立的委员会成员，也不包括大使、高级专员、驻外的主要代表等高级官员。

中的文官制度。

马耳他文官由文官委员会管理，文官制度的实施也由文官委员会负责。根据马耳他共和国宪法第 10 章第 112 节规定，马耳他设置文官委员会。文官委员会由 1 名主席、1 名副主席和 1 ~ 3 名委员组成。其成员由总统根据总理在与议会反对党领袖磋商后提出的建议任命。部长、议会秘书、议会议员、议员候选人、地方政府成员或公职人员不得担任文官委员会成员。文官委员会成员在任期届满 3 年内不得被任命或担任任何公职。文官委员会内设置秘书处，拥有 17 名工作人员。他们管理马耳他政府中约 8000 名的文职官员。

文官委员会负责文官的招聘，在招聘的考试中对考卷评分，择优录取并将挑选的未来文官向总理推荐和审核。关于从文官系统以外招聘公职人员①，除了在政府公报上发表关于公开招考的公告外，都应通过由公共基金提供经费的就业机构进行，以保证任何人不因其政治观点不同而受到歧视和排斥，从而使招聘工作完全符合文官制度的需要和国家的需要。然后，总理根据文官委员会的建议，以书面委托任何文官或其他权力机构，按照委托书所规定的条件，代行总理的这种权力。

文官委员会负责对在职文官的培训工作，对在职文官进行分期分批的轮训，以便提高马耳他文官的素质、知识水平、技能和办事效率。

文官委员会负责对在职文官的定期考核和鉴定，并根据考核的成绩和鉴定进行表彰或者晋升。文官委员会每年就晋级和晋升向总理提出名单以及意见和建议。这里列举几年文官委员会提出晋级和晋升的人数：2004 年为 1669 人，2005 年为 2573 人，2006 年为 1587 人。

文官委员会就各级文官的调动向总理提供名单，并就所提供的名单提出意见和建议。

如果任何文官在被免除公职时认为受到不公正的待遇，则被免职者经过文官委员会的认可，可以向总理提出申诉。任何文官有权在文官委员会对

---

① 根据马耳他共和国宪法第 11 章第 126 节用语解释，"公职"指的是文官系统中有报酬的官职，"公职人员"指的是担任公职或被任命担任这种职务的人。

其申诉进行审议时直接或由其所属工会的 1 名代表协助向委员会进行陈述。

文官委员会执行文官制度的纪律，对文官所犯的过失或罪行进行认定，并就惩处向总理提出意见和建议。2006 年，文官委员会曾经处理过 52 起这种类型的案件。

文官每月领取由统一基金发放的文官报酬，统一基金还按服务年限发给现任或前任文官及其遗孀、子女、赡养人或私人代表各种法定养老金、恩俸或补贴。

第三节　立法

一　议会的组成

马耳他共和国实行议会制，议会则实行一院制。根据马耳他共和国宪法第 6 章第 52 节规定，议会由总统和众议院（House of Representatives）组成。

马耳他共和国宪法规定，众议院由各选区根据按照分配名额选出的议员组成，因此，议员称为"议会议员"。议员根据所规定的选区按同等比例选举产生，每一选区应选议员名额由众议院以法律规定，至少 5 名，至多 7 名。议员总数必须为奇数，具体数字由众议院以法律形式规定之。马耳他现在有选区 13 个，每个选区选出 5 名议员，故总数为 65 人。如果非众议院议员当选为众议院议长时，则他将由于职务而成为当然议员，其名额另计。但在审议法案时，非议员议长无表决权。

1985 年以前，马耳他共和国宪法规定大选中在众议院获得多数议席的执政，而不考虑该党得票情况。1981 年马耳他大选中，国民党获得了 50.92% 的选票，但工党在议会 65 席中获得 34 席，因此由工党执政。于是在野党提出了抗议，也因此促使马耳他众议院在 1987 年对宪法进行修订，规定由大选中获得超半数的选票的政党执政。为了确保执政党在议会中议席优势，修正案同时规定，大选中如获得超过半数的选票，在当选议员不足半数时，该党议席数量可以增加，直到超出反对党 1 席。如在 1996 年 10 月 26 日的大选中，工党获得有效票数的 50.7%，但在议会中只获 31 席，因而增加 4 席共 35 席，比反对党——国民党的 34 席多 1 席，因而组成议会多数党。2013 年 3 月 9 日，马耳他举行大选，工党在此次选举中获得总票数的 55%，领先国民党 3 万多张选票，获得席位 39 个，在时隔 15 年后重获执政权。该党领导人约瑟夫·穆斯卡特也成为马耳他新一任总理。

2007 年 9 月 26 日，马耳他议会一致表决通过有关选举制度的宪法修正案。该修正案主要内容如下：

（1）在划分选区时，整个戈佐岛将被视为一个选区；

（2）如出现只有两个政党赢得议会席位而其中之一（据实际得票）代表性不足的情况，后者将获额外议席，以反映其第一轮计票所得选票数；

（3）如两个以上政党赢得议会席位，其中之一获得绝大多数选票但代表性不足，该党将被分配给额外议席以反映其实际得票数。

上述议席的分配均以第一轮计票为准。议会席位必须保持单数。所有变化将在下届大选前生效实施。

1921~2013 年马耳他主要政党在各届议会中所占有的席位见表 3-1。

1921~2013 年马耳他主要政党的席位在各届议会中所占的比例见表 3-2。

表 3-1　1921~2013 年马耳他主要政党在各届议会中所占有的席位

单位：席

年份	立宪党	民主民族党	马耳他工党	马耳他政治联盟	国民党	琼斯党	民主行动党	戈佐党	马耳他工人党	进步宪政党	基督教工人党	独立人士	总计
1921	7	4	7	14	—	—	—	—	—	—	—	—	32
1924	10	5	7	10	—	—	—	—	—	—	—	—	32
1927	15	—	3	—	13	—	—	—	—	—	—	1	32
1932	10	—	1	—	21	—	—	—	—	—	—	—	32
1939	6	—	1	—	3	—	—	—	—	—	—	—	10
1945	—	—	9	—	—	—	—	—	—	—	—	1	10

续表

年份	立宪党	民主民族党	马耳他工党	马耳他政治联盟	国民党	琼斯党	民主行动党	戈佐党	马耳他工人党	进步宪政党	基督教工人党	独立人士	总计
1947	—	—	24	—	7	2	4	3	—	—	—	—	40
1950	4	—	11	—	12	—	1	—	11	—	—	1	40
1951	4	—	14	—	15	—	—	—	7	—	—	—	40
1953	—	—	19	—	18	—	—	—	3	—	—	—	40
1955	—	—	23	—	17	—	—	—	—	—	—	—	40
1962	—	4	16	—	25	—	—	—	—	1	4	—	50
1966	—	—	22	—	28	—	—	—	—	—	—	—	50
1971	—	—	28	—	27	—	—	—	—	—	—	—	55
1976	—	—	34	—	31	—	—	—	—	—	—	—	65
1981	—	—	34	—	31	—	—	—	—	—	—	—	65
1987	—	—	34	—	31 + 4	—	—	—	—	—	—	—	65 + 4
1992	—	—	31	—	34	—	—	—	—	—	—	—	65
1996	—	—	31 + 4	—	34	—	—	—	—	—	—	—	65 + 4
1998	—	—	30	—	35	—	—	—	—	—	—	—	65
2003	—	—	30	—	35	—	—	—	—	—	—	—	65
2008	—	—	34	—	35	—	—	—	—	—	—	—	69
2013	—	—	39	—	30	—	—	—	—	—	—	—	69

注：表中“+4”为根据宪法规定，增加席位以成为议会多数党。

资料来源：马耳他政府网站，https://gov.mt。

表 3 - 2　1921～2013 年马耳他主要政党的席位在各届议会中所占的比例

单位：%

年份	立宪党	民主民族党	马耳他工党	马耳他政治联盟	国民党	琼斯党	民主行动党	戈佐党	马耳他工人党	进步宪政党	基督教工人党	独立人士
1921	21.9	12.5	21.9	43.8	—	—	—	—	—	—	—	—
1924	31.3	15.6	21.9	31.3	—	—	—	—	—	—	—	—
1927	46.9	—	9.4	—	40.6	—	—	—	—	—	—	3.1
1932	31.3	—	3.1	—	65.6	—	—	—	—	—	—	—

续表

年份	立宪党	民主民族党	马耳他工党	马耳他政治联盟	国民党	琼斯党	民主行动党	戈佐党	马耳他工人党	进步宪政党	基督教工人党	独立人士
1939	60.0	—	10.0	—	30.0	—	—	—	—	—	—	—
1945	—	—	90.0	—	—	—	—	—	—	—	—	10.0
1947	—	—	60.0	—	17.5	5.0	10.0	7.5	—	—	—	—
1950	10.0	—	27.5	—	30.0	—	2.5	—	27.5	—	—	2.5
1951	10.0	—	35.0	—	37.5	—	—	—	17.5	—	—	—
1953	—	—	47.5	—	45.0	—	—	—	7.5	—	—	—
1955	—	—	57.5	—	42.5	—	—	—	—	—	—	—
1962	—	8.0	32.0	—	50.0	—	—	—	—	2.0	8.0	—
1966	—	—	44.0	—	56.0	—	—	—	—	—	—	—
1971	—	—	50.9	—	49.1	—	—	—	—	—	—	—
1976	—	—	52.3	—	47.7	—	—	—	—	—	—	—
1981	—	—	52.3	—	47.7	—	—	—	—	—	—	—
1987	—	—	52.3	—	47.7	—	—	—	—	—	—	—
1992	—	—	47.7	—	52.3	—	—	—	—	—	—	—
1996	—	—	47.7	—	52.3	—	—	—	—	—	—	—
1998	—	—	46.2	—	53.8	—	—	—	—	—	—	—
2003	—	—	46.2	—	53.8	—	—	—	—	—	—	—
2008	—	—	49.3	—	50.7	—	—	—	—	—	—	—
2013	—	—	56.5	—	43.5	—	—	—	—	—	—	—

资料来源：马耳他政府网站，https：//gov.mt。

议会任期为 5 年。总理可以建议总统提前大选。如遇战争，任期可以延长，每次延长 12 个月，但延长以 5 年为限。

2013 年 3 月 9 日组成的议会，共 69 席。其中，反对党国民党占 30 席，执政的工党占 39 席。本届议会于 2017 年 6 月选举产生，共 67 席。其中，执政的工党占 37 席，反对党国民党占 28 席，民主选择党占 2 席。现任众议院议长：安格鲁·法鲁贾。

二　议会的选举

议会大选应在议会解散后 3 个月内进行，总统根据总理的建议以公告规定的日期举行议会大选。

（一）选区的划分

选区的数目由议会随时决定，但必须是奇数，至少9个选区，至多不超过15个。马耳他全国划分为13个选区，每个选区选出5名议员。

选举委员会应2~5年一次对选区的划分进行复查，并且有权按照它认为理想的方式调整选区划分。但是，每当议会做出调整选区数目的规定时，选举委员会必须进行复查，并调整选区划分。另外，在依法进行人口普查后，选举委员会得随时根据普查结果进行复查，并按照它认为理想的方式调整选区划分。

每当选举委员会做出调整选区划分的决定时，必须执行下列行为：

（1）首席选举专员应尽快将此方案通报总理和反对党领袖；

（2）总理应在收到上述通报后两个月内将调整选区划分的方案提交众议院审议；

（3）众议院应在总理收到上述通报后5个月内通过决议，或者予以批准，或者予以退回复议；

（4）在调整选区划分的方案通知总理6个月之后，或者在该方案被议会批准或退回选举委员会两个月以后，首席选举专员应将原方案在政府公报上发表（如经选举委员会纠正，则将修正文本在其公报上发表）；

（5）调整选区划分方案在政府公报上发表后，如有在下次众议院选举时采用的，选民登记也按新方案进行。

选举委员会在对选区划分进行审核时，应保证各选区的选民总数（依据当时选民登记的数字）除以各选区应选众议员数所得的商大体上相等于当选系数。但是选举委员会在进行审核时，应考虑交通便利、人口密度等其他有关因素，使调整后的各选区的选民人数大于或少于当选率数[①]乘以应选众议员名额之积，其中当选率数不得超过5%。

（二）选民的资格

凡年满18岁的马耳他公民，并且在选举登记前18个月内曾连续在马

[①] "当选率数"指马耳他全国选民总数（根据选举委员会进行审核时有效的选民登记统计）除以议会下次大选时应选众议员总数所得的商。

耳他居住满 6 个月或者居住时间累计满 6 个月的，均有资格在选举众议院议员时登记为选民。但马耳他政府驻外工作人员或国外服役的受训部队成员，不受居住期限的限制。未登记为某一选区的选民不得在选举众议员时在该选区投票。

下列人员没有资格登记为选民：

（1）因精神失常，被马耳他任何法院宣告为禁治产者①或无行为能力者，或者在马耳他被认定为精神不健全者；

（2）被马耳他任何法院判处死刑者，或被上述法院（无论以何种罪名）判处 12 个月有期徒刑以上刑罚者，或被判处上述徒刑缓期执行者；

（3）因被判定在选举众议院议员时有违法行为，根据马耳他现行法律取消其登记为选民的资格者。

（三）候选人资格

根据马耳他共和国宪法第 6 章第 54 节规定，具有马耳他选民登记资格，方可当选众议院议员，如不具备此项资格则不得当选众议院议员。候选人必须获得 4 个以上已在本选区登记的选民的提名，每个议员候选人要提交相当于 100 美元的押金。如果候选人获得本选区 1/10 以上有效票，就可以将押金退回。

下列人员无资格当选马耳他众议院议员：

（1）无选举权者；

（2）自愿取得他国国籍或宣布效忠他国者；

（3）除议会另有规定外，马耳他政府的现任或代理公职人员及军人；

（4）因未在选举日前一个月在政府公报上公布与政府签署合同的性质、他本人以及合股企业或公司方面所享有的股权的同马耳他政府就公共事业签订合同的一方，或者是合股企业有无限责任的合股人，或者是合股公司的董事或经理；

（5）根据马耳他现行法律被判决或宣告为破产人而尚未清偿债务者；

---

① "禁治产者"指因心神丧失或精神耗损，不能管理自己的财产，经有关人员的申请，由法院依法宣告为无民事行为能力的人。

（6）因精神失常或挥霍被马耳他任何法院宣告为禁治产者或无行为能力者，或按马耳他其他法律被认定为精神不健全者；

（7）被马耳他任何法院判处死刑者，或被上述法院（不论以何种罪名）判处有期徒刑 12 个月以上者，或由主管当局改判其他刑罚者，或被判上述徒刑缓期执行者；

（8）担任或代理负责组织众议院议员选举、编制或审核选民登记册或与之有关的职务者；

（9）因被判定在选举众议院议员时有违法行为，根据马耳他现行法律取消其当选众议院议员资格者。

（四）选举方式

众议院议员的选举应采用投票方式，并应采取不泄露任何选民所投的选票的方式进行。任何人不得代他人投票，但是，法律可以做出规定，以使由于失明、身体原因或不识字而不能填写选票的人由投票点的选举监督官员代表他们，并且按照他们的意志代为填写选票。选票的制作应使不识字的选民能够辨别候选人所属的政党。

选举按照比例代表制原则，以单名可转让选票方式在各选区同时进行。也就是说，将各候选人名字按字母先后顺序排列于该党候选人名单上，选民排列出对候选人的支持顺序，若其支持的第一候选人所获选票未达当选最低限额票数或未当选，这一票即转移给第二候选人。如此依次转移，直到该选区的所有席位被选出为止。这一制度不能保证各政党按其所获选票比例取得相应的议席，目前世界上只有极少数国家采用这一投票方式。投票是非强制性的。

马耳他议员虽然只经过一次投票，但分两批或三批当选，第一批当选的议员是未获任何转移票就当选的议员。第二批当选的议员是经过选票转移后，在该选区得票名次为前 5 的议员（如已有 1 名议员在第一批中当选，则为前 4 名当选，以此类推）。第三批当选的，即前文所述的通过增加议席方式当选的议员。该议员产生办法为，将需要增加议席数的政党所获票数在全国范围内进行转移，排前几名的当选。

（五）选举委员会的管理和监督

根据马耳他共和国宪法第 6 章第 61 节规定，马耳他设置选举委员会。

选举委员会由主席 1 名和委员若干组成。主席必须从政府公职人员中遴选任命的现任首席选举专员来担任。委员人数有法律规定，但不得少于 4 人。选举委员会委员由总统根据总理在同反对党领袖磋商后提出的建议任命。部长、议会秘书、众议院议员或议员候选人以及政府官员，均无资格担任选举委员会委员。

除法律另有规定外，选举委员会委员在下列情况下应立即离职：

（1）自任命之日起 3 年期满或任命书本身规定的较早期限届满；

（2）如果被选举的委员会委员，无能力行使其职务（无论是由于精神或身体不健全还是其他原因）或有行为不端等情况，总统可根据总理的建议，免除选举委员会委员的职务。

如选举委员会委员职位出缺，或由于任何原因无能力履行其职务，总统得根据总理在同反对党领袖磋商后提出的建议，任命一名合格人士担任临时委员。临时委员任职至任命新委员补缺或无能力履行职务的委员恢复履行职务能力时止。选举委员会在行使宪法赋予的职权时，不接受任何个人或机构的指挥或控制。

各选区的选举及投票活动应受选举委员会的指导和监督。如果选举委员会有足够根据认为，在所有选区内或一个或几个选区内，选举舞弊或违法行为十分普遍或者其性质足以影响选举结果，选举委员会就必须终止该选区的选举活动，首席选举专员应立即将此问题提交宪法法院裁决。

如在某选区内存在选举舞弊或违法行为而选举并未被终止，或者如果有理由怀疑该选举有舞弊和违法行为业已影响本选区的选举结果，则该选区的任何合法选民均有权在本选区的选举结果正式公布后 3 天内，将案件提交宪法法院裁决。

任何提交宪法法院的案件，应由该法院审理并根据马耳他现行法律做出裁决。宪法法院在不妨碍其他任何事务的情况下，有权根据上述条款所说的理由，取消有选举舞弊和违法行为的选区的选举活动。宪法法院还有权发布指示及命令，规定其认为合适的补救措施，特别是确保尽快举行自由选举，以代替被取消的选举。在有效选举结果正式公布后，选举才完成。

为保证对有选举舞弊和违法行为的人进行严惩，马耳他宪法还规定，除非经众议院2/3以上议员赞成，否则不得对任何法律做如下修改：

（1）使任何作为或不作为不再属于舞弊和违法行为；

（2）改变或增添有关认定选举舞弊和违法行为的规定情况或条件；

（3）减轻对任何舞弊和违法行为责任人的惩罚。

（六）选举种类

马耳他议会选举分大选和补选两种。议员由于辞职、晋升、病故等原因不能继续任职时，在其所属选区该党候选人中补选。

三 议会的组织

（一）议长

众议院设1名议长，1名副议长。议长和副议长都必须在众议院普选产生后的第一次会议上在其开始处理任何事务前选出。如果议长、副议长在议会下一次解散前职位空缺，众议院就应尽快补选。议长和副议长的选举公开进行，采用一轮投票制——"简单多数制"方式。[①] 议长选举由众议院干事主持，其宣读选举结果并负责监票。选举结果是终局性的。

所有众议院议员除内阁成员和议会秘书外都有资格当选议长；非众议院议员中有资格当选为议员的人士也可以当选议长。自20世纪80年代以来，议长习惯上由非议员担任；而副议长必须是议员。在一般情况下，议长由执政党提名，副议长由反对党提名，以示议会民主。但是，如果反对党拒绝提名，执政党就可自行提名。

议长任期5年，与众议院议员任期相同。从议员中选举产生的议长，其职务因丧失议员资格、被任命为部长或议会秘书、死亡、辞职或者众议院解散而解除。从非议员选举产生的议长，其职务因丧失议员被选举权、被法院宣布为无行为能力者、被判处12个月以上有期徒刑、因在选举中作弊而丧失选民资格、辞职、死亡或者众议院解散而解除。

---

① "简单多数制"是指得到选区总选票的相对多数的候选人即当选。这种选票统计方法对大党候选人极为有利，而不利于小党的候选人和独立候选人。

如果议长被要求停止其议员职务则应同时停止其议长职务，在其离职前和恢复履职前期间，应由副议长代理其职务。如果副议长缺位，则众议院从其议员（非部长或议会秘书）中选出 1 人代理议长的职务。如果副议长被要求停止其议员职务则应同时停止其副议长职务，在其离职前和恢复履职前期间，可由众议院选举 1 名议员（非部长或议会秘书）代理其职务。

议长对外代表众议院，在国家中位列第五，排在总统、总理、大主教、首席大法官之后。议长一般在副议长的协助下履行其职责：与副议长一起召集众议院特别会议，决定是否接受议案或议案修正案；召集会期内的全体会议；保证众议院活动遵守宪法与议事规则；发表有关众议院的声明；维护会场秩序，必要时可采取强制手段；决定发言顺序，允许或拒绝议员发言；制定修正案审议顺序，并决定哪些修正案提交辩论；组织投票，在投票程序违法时宣布投票无效；检点到场议员数；确认议员通过的法律文本及辩论记录；解释议事规则；组织自由辩论；编制和批准众议院预算；决定众议院内部工作人员的录用及晋升；组织向众议院提供的服务；负责与外国议会的交往；负责众议院安全保卫；在议案送交总统批准前签署议案。议长的年薪相当于部长的年薪，其还可享受公派的轿车和司机及私人秘书。

（二）议员

议会议员任期 5 年，可以连选连任。当选的议会议员必须进行宣誓仪式，其誓词是：

> 我愿对人民和马耳他共和国及其宪法表示真正的忠诚及信任。（上帝助我）①

议会议员不得因其在众议院或其委员会上的发言，书面报告或以请求、提案、决议、建议或其他形式提出的事项而受民事或刑事追诉。在议会会议期间，议员不因任何民事债务而被逮捕，但构成刑事犯罪的债务除外。议员开会时，任何法院不得在议会辖区内行使或执行其民事管辖权，

---

① 世界宪法大全编委会：《世界宪法大全》，第 876 页。

也不得通过议长、秘书或其他议会官员行使或执行上述管辖权。

议员在下列情况下丧失议员资格。

（1）当选后的下一次议会被解散。

（2）以亲笔辞呈向议长提出辞职。议长缺位或离开马耳他时，向副议长提出。

（3）作为同马耳他政府就公用事业签订合同的一方，或者以合股企业有无限责任的合股人、合股公司的董事或经理的身份同政府签约而成为上述合同的一方、有无限责任合股人或公司董事或经理。但是，如果他在成为合同一方之前，以及在成为合同合股人（无论是作为有无限责任的合股人还是公司董事或经理）之前，或在此之后，尽早向议长报告了此合同的性质以及他本人、合股企业或公司的股权，经议会通过决议同意他不受本款规定的限制者除外。

（4）在众议院开会期间，缺席的次数、时间或者理由都违反了众议院议事规则的规定。

（5）丧失马耳他公民身份。

（6）丧失众议院选举的选民登记资格。

（7）众议院任何议员如因判处死刑或监禁，依法被宣告禁治产、无行为能力或精神不健全，依法被判决或宣告破产，或者由于犯有违反选举法规罪而被剥夺选举权时，应立即停止其议员职务。但是该议员的议席应在此后的30天内继续保留。

但是议长可以随时延长上述期限，每次延长期为30天，以使该议员对上述判决提出上诉。但是延长期限累计超过150天后，非经众议院通过决议许可，不得再予延长。

如果法院对上诉做出裁决后，上述情况依然存在，而该议员不得再次上诉，或因提出或告知上诉的期限届满，或因上诉驳回或其他任何理由该议员不得上诉时，其议席就应空缺。

（三）委员会

1995年以前，议会不设委员会，议案由副议长领导下的众议院委员会审议。从1995年开始，议会设立了几个常设委员会，分别处理相关事务。所设立的常设委员会如下。

议院事务委员会：主要负责处理议会相关事宜。

特别委员会：对于法案和提案、议事程序、议会领导人、召集人员、指定文件有特殊权利。

公共统计委员会：对公共账目、支出、审计负责并向议会报告。

外交及欧洲事务委员会：负责处理马耳他对外事务，处理与欧盟、欧洲议会、欧洲理事会等欧盟机构的关系。

社会事务委员会：负责社会政策、社会援助，家庭事务等。

此外，还有法案和提案审查委员会、发展计划委员会、国家审计委员会等。在必要时，议会还可以设置特别委员会或专门委员会，调查处理专门或特殊事务。

（四）议会党团和反对党领袖

议会设议会党团和反对党领袖。反对党领袖由总统任命。如果众议院中存在一个力量大于任何其他反对党的最大反对党时，则应任命身为议员的该党领袖为反对党领袖；如果议会内各反对党力量相等或没有反对党时，则应任命总统认为能得到议会反对派别中最大派别支持的议员为反对党领袖；如果总统认为并非反对党领袖的另一名议员已成为议会中力量最大的反对党领袖，或者现任反对党领袖不再享有议会中最大在野派别的支持，总统则得撤销对该反对党领袖的任命。

四　议会的职能

众议院是马耳他共和国最高立法机构，马耳他共和国宪法第 6 章第 66 节第 1 条规定：

> 除本宪法另有规定者外，议会得为马耳他的和平、秩序和良好的治理而立法。

议会、总统和政府均有提案权。国家的每一项法律都要经议会三读通过，并由总统批准颁布后方能生效。宪法还赋予议会审议财政法案和监督政府的权力。议会有权以法律形式规定众议院及其议员的特权、豁免权及其他权力，议会还可以自行制定议事规则和内部管理条例。在国际事务上，与其他国家或国际组织签署的国际条约也要经过议会的批准方可生效。

但是，除非由总统提出并由 1 名部长签署的建议，议会不得审议为下列目的做出规定的法案或有关的建议和请求：

（1）课征或增加税收；

（2）规定或增加国家收入，或马耳他其他基金拨付的款项；

（3）增加由国家收入或马耳他其他资金拨付的款项或改变上述拨款数额（减少拨款数额者除外）；

（4）减免欠马耳他的债务。

根据马耳他宪法第 6 章第 67 节规定，议会还有权修改宪法以及 1964 年马耳他独立法（就其中构成马耳他法律的部分而言）的任何条文，但是必须获得全体议员 2/3 的多数票方能通过。

五　议会的议事规则和程序

众议院有权自行规定其议事规则和程序。

议会例会每年至少应召集一次，上次会期最后一次会议和下次会期第一次会议的间隔时间不得超过 12 个月。议会的每次会期应在总统以公告指定的日期和地点举行，或在议会指定的它认为合适的时间和地点举行。众议院第一次会议，必须在选举委员会于总统指定的日期正式公布大选结果后至迟两个月内召集。

众议院的活动不受个别议员缺席的影响，包括众议院在规定日或规定日后举行第一次会议以及议会解散后的第一次会议。即使有无资格出席会议或参加议会活动的人出席或参加，也不影响议会活动的有效性。但是，议会召开的法定人数（不计会议主持人）必须为 15 人。会议一般由议长主持。议长缺席时由副议长主持，副议长也缺席时，由议会从议员中推选 1 人主持，但不得推选部长或议会秘书来主持。在议会任何会议中，任何出席会议的议员提请主持人注意出席人数不够法定人数，议员在根据议会议事规则的规定等待一段时间后，如会议主持人确认出席人数仍不足法定人数，议会则应休会。

提交议会做出决定的所有问题，应以实际出席会议并参加投票议员的过半数赞成票通过。议长不参加投票，但如表决时票数相等，议长行使决定性投票权。除议长、副议长以外的任何其他人主持议会会议时，可保留其作为议员的投票权。如果票数相等，则也可行使决定性投票权。

议会的立法权应以由议会通过并经过总统同意的法案行使。任何法案提请总统同意时，总统应及时签署表示他同意该法案。任何法案在总统批准后即成为法律。总统签署后的法律应立即在政府公报上发表，并自发表之日生效，但议会可以推迟任何法律的生效日期，并得制定具有追溯性的法律。

马耳他所有的法律均使用马耳他语和英语两种语言制定，如果任何法律的马耳他语文本与英语文本不一致，则以马耳他语文本为准。

总统可以在任何时候以公告宣布议会闭会或解散议会。议会每届任期5年，自上次解散后的第一次集会之日起算，5年期满后自动解散，但被总统提前解散除外。

在马耳他处于战争期间，议会可延长任期，但每次延长时间不得超过12个月。如果在议会解散后至下次议会大选前出现紧急情况，总理认为有必要召集议会，总统就得以公告形式召集已解散的议会开会。此时，应视议会尚未解散，其任期延至下次大选投票结束之日。

根据马耳他共和国宪法第6章第77节第5条规定，议会以全体议员过半数票通过一项对政府的不信任案，而3天之内总理既不辞职也不建议解散议会时，总统得解散议会。如果总理缺位，而总统认为他无法在合理的时间内任命一个可以得到议会多数人支持的人出任总理，总统就得解散议会。如果总理建议解散议会，但总统认为政府可以继续执政而无须解散议会，并且解散议会不符合马耳他的利益，他就可以拒绝解散议会。

因为普通议员无薪俸，必须从事自己的私人工作，故除特殊情况外马耳他议会都安排在晚间5点到9点开会。每周至少3次，而且多在每周一、二、三晚间。如15名以上议员提出，议会可另定时间。一般每年夏季6月至10月上旬、冬季的圣诞节期间和复活节期间休会。

第四节　司法

一　法律体系

马耳他共和国的法律体系由于历史的原因出现了曲折而复杂的发展和演变过程。在罗马人统治长达千年中，罗马人给当地人带来了罗马法（属于大陆法系）。以其务实的、擅于思辨的精神而创设的集"实然法"与"应然法"于一体的"罗马法"体系及相应的法律理念，已经深深地在马耳他扎下了根，所以，在罗马人结束在马耳他的占领后罗马法依然在马耳他保持着旺盛的生命力。它不仅渗入了1090～1194年在马耳他适用的诺曼法规中，还渗入了1530～1789年在马耳他颁布的圣约翰骑士团的法律中。法国拿破仑军队的占领时间是比较短暂的，但是他带来的"依法治国"的理念，尤其是《法国民法典》对马耳他的法律体系和司法制度的影响确是非常深刻的。即便在马耳他成为英国殖民地之后，1868年，马耳他历史上首次颁布的《马耳他民法典》，就是以《法国民法典》为范本进行编纂的。可见，大陆法系对马耳他法律体系和司法制度影响如此之大和深刻，也就是说，在沦为英国殖民地前和在英国统治的初期，马耳他的法律体系和司法制度还是属于大陆法系的。

在沦为英国殖民地后，马耳他的法律体系和司法制度的属性才逐渐发生变化。英国宗主国于1865年颁布的《殖民地效力法》第二条规定，一切与英国法律相抵触的殖民地立法无效，同时，英国枢密院司法委员会还具有对殖民地案件的最终上诉管辖权。这种上诉分为两种，一是殖民地法院酌定的上诉，二是英王特许的上诉。对于后者，殖民地法院无权变更。此外，英国上议院乃至高等法院的判决也对殖民地的法院具有拘束力。

因此，英国法律体系和司法制度向殖民地的移植带有很大的强制性。这一点连英国的法学家也坦率承认，若非英国的强制性灌输，"不会有英帝国以外的部分自愿接受普通法"。这是因为，英国法律体系中庞杂的判例体系、烦琐的诉讼形式（特别是在1875年以前）和晦涩难懂的名词术

语对于生活在大陆法系中的马耳他，接受起来是十分困难的，有一个长期
的融入过程。而正是在英国统治的两个多世纪中，英国通过《殖民地效
力法》等措施给它的殖民地马耳他强制性输入英美法系（即普通法系），
并使其逐渐渗入马耳他存在已久的大陆法系的法律体系和司法制度中。
1942 年 12 月 31 日起，由马耳他官方组织汇编的《马耳他法规汇编修订
本》正式开始发行，各种法规按年代顺序编排，每项法律为一"章"，且
连续编号。从 1943 年起，每年出版一卷年鉴，以收录当年所颁布的法规，
这些法规按使用编号和颁布年份引用。

马耳他独立和成立共和国之后，仍然是英联邦成员国之一。根据
1971 年的《英联邦宣言》，英联邦成员国的独立的主权国家是自愿联合，
各国对自己的事务有决定权，但同时也强调维护共同传统和法制的重要
性。英联邦客观上成为加强普通法系成员国互相联系和维护统一的纽带。

正是上述的历史背景，马耳他的法律体系和司法制度在大陆法系的基
础上吸收了普通法系的内涵，从而弥补了大陆法系的缺陷，促进了马耳他
法律体系的多元化。马耳他的法律体系和司法制度既具有大陆法系的特
点，又拥有普通法系的特点，属于混合型的法律体系和司法制度。这种混
合型的法律体系和司法制度主要体现在《马耳他法规汇编修订本》中，
它已经收录了 480 多部法规，从而向世人展示了马耳他在历经沧桑之后，
在现代法治文明的建设中所取得的显著的成果。

二 司法机构

（一）高级法院

高级法院有如下几种。

（1）民事法院，分为第一庭和第二庭。第一庭对争议案件有管辖权，
第二庭对诉讼案件有管辖权。

（2）商事法院，也是海事法院。

（3）上诉法院。

（4）刑事法院，由一名法官组成，同陪审团一起开庭。

（5）刑事上诉法院，审理并裁决不服民事法院第一庭和商事法院判

决的上诉案，当事人如不服民事法院第二庭的判决，也可向民事法院第一庭上诉。刑事上诉法院由 3 名法官组成，审理不服刑事法院判决的上诉，但不受理无罪判决之上诉。

最高法院为最高司法机构，由 1 名大法官和 16 名法官组成，他们由总统根据总理的提名任命。只有在马耳他担任过 12 年以上律师或地方法官的人，才有资格成为高级法院法官。最高法院法官任职直至 65 岁退休时止。最高法院法官，除非本人同意，不得加以解除；除非由总统根据议会以全体议员的 2/3 多数票通过决议，以该法官经证实无能力履行其职责（无论是由于身心虚弱或其他原因）或行为不端为由免除其职务外，不得将其免职。1995 年 7 月 18 日就任的大法官是约瑟夫·赛德·普利切诺（Dr. Joseph Said Pullicino）。现任首席大法官为西尔维奥·卡米莱里（Dr. Silvio Camilleri），其 2010 年就任。

（二）宪法法院

宪法法院也属于高级法院，是马耳他宪法监督机构。由 3 名根据法律有资格组成上诉法院的法官组成，有权审理并裁决下列问题：

（1）审理和裁决有关众议员是否合法当选的争议，有关众议员席位是否已经空缺，或者该议员是否应该停止其议员职务的争议；有关从非议员中选出的议长是否合法当选，或者这样选出的议长是否已经离职的争议。

（2）审理和裁决对民事法院第一庭提出的上诉。

（3）审理和裁决马耳他任何初审法院关于解释宪法的裁决提出的上诉。如果议会选举期间及选举后 30 天内，没有设立宪法法院，在该法院依法建立之前，则成立由 3 名当时在职的资深法官（包括首席法官或代理首席法官）组成的宪法法院。

（三）初级法院

初级法院有如下两种：

（1）马耳他岛的法警治安官法院；

（2）戈佐岛和科米诺岛的治安官法院。

在民事方面，对于上诉的规定如下：

（1）由马耳他岛治安官法院可上诉到由一名法官组成的上诉法院；

（2）由戈佐岛和科米诺岛治安官法院可上诉到戈佐的由 3 名治安官

组成的法院，或者可上诉到马耳他上诉法院。

在刑事方面，规定上诉由一名法官组成的马耳他刑事上诉法院受理，无须陪审团。非在马耳他担任律师 7 年以上者，无资格被任命为初级法院法官。初级法院法官由总统根据总理的建议任命，一般任职至 60 岁退休时止。

（四）行政法庭

在马耳他，同其他地方一样，第二次世界大战以后，由于政府对一般社会福利的活动和责任范围不断扩大，行政法院在数量上和重要性上都有很大的发展。事实上，由于它们在组织结构、职能、程序上变得如此错综复杂，以致不可能对其做出一个简明而令人满意的分类。

（五）检察院

马耳他设总检察长，总检察长为文官，由总统根据总理的提议任命。有资格担任高级法院法官者，方可担任总检察长。

总检察长在行使其提起、立案、办案、撤销等刑事诉讼的法定权力，以及法律授予并明文规定由其根据个人判断行使的其他权力时，不受任命个人或机构的指示或监督。

总检察长任职至年满 60 岁时为止。1990 年就职的总检察长是博奇·巴德（Borg Barthed）。检察长希尔维奥·卡米莱里（Dr. Silvio Camilleri）2004 年 5 月就任。检察长彼得·格莱克（Dr. Peter Grech）2010 年就任。

第五节　政党与社会团体

一　政党

马耳他共和国宪法规定，马耳他公民享有信仰的自由和结社的自由。从 20 世纪 20 年代起，马耳他才诞生了具有现代意义的政党（马耳他工党于 1920 年诞生），它要比欧洲其他国家的政党来得晚。这是由于英国作为马耳他的宗主国，给予马耳他自治的权利比较晚，给予马耳他人民的政治权利也来得迟，所以马耳他政党诞生要比欧洲其他国家来得晚。

自马耳他第一个政党诞生起，以后相继出现了许多大大小小的政党，他们参加议会选举和其他政治活动，并逐渐地形成了马耳他的政党政治和政党制度。在马耳他共和国时期，马耳他政党制度具有如下特点。

第一，马耳他的政党制度受到英国的政党制度模式的深刻影响，但是，也呈现自身的特点。

第二，马耳他的政党制度属于两党制，也就是说，自 20 世纪 20 年代以来，马耳他一直存在两个主要政党——马耳他工党和国民党。它们占据马耳他政坛、操纵马耳他议会、轮流上台执政，其他小政党无力与之抗衡。[①]

第三，除了工党和国民党两个主要政党外，马耳他还同时存在许多小政党。从表 3－1 和表 3－2 的统计中可以看出，1921～2013 年参加议会选举的政党有很多。英国也实行两党制，也存在一些小政党，但是，英国小政党的数量少，马耳他小政党的数量则要多得多。

第四，马耳他小政党变动大，旧的小政党经常消失，例如，立宪党、马耳他政治联盟党、琼斯党、民主行动党、戈佐党、基督教工人党、民主基督教党等，都在马耳他共和国成立以前逐渐消亡了。新的政党不断地在诞生，例如，2007 年 8 月诞生了 AZ 党（Azzjoni Nazzjonali）等。

当今马耳他主要政党如下。

（一）马耳他国民党（Nationalist Party，NP）

1921 年成立，党员约 3.2 万人，主要成员为工商业者、教职员、律师、农民等。现任领袖阿德里安·德利亚，2017 年 9 月当选。

该党前身为成立于 1888 年的政治组织，据说与 19 世纪意大利的复兴运动有关，曾反对英国企图使马耳他文化英国化的做法。1887～1903 年，英国在马耳他设有代理政府，该党曾占据代理政府期间会议的全部民选席位。第一次世界大战后，英国被迫给马耳他某些自治权，1921～1927 年，该党占自治政府会议大部分席位；1933 年又获大部分席位，但这一年英国废止了马耳他自治宪法，恢复直接殖民统治。第二次世界大战爆发后，该党领导人多人被捕或流放；1950～1955 年同工党联合执政；1961 年 3 月拒绝接受英国成立的三人制宪会议提出的宪法草案，主张马耳他成为英

---

① 请参见表 3－1 和表 3－2，马耳他工党和国民党在各届议会中的席位及其席位所占的比例。

联邦内的自治区；1962 年进一步要求在英联邦范围内的独立。1964 年 2 月国民党政府首席部长奥利维尔就该政府提出的宪法草案同英国大臣达成协议，并经公民投票通过。当年 9 月 21 日马耳他独立。但协议同意马耳他为英国提供军事基地以换取经济援助。

马耳他独立后，该党组织第一届政府直至 1971 年。1971 年、1976 年和 1981 年的议会选举中均败于马耳他工党，成为反对党。1981 年议会选举中该党虽获得 50.92% 的选票，却未获得相应的过半数席位，因而提出了修改宪法和选举法的要求。

马耳他国民党对内主张捍卫罗马天主教和马耳他的欧洲传统，建立自由和正义的社会，实行社会均等，通过协作和对话来管理国家。该党对外主张与地中海其他国家合作，支持北约，赞成加入欧盟，同英、美和其他西方国家建立紧密的联系。该党为世界基督教民主联盟、欧洲基督教民主联盟和欧洲民主党联盟成员。

1987 年工党和国民党达成协议：在大选中获多数选票者执政。随后在 5 月举行的第 5 届议会选举中，国民党获胜。1987 年以后，国民党多次蝉联执政。国民党上台执政后对马耳他内外政策做了较大调整，在财政、金融、税收、司法、教育和医疗等领域推行一系列改革措施。在 2003 年 4 月 12 日大选中，由于国民党入盟政策顺应民意，发展经济、提高就业的一系列措施得到民众认可，国民党得以在大选中击败对手（国民党获 51% 选票，工党和其他党派分获 47% 和 2% 选票），蝉联执政。2013 年 3 月 9 日的大选中，国民党失利，其主要原因在于，违背民意反对离婚合法化议案、公共交通改革失败、因贪污丑闻造成内部分裂、国际金融危机后经济停滞不前。

马耳他国民党最高权力机构是全国委员会（约有 500 名成员的总委员会），在城乡地区均有委员会组织，党的政策由党的执行委员会制定。国民党办有党报——《祖国报》，机关刊物——《人民》周刊。

（二）马耳他工党（Malta Labour Party，MLP）

现为执政党。1920 年成立，党员 3 万多人，创始人是保罗·布法，主要成员以工人居多。

马耳他工党从创建开始就领导人民同英国殖民主义者展开了长期的英

勇斗争，在马耳他人民中有较大影响。1921 年工党在马耳他的上下议院各获得 7 席，在马耳他首届联合政府中有两人担任部长职务。1926 年工党与宪政党结盟，在 1927 年的议会选举中获胜，组成联合内阁。马耳他工党在执政期间提出了一些保障人民利益的立法，在工党的提议和坚持下，马耳他语被正式列为官方语言之一。

1929 年，工党－宪政党联盟受到维护英国殖民主义利益的教会势力的攻击，在 1932 年大选举中失败。1947 年，根据新宪法，马耳他举行第一次大选，工党在议会 40 个席位中获 24 席，上台执政。工党领袖保罗·布法任总理，多米尼克·明托夫任副总理。工党执政期间，推行了所得税法并发展社会福利事业。1949 年，两位工党领导人就如何与英国进行谈判以解决海军造船厂多余工人的问题发生分歧，工党大会支持明托夫的意见，选举他为工党领袖，取代了布法。20 世纪 50 年代初，以明托夫为首的工党，采取反英路线，得到右派和进步力量的支持，力量迅速壮大。

到 1955 年，工党已经发展成为一个大党，其党员由 1947 年的 600 人猛增到 5000 人。在这一年的大选中，工党获得绝对多数的选票，再度上台执政。此届工党政府开始制订一整套纲领计划，打算不惜一切代价结束英国在马耳他的殖民统治。提出要么马耳他与英国合并，使两者之间的关系像北爱尔兰和英国的关系一样；马耳他应在英国议会中有发言权，由马耳他选举三位议员参加英国议会，在外交与国防上英国议会仍保留其管辖权，但在其他一切事务上应由马耳他实行地方自治；在经济方面，要求取消马耳他人人皆知的与英国人之间存在的工资的不平等待遇，马耳他人民和英国居民在纳税和社会服务方面应完全平等。要么让马耳他有自决权。随后，马耳他工党与英国政府就马英两国合并的可能性问题进行了讨论，结果未能达成协议，而马英两国关系由此紧张起来。

此后又在 1971 年 6 月、1976 年 9 月和 1981 年 12 月的三次大选中获胜，连续执政，明托夫蝉联总理之职。工党在执政期间，为争取使马耳他成为共和国，曾多次提议修改宪法，议会最后通过了工党提出的修正案。1984 年 12 月明托夫宣布辞职，总理一职由原工党副领袖，政府副总理兼教育部部长乌戈·米夫苏德·鲍尼其接任。1987 年 5 月大选，工党以一席之差败给国民党，结束了连续执政 16 年的历史。

工党的理论基础是基督教社会主义，对内主张"公民第一"，权利一致，所有公民不分种族、肤色和信仰都享有平等权利，逐步削弱宗教势力和增加社会福利等；对外主张独立自主、中立和不结盟，不参加任何军事集团，反对马耳他加入欧盟，但在马耳他加入欧盟后随即表示尊重人民的选择。重视同地中海国家关系。主张建立自主经济，改变因英国军事基地的影响而形成的畸形经济，实行企业国有化、工人参加企业管理和发展福利事业；鼓励私人企业增加投资以创造更多的就业机会。它与总工会的关系非常密切，自 1949 年以来，总工会在政治上，特别是在大选中，一直作为工党的一部分发挥积极作用。1978 年，工党政府更以宪法形式确定工党与工会的密切关系。

工党主要成员是工人、城镇小资产者和进步知识分子，是马耳他组织性最强、群众基础最广泛的政党。在 2013 年 3 月 9 日的大选中，在野的中左翼政党也就是工党，以 54.83% 对 43.34% 的选票战胜了执政的国民党，时隔 15 年再次执政。工党领袖约瑟夫·穆斯卡特（Joseph Muscant）取代国民党领导人劳伦斯·冈奇（Lawrence Gonzi）成为新一任总理。从大选结果看，工党获得 9 席优势，成为自 1964 年马耳他独立以来第一个在议会中占据绝对优势的政党，同时也终结了国民党长期垄断国内政治的历史。穆斯卡特领导的工党成功向中间路线靠拢，在养老金问题、建立更自由化的世俗政府等方面提出了建设性的改革计划，从而吸引了国民党保守阵营中更自由化、更年轻的选民。同时，工党积极支持希腊的第二轮救助计划和扩充欧元区救助基金，改变了以往的"疑欧者"形象，从而获得了欧盟的首肯。

（三）民主选择党（Alternattiva Demokratika，AD）

民主选择党是在野党，1989 年成立，党员 700 人，是欧洲绿党联合会的创始成员之一。该党十分注重反对一切腐败现象，力主社会公正、解决社会问题和大力保护环境等。主席阿诺德·卡索拉（Arnold Cassola）。

（四）独立工党（Independent Labour Party）

1949 年 10 月，马耳他工党领导人之一保尔·布法，由于主张马耳他由英国内政部或联邦关系部直接管辖，与工党另一领导人明托夫尖锐对立，带领部分党员分裂出来另成立的新党，又称马耳他工人党。1950年参加议会竞选获11席，1951年以马耳他工人党名义参加竞选获7席，1953年获3席。此后再未参加竞选。

（五）进步宪政党（Progressive Constitutionalist Party，PCP）

1953年成立，有党员数十人，办有机关报——《马耳他时报》和《星期日时报》。

（六）民主国民党（Democratic Nationalist Party）

1958年4月，英国封闭马耳他海军船坞，解雇大批工人，英政府拒绝履行1955年承诺的对马耳他人民生活的保证，引起政局动荡。随后，英国和马耳他政治领袖关于独立问题的谈判陷于破裂。

国民党由主张自治改变为在英联邦范围内独立，1958年10月，一部分从国民党中分裂出来的党员组成民主国民党。

（七）马耳他共产党（Communist Party of Malta）

该党是马耳他的一个共产主义政党。1969年11月12日成立，主张与国内其他政治力量就社会发展和其他共同关心的基本问题达成协议；对外主张反对帝国主义和殖民主义，要求在世界范围内进行裁军，各种社会制度国家和平共处。1987年，马耳他共产党参加大选，仅获得0.1%的选票，没有得到任何议会席位。此后，该党再未参加任何形式的选举。该党曾派代表出席共产党和工人党国际会议。其党刊是《我们的时代》。

二 主要社会团体

马耳他全国存在大约2000个社会团体。按目前抽查结果推算，全国14.5%的人是非政府组织的成员，而且兼职的人员出现了显著的增长，较两年前年增长率达240%。下面介绍马耳他主要的社会团体。

（一）总工会

1943年成立，下属9个分会，会员近4万人，在政治上是马耳他工党的主要支持力量。1978年宣布与工党合并，但仍保留其组织并独立开展活动，其主席和总书记曾参加工党执政时的内阁会议。

（二）工会联合会

该会于 1959 年成立，会员两万余人，政治上受国民党的影响而倾向于国民党。

（三）马耳他劳动青年论坛

该社会团体源于 1951 年成立的"劳动青年团"，1975 年改名为"社会主义青年团"，1993 年 9 月在其年度大会上定为现名。有成员 1000 人左右，设有代表大会、中央管理局、执行委员会和地方机构。中央管理局由 16 人组成，其中主席、副主席和秘书长各 1 人，书记 5 人，分管国际、教育、财政、组织和公共关系。执行委员会由中央管理局和每个地方机构的两名代表组成。地方机构由基层的各个委员会以及参加年度代表大会的代表和该组织的成员组成。

该社会团体，政治上积极支持马耳他工党的方针政策，主张保护中下层人士的经济利益，反对马耳他加入欧洲联盟，主张保持马耳他的中立国地位并使马耳他成为共和国；对外主张采用和平方式解决国际争端。自 20 世纪 50 年代起，其就成为社会党青年国际正式成员，1992 年成为"欧共体社会主义青年组织"的联系成员，与"不结盟运动青年和学生组织"以及欧洲和阿拉伯进步组织关系较好。其对中国友好，曾于 1985 年应邀派团参加中国主办的"亚太地区青年友好会见"活动。更名后又以函件通报，希望同中国保持友好互惠关系。

（四）其他社会团体

马耳他还存在参与人类健康活动的社会福利组织（提供非营利性医疗帮助的组织，如住院和门诊）、参与提供住宿的社会活动的社会福利组织（提供诸如心理咨询、课程、康复帮助之类社会工作的组织，服务内还包括永久性或暂时的住宿服务）、参与不提供住宿的社会活动的社会福利组织（提供诸如心理咨询、课程、康复帮助之类社会工作的组织，服务内不包括永久和暂时的住宿服务）、参与支持和强制活动的社会福利组织（提供对某些特殊生活情况的教育并唤起关注的组织）4 大类社会团体。按目前的数据计算，这 4 大类组织分别占总数的 7.1%、32.6%、34.5% 和 25.8%，范围涉及文化、体育、教育、宗教等诸多方面。

根据马耳他国家统计局统计：2004 年，这类社会团体又有了发展，总共有 160 个，其中慈善事业性的 46 个、家庭事务性的 33 个、宗教性的 25 个、球迷协会 18 个、教育性的 10 个、治疗性的 8 个、压力集团 8 个、体育性的 1 个、国际性的 1 个、其他性质的 10 个。这些社会团体的活动对马耳他社会起着提供服务、维护权利、反映诉求的作用，对政府的决策也能起到相当大的影响。

上述的 4 大类社会团体与政府、私营部门关系良好。它们在履行社会管理职能的时候，和政府配合默契，主动或被动地承担了一些政府交与的职能，例如，马耳他公民社会资源中心努力为全国其他非政府组织提供服务，增强自身的能力，帮助文化、卫生等社会发展领域的社会团体获得欧盟的资金，加强社会团体与私营部门联系，获取私营部门的资金支持。它们还建立了全国志愿者的数据库，提供社会团体获取服务的平台，并参加国家改革，这涉及残疾人领域、难民、受虐待等社会领域的研究。而马耳他政府在以下几方面为社会团体提供资助。

（1）人力支持。马耳他政府计划 2～3 年组织人力到非政府组织中去工作，工资由政府资助。

（2）提供一些物质支持。如提供一些住房和住房维修经费给公益类非政府组织。

（3）就业计划。政府为劳动力提供技能培训，培训完成后在社会团体中工作。

（4）残疾人培训计划。残疾人的培训由社会团体承担，但经费由政府提供。

（5）政府提供资金，促进社会团体的能力建设。马耳他社会团体如要参加欧盟的培训，政府就提供资金。

（6）政府发行的彩票中有一笔用于良好目的的经费，可由社会团体来申请。同时，私营部门也对社会团体进行了大力支持，有时一场筹款活动就能为马耳他社会团体筹集到 130 万里拉。

总之，社会团体每年有 80% 的项目受到政府的支持，其他 20% 由私营部门来资助。此外，私营部门也在人力资源等方面为非政府组织提供了大量的服务。

（五）马耳他 – 中国友好协会

1975 年 4 月 19 日成立。

1982 年 11 月协会主席克莱洛率代表团访华。

2011 年 6 月，全国政协经济委员会主任张左己率高级别中国代表团访问马耳他 – 中国友好协会。

2012 年 8 月 10 日，中国驻马耳他大使蔡金标先生与马耳他 – 中国友好协会召开会议，就如何进一步加深两国在各个领域的关系等问题进行研讨。

2012 年 9 月 3 日，中国浙江省对外友协代表团访问马耳他 – 中国友好协会。

2013 年 4 月 24 日，中国 18 个省份组成的代表团参加马耳他 – 中国友好协会主办的"贸易经济论坛"。

2015 年 6 月 23 日，马耳他 – 中国友好协会主席 Reno Calleja 一行赴中国苏州高新区考察投资环境。

第六节　重要政治人物

一　总督

马耳他主要总督如下：

莫里斯·亨利·多尔曼（Maurice Henry Dorman，1964 年 9 月至 1971 年 7 月在任）；

安东尼·约瑟夫·马莫（1971 年 7 月至 1974 年 12 月在任）。

二　历任总统

马耳他共和国历任总统如下：

安东尼·约瑟夫·马莫（1974 年 12 月至 1976 年 12 月在任）；

安东·布蒂吉格（Anton Buttigieg，1976 年 12 月至 1981 年 12 月在

任）；

阿尔贝特·伊斯莱尔（Albert Hyzler，1981年12月至1982年2月任代总统）；

阿加莎·巴巴拉（Agatha Barbara，1982年2月至1987年2月在任）；

保罗·舒雷布（Paul Xuereb，1987年2月至1989年2月任代总统）；

文森特·森苏·塔博恩（Vincent Censu Tabone，1989年4月至1994年4月在任）；

乌戈（卡尔梅洛或阿尔弗雷德）·米夫苏德·鲍尼其［Ugo（Carmelo or Alfred）Mifsud Bonnici，1994年4月至1999年4月在任］；

圭多·德马尔科（Guido de Marco，1999年4月至2004年4月在任）；

埃迪（埃德华）·芬内克·阿达米［Eddie（Edward）Fenech Adami，2004年4月至2009年4月4日］；

乔治·阿贝拉（George Abela，2009年4月4日至2014年4月4日）；

玛丽·路易斯·科勒略·普雷卡［（Marie Louise Coleiro Preca）2014年4月4日起任］。

三　历任总理

马耳他历任总理如下：

乔治·鲍格·奥利维尔（Georg Borg Olivier，1962年3月至1971年6月在任）；

多米尼克（多姆）·明托夫［Dominic（Dom）Mintoff，1971年6月至1976年9月、1981年12月至1984年12月在任］；

乌戈·米夫苏德·鲍尼其（1984年12月至1987年5月在任）；

埃迪·芬内克·阿达米（1987年5月至1996年5月在任）；

阿尔弗雷德·桑特（1996年5月至1998年9月在任）；

埃迪·芬内克·阿达米（1998年4月至2004年3月在任）；

劳伦斯·冈奇（2004年3月至2013年3月在任）；

2008年3月12日，国民党再次执政后组成新一届政府，劳伦斯·冈奇连任总理，并对内阁进行调整；

2013 年 3 月，工党赢得大选后组成新一届政府，约瑟夫·穆斯卡特（Joseph Muscat）任总理。

四 历任议会议长

马耳他历任议会议长如下：

保洛·帕斯（国民党，Paolo Pace，1962～1966 年在任）；

阿尔弗雷德·鲍尼其（国民党，Alfred Bonnici，1966～1971 年在任）；

埃马纽埃尔·阿塔尔德·贝兹齐纳（工党，Emmanuel Attard Bezzina，1971～1976 年在任）；

奈斯蒂尤·拉维埃拉（工党，Nestu Laviera，1976～1978 年在任）；

卡尔西东·阿吉尤斯（工党，Kalcidon Agius，1978～1982 年在任）；

达尼埃尔·米卡勒夫（工党，Daniel Micallef，1982～1986 年在任）；

保罗·舒雷布（工党，1986～1987 年在任）；

约瑟夫·M. 巴尔达斯诺（工党，Joseph M. Baldaccino，1987 年在任）；

吉米·法鲁吉亚（国民党，Jimmy Farrugia，1987～1988 年在任）；

劳伦斯·冈奇（国民党，1988～1996 年在任）；

米里安·斯皮特里·德博诺（工党，Miriam Spiteri Debono，1996～1998 年在任）；

安东·塔博内（国民党，Anton Tabone，1998～2010 年在任）；

迈克尔·弗南多（国民党，Michael Frendo，2010 年 4 月至 2013 年 4 月在任）；

安格鲁·法鲁贾（工党，Hon. Angelo Farrngia，2013 年 4 月就任）。

五 重要政治人物简介

马耳他重要的政治人物生平简介如下。

（一）安东尼·约瑟夫·马莫（1909～2008 年）

马耳他第一任总统兼大法官。1909 年 1 月 9 日生于比尔基卡拉。曾先后就读于马耳他神学院、马耳他大学和马耳他皇家大学，获得法学博士学位。1939 年与玛格丽特·阿格尤斯结婚。1936 ~ 1942 年曾任法规修改委员会委员。1942 ~ 1951 年从事律师工作。1943 ~ 1957 年任马耳他大学刑法教授。1952 ~ 1954 年任副检察长，1955 年任总检察长。1957 ~ 1971 年先后任马耳他大法官、皇家刑事诉讼法院院长、立宪院院长等职务。1971 ~ 1974 年任马耳他总督。1974 年 12 月 13 日至 1976 年 12 月 27 日任马耳他总统。

（二）乔治·鲍格·奥利维尔（1911 ~ 1980 年）

马耳他国民党前领袖，政府前总理。1911 年 7 月 5 日出生于瓦莱塔。毕业于马耳他皇家大学，1937 年获得法学博士学位。1939 ~ 1945 年任政府会议委员。1947 年起当选为议会议员，为反对党副领袖。1950 ~ 1977 年 4 月任国民党领袖。在 1950 ~ 1955 年国民党和马耳他工人党（独立工党）于自治政府内联合执政时，他先后出任首席部长兼公共工程和重建部部长、教育和司法部部长。1955 年曾经率领国民党代表团到伦敦参加圆桌会议，尔后多次率领代表团出席关于马耳他独立问题的谈判。在1962 ~ 1971 年国民党单独执政期间，他出任马耳他总理兼联邦外交部部长。1962 年 8 月向英国提出独立的要求。1964 年 2 月，他与英国殖民大臣就实现独立和制定宪法问题举行会谈。在他任内，马耳他于 1964 年获得独立。1971 年 6 月在马耳他第二次大选中国民党败北，奥利维尔任国民党领袖。1976 年马耳他第三次大选，国民党再次败北，奥利维尔因为党内分歧问题而辞去国民党领袖职务。

乔治·鲍格·奥利维尔于 1943 年与亚历山大·德拉结婚，有两子一女。

（三）安东·布蒂吉格（1912 ~ 1983 年）

马耳他工党前主席，1976 年 12 月至 1981 年 12 月任马耳他第二任总统。1912 年 2 月 19 日生于戈佐岛。毕业于马耳他皇家大学，1940 年获得法学博士学位。第二次世界大战期间任巡警警官。1944 ~ 1948 年是《马耳他时报》法律专栏记者和主要撰稿人。1955 年任地方法院代理推事。1955 ~ 1976 年当选议员。1958 ~ 1964 年作为工党代表参加在伦敦召开的马耳他制宪会议谈判。1959 年起任《马耳他之声》主编。1959～1961 年当选马耳他工党主席。1962～1976 年任工党副领袖。1967 年起任欧洲委员会咨询议会代表，1967～1968 年任欧洲委员会咨询议会副主席。1971～1974 年任马耳他副总理。1971～1976 年任司法和议会事务部部长。1976 年 12 月至 1981 年任总统。

他还是马耳他著名的诗人，曾经获得政府颁发的诗歌一等奖和银牌奖。作品有《我年轻时代的阳台之歌》、《晚灯》、《风中芦苇》、《在竞技场内》、《让我们笑一笑》、《马耳他民谣》、《六旬老人之歌》和《灯光》等。他的诗集《燃灯者》由中国著名作家冰心译成中文，并于 1981 年出版。

安东·布蒂吉格曾经 3 次结婚，有两子一女。

（四）文森特·森苏·塔博恩（1913～2012 年）

文森特·森苏·塔博恩，1989 年 4 月 4 日至 1994 年 4 月任马耳他第四任总统。前国民党领袖。1913 年 3 月 30 日生于戈佐岛。曾就读于马耳他大学和英国牛津大学。第二次世界大战期间在马耳他皇家炮兵部队服役。曾在马耳他国立医院任高级眼科医师。1961 年任国民党执行委员会委员。1962～1972 年任国民党总书记。1966 年起为议员。1972～1977 年任国民党第一副领袖。1978～1985 年任国民党领袖。1987～1989 年出任马耳他外交部部长。1989 年 4 月 4 日就任马耳他总统。曾于 1978 年随该党领袖阿达米率领的代表团访问中国。塔博恩是马耳他国民党第一个主张与中国发展关系的领导人，并重视发展与中国的关系，对华一贯友好，始终坚持一个中国的立场。

（五）多米尼克·明托夫（1916～2012 年）

多米尼克·明托夫，马耳他工党前领袖，政府前总理。1916 年 8 月 6 日生于马耳他岛瓦莱塔市郊考斯皮夸镇。早年就读于政府实验学校和大学预科学校，1933～1937 年在马耳他皇家大学攻读建筑和土木工程学。1934 年在英国牛津大学深造。学生时代加入马耳他工党。1934 年任工党考斯皮夸镇委员会委员，不久任助理书记。1936～1937 年任工党总书记，后因政见分歧而退党。1941～1943 年在英国当土木工程师。1943年回国，重新加入工党，协助工党领袖保罗·布法进行党的重建工作，不久重新担任总书记。1945年被选入马耳他自治政府政务委员会，1946年辞职。1947年当选为议员。同年出任马耳他自治政府工程和建筑部部长，并当选为工党副领袖。1949年8月同工党自治政府在对英国政策问题上发生分歧，退出自治政府。同年工党发生分裂，布法另立独立工党，他接任工党领袖。1955～1958年任自治政府首席部长兼财政部部长。1958年4月因不满英国殖民统治，辞去政府职务。1971年6月、1976年9月和1981年12月工党在大选中接连获胜执政，他连任总理，兼外交部部长和联邦事务部部长（1971～1981在任）、内政部部长（1976～1981在任）。1984年12月22日辞去总理职务。

多米尼克·明托夫在任内主张建立独立自主的经济，逐步削弱宗教势力，工人参加企业管理，改革卫生、教育和司法部门，增加社会福利及其他辅助设施，将君主立宪制改为共和制。对外奉行中立和不结盟政策，提出了使"马耳他成为马耳他人民的"口号，发展同第三世界，特别是同阿拉伯国家的关系，主张在地中海建立和平区，重视发展同中国的关系，1972年4月、1975年1月、1977年1月、1982年6月和1984年8月曾5次访问中国。

（六）阿加莎·巴巴拉（1923～2002年）

阿加莎·巴巴拉，1982年2月至1987年2月任马耳他第三任总统，她是马耳他共和国历史上第一位女总统。1923年3月11日生于马耳他扎巴镇。早年就读于首都瓦莱塔公立文法学校，毕业后曾任教师。第二次世界大战期间任马耳他防空委员会委员、自由出版社会广告部经理。第二次世界大战后进入政界。1946年起加入马耳他工党，曾任工党扎巴镇妇女俱乐部主任和工党妇女运动执行局主席。1947年当选马耳他第一位女议员，后连选连任。1955～1958年和1971～1974年任工党政府教育部部长，是马耳他政府里第一位女部长。1958年因反对英国殖民当局而被捕入狱，释放后继续致力于马耳他的独立事业。1974年起历任工党政府劳工、福利和文化等部部长，并多次任代总理。1982 年 2 月 16 日成为马耳他实行共和制后由议会选举产生的第三任总统，也是马耳他独立后的第一位女国家元首。1985 年 8 月曾访问中国。

阿加莎·巴巴拉爱好音乐、集邮、体育、文学和艺术。

（七） 保罗·舒雷布 （1923 年出生）

保罗·舒雷布，1987 年 2 月至 1989 年 2 月任马耳他代总统。1923 年 7 月 21 日生于拉巴特。曾就读于伦敦市文学院和摄政街技校。1962 ～ 1983 年当选议员。曾任总理办公厅议会秘书。1971 ～ 1976 年任贸易、工业部部长。1986 ～ 1987 年任议长。

保罗·舒雷布著有多部短篇小说和历史参考书。

（八） 乌戈·米夫苏德·鲍尼其 （1933 年出生）

1984 年 12 月至 1987 年 5 月，任马耳他政府总理，曾任马耳他工党领袖。1933 年 7 月 17 日生于马耳他岛首都附近的科斯皮夸镇。曾经就读于马耳他皇家大学和英国伦敦大学，1958 年获法学博士学位并从事律师工作。1967 ～ 1968 年到伦敦大学专修工业法和税法。1969 年起任马耳他皇家大学工业法和财政法讲师。1969 年任马耳他总工会法律顾问。1980 年 5 月当选工党领袖。1983 年 5 月补选为工党议员，并任第一副总理兼劳工、社会福利部部长，9 月改任第一副总理兼教育部部长。1984 年 12 月 22 日就任总理兼内政、教育部部长。1985 年 6 月，工党年会以全票确认其为工党领袖。1987 年 5 月，连续执政 16 年的马耳他工党在议会选举中败于国民党，鲍尼其下野。

（九） 圭多·德马尔科 （1931 年出生）

1999 年 4 月至 2004 年 4 月，任马耳他第六任总统。1931 年生，1955 年毕业于马耳他皇家大学，获法学博士学位。1966 年当选议员，同年任国民党议会党团秘书。1972 年起出任该党总书记，1977 年当选副领袖。1987 年任副总理兼内政、司法部部长。1990 年 5 月任副总理兼外交、司法部部长。1992 ～ 1996 年任副总理兼外长。1998 年 9 月大选后任副总理兼外长。1999 年 3 月 29 日当选总统，4 月 4 日正式就职。曾 4 次访华。

圭多·德马尔科已婚，有一子两女。

（十）埃迪·芬内克·阿达米（1934 年出生）

马耳他第七任总统，也是现任总统。1934 年 2 月 7 日生于马耳他岛比尔基卡拉市。早年曾经在基督教圣·阿洛伊西斯学院学习。1958 年毕业于马耳他皇家大学，获法学博士学位。1961 年开始从事政治活动，同年被选为国民党全国执行委员会委员。1962～1975 年任国民党总书记助理，后任国民党全国执行委员会主席。20 世纪 60 年代从事律师工作的同时任国民党机关报《人民》的主编。1969 年在补缺选举中当选议员，此后在历届大选中均当选并连任议员。1971～1977 年任国民党影子内阁①成员、劳工和社会福利部部长、国民党执行委员会委员。1975～1977 年兼任国民党总务委员会和行政管理委员会主席。1977 年 4 月 11 日至 2004 年 2 月国民党领袖。1979 年出任基督教民主党欧洲联盟副主席。1987 年 5 月至 1996 年 10 月任总理。1998 年再次就任总理。2003 年 4 月连任总理。2004 年 2 月和 3 月，先后辞去国民党领袖和政府总理职务。4 月，由国民党提名并经议会高票当选马耳他第七任总统。1978 年、1994 年和 2002 年三次访华。酷爱读书及古典音乐，对中国手工艺术及民间歌舞兴趣浓厚。

埃迪·劳内克·阿达米已婚，有 5 个子女。

（十一）劳伦斯·冈奇（1953 年出生）

曾任马耳他总理。1953 年 7 月生。1975 年毕业于马耳他大学，获法学博士学位。1975～1988 年从事律师工作。1989～1997 年任一家私营大公司董事长。1976～1986 年任马耳他天主教行动委员会主席。1988 年，当选议会议长。1996 年，任议会反对党议会督导和党团秘书及社会政策部部长。1997 年起，任国民党总书记。1998 年，当选国民党副领袖，并出任副总理兼社会政策部部长。2004 年 3 月，当选国民党领袖，任政府总理。对华态度友好，曾于 1996 年和 2000 年先后作为议长和国民党副领袖率团访华。

---

① 所谓影子内阁，是指某些资本主义国家的在野党为争夺政权而组成的准备上台执政的预备内阁班子。

劳伦斯·冈奇已婚，有两子一女。

（十二）乔治·阿贝拉（1948 年出生）

1975 年开始任工人总工会法律顾问，1982 年任马足球协会主席，1992 年任工党负责党务的副领袖，1996 年工党赢得大选后任桑特总理的法律顾问，1998 年因反对工党抵制加入欧盟、取消增值税及提前举行大选等辞去工党副领袖职务。2000 年他结束了在工会总联盟的工作。2000 年以后，他主要从事私人法律顾问工作，雇用他的组织和个人很多，也包括时任总理阿达米、内阁部长奥斯汀·加特。这段经历为他 2008 年争取党的领导人的竞争造成影响。

2008 年，桑特辞去工党领导人职务，阿贝拉力压群雄，但在末轮投票中以 291∶574 不敌约瑟夫·穆斯卡特，不过后者当选后马上邀请阿贝拉协助处理党务。

2009 年 1 月 12 日，马耳他总理劳伦斯·冈奇宣布政府提议阿贝拉当选总统，接替任满的埃迪·芬内克·阿达米。4 月 1 日，马耳他议会一致通过由冈奇总理提议、反对党领袖穆斯卡特附议的关于提名阿贝拉出任马耳他第八任总统的议案。这在马耳他历史上首次由总理提名反对党成员担任总统。4 月 4 日，阿贝拉宣誓就任马耳他第八任总统，接替到任的总统阿达米。

阿贝拉认为马中友谊历久弥新，马耳他珍视与中国的传统友谊，感谢中国政府和人民一贯无私的援助和支持。他赞赏中国坚持改革开放所取得的经济、社会发展成就，表示马重视中国在国际事务中的地位和影响，期待与中方不断深化和发展各领域的交往与合作。

2010 年 4 月 28 日下午阿贝拉总统抵达上海出席上海世博会开幕式及相关活动。

（十三）玛丽·路易斯·科勒略·普雷卡（1958 年出生）

玛丽·路易斯·科勒略·普雷卡（Marie Louise Coleiro Preca），1958 年 12 月 7 日出生于马耳他阔尔米市。1982 年她参加马耳他工党秘书长的角逐并成功当选，是唯一一位在马耳他政党中担任高级职务的女性。2013 年 3 月，普雷卡当选家庭和社会团结部部长。在任期间，她致力于改善社会公正、反对贫穷，出色的表现使她成为马耳他"最受欢迎的部长"。2014年3月4日，马耳他总理约瑟夫·穆斯卡特提名其出任马耳他第九任总统。玛丽·路易斯·科勒略·普雷卡于2014年4月4日就任马耳他总统，她成为继阿加莎·巴巴拉之后的马耳他第二位女总统。

第四章

经　济

第一节　概况

一　经济发展简史

（一）畸形的"基地经济"

马耳他虽然缺乏许多自然资源，如缺乏除了岩石以外的矿物，土壤贫瘠且薄，雨量小且少，没有河流和天然湖泊等，但是拥有十分优良的天然港湾和充足的劳动力，又地处地中海有利的中心位置，从而成为空中和航海交通枢纽，能够发挥自己的长处和克服自己的短处，发展具有马耳他特色的经济形态和模式。

但是，在马耳他长期沦为英国的殖民地后，英国把马耳他当作军事战略的要冲，扼守地中海及其周边地区，保护英国在地中海周围的利益和英国通往东方的商业航线。为此，英国长期以来在马耳他岛屿上大规模地改造和新建军事设施，特别是海军军事设施和装备，发展为军事服务的产业，派驻为数众多的部队，于是，英国在马耳他的军费开支和英国军人及其家属在马耳他的消费构成了马耳他经济收入的主要来源，从而形成了"基地经济"。

当英国增加对马耳他的军费投入和从事大规模军事建设时，马耳他地方当局财政收入立即增长，当地人民也就实现了充分就业，从而使马耳他经济出现繁荣的景象。而当英国削减在马耳他的军费开支，或者减少在马耳他驻军，或者停止军事设施的建设时，马耳他地方当局的财政收入就会大幅度地减少，当地居民就会出现失业甚至马耳他也出现严重的失业现象，从而使马耳他经济陷入萧条甚至出现危机。例如，在第二次世界大战中，英国政府对马耳他防务的大量投入和英国驻军的巨大开销使马耳他经济繁荣。1957年，英国政府决定整顿防务，减少包括马耳他在内的某些海外基地的驻军和装备。从那时起，英国在马耳他的驻军不断减少，大量受雇于军事机关以及专靠英国军人及其家属的消费为生的马耳他人因此面临窘境，失业现象严重。

当然，在英国殖民统治时期，旅游业成为马耳他财政收入的重要来源，也是马耳他经济的重要组成部分，但是"基地经济"对马耳他经济具有决定性的意义。也就是说，马耳他经济的兴衰与英国的军事基地直接关联。这就是畸形的"基地经济"。

（二）走向"自主"的经济

在民族自治时期，马耳他政府意识到畸形的"基地经济"对国民经济的危害性，为了改变这种状态，确定重点发展工业、旅游业和农业，并编制了第一个五年计划。计划规定1959～1964年将支出3200万英镑，其中2200万英镑由联合王国以贷款和赠款形式提供，用于重点支持所确定的发展项目。

马耳他执行第一个五年计划（1959～1964年）所要实现的三大具体目标是：使船舶修造厂转而改为商业服务场所；以生产出口货物为重点扩大工业化生产并使之多样化；鼓励旅游事业发展。多样化和扩大生产一直是马耳他发展经济的主要方向，新的大胆尝试一直受到很大的鼓励。但是，在扩大生产中，特别是在较小企业的扩大生产中，存在三大障碍：缺乏工厂设备和仓库设备；资金不足；在传统的家庭作坊中一成不变的经济管理方式严重地阻碍了工业生产的扩大和发展。因此，一度是马耳他经济发展希望所在的制造业，在第一个五年计划期间并未成为真正的经济增长点。

第一个五年计划结束后，政府总结得失，为草拟第二个五年计划做准备。总的来说，马耳他建立了一批新工厂，船厂营业总算有了希望，旅游业也开始好转，群岛工业的基本结构初步建立，从而使"基地经济"在马耳他国民经济中的比重下降，使"自主经济"在马耳他国民经济中的比重上升。马耳他开始改变畸形的"基地经济"的面貌。

第二个五年计划（1964～1969年）开始实施。在这个计划中，政府吸取了第一个五年计划的经验和教训，为旅游业和农业适当让路，把资金的大部分分配给工业、旅游业和农业这三大类，少部分用于船舶修造厂。凡是可以帮助解决因部队削减而带来过剩的男性劳动力的工业都将优先发展。对地方工业的投资将给予更多的优惠，对新企业的补助将大量代之以无息贷款。马耳他政府通过这些手段希望能够建立效率较高的公司企业。政府先后成立了一个开发合作署和一个产品规格评议会，前者负责考虑怎样最有效地利用这些财源，而后者则负责监督工业产品的质量。

在早期建立的工业体系中，纺织品的生产仍然保持了它作为马耳他主要工业部门的地位，并且在出口方面取得了相当大的成功。20世纪60年代中期，制造业产品的出口一年所赚的外汇总额为450万英镑，其中有一半来自纺织品、服装和纱线，从而使这一部门成为马耳他经济不可缺的一宗财富。轻型精密机器的制造，以及各种洗涤剂、塑料包装用品和皮革制品的生产等都受到欢迎。啤酒和不含酒精的饮料的酿造业已日趋兴旺。

旅游业是马耳他发展最快的一个行业，也成了税收和生活的一项主要来源。作为一个旅游胜地，马耳他除了宜人的气候和优良的游泳设备外，还具备一些其他有利条件。其中最重要的就是它同英国的关系密切，岛上广泛使用英语，英镑可直接流通，而且飞机票价较低，此外，群岛遍布历史遗迹，游览景点比比皆是。第一个五年计划实施期间，每年到马耳他的外国旅游者以5位数来计算，而到了第二个五年计划完成时，外国旅游者数量已有6位数字。大多数旅游者都仍然来自英国，这既反映了感情因素，也反映了语言和货币的便利。除了英国旅游者外，还有来自德国、法国和意大利等国的旅游者。

在马耳他工党于1971年6月重新执政后，马耳他经济发展有了新的起色。工党制定了七年经济发展计划（1973～1980年），主张由国家投资建立大型国有企业以吸收劳动力，例如，国家在马耳他的天然港口基础上建立了大型的港口，一下吸收了5000多名劳动力，同时，带动了周边造船业和轮船修理业。这期间还创建了马耳他海运公司、航空公司、广播电台、瓦莱塔银行等一些国有企业。工党政府还对卫生、教育和司法部门进行了改革，鼓励工人参加企业管理，从而大大促进了马耳他经济的发展。

在 20 世纪 70 年代，马耳他国内生产总值年平均增长率有 10% 以上，10 年间生产总值增长了 3 倍，游客人数增长 3.7 倍，新建工厂 235 家，失业率不到 3%，物价虽有上涨，但工资增加近 9 倍，外汇储备增长了 4 倍。1979 年英国撤出在马耳他的全部军事基地之后，马耳他彻底地从"基地经济"走向了"自主经济"。

（三）宏伟的经济发展目标

进入 20 世纪 80 年代，受世界经济衰退的影响，国内生产总值增长率下降，出口低于 20 世纪 70 年代水平，失业人口猛增，通货膨胀率上升。马耳他经济遭遇到极大的困难。

1987 年，国民党上台后，为了刺激经济增长，提出"福利和自由"的口号，采取冻结物价和工资、不得随意解雇工人、不增加所得税和国民保险费、取消个人在国外投资许可限制、提高生产性投资比例、降低部分商品价格、对雇用工人多的工厂企业实行减少税负等临时的措施。与此同时，国民党政府在经济上实行比较开放的政策，重视发挥私营企业的作用，鼓励自由竞争，扩大出口贸易。它还降低生产部门贷款利率，采取刺激发展工业的措施，以促进制造业的发展和出口，吸引国内外投资。国民党政府还制订了宏观的经济计划，确定了各项经济指标。正是上述的经济计划、经济政策和临时经济措施，促进了马耳他经济的复苏和回升。

1987 年，马耳他国内生产总值为 4.954 亿马镑，国内生产总值增长率为 10.11%。1988 年，国内生产总值增长 10%。

1989 年政府又制定的马耳他国际商业活动法，旨在把马耳他变成地中海地区的国际财政中心和国际商业活动中心（类似欧洲的瑞士和亚洲的新加坡和中国香港）。

1990 年，马耳他国民生产总值比 1989 年增长 9.6%，经济持续回升。阿达米总理还宣布马耳他政府希望 1990 年正式申请加入欧洲共同体。

为了实现加入欧共体的目标，国民党政府在 1990 年政府财政预算中规定进一步降低税收，免收相当一部分人的所得税，大力吸引外资。同时由国家投资加强基础设施建设，包括电信设备的升级换代，建设一个新的机场候机楼和一个新港口。马耳他议会还通过一项法令规定，这个新港口——马萨什洛克港将成为一个自由港，由包括英、德等国公司参加的"自由港口公司"管理。

1994 年，阿达米总统再次表达了入盟的愿望：

> 我们生活在一个危险的海洋。我们始终生活在其中。今天我们已经有机会把我们的国家与一个正在形成中的、与我们有共同道德价值的基督教文化和对民主、法制及社会公正的信仰的政治联合体联合在一起。

尽管这一申请一直悬而未决，但马耳他政府试图通过与欧盟建立一个自由贸易区，通过在金融、政治、安全和其他事务上的合作，来与欧盟发展更紧密的关系，保持 10～15 年的"特殊关系"。

20 世纪 90 年代中期，马耳他自然资源贫乏、技术人员短缺、加工工业规模小，加上高就业、高工资、高福利等弊端以及劳资纠纷等问题逐渐凸显出来，在一定程度上制约了马耳他经济的发展。1996 年马耳他进出口贸易总额有所下降，作为马耳他经济支柱之一的旅游业连续两年呈下降趋势。

为改善经济形势和缩小与欧盟标准的差距，工党上台后着手对马耳他经济政策和经济结构进行调整，制订了经济发展的三年计划。与此同时，工党政府实行经济贸易发展自由化，加紧对宏观经济的调控；取消增值税，实行新税制；停止前政府对国有企业私有化的做法；重视发挥中小型企业特别是私营企业的作用；推进工业、旅游业、金融业等行业的发展。

国民党上台后，立即着手对马耳他经济政策和经济结构进行调整。自1999 年 1 月 1 日起，政府正式取消了前政府的关税和消费税制度，恢复增值税，制定了各行业的最低退税标准；恢复对国有企业私有化的进程；扩大对基础设施的投资；加强工业、旅游业、金融业等行业的发展和财政管理活动；加大吸引外资的力度，加强与外国企业的合作。

国民党政府于 2001 年通过马耳他商业促进法，以更优惠的政策鼓励和促进投资，并扶持中小企业的发展。同年，马耳他政府公布就业和产业关系白皮书，并通过对马耳他干船坞和造船厂进行结构调整的计划。在马耳他政府制定 2007～2012 年五年国家发展规划中，将 IT 技术、生物制药、海洋技术、可再生能源、太阳能技术作为马耳他未来经济发展的五个重点领域。政府重点吸引上述领域的外国投资，并承诺现行的优惠财税政策将继续实行，且将陆续推出新的举措。

国民党政府再次上台执政后，重新启动申请加入欧盟的进程。为了入盟，马耳他首先必须达到入盟的各项标准，特别是大幅度削减财政赤字和公共债务。为此，国民党政府大力推行完全自由化的经济政策，逐渐地放弃国家对制造业和服务业等经济领域的参与、干预和控制，实行这两大经济领域的私有化。

2005 年，国民党政府将瓦莱塔银行中国家所控制的 40% 股份出售，从而最终完成了马耳他银行业的私有化。这年，国民党政府还将马耳他电信业中国家所控制的 60% 股份出售给英国私营公司，从而加速了马耳他私有化的进程。

2006 年，国民党政府进一步将马耳他航空公司、马耳他水务合作公司、马耳他乳制品公司等国有企业的股份出售。

2007 年，国民党政府又将马耳他邮局完全私有化，从而使国有企业在马耳他国民经济中的比重进一步下降。

从欧盟内得到的大笔援款也给马耳他经济注入了更多活力，经济几年实现连续增长，于 2008 年初顺利加入欧元区。2008 年，得益于严格的金融管理制度和保守谨慎的信贷投资传统，马耳他金融体系及股市未受国际金融危机直接冲击，但受海外市场不景气、进出口和内需下降影响，马耳他经济增长于第二季度开始放缓并于年底陷入衰退，2009 年持续下滑。2010 年马耳他政府实施一系列保障就业、吸引投资和刺激经济举措，经济开始复苏，旅游业和新兴金融服务业恢复增长。2010 年国内生产总值为 62.46 亿欧元，同比增长 3.7%，人均 GDP 为 15095 欧元。2010 年通货膨胀率为 4%，失业率为 6.2%。

马耳他政府 2017 年财政预算的两个主要目标分别为继续促进经济增

长和消除贫困。总理穆斯卡特表示，马耳他目前在经济增长速度和失业率方面均为欧洲表现最好的国家之一。迄今为止马耳他中产阶级的规模已有14%的增长。2017年，马耳他政府通过继续推动经济快速发展和创造就业岗位进一步消除贫困。

二 经济现状和发展水平

1964年独立以来，历届马耳他政府锐意进取，使马耳他逐渐克服"基地经济"的弊端，向经济多样化发展，从而形成了具有马耳他自身特点的经济体系，使这个国家成为一个国际贸易的地区枢纽。

马耳他国内生产曾经不断增值，根据世界银行的统计数据，2010年马耳他国内生产总值达到62亿欧元；2011年达到66亿欧元；2012年达到69亿欧元；2013年为73亿欧元。2011~2012年，欧元区深陷债务危机的泥潭、增长乏力，外部需求的疲软抑制了马耳他经济的增长。据马耳他政府发布的数据，2011年国内生产总值（GDP）增长率为6.5%，2012年GDP增长率估计为4.5%，面临进一步下滑的风险。马耳他的经济开放性很高，经济状况受外部环境尤其是重大的贸易伙伴——欧元区国家的影响较大。2013年，随着欧债危机形势的改善、欧元区国家经济回暖，国内私人消费和投资开始复苏，加上进出口的拉动，马耳他经济呈现稳定增长势头。

马耳他人均国内生产总值，国际货币基金组织（IMF）官方网站于2013年4月发布的各国生产总值预测数据显示，2011年马耳他人均国内生产总值为21924美元，2012年为20852美元，2013年为22193美元。

2005年，马耳他国内生产总值依靠内需的拉动，特别是信息技术、金融服务和新经济行为为其注入了活力而开始增加，增长率为5.4%，2006年进一步上升为5.5%。从20世纪70年代中期至2006年，马耳他国内生产总值年增长率，尽管有起伏，时高时低，但是要高于同期欧盟15国2004年扩大以前的年平均水平，也高于2004年新入盟的10国的平均水平。欧盟统计办公室指出，马耳他国民经济已经驶入了健康的轨道。欧盟统计办公室确定其国内生产总值增长率保持在3%，即健康的水平。

2014 年，当欧元区大部分成员国经济表现疲软之时，马耳他经济却增长强劲。马耳他官方数据显示，2014 年实际国内生产总值增长率达到 3.0%，而据英国经济学家情报社（EIU）估算，2014 年，马耳他的实际国内生产总值增长率为 3.5%，2015 年预计为 2.8%。

马耳他 2002~2013 年 GDP、人均 GDP 和 GDP 增长率见表 4-1。

表 4-1　马耳他 2002~2013 年 GDP、人均 GDP 和 GDP 增长率

项目	2002 年	2003 年	2004 年	2005 年	2006 年	2007 年
GDP（百万欧元）	4275614	4388372	4398750	4636615	4890658	5398525
人均 GDP（欧元）	10799	11013	10964	11949	12058	13157
GDP 增长率（%）	5.91	2.64	0.2	5.4	5.5	10.4
项目	2008 年	2009 年	2010 年	2011 年	2012 年	2013 年
GDP（百万欧元）	5859197	5857444	6234587	6499165	6829501	7186400
人均 GDP（欧元）	14235	14123	15015	15618	16208	16814
GDP 增长率（欧元）	8.5	0.0	6.4	4.2	5.1	5.2

注：GDP 为"国内生产总值"。

资料来源：根据马耳他国家统计 MALTAINFIGURES。

欧洲统计局（EUROSTAT）2006 年 6 月 15 日发布报告称，按照货币购买力水平（Purchasing Power Standard）计算，2005 年马耳他人均国内生产总值低于欧盟 25 国平均水平的 30%，只有欧盟平均人均国内生产总值的 70%。

马耳他国家统计局 2010 年 3 月 11 日发布的 2010 年 GDP 公告显示，2010 年马耳他经济走出衰退低谷，扣除价格因素后，国内生产总值同比增长 6.4%。分季度来看，第一季度增长 4.1%，第二季度增长 3.4%，第三季度增长 3.1%，第四季度增长 3.9%。

初步统计，2010 年第四季度，按当年价格计算，名义国内生产总值为 15.98 亿欧元，同比增长 6.7%；按 2000 年不变价格计算，实际国内生产总值为 12.40 亿欧元，同比增长 3.9%。

按当年价格计算，2010 年名义国内生产总值为 62.46 亿欧元，同比

增长 6.8%；按 2000 年不变价格计算，2010 年实际国内生产总值为 47.60 亿欧元，同比增长 3.7%。

从各行业占增加值总额的比重来看，2010 年马耳他农渔业占 2%，工业占 16%，建筑业占 4%，贸易修理、饭店餐饮、运输通信业占 23%，金融保险、房产租赁及商务服务业占 25%，其他服务业占 30%。

按年平均汇率计算，2010 年马耳他名义国内生产总值折合 82.80 亿美元，较 2009 年的 81.60 亿欧元增长 3.7%。

2010 年，马耳他年中人口总数为 413775 人，同比增长 1.5%。全年人均国内生产总值 15095 欧元，折合 20012 美元，继 2008 年之后再次突破 2 万美元。

2010 年，马耳他国民总收入为 58.19 亿欧元，人均国民总收入为 14063 欧元。

随着全球发达国家的经济复苏，马耳他经济到 2013 年逐步好转。2014 年马耳他人均国内生产总值为 22872 美元，居世界第 35 位。

2009~2013 年，马耳他农渔业、工业、服务业三大产业在国内生产总值的构成变化如下：

2009 年，农渔业占 1.7%，工业占 16.5%，服务业占 81.8%；

2010 年，农渔业占 1.71%，工业占 18.3%，服务业占 79.99%；

2011 年，农渔业占 1.50%，工业占 17.7%，服务业占 80.8%；

2012 年，农渔业下降为 1.3%，工业为 18.0%，服务业占 80.7%；

2013 年，农渔业保持在 1.7%，工业为 14.8%，服务业占 83.5%。

就总体经济结构和人均国内生产总值在世界各个国家中的地位比较，马耳他属于发达资本主义国家。但与发达资本主义国家和欧盟其他成员国的总体经济结构和人均国内生产总值比较，马耳他又是发达国家中的中等发达国家。

三　加入欧盟后经济领域的利弊

（一）加入欧盟后的机遇和挑战

2004 年 5 月 1 日，马耳他正式成为欧盟成员国。入盟使马耳他经济和社会发展迎来了新的机遇和挑战。

1. 机遇

（1）由于地理和历史的原因，欧盟一直是马耳他最主要的贸易伙伴，与欧盟的贸易额占马耳他对外贸易总额的 70% 左右。加入欧盟无疑有利于拓展马耳他与欧盟其他成员国的经济合作空间。

（2）入盟还将凸显马耳他作为地中海地区"贸易枢纽"的特殊作用。长期以来，马耳他与北非的突尼斯、阿尔及利亚、埃及和利比亚都保持着良好的经贸关系。作为连接欧洲与北非的纽带，马耳他入盟后在密切欧盟与北非国家经贸往来的同时，也将带动马耳他本国的经济发展。

（3）入盟将推动马耳他旅游业的发展。马耳他是世界闻名的旅游胜地，旅游业是马耳他的支柱产业之一。马耳他有旅游从业人员 14.7 万人，旅游业收入占其国内生产总值的 25%。从长远来看，入盟意味着实现欧盟内部商品、资金、人员和劳务的自由流动，这无疑将给马耳他旅游业提供新的发展机会。

（4）马耳他还可以利用欧盟给新入盟成员提供的结构性援助基金，改善本国公路等基础设施，以为吸引外资创造条件；欧盟有关环境保护和控制污染的措施也会促使马耳他在环境保护方面采取具体行动。

除此之外，入盟还将帮助马耳他有效解决非法移民带来的社会问题。马耳他距北部非洲海岸很近，常常受到来自北非国家的非法移民的侵扰。大批非法移民到来给马耳他造成严重的社会问题。入盟之后，马耳他可以充分借助欧盟制定的相关法律，共同打击非法移民。

2015 年爆发的难民潮席卷欧洲大陆，而非洲国家，尤其是北非国家，是涌入欧洲的难民的主要输出地之一。为了从源头阻止难民危机的进一步恶化，欧盟与非洲国家超过 60 位领导人 2015 年 11 月 11 日在马耳他首都瓦莱塔举行难民问题峰会。

欧盟对于这场难民峰会的最大诉求就是能够与非洲各国，尤其是北非难民主要来源国，团结协作，共同应对这次自二战以来最为严重的难民潮。早在峰会召开几天前，欧盟就已经公布了即将在瓦莱塔与非洲领导人进行政治协商的五大关键问题：第一，通过帮助非洲国家创造和平、稳定与发展的局面，从根源上解决难民危机；第二，推动并建立合法的移民渠道；第三，加强对难民权益的保护，尤其是难民中的弱势群体；第四，打击人口贩卖；第五，加强在难民遣返和安置问题上的合作。

在瓦莱塔峰会的主旨讲话中，欧洲理事会主席图斯克也坦言，在难民问题上，欧盟与非洲同样身负重担，解决以上任何一个问题都需要欧盟与非洲通力协作，应尽早出台一项联合应对难民危机的方案。图斯克还表示，难民问题是一个相当敏感的政治话题，他愿意和非洲各国领导人进行开诚布公的对话，哪怕是关于那些最困难的问题。不过，外界对于非洲的合作意愿心存疑虑，有媒体报道称，个别非洲官员将瓦莱塔峰会视作欧盟变相推卸责任，转嫁移民危机不利影响的窗口。

2. 挑战

入盟是一把"双刃剑"，马耳他在迎接机遇的同时，也面临新的挑战。

（1）长期以来，马耳他的财政赤字居高不下，在缩小财政赤字方面无疑将面临欧盟方面的巨大压力。尽管马耳他政府近年来已对经济政策和经济结构进行了调整，在财政、金融、税收、教育、医疗等领域推行了改革措施，但财政赤字和国债规模仍与欧盟的要求相差甚远。马耳他2012年，由于经济增长放缓，加上社保开支、能源补贴的增长以及大选的花费导致财政赤字率重新反弹，达到3.3%，债务占比达到71.3%。无论是财政赤字还是公共债务占比，均超过《稳定与增长公约》的规定。2013年6月21日，欧盟又对马耳他启动"过度赤字程序"。理事会建议马耳他立即采取行动，力争在2014年前达标，并设立具体的期限和目标，即2013年的财政赤字率需达到3.4%，2014年降至2.7%。

（2）马耳他的小企业也将面临严峻挑战。在马耳他经济中一般把企业划分为大企业和小企业。雇用员工在1~10人的私人企业连同自我雇用和自主就业的个体户统称为小企业。欧盟委员会公布的数据显示，马耳他中小企业发展有喜有忧。喜的是，自2003年以来马耳他中小企业经营情况较好，忧的是其总体就业规模一直在9万人左右徘徊而没有增长。截至2010年底，马耳他共有中小企业超过3.5万户，占该国企业总数的99%，雇用员工总计约8.8万名。马耳他的中小企业多为微型企业，平均雇用员工约2.5人，而欧盟国家的平均水平为4.3人。马耳他政府近年来正采取各种措施鼓励个人创业，如马耳他企业局推出的"小额投资鼓励计划"等希望催生更多的中小企业创造更多的工作岗位。

在马耳他注册的公司中，有97%的公司雇用的工人数量少于10名，政府一直坚持认为，为了经济继续增长，中小企业需要得到持续的支持和援助。政府采取很多措施和激励机制旨在促进小企业的发展，政府认为现在是时候从法律层面进一步认识到小企业的重要性了，同时让他们以法律手段保护自己。政府降低了中小企业的登记率，推出了若干举措让马耳他其他企业来帮助小企业进一步发展，同时推出了微投资方案，免除小企业在投资业务量上的部分纳税额度，而且还从欧盟基金中拿出2500万欧元用于中小企业。这样促使企业数量增加，2009年小企业数量达到4666家。2001~2009年，小企业增长了52%，进一步提升了小企业在政府政策执行和国家经济发展中的自信。国家建立健全相关法律，使小企业的运作和发展更加容易，首要的一步就是减少官僚机构和官僚作风，使小企业有更多的时间关注自身的发展。政府相信小企业，它们一直致力于用最好的方法来经营它们的业务，是马耳他经济的支柱。一旦小企业蓬勃发展，整个经济的繁荣也会进一步体现。

马耳他小企业在创造经济价值、提供就业岗位和开展国际贸易等方面起着不可忽视的作用。因此，马耳他政府在政策上扶持、巩固和推进小企业稳步发展，并把它作为稳定社会和扩大就业的长期策略。但是，由于规模上的限制和技术含量不高，马耳他小企业难以与欧盟其他成员国技术含量较高的企业相竞争。

入盟前，由于马耳他政府实行严格的保护本国企业的政策，规定外国企业不得介入国内贸易、旅游、工程承包、房地产行业等，这使上述行业的小企业在无竞争的环境下发展，导致多数企业不思进取，缺乏长远整体发展规划，不具备研发能力，投入严重不足，基本不具备国际竞争力。

2005年，据欧盟统计局的数据，欧盟每年都向成员国提供中小企业研发基金 8000 万欧元，马耳他当年共递交申请 18 份，获得研发基金 44 万欧元，在欧盟国家中为倒数第一。2015 年欧盟设立 100 亿欧元专项资金用于鼓励成员国中小企业进行研发创新活动，但马耳他中小企业意识不足，研发创新投入占 GDP 比例约为 1%，处于欧盟最后一位。马耳他企业倾向于进口他国既有品牌产品在当地销售或者转口到周边国家销售，很少有企业愿意冒风险创立自己的国际品牌。

入盟后，行业垄断被打破，由于达不到欧盟规定的企业生产经营标准，马耳他不断有小企业倒闭。以马耳他家禽、牲畜屠宰行业为例，起初全国共有 35 家规模不一的屠宰企业，由于在规定期限内达不到欧盟卫生标准，其中 18 家企业关门或被要求无限期停业。

在入盟谈判中，欧盟就开放马耳他旅游、餐饮、房地产等行业接受了其提出的两年过渡期的要求。随着过渡期的结束，分布在这些行业的小企业面临空前的生存压力，特别是零售行业，表现尤为突出。以超市为例，马耳他共有各类规模不等的百货超市 168 家，随着欧盟零售业巨头——英国泰斯科（TESCO）、德国卡尔施塔特百货公司（CARLSTAT）、意大利 AUCHAN 商业集团等向马耳他提交从业申请，这些申请一旦获准，马耳他超市和零售企业将面临极大的挑战。

（二）政府在体制和政策方面的调整

在 2013 年 3 月 9 日的大选中，工党时隔 15 年再次执政。新政府上任后，为兑现大选承诺，制定了减税促增长、提高居民生活质量的新政策，对选民较为敏感的紧缩改革没有提出明确措施，而是寄希望于通过经济的强劲复苏提高财政收入，削减财政赤字。具体政策如下。

（1）降低税收（包括将所得税最高税率降低 10%，为购买房产者减免相关税收）以及降低电费价格等。

（2）继续推动社保改革，在养老金制度中引入第三支柱——资源的私人养老金计划；为促进就业提供免费的儿童保育看护服务等。

（3）提高居民生活质量。例如，对最低工资和最低养老金领取者减免税收；实施与欧洲社会基金共同出资的"leap 项目"（此项目为欧盟提倡建立的致力于消除贫困的一个项目，由成员国与欧洲社会基金共同出资），降低贫困，反对社会排斥；为抚养孩子的父母放宽缴税门槛；为雇用护工的老年人和残疾人减免社保缴费等。

2013年11月4日，穆斯卡特政府公布《2014年财政预算案》，强调在审慎的宏观经济框架下，通过各项政策刺激经济增长。预算案提出，新政府的经济和财政战略依托一些核心政策来达成目标。

（1）确保公共财政的可持续性。

（2）提高潜在的产出，尤其是通过提高劳动力市场的参与（特别是妇女就业率）、提高工作技能和教育水平、促进终身学习、增加生产性资本的投资等方式来实现。

（3）提高竞争力，增加产品和服务市场的透明度。

（4）减少官僚主义，确保公共服务的有效性。

（5）通过合理的规则、严格的执行来保护金融业。

为了实现这些政策目标，政府将在供给层面实行推动国家经济潜在增长的政策，其他政策则致力于确保公共财政的可持续性。与此同时，也要保证环境的可持续和社会团结。

新政府的优先议程是促进就业增长。此外，为全体居民提供一个免费的可持续的医疗体系、支持中小企业促进就业和保持竞争力、发展绿色能源、兼顾传统的农业和渔业发展也是新政府的工作重心。

四 与经济有关的机构和组织

（一）马耳他商务局（MBB）

成立于1996年10月，作为马耳他商业企业协会（COCE）和马耳他工业联盟（FOI）的欧洲办公室。这两个组织认为有必要在欧洲和国际层面上合作，以促进马耳他逐步成为欧盟成员国的进程。

2004年5月6日，马耳他旅馆与餐饮业联合会（MHRA）成为马耳他商务基金的成员。它建立于1958年，代表70%的旅馆业和35%的餐饮业，其投资额达到4.5亿马镑，雇用人数超过两万人。在过去的46年里，MHRA在促进旅游工业繁荣的政策制定方面有所贡献。

马耳他商务局通过马耳他商务基金保管人委员会运作，委员会由三个部分组成：马耳他商业企业协会负责人、马耳他工业联盟负责人和马耳他旅馆和餐饮业联合会负责人。商务局有两个办公地点：一个在布鲁塞尔，另一个在马耳他。商务基金为马耳他商务局提供战略方向并监督其发展，使商务局有更直接的渠道和欧盟机构联系，并且促进了更广泛合理的政策制定，在马耳他商务利益发展上有所作用。

（二）马耳他工业联盟（FOI）

建立于 1946 年，是大小制造业和服务企业的代表。马耳他工业联盟的主要职能是：作为一个国家中心机构，负责促进和保护国家工业利益；促进相关立法和措施的制定；促进所有工业分支机构和部门齐心协力地一致行动；促进地区工业和政府部门、各个联盟、各个协会、各个社会团体的合作和交流；与其他工业和贸易组织保持密切联系，在工业各部门和劳资关系上相互促进；提高公众对于工业在国家经济中的重要地位的关注程度；在国内和国际市场上提高马耳他产品的质量等。

（三）建筑工业协商委员会（BICC）

致力于促进建筑业经济的发展和创造更多的就业机会。建筑工业为马耳他经济的重要支柱，在提高经济多样化的同时，应给予建筑工业以应有的关注。建筑工业协商委员会制订了五年战略计划，与欧盟委员会于 2005 年发表的关于 2006 年度战略政策保持一致，以凝聚国家和个人的力量，创造一个良性环境，以促进经济增长，也为欧洲成为投资和就业的具有吸引力的地区而努力。

（四）马耳他金融服务部（MFSA）

成立于 2002 年 7 月 23 日，是一个完全自主的公共机构，并且每年向议会做年度报告。它通过马耳他中央银行、马耳他证券交易所和马耳他金融服务中心执行其监督职责，作为马耳他金融服务领域的一种调整机制而存在。它负责调整所有的金融活动，包括银行业务、投资业务、保险业务以及公司注册业务等。

过去的 10 多年，马耳他经济逐渐从海上向陆上发展，改进其金融立法，力争与国际接轨，并成为经济合作组织的一员，使金融财政事务发展达到先进水平。马耳他的金融发展得益于国家政策的调整，从而使金融发展成为主流，所以金融服务业得到迅速的发展。

因此，马耳他金融服务部成为马耳他长期战略结构的一部分，成为国家金融发展的中心。从事金融业的公司将得益于官僚机构的减少，合理化程序的实施，低费用、减低成本和更加统一的执行标准。

马耳他金融服务部的主要功能包括：调整和监督马耳他金融服务工业领域的一切行为；保护消费者和投资者利益；确立行为标准；提供本国和全球发展信息；提高马耳他金融服务工业领域教育和培训的标准；确保商业许可批准制度，包括银行业务、投资业务、保险业务、养老金业务和股市经纪人业务等方面；负责金融服务商业的资格审查；提供指导性、方向性和专业性的建议；提高金融商业方面的收入，为国家的福利制度做贡献；与国家和国际的先进组织保持交流和联系（包括打击金融犯罪组织等）；与国家和国际的媒体合作，以增加国际声望；改进现有立法和制定金融服务方面新的法律法规；管理马耳他公司注册等。

（五）贸易服务理事会

其主要职责是：为商业团体提供综合贸易服务平台；促进进出口许可制度更加顺畅；促使定价法则与商业实践相结合等。

第二节　农业

一　概况

马耳他土地贫瘠，土壤有机质少，含沙量大，土壤呈弱酸性，全国适于耕种的土地不多。农、牧、渔和水果业都不发达，经营规模较小，生产效率较低，科技含量不高，产品主要用于国内消费。农牧业不发达，粮食主要靠进口。因此，在马耳他经济结构中，农、牧、渔和水果业所占比重很小，占国内生产总值的比重保持在 2.5% 的水平。

2012 年，农业和渔业产值占 GDP 的 1.3%；农业全职从业人员为6200 人。农业产业主要为猪、禽养殖业，主要农产品有柑橘、小麦、马铃薯、番茄、西葫芦等，牛奶、植物油、水果等大量依赖进口。2013 年，进口蔬菜为 4.08 万吨，水果为 0.22 万吨。

2013 年，牛肉总产量为 1134 吨，猪肉总产量为 5920 吨，鸡肉总产量为 4115 吨，奶制品销售为 3978.8 万升，蛋类销售为 7725.6 万只。2015 年第二季度，马耳他的肉类生产量和生产价值同比分别下降了 17.3% 和 13.6。下降是由于猪肉产量减少了 15.7 个百分点，牛肉和鸡肉产量分别减少了 11.6 个百分点和 10.8 个百分点。鸡肉产量的减少导致肉鸡屠宰数量下降了 2.2%。牛肉产量的减少导致屠宰牲畜的数量下降了 11.1%。猪肉产量的减少使猪屠宰量减少了 3192 头。

2013 年，旗鱼产量为 338 吨，剑鱼产量为 275 吨，金枪鱼产量为 80 吨，其他鱼类产量为 305 吨。2014 年第三季度，马耳他渔业捕捞数量和价值分别下降了 25.4% 和 25.7%。第三季度马耳他渔业捕捞总量为 337559 公斤，同比下降 25.4%。这是由于马耳他的主要捕捞品种旗鱼和剑鱼的捕捞量分别下降了 27.6% 和 26%。在此期间，马耳他渔业捕捞总价值为 200 万美元，同比下降了 25.7%。

2013 年，马耳他岛上可灌溉土地为 3175 公顷，占全国可灌溉土地的 86.82%，旱地为 5626 公顷，占全国旱地的 70.04%。戈佐岛上，可灌溉土地 482 公顷，占全国可灌溉土地的 13.18%，旱地为 2407 公顷，占全国旱地的 29.96%。全国可灌溉土地为 3657 公顷，旱地为 8033 公顷。

在加入欧盟以前，马耳他政府对农业采取统购统销政策，农民只负责生产，其产品由农业部主管的塔阿里农产品批发市场（Taqali Vegetable and Fruit Market）进行收购，收购价格由国家统一制定。由于马耳他农业科技水平低，生产成本居高不下，市场缺乏竞争，因此，农产品价格指数不断上升。马耳他 2015 年 3 月以零售价格指数衡量的通货膨胀率为 0.59，为 1985 年以来最低水平。2014 年同期该指数为 1.11。12 个月的平均变动指数为 0.24。2015 年第 1 季度马耳他农产品生产者价格指数为 126.27，同比上升 16.8%。在欧盟国家中，马耳他农副产品价格处于较高水平。

加入欧盟以后，欧盟的农业产业政策如同一把"双刃剑"，既给马耳他农业生产者带来了实实在在的好处，同时又带来竞争的压力。2004～2006 年，马耳他从欧盟获得 2690 万欧元资金用于农业发展。根据入盟协议，欧盟资金将用于资助一系列促进农村发展的措施。欧盟农业发展基金为农业发展项目研究提供最高80%的资金，以解决新成员国农村地区的结构和环境问题。同时，由于欧盟成员国大量物美价廉的农产品的进入，马耳他大部分农产品价格如鸡肉、牛奶、面包、水果等的价格出现了下降。

二　种植业

因受到自然资源和传统耕作方法的限制，马耳他农业生产活动受到极大的影响。除缺水问题外，还缺少大面积的土地。一小块一小块的土地，不是被开垦为梯田，便被围以石墙或篱笆，这种形式仍然同若干世纪以前差不多。这些租来的土地只有1/8是15英亩（相当于60702.846平方米）以上的大块土地，而且很少有灌溉系统。在耕种这些小面积土地的人中，约有一半是专业农民，而更多的人则是兼搞其他工作的农民。这两种人合计约占马耳他就业人口的1/6。如果改革农业需要有这么多的人与之合作，那显然是不容易完成的。马耳他改革农业的另一障碍是因袭旧耕作方法，由于不习惯为高级市场生产优质农产品，马耳他农民一直不愿轻易采用新的技术。为了克服上述的不利因素，提高农产品的产量和质量，马耳他政府近几年来采取了如下措施。

（1）扩大耕地面积。政府鼓励农户开垦荒地，扩大种植面积。2014年，马耳他可开发的农业用地共11689公顷，马耳他岛有8801公顷，戈佐岛和科米诺岛有2888公顷。其中耕地8967公顷，永久性作物1264公顷，菜园1458公顷，休耕地959公顷。鉴于马耳他土壤耕种条件不充分，开荒费用较高，政府为农户提供开荒费用（包括租用农机具、灌溉、土壤育培、雇用临时劳动力等的费用）的50%。

（2）增设农业投资基金。政府每年设置农业投资基金800万马镑，在以下方面农户可向政府申请使用：引进先进的农牧业技术，特别是农业环保技术；购买荒地；购买新旧农机具；兴建节水型灌溉系统或改善现有灌溉系统；修缮农场现有库房、农机具存放场所和房屋。上述项目所需资金经马耳他农业部和土地使用规划局批准后，政府出资50%，农户出资

50%，每个项目申请使用基金的上限为 10 万马镑。

（3）扩大农业融资渠道。除马耳他农户可申请使用政府农业发展基金和欧盟农业结构基金外，政府还设法扩大农户融资渠道，为农户提供银行担保，以便农户申请使用商业银行低息农业信贷。

（4）政府实施农产品出口退税政策。为提高农户产品出口的积极性，提升农产品的出口竞争力，政府将继续实施农产品出口退税政策。

（5）政府资助农户参加各种国际农业贸易活动．为帮助农户扩大出口渠道，政府每年还将资助一部分农户参加在欧洲和北非国家举行的农业博览会。同时政府每年邀请外国农业企业来马耳他，举行面对面农产品和农业科技招商会。

马耳他农业主要遵循传统生产模式，一般是从商业农作物开始，以豆类和饲料作为结束。商业农作物的生产每年大概有两次，蔬菜的生产季节主要包括春季和冬季。马铃薯、瓜类、洋葱、番茄、茄子、绿胡椒、大头菜等农产品的生产用地就占了马耳他用地的 50%。

大部分农产品都是在本地被消费掉的，马耳他大力组织出口贸易是从马铃薯和洋葱开始的，后来又扩展到园艺新产品和温室产品，其中有番茄，还有鲜花、球茎植物和种子。

马耳他 50% 的可耕地主要用于水果的生产，包括桃子、柑橘、无花果、梨、草莓、藤木类水果等，它们在农业中占有比较重要的位置。2013年，马耳他官方市场水果的总产量为 336564 千克，其中干无花果产量为842 千克，柠檬产量为 59723 千克，柑橘产量为 70863 千克，桃子产量为81 千克，石榴产量为 63126 千克，草莓产量为 11254 千克，甜橙产量为97795 千克，其他水果产量为 32880 千克。

2014 年，马耳他粮食和蔬菜总产量为 712225 千克，其中甜椒产量为93215 千克，蚕豆产量为 110062 千克，卷心菜产量为 906413 千克，胡萝卜产量为 470215 千克，洋葱产量为 658225 千克，土豆产量为 859878 千克，南瓜产量为 165025 千克，西红柿产量为 879628 千克，茄子产量为88180 千克，大头菜产量为 319598 千克，生菜产量为 690884 千克，其他品种产量为 1376089 千克。水果总产量为 504725 千克，其中柠檬产量为

68544 千克，柑橘产量为 60734 千克，草莓产量为 185803 千克，甜橙产量为 163661 千克，其他水果产量为 25983 千克。

三　畜牧业和渔业

（一）畜牧业

畜牧业的生产在马耳他农业中是一个重要的组成部分，在马耳他群岛上饲养有牛、羊、猪、家禽和家兔，而饲养的重点则是那些不需要大面积土地提供牧草和饲料的动物。由于这个原因，也由于家禽和生猪饲养业的产品适合出口，所以饲养业也就兴旺发达起来了。欧共体（欧盟前身）还援助马耳他在科米诺岛上建立了一个现代化养猪场，以进一步促进了畜牧业的发展，猪、牛、羊的头数有部分增加，牛奶、奶油和软乳酪的产量也都增加了。

2013 年农户总数为 12466 户。2013 年牛的总量为 14948 头，其中41.7% 是奶牛，数量为 6239 头。马耳他岛上的牛为 9849 头，戈佐岛和科米诺岛的牛为 5099 头。2013 年家禽总量为 918426 只，其中马耳他岛为694555 只，戈佐岛和科米诺岛为 223871 只。在所有家禽中，肉鸡为616974 只，蛋鸡是 297188 只。2014 年，绵羊数量为 10526 头，比 2013年减少 3.7%。山羊数量为 4627 头，比 2013 年增长 0.6%。生猪数量为47465 头，比 2013 年下降 4%，即减少 1986 头。

2013 年，马耳他牛奶的产量达到 42833 吨，蛋类的产量达到 5239吨，全部农产品产量达到 143040 吨。

（二）渔业

渔业在马耳他岛的历史很悠久，可以追溯到远古时代。众所周知，马耳他岛渔业已经延续几个世纪，而且成为传统和社会结构的一部分，在马耳他好多渔船上，都画有奥西里斯的眼睛（奥西里斯是古埃及的植物神和水神），这是从腓尼基时代就开始流传的，人们相信它可以驱除邪恶，保佑渔船。

马耳他作为一个地中海中心的小岛，有质量较高且温度多变的海水，尤其是列岛周围鱼类资源丰富。但是，从数字和经济的角度来说，马耳他渔业在经济领域中不是一个重要的部门，因此，马耳他渔业还有很大的潜力。目前，马耳他渔业产品主要用于国内消费，2014年全职的渔民有516人左右，兼职的有657人左右，主要分布在营销领域。

马耳他渔业产品主要有旗鱼、鲭鱼、蓝旗金枪鱼、石斑鱼、角鲨鱼、兰普卡鱼（马耳他沿海所产的一种鱼）、博格鱼（一种色彩鲜明、身体扁平的欧洲鱼）。捕鱼季节从8月到第二年的1月，主要是捕兰普卡鱼和鲭鱼，这两种鱼量大概占马耳他总捕鱼量的40%。另一个捕鱼季节主要从5月中旬到8月中旬，主要是捕金枪鱼和旗鱼。

渔业对马耳他经济也有一定贡献，每年的产值大约为1800万马镑。随着1991年工业发展法案的修改，渔业成为制造业的一种，而且享受制造业的一些优惠政策，比如所获利润10年免税，低利率贷款，租金补贴及技术培训等，而且对于外国投资者没有任何限制。

对于在岛国发展渔业，很重要的是减少捕捞野生鱼类，发展水产品养殖业。马耳他养殖的海产品主要是海鲈科和鲷鱼科鱼类，网箱养殖技术已广泛应用于海产品养殖。2012年，马耳他有4家公司经营5大海上露天养殖场，还有两个陆地上的小规模养殖区。这些公司中75%的股份由马耳他投资者所有，其余的部分由来自欧盟其他国家的投资者所有。

2013年，马耳他官方市场鱼类总产量为999吨，价值608.9万欧元。其中蓝鳍金枪鱼80吨、狗鱼25吨、博格鱼（Bogue）17吨、剑鱼275吨、虾20吨、多锯鱼（Stone Bass）10吨、旗鱼338吨、其他鱼类234吨。

四 农产品进出口

马耳他农产品主要依靠进口。由于缺乏淡水，土地贫瘠，可耕地面积少，从事农业的人口少，马耳他本身的农产品从品种到数量都无法满足本国自身需要，必须依靠进口。马耳他进口的农产品大部分来自欧盟国家，例如，2013年，马耳他从意大利、英国、荷兰、法国进口的农产品总价分别为137620万欧元、30050万欧元、18890万欧元、27980万欧元，另外从比利时进口的农产品总价为8860万欧元，从德国进口的农产品总价为31490万欧元，从西班牙进口的农产品总价为16280万欧元。因此，在马耳他农产品市场上，各国竞争非常激烈，各国的农产品基本上都占有一席之地。由于人口比较少，马耳他虽然大部分农产品都需要进口，但总的进口量有限。

目前，马耳他生产的除了蜂蜜、土豆、西红柿等个别农产品出口外，大部分农产品都需要进口。2013年食品进口总额为568305.7万欧元，其中食品与活体动物进口额为50181.0万欧元，饮料和烟草进口额为7476.1万欧元，动物和植物油、油脂和蜡进口额为852.9万欧元，肉类进口额为7636.3万欧元，奶制品、乳制品、禽蛋类进口额为4698.4万欧元，鱼类产品进口额为6936.9万欧元，谷类进口额为9904.4万欧元，水果蔬菜进口额为7420.9万欧元，糖及糖果进口额为2430.9万欧元，油脂类进口额为1451.1万欧元，其他食品进口额为1027.2万欧元。

马耳他出口的水产品主要是鱼类（主要是金枪鱼、海鲷鱼和黑鲈鱼）以及土豆、谷类加工的面粉和淀粉制品、番茄酱、蛋黄酱、发酵粉、果酱等可食用的调制品等。2013年食品出口总额为392521.0万欧元，其中食品与活体动物出口额为21248.8万欧元，饮料和烟草出口额为3548.6万欧元，动物和植物油、油脂和蜡出口额为1.3万欧元。肉类出口额为38.3万欧元，奶制品、乳制品、禽蛋类出口额为45.7万欧元，鱼类产品出口额为10372.8万欧元，谷类出口额为1895.6万欧元，水果蔬菜出口额为259.3万欧元，糖及糖果出口额为219.0万欧元，油脂类出口额为1.5万欧元，其他食品出口额为8371.7万欧元。

马耳他金枪鱼、海鲷鱼和黑鲈鱼主要出口国家是意大利；土豆主要出口市场是荷兰；谷类加工的面粉和淀粉制品主要出口市场是中东、北非和欧洲国家；番茄酱、蛋黄酱、发酵粉、果酱等可食用的调料制品主要出口市场为中东和非洲国家。

五　加入欧盟对农产品的影响

按照与欧盟谈判时的承诺，马耳他从2004年7月1日起逐步降低农产品税率，从而引起肉、禽、蛋、蔬菜和水果等农产品的价格出现不同幅度的下降。2005 年 1 月 1 日以后，农产品价格进一步下降。与此同时，按照政府与农民达成的协议，政府向农民提供了一揽子补贴方案。补贴金额高于农产品价格下降的幅度，这是为了帮助农民改善生产设施、改组农业结构而额外支付的费用，该补贴方案和农村发展规划虽然有些冒险，但符合实际，有利于重振马耳他农业。

（一） 执行欧盟的关税标准

马耳他加入欧盟之前，对本国的部分农产品有一定程度的保护，如对于葡萄酒、意大利面条、番茄酱、冰激凌等征收附加税。加入欧盟之后，马耳他取消了附加税，并按照欧盟的关税标准对来自欧盟之外的国家的农产品征税，对来自欧盟其他国家的农产品不再征收关税。

（二） 对部分农产品实行配额管理

根据欧盟的有关规定，马耳他对进口欧盟之外国家和地区的冻牛肉、冻猪肉、冻羊肉、保鲜蘑菇、大蒜、香蕉实行配额管理。配额由马耳他农业部贸易管理机构（Trade Mechanism Unit）负责管理和发放。

（三） 执行欧盟的共同农业政策

执行欧盟的共同农业政策意味着马耳他要从农业生产体系、流通体系和价格体系等方面全方位执行欧盟的政策，包括建立整体的管理和控制系统、农场财务信息系统、质量控制系统、食品安全系统、农村发展规划、农药和杀虫剂的控制使用等方面都要与欧盟接轨。尤其在卫生检验检疫方面，应加强抽查，食品卫生标准必须符合世界贸易组织和欧盟的标准。

（四） 欧盟给予马耳他农业以援助

新加入欧盟的国家，如果其人均国内生产总值达不到欧盟平均水平的75%，就属于发展落后的国家，可以获得欧盟的结构性改善资金，用于发展农业现代化和多样化。马耳他从欧盟委员会获得 2690 万欧元资金，用于农业发展，该资金的使用期限是 2004～2006 年。针对马耳他实际情况，该欧盟农业发展资金为马耳他农民提供临时性的收入补贴，以帮助马耳他农民适应新的市场环境，同时享受该补贴的农民还可申请使用农业发展项目基金。2013 年，马耳他获得欧盟委员会研究与发展基金 720 万欧元。

（五）加入欧盟后马耳他农业面临挑战

加入欧盟后，欧盟对马耳他本国的农产品生产和加工等要求更加严格，虽然其对马耳他农业生产给予补贴，但由于马耳他农业生产集约化程度不够高，技术水平也偏低，加工能力有限，所以农业生产和农产品加工面临欧盟其他成员的严峻挑战。例如，马耳他的屠宰业（原来有50多家屠宰场），在马耳他加入欧盟后由于欧盟对于屠宰业有更严格的要求，马耳他有关企业需要更新设备，严格卫生条件。但由于失去本国原来的市场保护，许多马耳他相关企业入盟后无法应对来自其他国家相关产品的低成本竞争，大部分屠宰场无法继续经营，希望政府能给予更多的保护或援助。因此，加入欧盟之后这种情况需要马耳他政府认真加以应对。

第三节　工业

一　概况

工业是马耳他经济的主要支柱，其中，加工制造业特别是修船业、造船业占主导地位，而近几年来加工制造业发展很快。马耳他主要工业部门有服装、皮革制品、食品加工、电子和电器产品、烟草、造船和修船业、印刷、玻璃等。主要产品有电子产品、机械设备、精密仪器、食品饮料、化工产品等。目前约有3万人在制造业部门工作，从业人员占总劳力的比例不足20%。马耳他最大的工业基地在瓦莱塔和马尔萨之间的大港，后来又有许多生产企业落户马尔萨什洛克。

从所有制关系层面分析，马耳他工业分为三种类型。

第一种类型是外国独资或合资的工业企业。这种类型的工业企业大都科技含量高、工艺先进，具有一定的规模。如属于法－意半导体集团的子公司——ST Micro Electronic Ltd，该工业企业拥有2400名职工。瑞典的Trelleborg公司专门生产汽车密封圈，拥有1000名职工。

第二种类型是地方私人工业企业。这种类型的工业企业规模小、科技含量不高，有的还处于手工作坊的形态。它们主要属于食品加工工业和农产品加工工业等。

第三种类型是国有企业，主要属于造船业和修船业等。随着私有化运动的进一步深入发展，马耳他的国有工业企业越来越少了。

马耳他工业受工业、投资和信息工艺部的监管。马耳他大部分工业企业和公司联合成立"马耳他工业联合会"，统一指导有关马耳他工业企业和公司的事宜。2004年1月1日，联合各个马耳他行业成立的"马耳他经营状况机构"旨在促进各个行业和工业企业在马耳他的投资和经营。

二　加工制造业

加入欧盟后，马耳他加工制造业产值增加很快，2012年为21385.0万欧元，2013年为21731.7万欧元。2013年，马耳他加工制造业产值占当年国内生产总值的16%，低于西方国家总体水平。

轻型精密机器的制造，以及各种洗涤剂、塑料包装用品和皮革制品的生产也受到欢迎。啤酒和不含酒精的软饮料的酿造业日趋兴旺。虽然纸张的生产，由于缺乏适当的资源而影响其发展，但马耳他发展了一种可以赚钱的印刷工业。马耳他的印刷价格已低廉到足以吸引海外顾客，甚至像美国那样遥远的国家的订货。

兰布勒汽车装配厂虽然遭遇过失败，但按照新方式进行重建之后，这个企业又取得了成功，而且马耳他装配的一些汽车已经出口国外。

随着国际贸易自由化和竞争的不断加强，整个制造业也面临挑战。2011年第三季度，制造业营业额同比下降6.6%。美国经济的持续疲软以及亚洲主要国家经济的降温，也对马耳他出口制造业产生了负面影响。2012年马耳他企业得到了全球投资所提供的56个项目，达3400万马镑，其中的11个项目用于印刷，总投资额达到700万马镑，还有7个项目用于药学工业，总投资额为1500万马镑。

三　造船和修船业

造船和修船业是马耳他最主要的工业之一。早在圣约翰骑士团最辉煌的时候，岛上的造船和修船业已经十分繁荣。在19世纪中叶，随着蒸汽轮船到达地中海地区，英国人将旧的造船厂更新。但是，造船厂设备的急剧增加和现代化还是近几年的事。

马耳他干船坞公司是马耳他最大的国有企业，其前身是英国海军部造船厂，已有150多年的历史。它是马耳他的重要经济支柱，拥有1700多名职工。各类干船坞7个，其中一个是1975年中国设计援建的"中马友谊6号干船坞"，可停靠修理30万吨级油轮，这也是地中海最大的干船坞之一。该公司位于航运要道，拥有6座修船坞，最大的为30万吨级船坞。它承担各类船舶修理、检验、改装、油轮清洗；承担B&W、MAN等柴油机、蒸汽透平机、增压器以及艉轴密封修理工作；对船体发动机、船上电子和电器等设备进行维修；能建造1万吨以下的各类船只，如沿海巡逻艇、货轮、游艇、驳船等，还制造单点系泊浮筒、油水分离器、压力罐制水器等。

坐落在马尔萨的"马耳他造船厂"（Malta Shipbuiding Company），还涉足钢铁工业。该厂是1976年在修船厂的基础上发展起来的，有职工2300余人。曾为中国建造了6038吨"大庆216号"油轮和6000马力的"南海210号"供应船。

四　IT产业

IT产业是马耳他的优势产业，也是政府积极鼓励和推动发展的重点产业。根据欧洲统计局（EUROSTAT）的数字，2004年5月加入欧盟的马耳他，其高科技产品的出口收入在其总出口收入中所占比例在欧洲国家中排名第一，占55.9%。EUROSTAT的高科技定义包括计算机，消费电子产品，制药、医疗器械和飞机制造。而它定义的高科技服务几乎都与IT产业有关，包括电信、计算机服务及其相关活动和研发。马耳他的高科技业在另一层意义上也让人感到惊讶，那就是其产值的惊人。根据EUROSTAT的数字，2002年，马耳他制造商的年平均产值为2100万欧元（合2500万美元）。这一平均数是由为数不多的几家大公司抬高的，如汽车开关与传感器制造商Methode Electronics公司马耳他分公司（年销售收入大约为4400万美元），以及号称马耳他最大出口商的

ST. Microelectronics 马耳他分公司。近几年，IT 产业的产值为 2 亿~3 亿马镑，占国内生产总值的 6.55% 左右。未来马耳他政府还将通过调整产业结构，加大吸引外资的力度，推动 IT 产业加快发展，力争实现产值超过 3.5 亿马镑，在国内生产总值中的比重超过 15%，并创造出 3000 个新的就业岗位，成为地中海地区信息技术研发和输出的基地。

马耳他目前拥有外国 IT 企业 200 多家，从业人员超过 6000 人。近年销售收入为 4.75 亿马磅左右，IT 产品出口额约占了马耳他出口总额的 61.7%。外国投资在 IT 产业保持着两位数的增长，IT 产业的投资回报率为 37.7%，利润率为 16% 左右，成为马耳他吸引外国投资的重要领域。世界主要 IT 企业如 Microsoft、ORACLE、IBM、Siemens、ABB 等均在马耳他设立了分支机构，开展业务。

法意微电子公司是目前在马耳他最大的一家外国投资企业，成立于 1998 年，有员工 2300 多人，年营业额 4.4 亿马镑左右，累计投资额达到 8.67 亿马镑。该公司产品主要为半导体芯片，广泛应用于通信、医疗器械、精密仪器、汽车等诸多领域，产品出口额占了马耳他出口总额的 45%，在马耳他经济中占有举足轻重的地位。

马耳他政府采取措施进一步发展 IT 产业，其具体措施如下。

（1）马耳他政府已经与多个国家大学及研发机构达成协议，与马耳他大学和其他本地研发机构进行合作，开展 IT 产品和技术的研发。马耳他政府为此投资 1200 万马镑，并提供必要的资金支持。

（2）与利比亚、突尼斯、埃及、摩洛哥以及意大利的西西里地区进行协商，拟建立一个环地中海地区高科技经济协作区，通过建立一个覆盖上述国家和地区的电子商务网，来推动经贸合作。马耳他在这个项目中将扮演一个电子信息技术的输出以及网络运行和维护的角色。

（3）进一步扩大了马耳他工业园（MIP）的规模。马耳他工业园占地 3 亿平方米左右，有 600 多家工厂。2007 年 7 月，马耳他工业园正式启动，在哈尔发和莫斯塔科技园兴建 27 所现代化工厂工程。该工程投资 1300 万马镑，于 2008 年底完工。2007 年 4 月，马耳他政府和 TECOM 投资公司（迪拜）正式签约，启动信息城（Smart City）工程项目的建设。

TECOM 在 8 年间对马耳他投资 1.1 亿马镑，该项目为马耳他的国内生产总值贡献 2.295 亿马镑，最少创造 5600 个就业岗位。

五 纺织业

纺织品生产部门仍然保持了马耳他主要工业部门的地位。20 世纪 60 年代，马耳他建立了 12 个工厂，为出口和国内市场生产用天然纤维和合成纤维制造的各种纺织品。

在出口方面，马耳他纺织工业取得了相当大的成功。20 世纪 60 年代中期，制造业一年所赚的总额为 450 万马镑，其中一半来自纺织品、服装和纱线。2011 年，主要纺织品出口额为 189.5 万欧元。但是在纯纺织品的生产中，一些亚洲国家的竞争力日益增长，因而马耳他就需要设法出口越来越多的制成服装的纺织品。在过去，大部分出口商品供应英国和意大利两国，而现在，在北非和中东，服装成品（如同其他工业新产品一样）具有了更为广阔的前景。同时，随着生活水平的提高，在马耳他群岛上对服装成品的需要也与日俱增，而这种需要在很大程度上由其本土的纺织工业予以满足。虽然由于主要雇用女工，它不可能在解决男工失业的问题上创造奇迹，但它对马耳他经济的发展是不可缺少的。

马耳他最大的服装公司是蓝钟服装公司，为世界第二大服装公司——英国兰格勒公司的子公司。

六 建筑业

易于雕刻而又不易风化的和取之不尽的马耳他石灰岩促进了马耳他建筑业中的技能和技巧的提高和发展，使之具有悠久的传统。

第二次世界大战后，马耳他的建筑业日益繁荣起来，20 世纪 50 年代末，继续保持发展的势头，特别是马耳他经济计划的实施，无论是长期的五年计划、经济调整计划还是短期经济计划，都给建筑业注入了新的活力。在 20 世纪 60 年代中期，马耳他 1/10 以上的就业人口都在从事采石和建筑工作。随着商业活动的日益增长和外国游客的不断涌来，对修建新的道路、桥梁、仓库、工厂、出租公寓和旅馆的要求也增加了。同时为了使教育和公用事业与国家的全面发展相适应，也需要修建新的普通学校、专门学校和公共建筑物。这种趋势导致了辅助行业的扩大，而这些辅助行业反过来又给建筑业带来了更大的动力，特别是煤气、电力、电话、自来水和下水道等主管单位都成了建筑合同的重要签订者。

2012 年建筑业在如期完成合同方面遇到了困难，无论在为旅客准备旅馆、别墅和出租公寓方面，还是在为马耳他人提供住房方面，都是如此。马耳他人之所以需要更多的住房，是因为他们的生活水平不断提高。建筑计划受到的阻碍主要是由于缺少技术工人，而政府则一直受到压力，要把机会给予那些渴望在马耳他开业的外国承包商。过去 5 年内的成就展现出建筑业光明的发展前景，建筑业在 2010 年为国民生产总值增加做出贡献，产值达到 50320.9 万欧元，占比为 4.25%。2013 年的建筑业就业人口为 11092 人，第四季度建筑业就业人口同比减少 5%。

七 家具制造业

马耳他金属和木质家具的制造业也取得了进展，而且有些家具已向国外出口。但之前这种工业缺乏内部的紧密配合，也缺乏大得足够布置现代化生产线的工厂。2016 年向不发达国家出口家庭、机关和学校使用的家具的机会越来越多了。金属配件、容器以及一般家庭和办公室的金属用品也有了这种销路。许多这类产品都是可以赚钱的。它们不需要复杂的工厂设备，装运起来也相当容易。

2016 年 4 月 30 日，劳动节前夕，经济、投资和小企业部部长克里斯·卡多纳访问了三个马耳他的家具制造商——格里斯蒂家具有限公司、浮法玻璃有限公司和圣安东尼木制品公司。他充分强调了制造业对经济的意义。

欧盟统计局发布的最终统计数据表明制造业在马耳他是良性发展的。虽然欧盟和欧元区的工业生产分别下降了 0.8% 和 1.3%，但马耳他的工业生产增长率为 5.7%，在欧盟各国工业生产增长中居第三位。在这一领域的从业人员数量增加了 1.3%。

从前马耳他家具业面临诸多困难，如今已拥有一个蓬勃发展的市场，如上述三家公司。近年来，它们在马耳他政府部门激励和支持下，产量有所增加。值得注意的是，政府的削减电费政策（企业25%的电费得以削减）帮助了这些小型的当地公司发展企业和雇用、培训员工。

截至2015年10月，家具制造业全职就业人数达1095人。2016年前两个月（一月和二月），家具出口额达392000欧元。这一数字在2015年同期增加了6.8%（25000欧元）。

2016年劳动力调查显示，制造业雇用了大约26000名雇员，吸引外国直接投资制造业的比例有所增加：从23%增加到46%。

政府将继续创造有利的投资和生产营销环境，加强马耳他制造业发展，通过激励和援助，减少官僚作风，支持小企业合作机制并建立一个合作的法律框架。

八 采石业和能源

（一）采石业

马耳他唯一的矿产就是石材。马耳他各岛均由石灰岩构造，故石材是唯一取之不尽、用之不竭的矿藏资源。马耳他盛产的珊瑚石灰岩和抱球虫石灰岩，质地坚硬，耐海水侵蚀，正适合在马耳他建筑之用。因此，采石业在马耳他十分发达。

采石场一般选在被开采的石山旁边。开采时先以机械除去岩石表面的土和杂质，以露出米黄色的天然石。根据需要用专门的机械按设计的尺寸切出方石块。丰富的石料奠定了马耳他建筑与石刻艺术的基础。马耳他矿产工业主要包括石灰石开采和海盐生产，它对国内生产总值的贡献约为0.5%。

（二）能源

马耳他近海的沉积盆地具有良好的可钻探的地理结构，至少在某些结构中有希望找到具有商业价值的油田。在目前所钻探的油井中曾有油气显示。马耳他政府授权在沿海海域可以进行石油勘探，但必须以合伙生产为基础，合伙生产标准合同的条款可以通过讨论和谈判解决。私人石油公司或集团不定期地被邀请对指定的马耳他海域提出勘探建议，其中包括申请人的详细情况、地质分析、有效数据分析及勘探成本计划等。勘探建议获批准后，即可与马耳他政府签订合伙生产合同。合伙生产合同有效期为

30 年，包括勘探期 6 年，但勘探期可以延长。合同方至少需要 6 年以后，才能取消生产部分以外的全部合同条款。当正式开始产油后，合同方可以用一部分石油来补偿石油勘探的风险和成本，其余的石油与马耳他政府分享。马耳他对合同方的纯利润征收 50% 的所得税。所有设备可以免除关税。

2012 年，澳大利亚的 HARDMAN 资源公司已经在马耳他东南部海域筹划建造石油钻井平台。澳大利亚的泛大陆油气股份公司也和马耳他政府签订合同，在马耳他南部海域勘探石油。

马耳他的电力事业不断发展，1989 年发电量为 11 亿度，基本能满足国内需要。1991 年兴建的一座新的电厂已经开始运行。2005 年，马耳他发电量为 21.06 亿千瓦时，全世界排名第 130。2012 年，马耳他发电量为 2250000 百万瓦特时。2015 年，马能源部和中小企业商会联合发表声明称，将滚动发布鼓励私人投资太阳能的激励措施。欧盟和马耳他正在进行商讨，拟成立公私合营机构以便利投资。按照欧盟要求，到 2020 年，马须将可再生能源占全部能源的比例提高至 10%。过去马政府将重点放在发展风能上，但此前一项风力发电厂项目由于可能影响飞机起降而遭否决。现马政府已将太阳能作为实现 2020 年目标的主力，在 10% 可再生能源目标中，太阳能发电量由 28 兆瓦提高至 192 兆瓦。2012 年上海电力与马能源公司共同在马开发建设一个 10 兆瓦的太阳能电站项目，作为双方在欧盟合作开发项目的样板。因此，马政府还需要在 2020 年之前建成 182 兆瓦太阳能发电项目，这将为私人投资（包括外来投资）带来极大商机。

由于四面环海，马耳他每年人均可用淡水量只有 82 立方米，在目前世界上最缺水的 20 个国家中，其缺水程度位居首位。由于淡水缺乏，马耳他在加尔拉布斯南崖下兴建了加尔拉布斯海水淡化厂。海水淡化厂从地中海的海水中提取盐分后制成饮用水，每天的总产量达 2739 万升，是世界上同类企业中规模和产量较大的海水淡化厂之一。它和另外 3 个工厂一起每天生产饮用水 7270 万升，但仍然远远不能满足全国每天 10450 万升的需要量，因而岛上的饮用水只能靠井水来补充。

九 酿酒业

马耳他农业中一个具有独特历史并使人感兴趣的部门是葡萄栽培。酿酒是由腓尼基人传入的，他们把葡萄藤带到了马耳他，把它叫作"迪利亚"，意思是"搭凉棚的"。最初为酿酒而栽培的葡萄在靠近现在戈尔米和扎巴尔的西部丘陵地区。直到今天，这个地区的葡萄园仍然酿造出最好的葡萄酒。2013年，马耳他的葡萄园共有683公顷，其中马耳他岛621公顷，戈佐岛62公顷。葡萄总共1606792株，其中马耳他岛1448759株，戈佐岛158033株。

在马耳他的葡萄种植历史上，酿酒业经历了很大的变化。在中世纪期间，马耳他的人口下降，葡萄栽培也几乎停止了。在骑士团时代，又得到了恢复。骑士们曾判定英索拉葡萄是一种最适合于马耳他的土壤和气候的葡萄，而到现在情况大体上还是这样。但是在戈佐岛上，由于农民和教士历来同海外教会保持联系，因此岛上引进了法国葡萄。现在戈佐岛上的葡萄一半以上都是法国品种。

另一次衰落发生在18世纪，当时美国的独立战争给马耳他的棉花贸易带来了极好的机会，因此，大部分葡萄园都被改成了棉花种植场。大约在1870年，葡萄种植业被再次引进，并在其后70年继续处于分散状态，但就在这段时间，群岛上消费的酒大部分由外国进口，酿酒业未能扩大。1939年以后，葡萄园被用来种植当时必不可少的粮食。直到第二次世界大战结束以后，酿酒业才又开始兴旺起来。虽然由于啤酒和不含酒精的软饮料的引进，马耳他人现在的饮酒量比以前减少了一些，但本地的生产量有了很大的增长，而且每年都有较多的马耳他酒向英国和意大利出口。

马耳他酿酒业的特点可以从其葡萄种植分布和加工的方式中看出。那些属于政府、教会或世袭地主的葡萄园同那些酿酒厂完全没有关系。这些酿酒厂派出自己的经纪人到处巡视葡萄园，以鉴定葡萄的质量，并向他们的雇主推荐适当的类型和数量。马耳他没有就葡萄讨价还价的问题，因为从1965年起，政府就规定了每吨葡萄的价格。

葡萄收获在9月，葡萄一摘下来就被送进酿酒厂。除了靠葡萄皮发酵而酿造的红酒和教会所需要的比较少量的酒以外，大量的酒都要等到 10 月才开始酿造。因为，群岛的温度和湿度在 10 月才能降低，不到那时葡萄便不宜发酵。有些较大的酿酒厂采用了现代化设备，发酵是在玻璃内壁的大钢桶里进行的，但即使在这些酿酒厂里，在 10 月以前发酵也是不行的。二氧化硫被用来阻止过早的发酵。圣坛酒无疑是最好的酒，因为它是通过自然发酵而酿成的，因而也的确是很纯的。最大的酿酒厂使用从意大利进口的人工培养的酵母，而一些小厂则使用本国生产的酵母。

马耳他栽培的主要葡萄品种是英索拉，既供酿酒，又供佐餐，但在这两方面都不是很完善。酿酒业的改进有赖于从国外引进更多的葡萄品种。马耳他曾尝试生产雪利酒（西班牙南部出产的一种淡黄色或深褐色的葡萄酒），但没有成功。然而，酒的出口量的日益增长却反映了马耳他酒的声誉的不断提高，也显示了酿酒业的潜在能力。

十　手工业

（一）概况

马耳他的手工业植根于群岛源远流长的历史，品种多，质量也很高。随着大规模旅游业的兴起，手工制造业也快速发展，颇具规模。显而易见，现代旅游者正在帮助保存马耳他历史的一个重要方面。

到目前为止，该行业已经为几千名马耳他人提供了就业机会。有些小型制造业则侧重开发具有民族风格的手工艺品，如银饰、刨光石及其他一些金属饰品。马耳他人心灵手巧，用手工制成的各种工艺品令人叫绝。马耳他的地道特产是手工编制的各种家用饰品，小至杯垫、手巾，大至茶几饰布及台布等，花饰图案别致，还有人专门坐在门口示范，以证明绝对是手工制造的。马耳他的工艺玻璃品已具备相当高的艺术水准，除了色彩斑斓外，产品也精致细腻，造型生动有趣，很受来自四面八方游客的喜爱。

（二）手工艺市场的培育

马耳他议会通过了《马耳他手工艺委员会法》。该法的目的是鼓励、促进和规范手工艺和手工艺者，建立国家手工艺委员会（Malta Crafts

Council)。该法明确手工艺、手工艺者、手工艺企业的概念，并特别指出马耳他手工艺及其产品必须反映马耳他岛的历史传统和文化遗产。该法确定"手工艺委员会"的主要职责是：通过注册了解手工艺者和手工艺企业，促进和巩固其影响；支持帮助其改进产品的设计、市场调研和销售；颁发本地产品证，保护和振兴马耳他传统手工艺术；建立与国际手工艺组织的联系。同时该委员会是在经济部长领导下的一个独立的非营利性团体。

马耳他政府的经济部门中设立国务秘书指导委员会，它的职责是提供政府支持和帮助，发挥行业领导的责任，领导重大措施的实施等。委员会的设置比较科学，尤其是有旅游和教育部门的代表参加，对提高手工业者的素质及开发手工艺产品，为游客提供服务等发挥重要的作用。设置教育部门的代表，如艺术学校的老师，定期组织年轻艺人培训，提高他们的艺术素质，改进产品质量，设计出更多反映马耳他传统文化遗产特点的手工艺产品。旅游部门代表的参与对扩大手工艺产品的宣传，帮助手工艺企业更好地为游客服务，促进产品的销售等发挥推动作用。例如，旅游部门要求宾馆开设手工业品展示窗，旅游部门的出版物等刊登手工艺广告；建议手工艺商店标明各种商品使用不同货币的价格。旅游部门经常通报旅游业的现状和各种旅游活动，以便于手工艺者和企业的参与。

从 20 世纪 70 年代起，马耳他就建立了手工艺村。将手工艺产品和企业集中在一起，既有产品的销售，也有产品的生产，实现展示、销售、观光于一体。这不仅增加了旅游景点，而且可以宣传马耳他的传统工艺和文化，还方便游客购买"称心如意"的旅游产品。2012 年，手工艺村占地面积 3 万多平方米，共 45 家企业进入手工艺村。马耳他政府正在考虑在现有基础上建设更大的手工艺村。手工艺村的运作方式是由政府投资、规划和建设，出租给手工业者或企业，或由政府统一规划，由手工艺企业自己设计和建造。

为了帮助手工艺者提高质量和保护本地传统工艺，国家手工艺委员会为重点产品——蕾丝花边、金银制品、蜂蜜等，制定标准，并取得欧盟标准化组织认可。同时对本地制造的产品颁发产品证书，以保护本国的工艺品及其销售市场，还防止假冒伪劣，保证消费者买到的是合格的"本地产品"。

国家手工艺委员会还编印手工艺企业名录；在驻外使馆设立长期的手工艺展示厅，例如，已经在瑞士日内瓦建立其展示厅；资助企业参加各种展览会和洽谈会；建立与世界手工艺委员会的联系，参加欧洲分部委员会，并积极参加各种相关活动。

综上所述，手工艺涉及行业多，灵活性大，覆盖面宽。手工艺经营者既可以是个人和家庭作坊，也可以是小企业。大力发展手工艺行业，培育手工艺产品市场，对扩大就业、发掘本国的传统文化遗产、发挥民间艺人的聪明才智、提高人员的素质等方面具有重要的作用。

（三）手工业主要门类

马耳他历史最悠久的和传统的手工业是陶器制造业。在瓦莱塔的博物馆里，陈列在橱窗里的具有单线图案的瓶和壶表明了公元前 20 世纪马耳他居民的技艺造诣。本地的黏土由于能够烧制成一种美丽的赤陶器，为历久不衰的手工业提供了原料。2013 年，马耳他建立了一个生产上釉陶器的制陶厂，它把本地黏土同一种质地更优良的进口黏土混合起来做原料，促进了大约具有 4000 年传统的制陶术的发展。

手工纺织业是马耳他人在帆船时代擅长的一种手工业。当时，这些岛民制作的帆布在整个地中海地区都享有盛名。纺棉花织布是靠手摇或驴子转动木质机械来进行的。帆布的生产随着汽船的出现而停止了，但是马耳他人还是为了他们自己穿衣而纺纱织布，因此这个手工业仍然保存下来。

马耳他花边是远近闻名的，它的历史可以追溯到 1640 年前后，当时主要是为教堂编织花边。这个手工业在一度衰落后，又在 19 世纪初期恢复起来，从热那亚请来的花边工匠，给马耳他人传授技艺。花边大都是用黑色或淡黄色丝线纺织的，直到 1932 年才引进爱尔兰麻线。这一年，花边的出口量立即增长。在战争年代，原料的缺乏导致了这项手工业的衰落，花边工人不得不靠拆袜子得到足够用的线，但这种线过于粗糙，因而使花边丧失了一部分艺术性。现在旅游业又给它带来了复兴的机会。因此，马耳他的工艺花边作为一种农村手工业产品而继续存在，主要在戈佐岛生产，是其特产之一。

手工制造金属用品是另一种传统手工业产品，采用的原料是熟铁、黄铜和贵重金属。马耳他的住宅很多都有阳台，这些阳台是用熟铁制造的，此外熟铁还用来铸造大门、桌子和灯。黄铜铸造场多年来一直为教堂制造各种用品，现在则为满足一个更加广阔的市场而生产产品。海豚门环是这种黄铜工艺中的特制品，为马耳他房屋增添了一种特色。金、银丝细工产品也是一种有名的手工业产品，用金、银丝制成的精致的珠宝饰品达到了很高的艺术水平。

此外，还有一种用专门进口的木材加工的手工业产品，其产量也不算小，最著名的是马耳他石楠根烟斗。缺乏国产木材虽说是一种限制因素，但岛民充分利用了本地的竹子和芦苇，以制造轻巧的家具。

第四节　旅游业

一　概况

作为地中海岛国，马耳他有着连绵漫长的海岸线，众多的海湾、海港和礁石洞穴构成马耳他人引以为豪的"3S"旅游，即阳光（Sun）、石头（Stone）和大海（Sea）的特色旅游。大海是大自然赐予马耳他的重要资源，马耳他在海边修建了许多供游人游泳的设施以及游乐设施，修建了许多停靠游艇的码头以吸引外国居民购买游船来马耳他停泊，马耳他的海边以拥有许多悬崖峭壁和海水深的特点大力吸引潜水爱好者。

马耳他岛国还拥有众多的历史古迹，如建于7000年前的哈扎伊姆神庙，位于瓦莱塔市内的还有被联合国教科文组织列为世界遗产的圣约翰大教堂和骑士团首领宫等。马耳他不少地方的居民仍保持原始生产方式和饮食风俗。这些都在吸引越来越多的外国游客。

20世纪90年代以来，每年游客一直保持在百万人次左右。

2013年1~9月，抵马游客数量为125万人次，全年游客数量突破150万人次，旅游业收入超过14亿欧元，比2012年增长9.5%，对GDP

贡献率为25%，在游轮方面，由于几家主要游轮公司线路调整，2013年乘坐游轮抵马游客数量从60万人次减少至48万人次，马是2013年欧盟国家中旅游业增长率第二高的国家，仅次于土耳其。2014年政府继续加大对旅游业投入，包括对马耳他旅游局新增预算150万欧元、提高对旅游学院学生的津贴等。

2013年外国游客达1582153人次，外汇收入1057186欧元；旅游收入占服务业收入的11.8%。在2013年的外国游客中，乘飞机来马耳他的游客为51120人次，乘船来马耳他的游客为50845人次，中转和跨境游的游客为380277人次。

到马耳他旅游、观光、度假的大多是欧洲富裕国家的居民，2013年游客总量为1647140人次。其中英国游客为454659人次，德国游客为147110人次，意大利游客为233777人次，法国游客为116533人次，荷兰游客为41486人次，利比亚游客为34621人次，西班牙游客为21878人次，其他国家游客为553966人次，美国游客为43110人次。这是因为马耳他属于典型的地中海式气候，每年11月底至第2年3月份为雨季，气温为16~20℃；4月至11月初为旱季，几乎每天阳光明媚，温度为20~30℃。这一特点对来自气候比较寒冷的英国和北欧游客非常有吸引力，许多来自这些国家的游客在马耳他购置房产或者游艇，在退休之后或者夏天到马耳他度假。外国游客来马耳他的目的多种多样，有的为了阳光休闲，有的来感受马耳他古老的文明和探悉古迹，有的来学习英语，等等，不一而足。

2013年，马耳他有各类星级酒店169家，其中，五星级酒店15家，四星级酒店41家，三星级和二星级酒店近五十家。五星级酒店床位数为7307张；四星级酒店床位数为17153张；其余酒店床位数为10967张。此外，还有66座度假公寓及客栈，提供7280张床位。最著名的"腓尼基"旅馆曾接待过许多来访的外国首脑。马耳他旅馆的现代化程度很高，一般都配有餐厅、酒吧和舞厅，在海边的还设有浴场或游泳池。不少旅馆还有各种生活设施一应俱全的套房和别墅，以供游人短期租用。

2013年，马耳他五星级酒店开房率为64.2%，旅客的平均入住时间为5.9天；四星级酒店开房率为66.8%，旅客的平均入住时间为7.7天；

三星级酒店入住率为 54.5% ，旅客的平均入住时间为 7.3 天；二星级酒店入住率为 38.8% ，旅客的平均入住时间为 5.6 天。其他住宿设施的入住率为 46.4% ，旅客的平均入住时间为 8.9 天。私人住宿设施的旅客平均入住时间为 10.9 天。

2013 年，马耳他居民出境游人数为 363463 人次，支出费用为 288.800 万欧元。

二 旅游业发展的原因

马耳他旅游业能够保持长盛不衰，除因为拥有丰富的旅游资源外，更得益于拥有一套较完备的管理体系，吸引了国际上众多的旅游者。

第二次世界大战后，马耳他政府一直重视发展旅游业，先后成立了全国旅游行业协会、旅馆及公共饮食业委员会等。政府内现设有旅游和文化部，负责制定国家旅游产业宏观政策，全国 68 个地方市政委员会内也分别设有旅游发展部。到 1991 年，马耳他的旅游业收入已经占国民总收入的 1/3，首次平衡了马耳他经济转型的国家财政赤字。政府于 1999 年 9 月又组建了马耳他旅游局，其负责制订和落实旅游产业的行动发展计划。2002 年初，马耳他将旅游产业纳入国家经济发展战略重点，政府每年拨款约 2500 万美元用于发展旅游业。

在发展旅游业的过程中，马耳他重视发挥私营企业的作用。马耳他旅游局董事会成员多数是私营企业的代表，目的就是让私营企业更多地参与国家旅游产业的重大决策。国家旅游管理部门、国有企业与私营企业相互合作，实现优势互补，为马耳他旅游业的稳步发展提供可靠的保障。

马耳他政府在充分利用自然资源的同时，还因势利导，针对不同的游客需求提供"民俗风情游""饮食文化游""乡村生态游"等特色旅游服务。在每年 11 月至次年 5 月的旅游淡季，马耳他不断推出特色旅游项目，如 3 月的地中海饮食文化节，4 月的瓦莱塔狂欢节，5 月的马耳他烟花表演以及比尔古狂欢节、马耳他唱诗节等民俗文化活动，以吸引外国游客。与此同时，马耳他政府还邀请不少外国文化团体共同参与，这既加强了马耳他对外文化交流，也促进了旅游业发展。

实践表明，环境和服务质量正逐渐成为衡量一个国家旅游业竞争力的重要因素。近几年来，马耳他政府着重在加强旅游设施、开发旅游产品、提高服务质量上下功夫，同时坚持旅游开发与可持续发展并重的方针。

2004年5月1日，欧盟的新一轮扩大给马耳他旅游业带来了机遇。马耳他可利用欧盟提供的"结构性基金"，更大程度地扶持发展旅游产业，以争取使马耳他成为更多外国游客的旅游目的地。

第五节　交通运输

一　海上运输业

马耳他全国海岸线长，港湾水深隐蔽，是理想的天然良港。苏伊士运河凿通后，从苏伊士运河开往直布罗陀海峡的航线便成为世界上最繁忙的水道，而马耳他岛恰好位于该航线的中心点，其首都瓦莱塔便成为全国最大的海港和重要的国际中转港口。从瓦莱塔港出发，可直达叙利亚的巴尼亚斯，黎巴嫩的贝鲁特和赛达（西顿），埃及的塞得港和亚历山大港，利比亚的黎波里、卜雷加港、西德尔和班加西，阿尔及利亚的阿尔及尔和贝贾西，法国的马赛，西班牙的巴塞罗那及意大利的那不勒斯、热那亚等地中海各大港口。马耳他也因此成为沟通欧洲、非洲和亚洲的桥梁。

马耳他的海上运输业，因得天独厚的地理位置而十分兴旺发达。瓦莱塔港为天然良港，港湾水深且隐蔽性好，以前曾作为英国皇家海军基地，在两次世界大战期间为盟军作战发挥了重大作用。马耳他最大的港口是大港，大港港内水深、隐蔽，万吨货轮可进港装卸货物，年吞吐量为160万吨。港内有多处深水码头及装卸、加油、储粮等设施。该港离岸仅数米处即可停靠现代化航母和特大型海轮，为地中海沿岸所少有，深受美国和西方国家海军重视，每年要接待许多艘外国军舰来马耳他访问。

马耳他自由港是地中海地区主要的集装箱码头之一。自由港的原称是马尔萨什洛克港（Port of Marsaslokk），位于马耳他岛的东南部。自由港分为集装箱码头和散货码头、油罐区和工业仓储区。集装箱码头和散货码头

可以分为两部分，即一号码头和二号码头。一号码头全长 1036 米，设有
3 个泊位，水深为 9.5 米至 14.5 米。二号码头全长 900 米，设 3 个泊位，
水深为 14.5 米，堆放场设 3000 个标准箱位。油罐区的容量为 50 万立方
米，输油码头全长 750 米，泊位深 14.5 米至 16.5 米，可同时停靠两艘 10
万吨级的油轮。工业仓储区占地面积约 30 公顷，计划兴建 70 座标准厂
房，每座厂房占地面积为 2400 平方米。1995 年，马耳他自由港集装箱码
头吞吐量有 51 万多吨，比 1994 年增长 43%，到港货轮共 1165 艘。

成立于 1973 年的马耳他海运公司 2012 年有 1000 吨以上的商船 524
艘，总吨位为 775.65 万吨，其中油轮总吨位为 164.6 万吨。马耳他海运
航线总长 12 万公里，在马耳他注册船只达 2257 艘，总吨位共计 1450 万
吨，是世界第四大船舶登记国。马耳他海运公司已开通驶向伦敦、马赛、
安特卫普和的黎波里等重要港口的航线。它位于欧、亚、非交通要道，有
17 条国际航线通过，从马耳他到欧洲任何港口都不超过 12 天。

马耳他自由港有限公司成立于 20 世纪 90 年代，由英、德等国公司参
加管理，公司业务范围广泛，包括集装箱、工业仓储、投资等。优良的地
理位置、突出的业务记录、完善的措施、资本的有效运作使该公司在地中
海航运中逐渐占据重要位置，吸引了来自世界各地的众多客户。自由港有
限公司还从事邮轮服务，建立起永久性的运输网络，与地中海和黑海中的
45 个港口保持往来。

二　航空运输业

在航空方面，由于马耳他位于欧、亚、非交通要道，有 17 条国际航
线通过，空运是非常便捷的。位于首都的卢卡机场是国际机场，有 3544
米长的机场跑道。

马耳他航空公司是在巴基斯坦国际航空公司的帮助下于 1973 年成立
的，1974 年 4 月开始运营。巴基斯坦国际航空公司租给马耳他航空公司
两架波音 720 飞机。马耳他航空公司的前身是由马耳他政府组建的
"MALTA AIRLIWAYSCOMPANY" 和 "AIR MALTA" 联合成立的马耳他
航空运输公司。英国海外航空公司拥有 1946 年成立的老的马耳他航空公

司的 34% 股份。1948 年，英国海外航空公司把其拥有的股份转卖给英国航空公司。马耳他航空运输公司没有自己的机队，英国欧洲航空公司运营的英国—罗马—那不勒斯—马耳他的航班使用马耳他航空运输公司的代码。

马耳他航空公司运营的城市包括伦敦、伯明翰、曼彻斯特、罗马、法兰克福、巴黎和的黎波里。在增加租用飞机的同时，马耳他航空公司购买了 3 架波音 737 飞机，于 1983 年 3 月投入了航线运营，后来公司又添置了两架波音 737 飞机。

当时，马耳他航空公司的发展受到了国内市场小的限制。1992 年，马耳他航空公司曾参与组建英国一家包机公司。1995 年，马耳他航空公司帮助建立了一家意大利支线航空公司——阿苏尔航空公司。基地设在意大利贝加莫的阿苏尔航空公司拥有 3 架 RJ85 飞机，然而这 3 架支线喷气机在 1998 年已被马耳他航空公司的 3 架 RJ70 飞机取代。

自 1983 年以来，马耳他航空公司规模不断扩大，公司定期航班和包机的通航城市已遍布欧洲、北非和中东 40 个城市，机队的飞机已增加到 11 架，机队的三架 RJ70 飞机已被空客 A320 飞机取代。1995 年，马耳他航空公司开辟了马耳他至纽约航线的子公司——马耳他航空包机公司，它用米－8 直升机开辟了马耳他岛—戈佐岛的运营航线。

2012 年，马耳他航空公司 96.4% 的股份由政府所有，拥有职工 1277 人，其总部和主要基地位于卢卡。机队拥有两架空客 A320－200、3 架波音 737－300、两架波音 737－200ADV、4 架 RJ70（其中 3 架在 1998 年交给阿苏尔航空公司）。开通国际航线 41 条，可直达欧洲、北非和中东的 20 多个国家，与英国、意大利和北非皆有定期航班。1997 年，马耳他国际商务航班有 27048 次，客流量为 243 万人次，货物为 10311 吨，以及信件为 877 吨。马耳他航空公司除开办客运和货运业务外，还承办租机业务。

主要通航城市：阿布扎比、阿姆斯特丹、巴林、柏林、伯明翰、布鲁塞尔、布达佩斯、开罗、卡萨布兰卡、卡塔尼亚、哥本哈根、大马士革、迪拜、都柏林、杜塞尔多夫、法兰克福、日内瓦、格拉斯哥、汉堡、伊斯坦布尔、拉纳卡、里斯本、伦敦、里昂、曼彻斯特、马赛、米兰、莫纳斯提尔、慕尼黑、奥斯陆、巴勒莫、巴黎、罗马、斯德哥尔摩、突尼斯、维也纳和苏黎世等。

三 公路运输业

马耳他境内无铁路。公路运输较发达，通到所有居民点，包括只有一两户人家的村子。有3条主要公路连接全国各地的城镇，公路总长2200多公里，各类机动车辆约24万辆。乘车到全国任何地方都不超过半小时车程。马耳他汽车普及率比较高，根据马耳他统计局统计，截至2013年，马耳他汽车拥有量达到322960辆，其中私人车辆达到256096辆，占整个汽车拥有量的79.3%，商用车辆达到46500辆，占整个汽车拥有量的14.4%。2013年，马耳他每1000个居民的汽车拥有量为759.2辆。以马耳他6万个家庭计算，每个家庭汽车平均拥有量超过3辆。近年来，马耳他政府采取改革措施，对诸如卡车、货车、公共汽车和中型客车进行严格测试，以便确定它们是否适合在公路上行驶。这一测试淘汰了大量汽车，并且控制新汽车的数量。

马耳他汽车尽管如此之多，但车祸是世界上最少的。原因有两点：一是政府对汽车限制速度，交叉路口建有转盘，支道上画有停车线，汽车到此要让主道上的车先行；二是汽车司机具有良好的职业道德，他们对交通规则如同对待法律一样严格遵守，极少违规。马耳他城市街道，一无红绿灯，二无交通警察，遵守交通规则完全靠自觉。

马耳他岛与戈佐岛之间以定期渡船相通。公共汽车通往全国各个地方，公共汽车和渡轮成了马耳他的主要交通工具。马耳他政府鼓励公民乘坐公共汽车上下班，尽量不要自己开车，以减少车辆过多而带来的交通压力。出租车的车费很高，但在马耳他停留时间较长的游客可以自己租一辆出租车来开，这样既省钱又方便，前提是他必须持有国际上公认的驾驶执照。马耳他与其他英联邦国家一样，车辆一律靠左行驶，且对行车速度有严格的限制。在较为偏僻的地方，当地居民使用各种奇异的交通工具，令外来游客眼界大开。

第六节　商业与服务业

马耳他已成为欧盟一员，也是世界贸易组织和国际知识产权组织的成员并受其保护。马耳他拥有健康的商业环境和健全的公司法体系，以及财会制度和商业法制系统，并日渐与英国和欧盟模式接近。商业、服务业包括运输、广告、租赁、银行、房地产、旅馆、网络服务、媒体、商品买卖等。与商业、服务业相关的机构有马耳他商会、马耳他工业联合会、马耳他雇主联合会、零售商联合会、房地产代理商联合会、船运代理商联合会、马耳他船主联合会、保险公司联合会、旅馆餐饮联盟、汽车租赁协会等。

一　商业

在马耳他购物既容易又简单，这里几乎没有什么高品质的出口物品，商品仅限于一些马耳他的手工艺品。灵活的手工劳动创造了各种令人眼花缭乱的桌布、餐巾、地席、领饰、披肩和精制的短衫。这里到处都卖装饰品，最闻名的装饰品市场在马耳他岛东南部的马尔萨什洛克的渔村。马耳他的购物街和商店分布较为集中，无论是开车过去还是乘公交车过去都很方便。商店一般在9点开门，下午1点休息，直到下午4点再重新营业，晚上7点正式打烊。一些繁华地段的商店则会延迟到晚上10点关门。但是星期天和法定节假日期间，商店都是不开门的。在一些较大的商店和餐馆里，信用卡、旅行支票都可以使用。

另外，在马耳他所有的城市或乡村中，每周都有一天开设露天市场，全国最大的露天市场是位于首都瓦莱塔商业大街（Merchants Street）上的星期日上午市场。

每个星期日是瓦莱塔的跳蚤市场开放日，这里有价格便宜的纪念品、服装，各式各样的小商品琳琅满目。露天市场位于圣约翰教堂旁边的商业街，是一个日间市场，一直开放到中午。星期日，城门外边会有一个更大些的市场。最有趣的部分是跳蚤市场上的摊点，这里可以发现便宜的磁带

（常常是盗版）、名牌牛仔服和 T 恤衫，还有常见的纪念品，如装饰用的桌布等。位于马耳他岛东南部的马尔萨什洛克渔村有五颜六色的马耳他传统渔船，它们会让人耳目一新，是照相摄影留念的理想场所。这里还有种类繁多的鱼、贝类、虾及其他鲜活海味的渔市，而街边小食店的美味海鲜，更会让人流连忘返。

二 邮电和通信业

马耳他的邮电设施完全仿效英国，甚至连红色的邮筒也不例外。马耳他人印制的具有精美图案的邮票，受到全世界集邮爱好者的欢迎。与圣马力诺一样，马耳他发行的邮票在国际上久负盛名，成为全世界集邮爱好者争相寻觅和精心保存的对象。

马耳他的电力和电信事业也在不断发展，建成并投入使用的自动电话网和海底电缆满足了马耳他本国电力和通信的需要。像在其他国家一样，马耳他也建立了自动电话站网，电话部门正在尽力改进其设施以适应迅速增长的需要。马耳他正在把它现有的海底电缆设施扩展到欧洲、非洲和北美洲。

绝大多数的城镇和乡村都有邮局，营业时间为星期一到星期六的 7：45 至下午 1：00。游览区的邮局、旅店、报亭以及某些纪念品商店里均能买到邮票。主要邮局是马耳他岛的邮政总局，它位于瓦莱塔商业大街，提供邮件寄存业务。戈佐岛的地区总局位于维多利亚共和国街。

马耳他的电信设施十分发达，国家级的电信系统日益更新，涵盖完善的 GSM 电子蜂窝系统，互联网普及率较高，ISDN 和 ADSL 网络广泛连接，商业数据交换十分便利。只要知道国际长途区号，就可以通过国际定向呼叫系统与任何国家联系。国内通信需要拨打 190，国际长途无须特别号码。

三 旅馆和餐饮业

马耳他旅馆行业兴旺，各档次旅馆应有尽有。马耳他大部分的旅馆和短期出租公寓并未刻意独立成区，而是整合在市区或城镇之中。著名的宾馆有希尔顿饭店（五星级）、威斯汀饭店（五星级）、XARA 宫殿饭店（五星级）等。此外，还有酒吧、迪斯科舞厅、爵士乐音乐厅、赌场、剧院等服务业场所，以供本地人和出游的旅客娱乐、消遣。

著名餐馆有斯皮诺拉湾旁的 LA DOICE VITA 餐馆（主营鱼、肉、通心粉）、吉安尼尼餐厅（主营地中海风味菜肴，意大利特色菜肴）、罗宾诺与多尔斯里娅餐厅（主营本地风味、地中海风味和意大利风味菜肴）、巴拉库达餐厅（主营地中海风味、意大利风味）、短笛教士餐厅（主营比萨饼和意大利通心粉）、MANGE TOUT 餐厅（主营法式和地中海式菜肴）、TRATTORIA DE BUONO 餐厅（主营意大利和地中海式菜肴）、IT-TMUN 餐厅（主营地中海特色菜肴）、夹竹桃餐厅（主营本地特色菜肴）、杰佛里餐厅（主营本地特色菜肴）。

第七节　财政与金融

一　财政

根据规定，马耳他的财政年度自当年的 4 月 1 日起，终于第二年的 3 月 31 日。

1978～1992 年，马耳他经济经常以较高的速度增长，所以政府的财政收入往往大于支出，在这个时期几乎岁岁盈余。1993 年，马耳他收支为 4.283 亿里拉，财政平衡。从 1994 年起，由于实行高就业、高工资、高福利的"三高"政策，以及经济发展速度明显低于 1978～1992 年的平均速度，马耳他入不敷出，造成长期以来公共财政赤字增加，公共债务飙升。1994 年的财政赤字只有 0.438 亿里拉，1998 年上升到 1.523 亿里拉，相当于当年国内生产总值的 12.5%。

20 世纪末至 21 世纪初，马耳他公共债务较重，占国内生产总值的比重保持在 70% 以上的水平，2001 年为 62.3%，2003 年为 70.4%，2004 年上升为 72.8%，2013 年为 72%，2014 年为 72.4%。1998 年马耳他公共债务为 7.655 亿里拉，2004 年为 13.534 亿里拉，2005 年为 14.038 亿里拉，2012 年为 487193.7 万欧元，2013 年为 524096.7 万欧元。

为发展经济和缩小与欧盟要求所达标准的差距，国民党自 1998 年 9 月执政后，着手对马耳他经济政策和经济结构进行调整。为解决经济所面临的问题而修改税制，于 1999 年 1 月 1 日起恢复实行增值税，并加速经济结构重组和私有化进程，出售政府拥有的地中海银行股份。2000 年以来，马耳他政府为了达到欧盟关于削减财政赤字的要求，实施了增加收入、削减赤字的财政政策。在国民党政策推动下，马耳他经济有了一些起色，财政状况也有了好转。2004 年的财政赤字明显下降为 5.1%，2005 年进一步下降到 3.3%，接近欧盟所要求的水平。在公共债务方面，2006 年其占国内生产总值的比重下降至 66.5%，接近欧盟规定的 60% 的标准。

2006 年，马耳他政府的财政赤字进一步降到占国内生产总值的 2.6%，低于欧盟主要国家同期的财政赤字占国内生产总值的百分比。2006 年马耳他的财政赤字比 2005 年减少了 0.175 亿里拉。这是由于马耳他政府的财政收入比 2005 年上升了 0.483 亿里拉，而财政支出虽然比 2005 年增加了 0.308 亿里拉，但是，其收入远远大于支出。2006 年马耳他政府的增收主要来自税收，它增加了 0.348 亿里拉，其中增值税收入为 630 万里拉，从社会保障的分摊中增收 680 万里拉。

总体来讲，在欧盟的督促下，马耳他政府从 2011 年开始一直致力于削减财政赤字。工党政府上台后，也将公共财政的可持续性作为吸引投资和支持政府在经济社会领域发挥引领作用的保障条件。2014 年，马耳他政府在财政赤字削减上取得了良好的成效。2014 年的财政赤字占国内生产总值的比重从 2012 年的 3.7% 降至 2.1%，2015 年进一步减少到 1.7%。虽然政府有效地控制了财政赤字，经济增长复苏强劲，基本预算盈余状况良好，但债务总额仍然呈现"滚雪球效应"，2014 年公共债务占 GDP 比重增至 70%，但随着经济形势的进一步好转，公共债务占 GDP 比重在 2015 年降至 69%。

2009～2013 年马耳他财政收支情况见表 4-2。

表 4-2　2009～2013 年马耳他财政收支情况

单位：万欧元

项目	2009 年	2010 年	2011 年	2012 年	2013 年
收入	282935.8	310304.3	322125.1	344180.9	364759.8
支出	293776.4	303197.8	309322.3	352472.9	366258.0
经常性收支平衡	-29702.1	-27921.2	-21861.0	-34227.6	-22313.5

资料来源：根据马耳他国家统计局的数据编制而成。

2006 年，马耳他公共债务总额为 13.644 亿里拉，比 2005 年减少了 0.394 亿里拉。这是由于偿还公债增加了 260 万里拉，总额达到 0.774 亿 里拉，之外，短期借款减少了 0.298 亿里拉，外债也减少了 0.104 亿里 拉。2012 年马耳他公共债务达到 487193.7 万欧元，2013 年达到 524096.7 万欧元。

2008～2013 年马耳他与欧洲主要国家政府财政总收入情况比较（占 GDP 的百分比）见表 4-3。

表 4-3　2008～2013 年马耳他与欧洲主要国家政府财政总收入情况比较（占 GDP 的百分比）

单位：%

年份	法国	意大利	英国	比利时	德国	马耳他
2008	49.94	45.93	37.87	48.74	44.01	38.57
2009	49.21	46.51	35.79	48.08	45.14	38.66
2010	49.46	46.06	36.55	48.66	43.56	38.40
2011	50.83	46.15	37.34	49.49	44.55	39.27
2012	51.96	47.66	35.16	50.77	45.16	40.21
2013	52.89	48.20	38.56	51.00	44.37	40.25

二　金融

马耳他的金融业起步较晚，但发展一直比较迅速。2012 年，马耳他 金融服务业稳定发展。产值占 GDP 比例达到 13%。马耳他金融服务局数 据显示其金融服务行业最近几年增速一直为 20%～30%，2012 年增速接近30%。欧洲中央银行数据显示马耳他货币金融机构数量2012年增长3%，在欧盟中居于首位，整个欧盟下降了6%。2012年世界经济论坛全球竞争力报告中，马耳他列最健全银行系统第12位、健全金融市场第15位。过去十年左右，来自澳大利亚、奥地利、巴林、比利时、希腊、葡萄牙、土耳其、塞浦路斯、芬兰、意大利、科威特、沙特阿拉伯、瑞士、荷兰、德国和英国16个国家和地区的机构在马耳他开展了业务，给马耳他金融服务业注入了活力和繁荣。荷兰银行、恒丰银行、巴列夫银行、FIM银行，以及保险公司如慕尼黑保险公司、AON及玛氏，基金管理公司如AMICORP、TMF以及CUSTOM HOUSE等都已经登陆马耳他，《财富》杂志评出的前100强公司中有很多已经在马耳他开展金融业务。2015年，马耳他金融业可以和欧盟国家中的爱尔兰和卢森堡竞争。

各种金融机构齐全，由中央银行、商业银行、储蓄银行、保险公司、证券交易所和其他金融机构组成。首都瓦莱塔银行是全国最大的银行。马耳他是英镑区国家，其货币单位与英国相同，硬币完全一样而纸币不同，称作马耳他镑。由于马耳他政府在金融政策上始终管制较严格，其银行利率和其他贷款利率一直比较稳定，加上马耳他的通货膨胀率极低，所以马耳他镑在国际上的信誉度很高，对美元汇率呈上升趋势。马耳他金融服务局于2002年成立，从中央银行手中接管了制定商业银行管理规章、营业牌照发放和监管等项权利，是商业银行的监管部门，同时也是保险业和其他金融机构的监管部门。

（一）货币和汇率

马耳他货币原称马耳他镑（Malta Pound-£ M，简称马镑）。[①] 1949年7月，里拉替代马镑，成为新的货币名称。其具体名称为马耳他里拉（maltese lira，复数 Lira，简写 LM），其辅币及进位为 1 里拉 = 100 分（Cent）= 1000 米尔（mil），其钞票面额为 1 里拉、5 里拉、10 里拉，还有 1 分、2 分、5 分、10 分、25 分、50 分以及 2 米尔、3 米尔、5 米尔（货币单位）铸币。其 ISO 货币符号为 MTL。不过，当地人和马耳他国家

---

① 本书中采用的"镑"，包括表中的"镑"，实际是就是"里拉"的货币单位。

统计局仍然经常把"镑"和"里拉"混用。

1967 年 9 月 18 日和 11 月 20 日，伴随英镑对美元贬值，里拉也两次贬值。兑美元汇率分别为 1 里拉兑换 2.80 美元和 2.40 美元。1968 年 6 月 7 日，马耳他中央银行正式成为货币发行银行。1971 年 8 月 15 日，美元贬值后，里拉对美元升值。同年 12 月 26 日，1 里拉兑美元比价升至267086 美元。1972 年 6 月 23 日，英镑区解体之后，马耳他脱离该区。同年 7 月 8 日，里拉汇率与一篮子货币挂钩（其中包括比利时法郎、联邦德国马克、法国法郎、日元、意大利里拉、荷兰盾、英镑、瑞士法郎、美元和特别提款权），实行浮动汇率制。

马耳他中央银行每日根据美元对上述货币的最新市场行情，计算出马耳他里拉与美元的汇价。最新市价行情一般采用路透社终端提供的亚洲金融中心行情。与商业银行交易时，根据中央银行挂牌的中间价加减0.125% 计算美元和其他货币的买卖价。中央银行每日也挂牌其他多种货币和汇价，包括德国马克、意大利里拉和英镑的汇价。这些货币根据美元汇率和国外外汇市场其他货币的汇率套算得出。中央银行不挂牌的货币汇率由商业银行根据路透社提供的最新市场汇率确定。这些汇率大多是暂时性的，并根据需要挂牌。

商业银行有义务与中央银行一起履行与它们的客户就比利时法郎、德国马克、法国法郎、意大利里拉、荷兰盾、日元、英镑、瑞士法郎、美元和欧元签订的远期抵补合同。若银行与客户间签有任何远期合同，银行与中央银行间就必须签有类似的远期合同。中央银行承担其与商业银行签订的远期合同中列明的外汇风险。中央银行也直接向政府部门和各类间接服务于政府的团体提供有关远期抵补。

加入欧盟后，马耳他与欧盟各国政治、经济关系进一步加深，各项政策逐步"欧盟化"。在此基础上马耳他政府多次明确表示希望在 2008 年加入欧元区。马耳他提出加入欧元区的原因如下。

（1）欧元的使用范围不断扩大，在国际融资、拆借、股权交易等领域基本上与美元平分秋色，形成了当今世界上仅次于美元的主要流通货币和结算货币。马耳他在"欧盟化"过程中自然要向欧元靠拢。

（2）由于马耳他外贸结算主要以欧元和美元作为结算货币，其中，欧元占 56.1%，美元占 33.5%，其他货币占 10.4%。马耳他与欧元区国家的贸易占到了与欧盟贸易总额的 73%，使用欧元将大幅降低换汇成本，并将在很大程度上降低由于美元汇率变化引起的汇率风险。

（3）马耳他加入欧元区后，全部商品和服务将使用欧元标价，有利于与其他欧元区国家的同类商品和服务进行比较，对反倾销、寻求价格保护和产品流动方向也将提供科学的分析数据，从而提高商品和服务价格体系的透明度。

（4）加入欧元区后，欧盟央行将对马耳他金融系统实施监管，马耳他政府也将全面履行使用欧元应遵守的金融规定，保持低通货膨胀的好处。

（5）加入欧元区后，马耳他将把通货膨胀率维持在年 3% 以内，实现低利率。而低利率将带来借款费用减少，有利于马耳他金融机构拓展融资渠道和扩大融资规模，有利于改善投资环境，促进经济增长。

从 2005 年 5 月 2 日起，马耳他里拉纳入欧盟汇率机制 II。马耳他里拉和欧元的中间汇率表现为 1 欧元兑 0.4293 里拉，里拉可以在中间汇率的上下 15% 区间浮动。加入欧盟汇率机制 II 后，里拉将从 2006 年盯住一篮子货币，也就是 70% 的欧元、20% 的英镑和 10% 的美元，改为全面盯住欧元，从而为加入欧元区迈出实质性的一步。根据规定，这种盯住欧元的货币政策至少要执行两年。之后，如果执行这项政策国家的财政赤字低于国内生产总值的 3%、债务低于 GDP 的 60%、通货膨胀和利率不高于欧元区，就可以采用欧元。而 2007 年，马耳他已经接近和达到上述目标，马耳他于 2008 年 1 月 1 日正式采用欧元，这时里拉寿终正寝。

（二）银行体系

马耳他银行体系中最高机构是马耳他中央银行。它具有世界各国中央银行一般所具有的职能，在国家经济发展中起着两方面重要的作用：一是制定和执行货币政策；二是建立完善有效的金融体系。具体职责如下：

（1）保持价格稳定；

（2）保持货币对外交换价值的稳定；

（3）为银行和公共部门提供银行业务服务；

（4）确保金融财政稳定；

（5）管理货币相关事务；

（6）保持与国际机构的联系；

（7）组织和出版特定的出版物。

在本国，中央银行与财政部、金融服务部、国家统计局以及马耳他银行金融部门保持密切合作。国际上，马耳他中央银行是欧洲中央银行体系的一员，而且也是国际货币基金组织（IMF）、世界银行和欧洲复兴开发银行（EBRD）等国际金融机构的成员之一。

马耳他商业银行如下。

（1）瓦莱塔银行。1974 年 5 月 20 日成立，资产额为 8 亿里拉。

（2）地中海银行。1975 年 10 月 1 日成立，资产额为 10.11 亿里拉。

（3）伦马第（马耳他）银行。1969 年 5 月 13 日成立，资产额为 4515 万里拉。

（4）APS 银行。1990 年 11 月成立，资产额为 3568 万里拉。

马耳他外资银行情况如下。

（1）土耳其格兰第银行马耳他分行，1996 年 1 月 19 日开业，是马耳他第一家外资银行。

（2）1999 年 6 月 14 日，汇丰银行下属的马耳他米德兰银行以 7410 万里拉的价格购买了马耳他地中海银行 70% 的股份。

（三）保险业

马耳他是一个保险业比较发达的国家，公民除了必须缴纳国民保险、车辆基本险等强制保险外，还可以选择其他人寿、财产等各类商业保险，以作为投资理财和防止意外的工具。2013 年，马耳他保险业保费总收入为 3.178 亿欧元，占国内生产总增加值的 7.84%，保险业雇员超过 1000 人。

1998 年《保险商业法》规定，马耳他金融服务局对马耳他的保险业进行监管。监管的对象包括总部在马耳他的保险公司以及总部在马耳他以外，但在马耳他有分支机构并开展业务的公司。监管的范围主要包括保险公司设立，保险公司自有资金情况，保险公司总代表，保险公司偿付准备金、保证金、保险公司技术条款，保险收入币种本地化货币情况，均衡补偿准备，保险公司在马耳他财产的监护，保险公司财政状况，保护和赔偿基金运作等与保险公司运作息息相关的各个方面。马耳他金融服务机构（Malta Financial Serves Authority）负责保险公司的审批和运营监管工作。

马耳他商业保险（包括车辆基本保险）主要有如下内容。

1. 意外伤害保险

意外伤害保险指投保人缴纳一定数额的保险费，保险人承诺于被保险人在遭遇特定范围内的灾害事故致身体受到伤害而造成残废或死亡时，给付保险金的保险合同。意外伤害保险的保费往往需要投保人和保险公司协商，保险公司将根据投保人从事工作的危险程度和年龄等综合情况确定保费。

2. 健康保险

健康保险是以人的身体为保险标的，在保险期间内因疾病、生育或意外事故导致医疗费用和收入损失时，保险公司予以补偿或提供医疗服务的人身寿险。

3. 车辆保险

车辆保险额的基数以其新车的购买价（含关税与增值税）为准，同时根据车辆年限进行折旧。除了第三者责任险是强制保险外，马耳他保险公司普遍承保的车辆保险的险种还有含防火、防盗的第三者险以及综合险。第三者险的费率约为新车购买价的1%，含防火、防盗的第三者险费率约为3%，综合险的费率约为6%，但如果车辆连续没有索赔记录，保险费率最低可享受65%的折扣。如果是商业用途的车辆，则还要投保车辆乘客险、车辆货物险等险种。

4. 船舶保险

由于马耳他是岛国，各保险公司都提供船舶保险，由于其实力有限，往往只能提供小型船舶的保险。根据船舶尺寸不同，船舶保险分为5米以下小船的保险和5米以上游艇和机动船舶保险。保险的范围包括：外力损害，船舶被盗，船舶上的意外伤害、事故等。保险公司会根据船龄、船舶的适航性等确定保费。

5. 房屋财产险

房屋财产险承保的一般范围包括火灾、雷击或者爆炸、暴雨洪水、盗窃、飞机或汽车等撞击，意外事故导致的电视、卫星接收器、家用电脑、录像和家用娱乐设备的损害等对房屋或者家庭财产造成的破坏，当然具体的承保范围由投保者与保险公司商定。保险费率将由保险公司根据房屋的价值、所处的位置以及本身安全情况等因素来确定。一般费率为投保金额的 1%～4%。企业可投保工厂房屋的火灾险，具体费率取决于房屋品质、从事行业火灾的危险性和离消防队的距离等因素。

6. 旅行保险

这是针对在外旅行期间容易产生的人身伤害、意外事故、行李护照丢失、行程延误、被抢劫等情况而设立的保险险种。根据在外时间、所去的地区和年龄等不同，其费率一般为 10%～40%。

7. 其他保险

马耳他保险公司还提供许多具有投资功能的人寿保险，为商业行为提供综合保险、为产品提供责任保险、为货物运输提供安全保险。

马耳他有 25 家商业保险公司，可以分为 3 类：寿险类保险公司、财产类保险公司、综合类保险公司。其中，寿险类保险公司有 8 家，财产类保险公司有 15 家，综合类保险公司有两家。从保险公司所属国家看，本地公司 11 家，欧盟国家保险公司在马耳他设立分公司 10 家，来自欧盟以外国家在马耳他开展保险业务的公司 4 家。

主要的保险公司有英格兰保险公司（England Insurance）、中海保险公司（Middlesea Insurance）、BONNICI 保险公司（BONNICI Insurance）、CITADEL 保险服务公司（CITADEL Insurance Services）、ATLAS 保险有限公司（ATLAS Insurance）、ELMO 保险服务公司（ELMO Insurance Services）、全球保险公司（Global Insurance）、海斯保险公司（Hays Insurance）、岛屿保险经纪公司（Island Brokers Laferla Insurance）。

比较著名的保险公司如下。

（1）GASANMAMO 保险有限公司。主要经营商业保险业务，另外还有机动车、船只、家庭、旅游保险等。

（2）英美保险股价有限公司。它是由马耳他财政服务部门主管的公司，总资产为340万里拉。它的业务范围包括人寿、普通、工业保险等。

（3）ATLAS保险有限公司（ATLAS Insurance）。它的主要业务包括商业、机动车、健康保险等，在海事保险方面比较占优势。

（四）信贷

马耳他所有短期商业信贷均通过商业银行以透支方式提供。虽然其形式基本属于短期信贷，并按现行利率计算，但实际上银行经常给予延期，时间较长，且每年审查放款情况。金额较小的中期贷款可向伦赫马公司申请。所需贷款金额较大或时间较长时，由金融投资银行和瓦莱塔银行提供。信贷一般需借款人提供担保，包括动产和不动产的抵押文书、库存物资等的动产保证书，以及由财团或其他单位出具的保函和信用证。一般而言，是否提供中、长期贷款取决于借款人的抵押财产及财团或其他单位，如外国出具的保函等。

（五）外汇管理

根据1972年颁布的《外汇管制法》规定，马耳他对外汇进行管理，外汇法执行当局是马耳他中央银行。

某些用途的外汇配额审批权已授权给指定的银行。被指定的银行也可为居民和非居民账户提供担保、反担保以及任何目的的补偿。在后一种情况下，被指定的银行必须持有足够的现金以用于补偿担保期内的境外马耳他里拉、外汇和外国证券。

有关旅游的所有外汇支付审批权已授权给有限的几个外汇局，中央银行负责签发开办旅游签发机构的许可证。马耳他外汇管理总的原则是，所有对外付款，无论用马耳他里拉还是用外国货币，无论是资本还是所得，均需事先征得外汇管理当局的许可。而且，非居民在购买马耳他公司的股份前，也需要获得外汇管理当局的批准。对于商业转款，比如，从外国进口原料或出口产品，则无须经外汇管理当局批准，但是，需定期向马耳他中央银行提供这类转款的有关情况，以供复审之用。

1. 账户管理

除马耳他以外的所有国家居民可在指定银行开立马耳他里拉的非居民

账户，即对外账户。这些账户可自由"贷记"：经批准支付给非居民的款项、由其他对外账户拨的款项、出售黄金和外币（包括钞票）所得的收入。对外账户可自由"借记"：支付给居民的款项、对其他对外账户的拨款、在马耳他的现金支付和购买任何外币（包括钞票）。指定银行可自由为非居民开立和保留外汇账户，这些账户可"贷记"：对账户持有支付的外汇款项、由其他非居民外汇账户拨给居民的款项、对其他外汇账户的拨款以及向国外汇款。经外汇管理部门批准后，非居民控制的公司可以在马耳他国内外持有外汇账户。

2. 对内投资

非居民购买马耳他公司股份事前需向马耳他中央银行申请并获批准，此规定适用于已组建的和正在组建之中的公司，只要符合马耳他政府的政策，这类申请一般都可获批准。

3. 商品进口和出口

支付进口货物用款前需获外汇管理当局的批准。通常中央银行当局要求提供有关的海关文件、发票和商品进口许可证。对于商品出口付款，必须按季度将外汇收款详细情况呈报马耳他中央银行。非居民公司之间的进口付款情况较多，内部相互冲账，此类转款也需详细呈报，以便中央银行确定马耳他公司的收支状况。

4. 账户

一个企业家想在马耳他开立一个外汇账户（收付款多用外汇进行），需经外汇管理当局批准。对此类账户，中央银行规定收付外汇的额度，收到外汇后可兑换成马耳他里拉的时间限制，以及要求定期呈报账户的收付情况。

5. 资本汇出

从马耳他汇出资本需事先征得外汇管理当局的批准。这种资本通常包括居民向非居民偿还贷款，因此，建议居民向非居民借款先征得外汇管理当局的准许。

6. 所得利润支付

向非居民支付所得红利前必须经外汇管理当局批准。对于公司的红利，中央银行当局需要审查公司最近的账面情况，以利于做出决定；另外，需要公司出具支付红利后不会影响公司资金周转的声明。其他形式的所得，一般可根据协议支付，比如有关贷款利息、技术援助费或特许权费等协议，中央银行需要审阅此类有关文件。

（六）黄金管理

马耳他已发行了23种金币，这些金币都是法偿货币。马耳他允许居民持有金币、购买首饰，但买卖非法货币的任何金币需中央银行批准。

控制金币的进口以保证这些金币真正用于钱币学研究。进口金币、金块和黄金制成品以及半制成品需申领特殊进口许可证；限制进口金丝和银丝产品。经外汇管理部门批准，进口商仅进口供珠宝商和工业用金块。除货币当局外，居民出口黄金也需批准。进口金块和金币免征进口税。

第八节　税收制度

一　概况

马耳他政府在其长期发展目标中把税收制度改革看作刺激经济发展、保持物价稳定的重要手段和工具，通过税制改革促进社会、确保经济协调发展。马耳他为适应经济发展变化，对其税收体制也进行了改革，马耳他呈现了降低税率、扩大税基的特点。这一做法并没有因为税率降低而减少所得税的收入，因为在降低税率的同时，增加了应税的所得项目，减少了准扣项目。在过去的十年中，马耳他的税收负担水平发生了很大的变化。2015年，在欧盟成员国中，马耳他税收负担增长幅度名列第二，增长到35.3%，仅次于增长幅度最高的塞浦路斯，其增长幅度为35.6%。

但是，马耳他的直接税所占税收总额的比例是36.1%，高于欧盟25国平均水平（33.1%）。间接税税率，马耳他在欧盟国家中为42.5%，排在爱尔兰（43.7%）、立陶宛（43.5%）、塞浦路斯（42.7%）之后，处在第四位，也远远高于欧盟34.8%的平均水平。然而，2002年，马耳他社会保障费用在整个税收中所占的比例为

21.4%，低于欧盟32.1%的平均水平。马耳他个人收入所得税的比例是35%，在欧盟国家中属于较低的。在欧盟国家中，个人收入所得税税率最高的国家是瑞典（56%），接着是芬兰（53%）。2013年马耳他增值税收入为58717.1万欧元，所得税收入为96764.8万欧元。2013年和2014年马耳他政府主要税收项目占GDP的比重分别为：间接税为13.0%和13.3%；直接税为13.9%和14.3%；社会保险税收入为5.8%和5.9%；其他税收收入为4.0%和3.8%。政府总收入占GDP比重分别为37.9%和38.6%。

二 税收制度

同大多数西方发达国家一样，马耳他有规范和完善的税收制度，对个人和公司所得、资本利得、净财富、资本交易、商品流转等都要征税。马耳他的主要税种如下：

（1）对所得和利润征收的税，如个人所得税、公司所得税等；

（2）对货物和劳务征收的税，如增值税、消费税、关税、金融银行税、电子商务税、保险费税、能源税、雇员税、房地产税、投资资金税等；

（3）对财产、特定目的和行为征收的税，如财富税、登记税、各种车船税等。

（一）所得税

1. 个人所得税

对于个人所得或汇入马耳他的个人所得，统一征收15%的税（每年大概4230欧元）。马耳他的居民在获得退休金时，只需缴纳15%的税。马耳他境外的资金在当地投资后，获得的利息或分红所得要缴纳15%的税。在马耳他境内租赁房产、游泳池等所得也需缴纳15%的税收。凡马耳他居民达到"定居居民"标准者（1年内在马耳他停留超过183天），应就其在马耳他及世界范围内的所得纳税；非居民仅就来源于马耳他的所得纳税。个人所得税税额以居民月收入为基数计算，已婚与未婚居民在征收基数上有所不同，税率的档次也因年份的不同而异。

2. 企业所得税

《1993 年政府预算法》宣布了资本收益税，并将该税列入《所得税法》中，税率为公司利润的 35%。

马耳他国内的公司、在马耳他登记的公司、在马耳他以外登记但业务主要在马耳他的公司均有缴税义务。须缴纳税额的收入是在公司审计的财务报表里报告的纯利润。专门用于生产过程中的花费是可减除的。公司有非居民股东的，可以作为 ITC（国际贸易公司）或者 IHC（国际股份有限公司）在马耳他登记，通过特别的税额减免制度给 ITC 的股东减税，有效的减免税率是 4.17%。IHC 的股东有效税率是零。

2011～2014 年马耳他财政年度总税收情况见表 4 - 4。

表 4 - 4 2011～2014 年马耳他财政年度总税收情况

单位：万欧元

收入项	2011 年	2012 年	2013 年	2014 年
间接税总收入	93336.7	95445.2	99346.3	111191.8
增值税	52005.2	53998.4	58216.9	64224.8
进口税	1146.6	1633.3	1235.3	1415.7
产品税（包括消费税）	36830.0	36323.4	36464.4	41500.2
其他生产税	3354.9	3490.1	3429.7	4051.1
直接税总收入	86419.7	95102.2	105601.9	116725.3
个人所得税	44042.0	47249.3	52275.6	56025.4
企业所得税	36836.1	42067.1	47643.0	51258.8
其他收入税	187.6	248.8	407.5	441.8
其他现税	3873.1	3924.9	4001.0	7817.0
资本税	1480.9	1612.1	1274.8	1182.3
社会缴款	40035.2	41439.8	43750.5	46847.6
雇主	18293.3	18977.5	20217.1	21749.9
雇员	18149.5	18754.3	19822.3	21291.5
个体经营与非就业	3592.4	3708.0	3711.1	3806.2
税收总收入	219791.6	231987.2	248698.7	274764.7

资料来源：马耳他统计局。

（二）交易和转让税收

1. 增值税

自 1999 年 1 月 1 日起，马耳他重新恢复实施增值税制度，无论是进口的产品还是当地生产的产品，均需在流通中缴纳 15% 的增值税。

1999 年，被重新提出并得到关注的增值税的重点问题还是在税率水平、税款减免以及禁止零税率的过度运用上。2001 年，虽然有所进步，但在马耳他立法规定和实践中的税率和税款免除的运用仍有偏差。对于二手商品征收的特殊增值税率的范围也扩展到艺术品、收藏品和古董。

2. 遗产捐赠税

《1993 年政府预算法》宣布废除遗产捐赠税。唯一保留的部分是已列入"文件税法"中的不动产转让税和本地公司股票（不包括交易所上市股票）所得税。

3. 关税和国产税

关税主要是对进口商品征收。作为欧盟成员之一的马耳他，需要不断地改进、提高其整个关税部门的服务水平，使程序更加流畅，减少财政负担和债务，提高关税方面行政管理和信息交流以及信息发布的透明度，改进关税政策，对进出口货物严格监管，控制贩卖走私等。

国产税是对本国产品征收的税种，如对香烟和软饮料征收的税等。

4. 印花税（文件税）

某些种类的商业和法律文件必须缴纳印花税。通常的做法是从价计税，例如，按照转让不动产的价值纳税，税率是 3.5% 。未印花文件在法律上不构成有效证据。

（三）社会保险捐赠

根据收入多少由私营者、雇主和雇员支付。雇主即公司承担的社会保险捐赠税率为雇员基本工资的 10% 左右。

（四）生态税

马耳他政府和该国的零售商与同业联盟就引进在 2004 年 9 月 1 日生效的新生态税达成了协议。生态税适用于那些有可能污染环境的货物、交易商和生产商持有的存货以及新生产的产品。马耳他的生态税是一次性征收的，即在发生缴纳增值税的第一次交易时征收，于每季度末缴纳。

（五）海关税目、税率、其他进口税收

马耳他进口关税法案阐明了税种和各种货物的进口关税，使用的是世界海关组织术语。马耳他对来自非欧盟国家的大部分商品征收进口关税，并在此基础上征收 15% 的增值税。有些特殊商品，如烟、酒还要征收消费税和保护关税。进口关税按到岸价计算，由进口商在清关时全部支付。

对欧盟国家产品免征进口税，税率根据不同商品而定。某些进口后需经过加工、组装或包装后再出口的商品，可免税或退税。任何在保税仓库的进口商品再出口均无须支付关税。马耳他对于再出口的商品，没有附加值的规定。但对于某些对欧盟国家出口需要配额的进口商品，如鞋类和纺织品，以及在马耳他加工后再对欧盟出口的产品，需有一定的增值比例才能获得当地的产地证书，最高比例可达 60%。

（六）其他小税收

主要有公路税、汽车登记税等。马耳他降低小型酿酒厂酿制啤酒的消费税率，这些小型的独立的酿酒厂不包括有生产许可证的厂家。消费税的应征税数量和征税客体范围的界定，适用于某些产品的特定的比率，马耳他在某些条件下的税款免除等方面应进一步完善并与欧盟整体水平达成一致。

三　税收优惠政策

2001 年 1 月 30 日，马耳他政府颁布经议会批准通过的《工业发展法修订案》（2001 年第 4 号法案），通常简称为《商业促进法案》，后来又先后颁布了若干补充规定。该法案及其补充规定根据马耳他十多年来经济发展提出的新要求，以及政府对产业发展侧重点的全盘考虑，对 1988 年的《工业发展法》进行了修改，尤其是对吸引外国直接投资方面的政策进行了调整和补充。修改后的《商业促进法案》遵循的基本原则是：谁对马耳他经济发展贡献大，谁享受的优惠措施就多。也就是说，凡是增长潜力大、提供就业机会多的公司享受的优惠政策也多。

新法案延续了政府加大引进外国直接投资的战略，尤其是高科技产业。吸引外资的主导思想是提高产品附加值，同时解决更多人就业，加快产业升级换代。《商业促进法案》从税收和非税收两方面为外国投资者在马耳他投资设厂，从事生产、修理、改良和维护等活动给予种种税收优惠。

（一）减免所得税

一般情况下，在马耳他注册的公司所得税率为35%。为吸引外国投资，鼓励企业增值，政府规定的所得税减免期为：营业的头7年，所得税率为5%；接下来的6年，所得税率为10%；再接下来的5年，所得税率为15%。另外，利润再投资，所得税率为19.25%。

（二）投资抵扣政策

设备投资总额的50%和厂房投资总额的20%可从应缴税款中扣除。

（三）减免关税

设备进口免除关税，原材料从欧盟国家进口的也免除关税（注：从非欧盟国家进口仍需缴纳关税）。

四　避免双重征税的条约

2012年，马耳他与世界上41个国家签订了《避免双重课税条约》。这些国家是：阿尔巴尼亚、澳大利亚、奥地利、巴巴多斯、比利时、保加利亚、加拿大、中国、克罗地亚、塞浦路斯、捷克、丹麦、埃及、爱沙尼亚、芬兰、法国、德国、匈牙利、印度、意大利、韩国、拉脱维亚、黎巴嫩、利比亚、卢森堡、马来西亚、荷兰、挪威、巴基斯坦、波兰、葡萄牙、罗马尼亚、斯洛伐克、斯洛文尼亚、南非、瑞典、瑞士、叙利亚、突尼斯、英国、美国。《中华人民共和国政府和马耳他政府对所得避免双重征税和防止偷漏税的协定》已于2010年10月18日在瓦莱塔正式签署，中马双方分别于2011年6月10日和2011年7月27日相互通知已完成协定生效所必需的各自国内法律程序。根据协定第三十条的规定，该协定自2011年8月25日生效，并适用于2012年1月1日或以后取得的所得。

第九节 对外经济关系

一 概况

马耳他同 100 多个国家和地区有贸易关系,但是,最重要的贸易伙伴是欧盟国家,贸易额占马耳他对外贸易额的 65%~70%。2012 年,法国、意大利是马耳他的第一大、第二大贸易伙伴。马耳他主要进口日用消费品、机械、食品、原材料等(见表 4-5),主要出口电子、服装、普通机械产品等(见表 4-6)。马耳他对外贸易在国民经济中占据极其重要的地位,但是,马耳他的进出口贸易长期处于不平衡状态(长期处于逆差状态)。

表 4-5 马耳他主要进口商品的构成 (2010~2013 年)

单位:万欧元

商品类别	2010 年	2011 年	2012 年	2013 年
食品与动物类产品	39487.5	42548.5	50040.8	50181.0
饮料和烟草	6264.8	6411.5	8535.7	7476.1
原料(不能食用产品,除了燃料)	3155.2	2372.8	2893.8	2640.0
矿物燃料、润滑油及相关材料	105770.7	194317.1	279134.0	223576.8
动物和植物油、油脂和蜡	692.6	858.6	904.8	852.9
化学品及相关产品	37646.9	43409.4	44754.5	43857.5
主要由材料分类的货物	32624.6	33114.3	31848.4	31055.0
机械运输设备	164064.8	169518.7	156774.0	166754.2
杂项制品	39400.8	37956.6	40892.6	39826.9
商品交易	3919.2	3436.6	2968.5	2085.2
总额合计	433027.1	533944.1	618747.1	568305.6

资料来源:马耳他统计局。

表 4 - 6 马耳他主要出口商品的构成（2010～2013 年）

单位：万欧元

商品类别	2010 年	2011 年	2012 年	2013 年
食品与动物类产品	13569.4	12990.8	18752.6	21248.8
饮料和烟草	2250.2	2156.1	3967.0	3548.6
原料(不能食用产品,除了燃料)	1371.8	1978.4	2004.4	1532.3
矿物燃料、润滑油及相关材料	71893.4	162172.1	201075.6	166566.9
动物和植物油、油脂和蜡	0.5	0	0.9	1.3
化学品及相关产品	27377.2	25882.8	32121.0	35788.0
主要由材料分类的货物	12356.8	13285.6	12654.1	11777.2
机械运输设备	118050.0	124130.3	132223.0	111241.1
杂项制品	33110.4	38322.2	40088.9	40445.5
商品交易	954.1	983.2	973.4	371.3
总额合计	280933.8	381901.5	443860.9	392521.0

资料来源：马耳他统计局。

1998 年，马耳他的出口额为 7.033 亿马镑，进口额为 10.378 亿马镑。根据马耳他国家统计局提供的数据，1999 年马耳他进出口总额增长，达到 19.268 亿马镑，比 1998 年增长 10.7%。其中，进口额为 11.358 亿马镑，比 1998 年增长 9.4%；出口额为 7.91 亿马镑，比 1998 年增长 12.5%。马耳他本地产品出口增长 7.2%，转口增长 66.4%。贸易逆差为 3.448 亿马镑，同比增长 3.1%。

2002 年，马耳他外贸情况略有好转，全年进出口总额为 21.47 亿马镑，同比增长 1.88%。其中，进口额为 12.28 亿马镑，同比增长 0.09%；出口额为 7.97 亿马镑，同比增长 0.92%；转口额为 1.22 亿马镑，同比增长 34.59%，增幅较大。贸易逆差为 3.09 亿马镑，同比下降 10.85%。

2004 年，马耳他对外贸易额总量进一步增长，全年达到 22.32 亿马镑。其中，进口额为13.17亿马镑，同比增长2.9%；出口额为9.15亿马镑，同比降低1.6%。但是，2004年马耳他对外贸易逆差达到4.02亿马镑，同比增加了9300万马镑。

2013年马耳他出口增长1.9%，进口增长1.5%。出口增长比较明显的有食品、化工产品、机械和交通运输设备等产品。2013年马耳他进口总额为568305.7万欧元，出口总额为392521.0万欧元，贸易逆差为175784.7万欧元。但是由于外部经济增长的疲弱，2014年马耳他出口增长放缓，仅达到3.6%，进口减少5.1%。

用于机械和运输设备制造业的电子零部件的出口占据马耳他出口的主导地位。2013年，此项的出口金额达111241.1万欧元。这年出口商品金额为392521.0万欧元，燃料油的出口金额为166566.9万欧元。其中，欧盟依然是马耳他进口商品和出口商品的主要市场。2013年，从欧盟的进口商品金额达到328888.9万欧元，比2010年增长了94673.5万欧元。进口的主要贸易伙伴依次为法国、意大利、英国、德国、比利时、西班牙。马耳他的出口市场分布与进口市场分布基本相同。马耳他出口地中的主要欧盟国家依次为法国、德国、英国和意大利。其他出口地区为亚洲和中东欧、北美洲。

2013年，马耳他出口贸易额最大的是欧盟国家，占出口贸易总额的36%。接着是亚洲，占马耳他出口贸易总额的31%。然后是非洲，占马耳他出口贸易总额的18%。美国占马耳他出口贸易总额的7%，其他欧洲国家占8%。

2013年，马耳他进口贸易额最大的仍然是欧盟国家，占进口贸易总额的59%。接着是亚洲和其他欧洲国家，都占马耳他进口贸易总额的15%。其中，亚洲排在前三位的是新加坡、日本、中国。这说明，马耳他与亚洲的经济关系有了进一步的发展，与亚洲的进出口贸易越来越密切。美国和非洲分别占马耳他进口贸易总额的7%和4%。

二 对外经济贸易政策

马耳他对外经济贸易主要由马耳他经济服务部负责，它是1998年9

月上台执政的国民党政府 13 个部委中最大的一个，其下属的马耳他投资管理公司主要职责是管理和改组处于亏损的国有企业，对政府控股的企业进行资产回收或私有化。马耳他发展公司负责对外招商引资工作。马耳他外贸公司是半官方机构，负责推动出口贸易和到国外举办商品展。

（一）对外经济贸易准则

马耳他对外贸易关系主要遵循马耳他与欧盟的贸易协议和相关的国际贸易准则。除欧盟国家外，马耳他在进行双边贸易时不给予其他国家优惠待遇。与欧盟成员国及其他国家的双边贸易协议涉及广泛的领域，如空中服务、社会安全、旅游、免签证和文化合作等。为加入欧盟，马耳他采取了与所有欧盟国家及其他国家签订贸易普惠制协议的措施并成为欧洲经济区域的一员。

马耳他也是欧洲理事会成员之一，该组织负责欧洲及联合国的安全与合作。马耳他是联合国及《联合国海洋法公约》等国际公约的缔约方之一，也是欧洲－地中海伙伴关系的积极参与者。

马耳他严格遵守联合国安理会的制裁决定，并且实行了欧盟对其他国家实行的大部分制裁。

马耳他通过国际组织提供发展和技术援助，不直接向发展中国家提供财政和技术援助项目，不向发展中国家提供贸易优惠。马耳他成为欧洲投资银行的成员并为欧洲发展基金做出贡献。

马耳他向非政府组织提供发展和人道主义援助，政府鼓励建立一个非政府组织的国民委员会致力于这方面的工作。

（二）与世界贸易组织关系

马耳他是世界贸易组织创始成员之一，处理与世贸组织有关的事务由马耳他经济服务部和外交部负责，如果需要，其他部门也可以参与。马耳他目前享受发展中国家待遇，从 2000 年 2 月开始实行世界知识产权协议。马耳他是普惠制的受益国之一。2012 年有以下国家给予马耳他最惠国待遇，即中国、美国、加拿大、澳大利亚、新西兰、日本、捷克、俄罗斯联邦、斯洛伐克共和国、瑞士和挪威。加入欧盟后的马耳他，在与世贸组织的谈判中采取欧盟的立场。在普惠制方面，入盟后马耳他也采纳欧盟普惠制的实施方案，开始给予发展中国家和最不发达国家单方面的最惠国待遇。

马耳他作为世贸成员将实施以下协议：政府采购协议；通信技术产品贸易协议；欧洲经济区域协议（关于知识产权）；欧盟与以色列签订的政府采购电信设备协议；欧盟与韩国签订的政府采购电信设备协议；欧洲理事会关于半导体产品贸易协议；欧洲理事会就实行乌拉圭回合谈判框架协议中关于商标的条例；欧洲理事会根据欧洲共同体与美国签订的政府采购协议所做的决议；欧洲理事会就世贸组织关于金融服务和自然人流动谈判所做的决议；欧洲理事会关于降低通信技术产品关税的决议；欧洲理事会就世贸组织关于基本电信服务谈判所做的决议；欧洲理事会就世贸组织关于金融服务的修正案。

另外，马耳他将加强经济服务部和外交部的部门建设，培训处理世贸组织事务的专业人才。

（三）贸易政策法规

加入欧盟前，马耳他除欧盟外没有与其他国家缔结关税减让条约，所以在马耳他法律里没有相关的条款，也没有条款涉及关税配额及境外加工条款，更没有反倾销、反补贴和保护措施规定。加入欧盟后，马耳他采取欧盟关于配额、监管和进出口关税条款，采纳欧盟与其他国家的双边条约，包括最惠国条约、相互承认条约、仍在实行的欧洲经济区内的条约以及欧洲－地中海条约。

马耳他进口纺织品和钢材不需要配额或受到监管。马耳他没有在原产地制度中规定非优惠条款，原产地证书由马耳他商会和马耳他工业局颁发，主要依据为税种和增值税率。如果需要，海关负责解释。出口条款中不包括对耐用品的出口限制。目前没有官方指定的耐用品经营实体。补贴制度的起草改善了目前的管理结构，引进具体措施扩大耐用品的出口。马耳他出口信贷保险公司为工业品的出口提供出口信贷保险，但仅为短期信贷，不超过180天。

入盟后，在贸易政策方面将采取与欧盟相同的共同对外贸易关税条例；建立必要的机构以实施反倾销及保护措施；采用欧盟的原产地政策；

修订出口信贷保险业务条例。

（四）技术、卫生与安全标准

马耳他于 1966 年成为国际标准化组织（ISO）联系成员，1976 年被中止在该组织联系成员的地位，1992 年得以恢复。产品质量标准由标准化局颁布。马耳他质量标准主要依据英国标准制定，同时参照并认同欧洲和国际标准化组织的标准制定。马耳他另有一个职业健康和安全促进委员会负责建筑工地、工厂等场地的卫生与安全标准。

（五）海关管理、海关税目和非欧盟国家的关税

马耳他进口关税法案阐明了税种和各种货物的进口关税，使用的是世界海关组织术语。马耳他对来自非欧盟国家的大部分商品征收进口关税，并在此基础上征收 15% 的增值税。有些特殊商品如烟、酒还要征收消费税和保护关税。1998 年 9 月国民党政府执政后，重新实施增值税制度，无论是进口产品还是当地生产的产品，均需在流通中缴纳 15% 的增值税。

从 2004 年 5 月 1 日起，马耳他对来自非欧盟国家的商品征收进口关税，平均关税水平约 4.63%（不包括增值税）。

（六）商品原产地规则

马耳他的商品原产地规则，是依据它与欧盟签订的原产地合作协定制订的。该协定规定了非原产地原料需两次加工的原则。例如，服装方面，第一次进口棉纱加工成布匹，再把布匹加工成服装。两次加工的程序不需要在同一工厂或同一公司完成，甚至在同一国家内完成（另外，一个国家必须与欧盟签有特殊安排的经贸协定）。但对某类服装也有例外，如非针织及钩织男装、男童装外衣（包括牛仔布装），可从非原产地进口后在马耳他加工，但面料必须是整匹的。至于非针织及钩织的女装、女童装及婴儿绣花外衣，可从国外进口面料在马耳他加工成服装，这也被认为是马耳他原产地，但进口布料的价值不得超过该产品出厂价的 40%（即必须增值 60% 以上），而且面料的进口必须是整匹的，并且无任何绣花。

马耳他原产地规则的规定适用于全部针织服装，包括男装、女装、童

装、袜子以及梭织非绣花女装、女童装和童装。该规则部分规定已暂停执行，但规定部分女装、女童装必须有马耳他海关签发的货运证书（EURI）方为有效。获得马耳他原产地证的产品可免税进入欧盟国家，且不受欧盟的数量与配额限制。①

三　相关机构

（一）马耳他发展公司（Malta Development Corporation）

马耳他发展公司成立于 1967 年，该公司全权负责促进和支持对马耳他直接投资事务，参与制定和实施国家的工业发展战略，目标是在以出口为导向的制造业中创造就业机会。现隶属于经济服务部。目前发展公司负责管理实施的鼓励外国投资的优惠政策包括：对产品 95% 以上出口的外资企业免除 10 年所得税；提供软贷款；员工培训资助；提供租金低廉的标准厂房和工业用地；生产原料进口免除关税等。

（二）马耳他投资管理公司（Malta Investments Management Co. Ltd.）

马耳他投资管理公司成立于 1988 年 4 月，作为政府股份的操作者，主要职责是管理和改组处于亏损的国有企业，根据政府有关政策按预定指导原则来决定对政府控股的企业进行资产回收或私有化。现隶属于马耳他经济服务部。该公司拥有一支专业经理队伍，能够提供会计、金融、管理、改组程序和私有化方面的专业服务，协助政府的私有化小组开展工作。投资管理公司对其下属公司可采取以下处理方法：

（1）出售或转让不受公司章程限制的企业的股份；

（2）对没有维持经营价值的公司进行清产、关闭；

（3）密切监督那些既不具备私有化条件又无多大战略重要性的企业。

（三）马耳他对外贸易公司（Malta External Trade Corporation）

马耳他对外贸易公司成立于 1989 年 1 月，是国家促进贸易和推动出口的重要机构，实际上由政府和以工业联合会以及商会为代表的私营部门

---

① 欧盟对马耳他纺织品除裤类外，没有数量或配额限制，但欧盟给马耳他的裤类配额数量较大，基本用不完。

共同组成。其主要职能如下：

（1）鼓励马耳他企业加入全球经济一体化；

（2）提高马耳他产业竞争力，把握国际商业机会；

（3）作为贸易和商务信息中心；

（4）促进马耳他和外国企业间的出口型国际商务合作；

（5）为政府在国际贸易事务方面提供建议；

（6）宣传马耳他作为贸易伙伴的良好形象。

为实现以上职能，外贸公司向马耳他生产厂家、出口商以及愿同马耳他公司做生意的国际企业在以下方面提供服务：提供商业机会和贸易信息；建立贸易联系；组织和参加国际贸易博览会和展览会；组织贸易团组出访；内部设有欧洲信息中心；协助企业寻找出口市场；在产业方面提供扶持与咨询；帮助企业在外贸公司互联网网站上建立主页；发行出版物；提供出口信贷担保；提供会议设施等。

（四）马耳他国际博览会

从 1952 年至 2017 年，马耳他贸易博览会公司每年组织、举办一次贸易博览会，即"马耳他国际博览会"。至 2000 年已举办了 43 届，会期为每年 6 月底至 7 月中旬，一般 15 天左右。该博览会旨在促进马耳他当地工业和对外贸易的发展，在当地影响很大，每年约有 15 万马耳他人与会参观。该博览会对参展产品无具体要求，从食品、服装、日用品、工艺品到用于工农业生产的机械设备和汽车，均可参展。目前马耳他贸易博览会公司拥有固定的展览场馆，其中露天场地 10700 平方米，室内场地 8400 平方米（包括一个装有空调的展厅）。至 2000 年，世界上约 50 个国家曾派团参加过该博览会，其中中国参加过 10 次，上一次参展是在 1998 年。自 1994 年起，该博览会不允许在展览会期间直接出售商品，只准接受订单，或将展品预售，待展览会闭幕后才可由预购货者提货。

四　马耳他吸引外资的优惠政策

为促进马耳他经济的发展，近年来马耳他制定了一系列吸引外资的法规，如《工业发展法》、《马耳他国际商业活动法》、《海外信用法》、《商业航运法》、《马耳他自由港法》、《投资服务法》、《金融服务法》、《银行法》、《金融机构法》和《公司法》等。根据以上法律，马耳他加快了招商引资的步伐。

为了进一步做好此项工作，马耳他组建了新机构：马耳他新企业。该机构是 2003 年底马耳他政府将马耳他外贸公司、发展公司、中小企业联盟三家机构合并成立的，专门负责吸引外国投资，制定招商引资政策，帮助投资方打开产品销路。

马耳他吸引外资的原则是尽可能使产品增值，同时提高劳动生产率和加快产品升级换代，因此，马耳他鼓励投资的领域主要集中在技术密集型产业和高科技产业。2012 年，引资的主要对象是电子、生物制剂等高科技领域，具体优先招商引资领域为：①电子产品及元件；②机电产品及配件，特别是汽车配件工业；③生物及医药制品；④压缩机及液压零件；⑤专业及科技仪器；⑥光学产品及设备；⑦印刷及出版业；⑧高价值塑料制品；⑨微电脑及电脑软件。

吸引外资的优惠政策如下。

（一）税收优惠

（1）95% 以上产品出口的企业 10 年免交所得税。

（2）通常情况下，马耳他企业所得税税率为 35%。为吸引外资，投资于制药、塑料加工、生物制剂、电子、电器设备领域的境外公司，经马耳他批准后，新企业可以享受 5%、10% 或 15% 的所得税税率。有效期至 2008 年 12 月 31 日。

（3）对不享受减免所得税待遇的企业给予其他优惠，如利润再投资减免所得税；在基本期限内扩大出口额免交额外利润的所得税等；再投资利润所得税减免：经马耳他批准的新企业的再投资，其所得税税率将从 35% 降到 15.75%。

（4）投资返还政策。符合上述行业要求的投资方可享受投资返还政策，即设备投资额的 50% 或头两年新创造的就业岗位工资费用的 50% 可从企业应缴纳的各种税款中扣除。在信息技术行业中的投资者可享受

65%的投资返还额。如果投资返还额在第一个完整经营年度应缴税款中不能完全返还，则余额将自动增加7%并滚入下一年度作为投资返还额。投资返还政策在2008年12月31日以后仍继续实施。

（5）增值税额返还政策。该措施适用于那些无法享受所得税减免的投资人。企业可享受将产品增值税额在应缴纳税款中扣除的优惠。上述企业指新成立的公司，由于它的基准期内产值为零，因此新公司投入生产的头3年实行按5%上缴所得税。该政策到2008年12月31日终止。

（6）部分投资计入经营成本。设备投资额的50%，工业厂房投资额的20%计入经营成本，并从正常利润中扣除，所余利润将作为最终缴纳所得税的依据。

（7）鼓励为残疾人创造就业岗位。可免除为残疾人创造就业岗位的企业的就业人员工资税。

（8）财税协定。马耳他已与许多国家（主要是欧洲国家、加拿大、澳大利亚）签订财税协定，以保证这些国家的投资者在马耳他投资利润所得在其母国免缴任何税。

（二）非税收优惠

（1）提供廉价厂房。马耳他新企业将向投资人提供所需厂房，其水、电、气、运设施完好。只需安装设备便可进行生产，年租金头3年仅1.75马镑/平方米，后13年提高到4马镑/平方米。厂房租赁价格具有竞争力。

（2）软贷款。符合行业要求的投资人，经马耳他批准后，还将得到为其从金融市场筹集最多为公司投资所需金额75%的低息贷款的协助，投资人也可以申请贷款利息7.5%的补贴。

（3）贷款担保。马耳他新企业可为投资人提供项目金额75%的贷款担保。

（4）培训补贴。公司为提高员工技能，推行培训计划。经马耳他批准后，根据不同行业，投资方可获得35%～80%的员工培训补贴，或可在应缴纳税款中按120%扣除培训相关费用。员工培训由马耳他雇佣培训公司（ETC）负责。此外，政府还将为提供培训的公司按周提供法定最低周薪的 50% 作为补贴，最高不超过 48 周。

（5）可获得长期居留权和工作许可证。允许外国投资者派一定比例的专业技术工人和管理人员来马耳他工作，其中持有公司 40% 以上股票的股东或其指定人可获得长期居留权和长期工作许可证。其他人员则视公司的具体条件和要求，所需工作人员的工作许可证将按公司要求相应办理。

（6）政府对任何当地公司，凡经批准进行的研究和开发活动所必需的相关费用按 120% 发放补贴，但金额不超过公司年营业额的 5%。

（7）收购工厂、机器设备和除土地外的其他固定资产，其投资不少于 21000 马镑的项目，投资额 33% 以内的部分可向市政当局申请政府贴息贷款，最高金额不超过 10000 马镑。

（8）为鼓励企业寻求海外出口机会和开拓新市场，公司可在计算全年收入时按 140% 扣除因此项工作而实际发生的费用，但总数不得超过 24000 马镑或出口额的 5%（以数目最高者为准）。

第十节　资源开发利用

一　矿产

马耳他矿产资源匮乏，但是有丰富的石灰岩。珊瑚石灰岩和抱球虫石灰岩是马耳他特有的矿产。这种软性石灰岩非常奇妙，人们称它为"奇特的马耳他石头"。当它在地下埋藏时，含水量大，性质很软，可刻、可锯、可刨，甚至用指甲都可刻出印痕。开采时只要先将岩石刻成一定尺寸的方形，然后再用机器就可以很容易地沿着刻好的痕迹切割开来。把开采出的石块垒起来风干，当石块里的水分晾干后，就成了坚硬的石头，再也不能轻易地把它切开了。

这种石灰石不易被海水侵蚀，是极佳的建筑材料，特别适用于滨海地带。在马耳他的城市里，到处可以见到用这种石块建造的房屋，它是岛上建筑用石的主要来源。这些石块不但供国内使用，同时还向国外出口。因此，采石业在马耳他十分发达，丰富的石料也奠定了马耳他岛建筑与石刻艺术的基础。如果想在这些石块上雕刻，在它未晾干前动手，将是非常容易办到的事，这也是马耳他共和国的一宝。

二　可再生能源资源

就目前而言，马耳他缺乏能源资源，石油、天然气和煤炭等完全从国外进口。马耳他政府正在沿海勘探，积极寻找石油和天然气。但是，由于地理位置和气候等原因，马耳他拥有较丰富的可再生能源资源。为了摆脱对外来能源的完全依赖，履行欧洲联盟要求马耳他于2010年之前，将可再生能源在能源消费中占到至少5%的比例，马耳他政府决定开发丰富的太阳能、潮汐能、风能以及生物能。

在太阳能方面，马耳他政府直接排除了占用大片土地兴建太阳能发电厂的可能性，因为这将占用大量土地。马耳他政府认为一个在成本上更经济的利用太阳能的方式是太阳能热水器，因此，采取鼓励的措施使太阳能热水器的使用得到较快的发展。

在风能方面，马耳他政府认为它是国家最有吸引力的再生能源，对马耳他的能源市场将产生中期（超过10年）影响。一个风力发电站可能建在位于姆塔尔法山脊的1.5公里之外，面积约两平方公里的礁石之上，被认为是"在经济上和其他各方面影响上最为有利的地点"。据预计，如果在这里建设一个风力发电站，则到2010年其发电总量能占到马耳他电力总消耗量的2.1%。马耳他政府为了满足地方的需要，还准备大力开发小型风力发电站、微型风力发电站和涡轮发电站。

在开发固体废物、污水和动物废弃物发电方面，马耳他政府鼓励通过生物分解和掩埋的垃圾产生的甲烷以满足3000户居民的电力需要。同时新的利用有机物垃圾的项目也在2008年完成。预计固体垃圾的发电量到2010年可以占到电力需求的2.11%。到2010年，马耳他将建设3个新的污水处理厂用来发电。政府还委托有关部门制定《农业废物管理计划》，研究利用动物粪便，建立由厌氧性细菌分解有机垃圾的发电站，满足农业生产能源需要在成本上的可行性。

三　水资源

马耳他是欧洲人口密度最大的国家，水资源非常贫乏，人均水资源占有率是世界上最少的国家之一，其常规用水量与水资源之比是 3.62 : 1。地下水被认为是马耳他的战略资源，远远满足不了社会需要。

作为地中海中的岛国，由于没有高山、河流、湖泊，因此降雨是马耳他水资源的最终来源。马耳他属于典型的半干旱型地中海气候，夏季炎热、干燥，冬季潮湿、多雨。降水量在一年中随着季节的变化分布很不均匀，而且每年降水量之间的差距也很大。

马耳他的水资源主要来自以下几个方面：一是抽取的地下水，占水资源总量的 40% 左右；二是海水淡化，占其水资源总量的 50% 左右；除以上两项主要来源外，还有雨水收集和经过处理的废水，两项相加占其水资源总量的 10% 左右。

1. 地下水

抽取地下水有两个途径——泵站和钻孔。2012 年马耳他国家水公司（Water Services Corporation）在马耳他岛拥有 11 个泵站和 90 个钻孔，在戈佐岛拥有 2 个泵站和 44 个钻孔，总抽取水的能力为每天 5.55 万立方米。马耳他国家水公司虽然是国家唯一的水供应公司，但其每年抽取的地下水不到地下水总抽取数量的 50%，大部分地下水是被私人（主要是农业部门）抽取的。

近几年来，马耳他地下水质量下降，马耳他国家水公司每年抽取的地下水数量也在逐年降低，平均每年下降 5.4%。

地下水质量的下降主要是人为因素造成的，如：

（1）在采石场、河谷和地下水抽取点倾倒废物没有采取控制措施；

（2）过分抽取地下水；

（3）滥用化肥和杀虫剂；

（4）排污管道泄漏；

（5）有毒废物如石油和碳氢化合物排放和泄漏。

由于地下水质量下降，马耳他国家水公司不得不以其他水源代替一部

分地下水，以保证其负责供应的水的质量达到食品安全法案的具体规定
（Legal Notice 23 and 116，2004）和欧盟水资源政策框架规定的标准。

2. 海水淡化

除一小部分人拥有海水淡化工厂自己生产并使用淡化水外，马耳他绝
大部分海水淡化水是由马耳他国家水公司生产的。

马耳他国家水公司 2012 年拥有的三家海水淡化工厂，全部位于马耳
他岛，淡化水可以通过管道供应戈佐岛和科米诺岛。三家工厂的年淡水产
量为 1745 万立方米，占其年总供应量的 57%。

3. 废水处理

2012 年，马耳他每年有 13% 的废水经过处理，被农业和工业部门再
次利用。马耳他国家水公司在四个区域对用经过处理的废水灌溉农田进行了
研究，经测试这些地区适合使用经过处理的废水进行灌溉，因为这些地区的
地下水已经被过分抽取、污染，不能再被用于饮用。马耳他国家水公司已经
在建设另外三个废水处理厂，经过处理的废水量将达到每天 3.8 万立方米。

马耳他水资源的年消费量虽然差距不大，但近十年呈下降趋势。

马耳他水资源消费由居民日常消费、旅游业消费、农场消费、商业消
费、工业消费、政府部门消费、农业消费和其他消费构成。其中除农业主
要使用抽取的地下水和少量经过处理的废水外，其他部门的水都是由马耳
他国家水公司供应的。居民日常消费是马耳他水消费量最大的一个方面，
接着是农业，同时农业也是消费地下水最多的部门。随着居民生活水平的
提高，居民日常消费用水呈上升趋势，目前为每人每天 142 升（包括损
失）。

农业的水需求量与农业灌溉联系密切。马耳他农业灌溉土地占其
农业用地的 9%，大部分农业灌溉土地位于马耳他岛的西北部，而这
一地区由于地质结构的原因，地下水较容易获得。从 20 世纪 50 年代
中期到 70 年代初，由于农业灌溉土地的大幅度增加，农业用水量从
每年 1000 万立方米上升到每年 1800 万立方米，增长了 80%，从 20
世纪 70 年代到 2012 年，农业的水消费量基本维持在每年 1800 万立
方米左右。

四 植被

今日的马耳他诸岛上，树木极少，除了那些生命力极强的植物生长在光秃秃的珊瑚石灰岩地区外，绝大部分土地已被垦殖。岛上的林地面积很小，只有少量的柑橘属树丛和装饰性的园林，以及少数无花果树、橄榄树和沿田园四周围墙种植的稻子豆（地中海沿岸各国所生长的一种常绿豆科，所结豆荚可供食用，又称为"圣约翰面包"）。

但是，情况并非历来如此。6000年前，人类踏上马耳他时，诸岛上覆盖着丰厚的土壤以及种种天然植物，是人类恣意作为改变了这一切，今天的马耳他全境没有森林、河流和湖泊，仅在冬季有雨后水道。许多地区植被消失，土壤饱受侵蚀，从而出现了光秃秃的水蚀石灰岩洞，它成为诸岛部分地区今日的特色之一。由于土壤和植被的消失，雨后地面雨水流速加快，迅速流入大海，没有多少机会渗入土层。降雨所起的作用不大，干旱情况日益严重。马耳他土地使用情况见表4-7。

表4-7 马耳他土地使用情况

单位：%

土地种类	占全国面积的百分比
耕地	32
永久农地	3
永久牧地	0
森林及林地	4
其他	61

资料来源：马耳他政府网站。

表4-8表明马耳他土地使用情况统计数据，总耕地面积包括了一年生作物面积和多年生作物面积。一年生作物面积是指用来种植小麦、玉米和水稻等一年生植物的土地面积。多年生作物面积是指用来种植柑橘、咖啡、橡胶和葡萄等多年生植物的土地面积，但不包括林业用地。其他所有土地面积是指其他所有非耕地的土地面积，包括草地、森林、沙漠、建筑、公路等。

表 4 - 8 2005 年马耳他土地使用情况统计

单位：平方公里，%

项目	面积	占比	世界排名
耕地	109	34. 49	
一年生作物耕地	99	31. 33	—
多年生作物耕地	10	3. 16	
其他土地	207	65. 51	—
总土地	316	100	188

　　资料来源：维基百科。

五　电力资源、燃料与燃气资源

　　马耳他自然资源匮乏，长期以来其能源需求全部依靠进口，进口石油目前仍是马用来发电的唯一能源来源。2011 年马居民支付的电费附加费比例达到创纪录的 95%，使政府进一步感到发展替代能源的迫切性。

　　按照马耳他 2004 年加入欧盟时做出的承诺，马将实行欧盟的能源和环境政策，这意味着到 2020 年，马使用的能源至少 10% 为可再生能源，而且二氧化碳排放量要减少 20%。这给马替代能源战略设定了时间表。

　　2012 年马日常所需的能源全部需要进口，包括发电用燃料、交通用石油产品，以及居民生活所用液化气等，而马耳他能源公司（Enemalta Corporation）负责所有能源产品的进口、储存、分装、销售等业务。

　　2012 年马耳他能源公司每年进口燃料油、汽油、柴油、航空燃料、液化石油气等各种石油产品 100 万吨左右，其中：66% 为燃料油，主要用于发电；13% 为车辆用汽油、柴油；10% 为航空燃料。2008 年马全国消费油料 96.5 万吨，费用为 7.12 亿美元。

　　1. 电力

　　马耳他 2012 年电力的消费结构是：居民用电占 36%、商业用电占 33%、工业用电占 29%、路灯照明用电占 2%。

　　2012 年马耳他的电力需求几乎全部由 Delimara 和 Marsa 两个发电厂提供，这两个发电厂均属于马耳他能源公司，总发电能力 571 兆瓦，通过燃烧燃料油产生电力，并通过覆盖马耳他岛和戈佐岛的独立电网传输。

Delimara 发电厂位于马耳他岛东南部，1992 年开始建成发电，初始发电能力为 120 兆瓦，经过 1994 年、1999 年两次扩建，2012 年发电能力达到 304 兆瓦。

Marsa 发电厂位于大港，1966 年开始建成发电，初始发电能力只有 20 兆瓦，后经过 1970 年、1982 年、1984 年、1985 年、1987 年和 1990 年多次扩建，2012 年发电能力为 267 兆瓦。

通过这两个发电厂的发展可以看出，20 世纪 70 年代到 90 年代马耳他的电力需求逐年扩大，发电能力也相应增加，但近十年来，马发电能力没有变化。这一方面表明马在节约能源、发展其他替代能源方面取得了一定效果，另一方面也表明，马迫切需要开发替代能源，以保证能源需求不会成为经济发展的制约。Marsa 发电厂因设备陈旧老化，存在严重的排放污染问题。根据欧盟要求，马耳他政府在 2012 年底将其彻底关闭。取而代之的将是位于自由港的经过扩建的 Delimara 电厂。该电厂 2012 年仍以重油为燃料。

2. 车辆用燃料

汽车数量超过 20 万辆，人均汽车占有率居世界前列，而且还在以一定速度增长。车用燃料在马耳他能源消费中的比重也将增加。

3. 燃气

马耳他没有燃气管线，家庭、酒店和工厂所需燃气均由进口解决，居民家庭一般使用罐装燃气，酒店、工厂等使用散装燃气。

2012 年马耳他每年进口 17000 吨液化石油气（LPG）及 200 吨丙烷气。马耳他能源公司液化气储存能力为 2800 吨，约为全国两个月的消费量。

第五章

军　事

第一节　建军简史

马耳他位于欧洲大陆地中海的中部，处在直布罗陀至苏伊士运河的东西航线和意大利至北非的南北航线交会点，岛上港湾回环隐蔽，自古以来就是过往船舶避风停泊的理想地，所以马耳他在腓尼基语中是"避难所"的意思。

以马耳他为中心，其辐射半径，东可至希腊雅典、克里特岛，南到利比亚，西至阿尔及利亚，北可达意大利中部的佛罗伦萨，几乎覆盖了地中海周围的所有重要目标，马耳他对于南欧和北非地区具有无可比拟的战略地位和价值。正因为如此，马耳他成为历史上兵家必争之地。

1800 年 4 月，托马斯·格雷厄姆准将从英国军队中分离出第一支马耳他官方的军队，即马耳他光明步兵团。步兵团在 1802 年解散，马耳他继之成立了马耳他省级部队、马耳他炮兵部队和马耳他退伍老兵机构；1815 年，建立了皇家马耳他国防部队，1861 年，又改为皇家马耳他炮兵部队。28 年后的 1889 年，马耳他海陆空三军武装力量正式形成。马耳他炮兵的第一军团，在 1962～1970 年效力于英国军队。1970 年，马耳他政府掌管马耳他炮兵部队，与马耳他皇家工兵结合，重新组建了马耳他陆军。1973 年 4 月 19 日，马耳他陆军归入海陆空三军武装力量。

第二节 防务政策

在军事战略上，马耳他作为海军基地成为兵家必争之地，素有"地中海心脏"之称。马耳他共和国对外奉行中立和不结盟政策，不允许外国在马耳他设立军事基地，注意发展和保持同地中海邻国的友好关系，积极倡导建立地中海和平与合作机制，主张加强与地中海沿岸的欧洲国家的合作，共同维护地中海地区的安全与稳定。马耳他希望同更多的友好国家签订协议，以便在马耳他的安全受到威胁时能得到这些国家的帮助。

按照1980年同意大利签订的双边防务协定，由意大利提供安全保障。马耳他军队职责在于保卫马耳他岛国的领土、领海和领空的完整和安全，打击恐怖主义、非法毒品交易、非法移民、非法捕鱼、提供及时有效的搜索援救等。在出现紧急状况时，如自然灾害、国内安全危机和排爆，马耳他军队与马耳他警察部队和政府相关机构合作。在出现紧急状况时，马耳他军队还可以与其他国家相关部门进行有效的协作，并接受其他国家提供的军事援助。

第三节 防务体制

一 国防体制

马耳他的国防体制与大多数国家有很大的区别，在政府中不设国防部，武装力量由正规军和准军事部队组成，由内政部负责管辖，武装部队由总理直接管辖。

马耳他正规军即马耳他国防军，不分陆海空等军种，也不设参谋部。战时，总理通过内政部对武装力量实施指挥。总统、总理和副总理兼内政司法部部长是主要军事领导人，现任马耳他武装部队司令为杰弗里·科米准将。根据1980年马耳他与意大利签订的双边防务协定，意大利负责为马耳他提供安全保障。马耳他警察力量由内政部管辖,现任警察总署署长为皮特·保罗·扎密。

马耳他军队人员不是很多,但编制和装备齐全。"马耳他武装力量"的正规军1900人,其中军官228人,后勤人员400人。由总司令部(负责常规规划、军事行动安排部署、人事事宜、后勤保障)和3个军团组成。

第1团为步兵营建制,下辖3个步兵连和1个防空和后援连;主要负责确保马耳他国际机场安全,保护国家关键基础设施和政府建筑安全,外国贵宾访问马耳他时的礼仪和安全任务,能够短时间内部署在本地或国外的行动,保持可持续的狙击和进行近距离保护,提供作战支援,通过部署迫击炮、重型机枪或反坦克武器以产生专用的火力支援、防空能力等。

第2团为合成团建制,下辖1个飞行中队、1个海军陆战队和1个高炮连。

第3团为补给团,为后勤服务机构以及应对紧急状况志愿军后备力量,下辖1个工兵中队、1个修配连、1个军械连和1个机场警卫连。

准军事部队约3000人,其中警察1800人。

主要装备有高射炮90门,舰艇10艘,飞机5架,直升机10架。另外意大利还在马耳他驻有两架AB-212型搜索求援直升机及50名机组人员。马耳他取消了公民的服兵役义务,实行志愿兵役制。

马耳他的军费开支,2014年约6400万美元,占国内生产总值的0.61%。马耳他年度国防预算和军费开支虽然较少,但相对其国内生产总值来说也在合理的范围之内。

二　军事训练

马耳他主要军事训练内容为近战战术,使用枪械为波兰特许生产的AK-47枪族。马耳他军队的体能训练样式繁多,有扛人跑、拔河、折返跑、拉圆木跑、匍匐战术等。在这个训练完成后,这批新兵就"毕业"了,可以被分配到实战部队服役。

军官、现役军人和预备役人员的能力取决于三个基本支柱：体能训练、武器和训练技巧。新兵基础军事训练为期18周，由一位经验丰富的、受过专业训练的、军事训练院校的军官，以他们的经验、知识、资格和能力进行指导。

三 兵役制度

2011年，马耳他采取自愿制，无征兵制度。适龄人员可以参加现役和预备役。

第四节 对外军事关系

在2000年1月，马耳他总理及外长访问意大利期间，意大利承诺继续给予马耳他大量的经济援助并加强两国之间的军事合作。

2000年，美国宣布在2000～2002年向马耳他提供1300万美元的安全援助。至10月底，美国访问马耳他的军舰增多。2001年马耳他和美国的军事关系继续发展，美国第六舰队频繁地出没地中海，并在马耳他维修它的旗舰。

2000年9月，中国开始向马耳他派驻武官。10月，中国人民解放军副总参谋长张黎中将访问了马耳他。

2001年6月，马耳他武装部队司令蒙塔那罗准将访华。

2008年9月，马耳他军方派员参加欧盟在格鲁吉亚的监控任务。

2008年12月4～7日，中国人民解放军总参谋长助理杨志琦中将率军事代表团访问马耳他，受到马方热情和高规格接待。杨志琦与马耳他武装部队司令瓦萨洛准将举行了正式会谈，分别会见马耳他外交部常务秘书塞西莉亚·毕罗塔和总理府国防事务委员会主任瓦内萨·弗雷泽，双方就开展两军交往及共同感兴趣的问题充分交换了意见。瓦萨洛等对杨志琦总参谋长助理率团访问马耳他表示热烈欢迎，高度评价中马两国和两军关系，特别感谢中方对马军队建设给予的无私帮助，相信此访将进一步密切中马两军交往与合作，促进两国关系全面发展。

杨志琦表示，中马两国具有传统友谊，近年来两国在政治、经济、文化等领域的交流与合作成果显著。中国人民解放军重视发展与马武装部队的友好关系，愿意加强双方人员往来，增进相互了解。访问期间，杨志琦向马战争纪念碑敬献了花圈，应邀观看了军事表演，并出席瓦萨洛司令举行的正式宴会。中国驻马耳他大使柴玺和林会生武官陪同参加有关活动。

2009 年 1 月，马耳他军方派军事人员参加欧盟委员会启动的"欧盟边境援助任务"。

2011 年 6 月和 11 月，马耳他向欧盟派驻高级军事官员，以作为欧盟安全问题专家和利比亚边境事务管理机构专家。

2010~2013 年，马耳他向正在索马里附近海域执行护航任务的欧盟护航编队派驻 12 名士兵，以帮助打击索马里海盗。

2012 年 6 月，马耳他与意大利开展航空海军联合军演，目的是促进两国间相关领域合作和确保地中海地区的安全。

2012 年 7 月 24 日，马耳他武装部队指挥官马丁·什韦勒布准将和英国国防参谋长大卫·理查兹将军举行会谈。英国国防参谋长及将军戴维·理查兹爵士（Sir David Richards）也于 7 月 22~24 日在马耳他访问，并访问马耳他武装部队，且与马耳他武装部队指挥官举行双边军事会谈。

马耳他还多次派员参与欧安会和联合国等国际组织的活动和任务。

2013 年 3 月 26 日，在马耳他瓦莱塔港，中国海军第十三批护航编队指挥员李晓岩少将会见马军司令雪瑞布准将。当日，已结束护航任务的中国海军第十三批护航编队抵达马耳他瓦莱塔港，开始进行为期 5 天的友好访问。这是中国海军舰艇编队首次访问马耳他。

2013 年 9 月 11 日，马耳他外交部部长乔治·维拉（George Vella）在欧安组织研讨会开幕式上就《关于地中海地区安全的政治军事方面的行为准则》的问题进行发言。

2014 年 6 月 11 日，外交部部长乔治·维拉签署了一份关于建立马耳他共和国和索马里联邦共和国外交关系的联合公报。外交部部长乔治·维拉与索马里大使签署了这份公报。马耳他承诺向索马里提供经济帮助，对索马里军事人员进行培训，并通过参与欧盟任务对索马里海岸的海盗行动进行干预，旨在促进索马里实现和平与稳定和防止索马里海岸的海盗行为。

2015 年 7 月 8 日，由国防部部长西蒙·柯文尼率领的爱尔兰代表团在马耳他进行短暂访问。在他们逗留期间，他们邀请马耳他内政部部长和国家安全部部长卡梅洛·阿比拉访问爱尔兰海军服务巡逻舰，此舰在返回爱尔兰之前停泊在格兰德海港，此前在地中海中部进行了移民封锁和救援行动。两国外长讨论了马耳他和爱尔兰之间的军事关系和防务合作倡议。在此之前，爱尔兰代表团在马耳他兵营举行了另一次访问。指挥官和部长们讨论了加强两国间的军事合作，如双边培训协议，以继续建立成功的经验。目前，马耳他有 10 名军事人员正在爱尔兰接受一系列专业课程的培训，其中包括在爱尔兰国家海事学院（National Maritime College of Ireland）的损伤控制、消防和导航等一系列专业课程的培训。

2016 年 12 月 22 日，马耳他外交事务部部长乔治·W. 维拉（George W. Vella）代表政府接受了一间移动诊所和一辆支援车，这些设备是由罗德岛耶路撒冷圣约翰（St. John of Jerusalem）主权军事教团捐赠的。

第六章

社　会

第一节　国民生活

一　就业结构

（一）就业人口的性别结构

在马耳他，就业的性别结构差别较大，也就是说男性就业和女性就业的数量和比例有比较大的差别。根据马耳他国家统计局的统计，2010～2013年其就业人口情况如下：

2010年，在马耳他总共162631名就业人口中，男性为106774人，女性为55857人；

2011年，在马耳他总共166628名就业人口中，男性为108203人，女性为58425人；

2012年，在马耳他总共170249名就业人口中，男性为108224人，女性为62025人；男性就业人口占马耳他男性人口的62.5%，女性就业人口则占马耳他女性人口的35.3%。

2013年，马耳他就业人口总共为175472人，占马耳他人口总数的49.7%，其中，男性就业人口为109231人，占全国男性人口的62.3%；女性就业人口为66241人，占全国女性人口的37.3%。

从上面列举的数字可以看出，在马耳他就业人口中，男性的数量多于女性的数量。

根据马耳他国家统计局的统计，2013年非就业人口（不包括失业人口和 14 岁以下儿童）总共为 165310 人，其中男性为 58543 人，占全国男性人口的 33.4%；女性为 106767 人，占全国女性人口的 60.2%。马耳他未就业的女性的比例是比较高的。

在女性就业方面，马耳他与欧盟主要成员国的差距也比较大。在英国、法国、德国和意大利等欧盟主要成员国中，女性就业人口占就业总人口的比例都为 49% ～51%，也就是说，女性就业人口的数量已经接近或者超过男性就业人口的比例和数量。尤其是在这些国家的第三产业和服务业中，女性就业人口的比例和数量要更高一些。而马耳他女性就业人口的比例和数量，远不及欧盟主要成员国女性就业人口的比例和数量。它从另一个侧面说明，马耳他尽管成为欧盟的成员国，但是，马耳他的社会还不如欧盟主要成员国那样发达，马耳他社会的许多指标（如妇女的自由度、妇女的就业率等）都在欧盟社会指标的平均水平以下。

（二）就业人口的年龄结构

在马耳他，就业的年龄结构在 2010～2013 年有所变化：

15～24 岁的就业人口占就业总人口的比例，2010 年为 15.3%，2011 年为 14.9%，2012 年为 14.1%，2013 年为 14.3%；

25～34 岁的就业人口占就业总人口的比例，2010 年为 28.4%，2011 年为 28.4%，2012 年为 28.0%，2013 年为 27.7%；

35～44 岁的就业人口占就业总人口的比例，2010 年为 21.9%，2011 年为 22.9%，2012 年为 23.4%，2013 年为 23.7%；

45～54 岁的就业人口占就业总人口的比例，2010 年为 21.5%，2011 年为 20.7%，2012 年为 21.0%，2013 年为 20.4%；

55～64 岁的就业人口占就业总人口的比例，2010 年为 11.6%，2011 年为 11.8%，2012 年为 12.0%，2013 年为 12.2%；

65 岁以上的就业人口占就业总人口的比例，2010 年为 1.3%，2011 年为 1.3%，2012 年为 1.4%，2013 年为 1.6%。

从上面的就业年龄结构的数字可以看到，马耳他主要的就业人口集中在 25～34 岁、35～44 岁和 45～54 岁三个年龄段。也就是说，25～54 岁年龄段的就业人口占马耳他就业总人口的比例，2010 年为 71.8%，2011

年为72%，2012年为72.4%，2013年为71.8%。25～54岁年龄段的就业人口占马耳他就业总人口的比例大体上与欧盟主要成员国这个年龄段的就业人口占就业总人口的比例相同。

从上面的就业年龄结构的数字可以看出，15～24岁的就业人口占就业总人口的比例有所下降，也就是说，马耳他青年劳工进入劳动力市场的时间逐渐在推迟。

（三）就业人口的职业结构

进入21世纪以来，马耳他国家统计局对马耳他职业和劳动力状况进行非常认真和细致的调查，几乎每年的每个季度都要进行一次，公布的资料非常丰富。2010～2013年马耳他各个职业中的就业人口和就业人口所占百分比见表6-1。

表6-1 2010～2013年马耳他职业结构

单位：人

职业	2010年	2011年	2012年	2013年
军人	男性（1391） 女性/	男性（1723） 女性/	男性（1896） 女性/	男性（1726） 女性/
经理、管理人	男性（11082） 女性（3256）	男性（10976） 女性（3506）	男性（11855） 女性（4211）	男性（12144） 女性（4748）
专业人士	男性（11100） 女性（11338）	男性（12806） 女性（12144）	男性（13852） 女性（13542）	男性（14916） 女性（13808）
技术人员	男性（16086） 女性（6813）	男性（16411） 女性（6886）	男性（16694） 女性（7641）	男性（16314） 女性（9325）
后勤支持人员	男性（7950） 女性（10992）	男性（7747） 女性（11346）	男性（7834） 女性（11466）	男性（7035） 女性（12498）
服务及销售人员	男性（16504） 女性（14917）	男性（16600） 女性（16160）	男性（16704） 女性（16801）	男性（17056） 女性（17595）
农业、林业和渔业工人	男性（2032） 女性/	男性（1830） 女性/	男性（1634） 女性/	男性（1753） 女性/
工艺及相关行业工人	男性（18839） 女性（1045）	男性（18443） 女性（901）	男性（17692） 女性（826）	男性（17685） 女性（863）

职业	2010 年	2011 年	2012 年	2013 年
厂房及机器操作员和程序汇编人员	男性(9142) 女性(2894)	男性(9245) 女性(3199)	男性(8821) 女性(2489)	男性(8970) 女性(2574)
非技术人员	男性(12510) 女性(4270)	男性(12422) 女性(4275)	男性(11242) 女性(4777)	男性(11632) 女性(4613)
总计	男性(106774) 女性(55525)	男性(58417) 女性(58417)	男性(108224) 女性(61753)	男性(109231) 女性(66024)

注：/为暂无数据。
资料来源：马耳他政府网站。

　　马耳他当局重视农业和林业的发展，力求解决马耳他粮食自给的问题和满足国际市场上农产品的需要。

　　马耳他第二产业，即矿业和采石业，制造业，电力、瓦斯和自来水、建筑业的就业人口占三次产业就业人口的比例都在下降。

　　除农业和林业及矿业和采石业，制造业，电力、瓦斯和自来水、建筑业外，其他职业均属于第三产业的范畴。从马耳他国家统计局对马耳他第三产业的分类可以看出，马耳他第三产业的分类越来越细，职业的门类也越来越多。它与目前马耳他经济发展的方向相适应，即目前马耳他经济发展的重点是服务业和旅游业。

　　随着马耳他服务业和旅游业的发展，第三产业就业人口的数量和比例有了明显的提高。

　　马耳他国家统计局统计数据和世界经济论坛全球竞争力年度报告显示，2012 年马耳他女性就业人口比例在 148 个国家中居第 125 位，此项排名位于马耳他之后的都是伊斯兰国家，如也门、巴基斯坦和沙特等。该报告中就业男性人口和女性人口为 15～64 岁人群。欧洲统计局研究也显示，马耳他女性就业比例为 46.8%，在欧盟中最低，与马耳他同年龄段男性就业比例相差 32 个百分点，是欧盟中差距最大的国家。2013 年，马耳他全日制就业人口共有 157337 人，占就业人口的 95.7%；临时雇用人员（或称为部分时间就业人员）为 56754 人，占就业人口的 4.3%；临时雇用人员主要分布在马耳他第二产业和第三产业，第一产业几乎没有。2013 年底，马耳他工业、建筑业等第二产业临时雇用人员为 2323 人，占临时雇用人员总数的 4.1%；旅馆、餐厅、金融等服务部门的第三产业临时雇用人员为 10086 人，占临时雇用人员总数的 17.8%。马国家统计局公布的数据显示，2014 年 11 月男性全职就业人数和女性全职就业人数分别上升 2.8% 和 5.5%。

（四）就业人口的类别

据马耳他《独立报》报道，2005～2013 年马劳动力市场总活动率稳步上升，其中女性的活动率由 2005 年的 36.4% 上升至 2013 年的 50.2%。青年受教育程度呈上升趋势，学生早期离校率由 2005 年的 33% 下降至 2013 年的 20.5%。此期间内失业率平均为 6.6%，长期失业率平均为 3%。马耳他国家统计局公布的数据显示，2014 年 9 月，马劳动力供应（兼职就业者除外）约为 17.18 万人，同比增加 3.3%，就业率同比上升 4.1%。全职就业人数增加 6446 人，其中私营部门就业人数约为 12.08 万人，增加 3975 人，公共部门就业人数约为 4.44 万人，增加 2471 人。男性和女性全职就业人数分别增加 2.9% 和 6.1%。兼职就业人数增加 8%，其中以兼职为主要职业的人数约为 3.59 万人，增加 8.9%（2933 人）。登记失业人数同比减少 1020人。从上述数字可以看出，马耳他的就业人口主要集中在私人经济部门。

根据马耳他国家统计局的统计，雇员占马耳他劳动力（包括劳动力市场中的劳动力和家务劳动力）的比例，2013 年为 85.9%，2014 年为 86.5%；个体户（或称自雇主，包括雇用少数雇员）占马耳他劳动力的比例，2013 年为 14%，2014 年为 13.6%。从上述数字可以看出，随着马耳他经济和社会的发展，被雇用人员，即领工资者的数量日益增加，2013年为 148098 人，2014 年为 151863 人。他们占马耳他劳动力的比例也在逐渐提高。

二 失业结构

根据马耳他国家统计局的统计，马耳他的失业人数如下：
2010 年为 11957 人，占当年劳动力的 3.5%；

2011 年为 11342 人，占当年劳动力的 3.3%；

2012 年为 11482 人，占当年劳动力的 3.3%；

2013 年为 11964 人，占当年劳动力的 3.4%。

据统计结果，从总体来看，2010～2011 年马耳他的失业人数和失业率呈现轻微下降趋势，而自 2013 年起则出现相反的趋势，即上升的趋势。

在失业人口的年龄结构方面，统计结果如下：

15～24 岁的人，在 2010 年、2011 年、2012 年和 2013 年失业的分别占劳动力的 31.7%、33.7%、34.3% 和 31.2%；

25～44 岁的人，在 2010 年、2011 年、2012 年和 2013 年失业的分别占劳动力的 43.6%、43.1%、41.2% 和 41.2%；

45～64 岁的人，在 2010 年、2011 年、2012 年和 2013 年失业的分别占劳动力的 24.7%、23.2%、24.5% 和 27.6%。

从列举的数字和百分比可以看出，马耳他 25～44 岁的人的失业率比较高，其人数也是比较多的。

马耳他 2010 年、2011 年、2012 年、2013 年失业率分别为 6.8%、6.4%、6.3%、6.4%。

三 非就业人口结构

根据马耳他国家统计局的统计，马耳他非就业人口 2010 年为 169239 人，占当年人口的 49.2%；2011 年为 167906 人，占当年人口的 48.5%；2012 年为 167371 人，占当年人口的 47.9%，2013 年为 165310 人，占当年人口的 46.9%。

这些非就业人口的年龄结构是：

15～24 岁的占非就业总人口的比例，2010 年为 16.3%，2011 年为 15.8%，2012 年为 16.1%，2013 年为 15.6%；

25～34 岁的占非就业总人口的比例，2010 年为 6.4%，2011 年为 5.5%，2012 年为 5.5%，2013 年为 5.1%；

35～44 岁的占非就业总人口的比例，2010 年为 8.1%，2011 年为 7.5%，2012 年为 7.2%，2013 年为 7.0%；

45～54 岁的占非就业总人口的比例，2010 年为 12.7%，2011 年为 12.6%，2012 年为 11.2%，2013 年为 10.5%；

55～64 岁的占非就业总人口的比例，2010 年为 23.3%，2011 年为 23.2%，2012 年为 22.6%，2013 年为 22.0%；

65 岁及以上的占非就业总人口的比例，2010 年为 33.2%，2011 年为 35.5%，2012 年为 37.4%，2013 年为 39.8%。

从上述非就业人口的年龄结构可以看出，首先，非就业人口主要集中在 65 岁及以上的年龄段，都是老年人和退休者。其次，55～64 岁非就业人口的比例也较大，这类人口大多也是老年人和退休者。最后，15～24 岁的非就业人口的比例也较高，这是因为他们还处在学习时期。

四　收　入

据马耳他《时报》报道，米斯克咨询公司最新研究出炉的 2012～2013 年马耳他工资和福利报告显示，马耳他 2012 年平均工资同比增长 4.5%，这是马耳他经济逐步复苏带动企业获利从而使工资增长的结果。

该报告中涉及马耳他众多领域，包括外商独资企业、国有企业及私营业主在内的服务业、制造业和金融业等。

年均工资增速排名前三的职业为财务经理（14.7%）、项目经理（13%）和人力资源经理（11.9%）。马耳他 2012 年平均工资同比增长 4.5%，马耳他月平均工资为 1092 欧元。马耳他是欧洲规定最低工资的国家之一，同时马耳他还规定强制支付年终奖金和生活津贴：1424 元人民币/周 + 2703 元人民币年终奖 + 2420 元人民币年生活津贴。

从经济活动分类来看，2013 年第四季度（10～12 月）各经济门类平均工资如下：制造业、采矿业为 16357 欧元；建筑业为 14025 欧元；批发和零售贸易业、运输和储存业、食宿服务业为 13173 欧元；信息和通信技术业为 19082 欧元；金融保险业为 20754 欧元；科学、技术、管理和支持服务业为 15822 欧元；公共行政、国防、教育、健康和社会工作业为 17139 欧元；其他服务业为 17275 欧元。

按照职业来划分，2013 年第四季度（10～12 月）各个职业的平均工资如下：军人为 15735 欧元；经理、管理人为 26656 欧元；专业人士为 21274 欧元；技术人员和助理专业人员为 17083 欧元；后勤支持人员为 13240 欧元；服务和销售人员为 11684 欧元；工艺及相关行业工人为 13910 欧元；厂房及机器操作员和汇编程序人员为 12719 欧元；基础行业人员为 10747 欧元。

从马耳他国家统计局公布的《马耳他劳动力状况调查》可以看出，马耳他各个职业的工资收入还是有差别的，具体情况如下：超过平均年工资的职业有电力、瓦斯、自来水、运输、仓储、通信业、金融业、房地产置业、公共行政、防务、社会治安、教育、渔业、矿业、采石业、保健、社会工作、境外组织、个人服务，其中，年工资较高的是金融业、境外组织、个人服务和房地产置业。

从上述情况可以看出，第一，随着时间的推移，超过平均年工资的职业越来越多；第二，各个职业之间的工资虽然有差别，但差别都不是很大。

在马耳他的同一职业中，男女之间的工资也存在差别。男职工的年平均工资要高于女职工的年平均工资。

在马耳他，私营部门职工和政府部门官员之间的工资也有差别，政府部门官员的年平均工资要高于私营部门职工的年平均工资，但是高出的数额不是很大。

马耳他最低工资标准为每月 700 欧元，与希腊、葡萄牙、西班牙和斯洛文尼亚同处于中游档次。最低的保加利亚为 159 欧元，最高的则为卢森堡，为 1874 欧元，两者相差 10 倍多。如考虑购买力因素，最低的为罗马尼亚，最高的仍为卢森堡，两者相差约 5 倍。欧盟 28 国中，包括马耳他在内的 21 国对最低工资标准进行了立法。但是，与其他欧盟国家相比，马耳他领取法定最低月工资的雇员数量最少。

五 消费

在 2013 年，马耳他家庭年度总支出为 389408 万欧元。马耳他居民收入除了用于日常消费外，还用于购买汽车、家用电器等消费品和出国旅游。

马耳他家庭和个人消费结构按百分比计算如下。

马耳他家庭和个人消费结构中，食品和烟草开支占 23.82%，服装和鞋子占 8.24%，住宅占 7.57%，燃料、电和能源占 2.25%，家庭耐用品占 7.65%，交通和通信占 23.13%，私人轿车和健康用品占 6.22%，教育、娱乐（含娱乐用品）占 8.84%，等等。

从消费结构可以看出，马耳他家庭和个人由主要开支用于食品（占全部开支的近 1/3），转变为交通和通信的开支日益增加，马耳他家庭和个人消费结构接近欧盟发达国家的家庭和个人消费结构的水平。

根据马耳他国家统计局的统计，2010～2013 年，马耳他每百人拥有移动电话部数、固定电话部数、有线电视台数和使用网络人数见表6－2。

表 6－2　马耳他每百人拥有移动电话部数、固定电话部数、有限电视台数和使用网络人数情况

年　份	移动电话部数（部）	固定电话部数（部）	有线电视台数（台）	使用网络人数（人）
2010	107.3	59.8	34.6	29.3
2011	125.0	55.6	35.9	31.0
2012	126.3	54.5	35.1	32.2
2013	130.9	54.4	35.0	33.6

资料来源：马耳他国家统计局。

2010～2013 年马耳他机动车牌照拥有情况：轿车 2010 年为 240960 个、2011 年为 247375 个、2012 年为 249612 个、2013 年为 256096 个；营业性车辆 2010 年为 45485 个、2011 年为 45624 个、2012 年为 45650 个、2013 年为 46500 个；摩托车 2010 年为 14843 个、2011 年为 15563 个、2012 年为 15815 个、2013 年为 16901 个；其他车辆 2010 年为 3417 个、2011 年为 3385 个、2012 年为 3433 个，2013 年为 3463 个。

这些统计数据可以说明，随着时间的推移，马耳他拥有的机动车

数、使用网络人数、移动电话部数、固定电话部数都有大幅度的提高。

六　价格

马耳他零售价格指数（RPI）变化如下：食品 2010 年为 128.88，2011 年为 133.85，2012 年为 140.15，2013 年为 146.83；饮料和烟草 2010 年为 130.65，2011 年为 133.53，2012 年为 139.47，2013 年为 145.32；衣物和鞋类 2010 年为 88.10，2011 年为 88.21，2012 年为 86.67，2013 年为 87.00；住房 2010 年为 131.08，2011 年为 138.62，2012 年为 139.21，2013 年为 140.73；水电汽油 2010 年为 253.56，2011 年为 259.92，2012 年为 263.39，2013 年为 262.07；家用设备和房屋维修费用 2010 年为 106.54，2011 年为 105.02，2012 年为 107.24，2013 年为 108.73；运输和通信 2010 年为 110.23，2011 年为 113.80，2012 年为 116.22，2013 年为 113.53；个人护理和健康 2010 年为 125.43，2011 年为 127.52，2012 年为 128.96，2013 年为 131.91；娱乐和文化 2010 年为 106.66，2011 年为 107.93，2012 年为 109.24，2013 年为 111.61；其他商品和服务 2010 年为 125.05，2011 年为 130.47，2012 年为 136.27，2013 年为 137.00；所有项目的价格总指数 2010 年为 119.93，2011 年为 123.20，2012 年为 126.18，2013 年为 127.91。

与往年相比，2011 年马耳他通货膨胀状况有所好转，从 2010 年高于欧盟的平均水平降至平均线以下，但仍然面临快速上升的压力。2011 年，以欧盟消费者价格调和指数计算，马耳他的通货膨胀率平均达到 2.5%。2012 年，由于食品成本上升，以及旅馆和餐馆价格上涨，年均通胀率升至 3.2%。2013 年，受服务行业饭店和酒店价格下降的影响，马耳他的通货膨胀率（以欧盟消费者价格调和指数计算）降为 1%，在欧盟居于较低水平。全球食品和能源价格的走低导致马耳他的通货膨胀率近年来呈下降趋势。2014 年马耳他的通货膨胀率（以欧盟消费者价格调和指数计算）仅为 0.4%。

七　住房

住房对马耳他人来说是最重要的家庭投资。马耳他住房建造及维护由政府房管部门负责，房屋租金由土地部门负责收缴，房屋价格由政府通过市场经济杠杆进行调节。马耳他大多数居民有能力满足对于居所的要求，并能使住房条件不断改善。但也有一小部分人不能得到理想的住房。在马耳他，拥有私人住宅的家庭占全国家庭的78.14%，租住房屋的家庭仅占全国家庭的19.33%。

马耳他的住房问题与经济、文化和社会现实息息相关。在马耳他人的观念中，住房环境和水平的高低与生活质量紧密相关，恶劣的居住环境还可能增加人们的精神压力和社会问题。马耳他政府认识到：住房政策给宏观经济以刺激，促进社会的发展和前进。住房问题不独立于教育、健康、老年、社会保障、弱势人群等问题之外，而是与这些紧密相关。住房政策作为社会政策中的主流政策之一，要努力满足民众的需求，并减少管理和操作上的烦琐，使住房政策和其他社会保障制度互相促进，成为一个有机的整体。为此，政府采取了以下三个方面措施：

（1）扩大住房用地的供给量；

（2）更加注重住房问题，因为社会结构在变化，老年人住房、单身人员住房和人数较多家庭的住房问题都要考虑到；

（3）根据不断涌现的新的社会需求，进一步建立和健全社区服务功能，并制定帮助弱势人群的相关政策，以提高居民的生活质量，增强综合服务和保障能力。

马耳他建筑受欧洲建筑风格的影响很大，宫殿、教堂富丽堂皇，大厅明亮宽敞，高大而颇有气势。普通民居多为二层别墅式楼房，因为政府规定不得修建高楼，所以岛上房屋无论新旧、高矮和色调如出一辙，质朴而淳厚，虽无高楼大厦的奇巧亮丽，却显出一种从容不迫之色。房屋光线充足，通风良好，井水供旱季时浇灌花卉草木之用。这些住房全由本岛产的1.5米长、0.5米宽的石块垒砌而成。这些石块在刚开采出来时质地比较软，可砍可锯，加工起来非常方便，但经过一段时间风化后，石块则变得相当坚硬，是理想的建筑材料。用这种石块建造的房屋墙壁都比较厚，可使室内冬暖夏凉。

八 生活方式

根据马耳他国家统计局的统计，马耳他居民成年人平均体重为72.5公斤，其中男性平均体重为79.4公斤，女性平均体重为65.9公斤。18～24岁马耳他男性平均体重为79.1公斤，女性平均体重为55.6公斤；25～34岁马耳他男性平均体重为84.7公斤，女性平均体重为64.1公斤。3%的居民属于体重超轻，62%的居民属于超重或肥胖。马耳他居民中，全民平均身高为165.3厘米，女性平均身高为159.7厘米，男性平均身高为171.2厘米，身高175.77厘米的马耳他人占全体居民的60%。25～34岁男性平均身高为175.2厘米，女性平均身高为163.8厘米；65岁及以上的男性平均身高为165.3厘米，女性平均身高为156.8厘米。

马耳他职工对他们的职业相当满意，对他们的劳动、工作环境和条件也相当满意，与他们周围的同事相处比较融洽。尤其是马耳他的女职工，对她们的职业、劳动和工作条件、与同事的关系十分满意。马耳他工人每周在工作场所的实际时间为36.5小时。其中，男性实际工作时间为38.1小时，女性实际工作时间为33.1小时。超时工作的雇员仅占全部雇员的7.2%，平均超时的时间为9.7小时，6.3%的工人会领取超时工资。

在健康状况方面，马耳他居民中62%身体状况良好，其中，男性健康状况分布是：非常健康者占14.4%，良好者占40.5%，尚好者占34.7%，不健康者占9.0%，非常不健康者占1.4%。女性健康状况分布是：非常健康者占12.9%，良好者占37.4%，尚好者占41.2%，不健康者占7.3%，非常不健康者占1.2%。身体脂肪比例指标（BMI）：马耳他男性为27.15，女性为25.87，人均为26.5。低于这个指标的偏瘦人群中88%是健康的，高于这个指标的肥胖人群中45%是健康的。每年有84%的人会看医生，其中有一半看牙科医生，还有近10%的居民不看医生。

上述表明，马耳他多数居民的健康处于良好和尚好状况。学龄前儿童和学生的健康等级分别为 2 和 4[①]，学龄前儿童和学生的健康即处于良好和尚好之间。已婚家庭的成员的健康也处于良好和尚好之间。

在饮用酒精饮料方面，马耳他 47.5% 的男性饮用酒精饮料，52.5% 不饮；25% 的女性饮用酒精饮料，75% 不饮。饮用酒精饮料的马耳他居民中，35.5% 饮葡萄酒，39.3% 饮啤酒，25.2% 饮烈性酒。其中，饮葡萄酒男性占饮酒男性的比例为 28%，饮啤酒的为 54.4%，饮烈性酒的为 17.6%；饮葡萄酒女性占饮酒女性的比例为 49.2%，饮啤酒的为 12%，饮烈性酒的为 38.8%。男性每周平均消耗含酒精饮料 6.6 升，其中，葡萄酒 2.5 升，啤酒 2.6 升，烈性酒 1.5 升；女性则每周平均消耗含酒精饮料 2.2 升，其中，葡萄酒 1.1 升，啤酒 0.1 升，烈性酒 1.0 升。平均每周每个马耳他成年居民饮酒量为 1.8 升葡萄酒，1.3 升啤酒，1.0 升烈性酒。

在饮食习惯方面，54% 的马耳他居民很在意饮食健康，男性关注低胆固醇饮食，而女性更关注的是减肥饮食。45% 的居民每天会摄入水果，而 28% 的居民一周 3~5 天会摄入水果，5% 的居民从来不摄入水果。有 74% 的居民每天或者每周 3~5 天会摄入蔬菜，而 3% 的居民不摄入蔬菜。

在业余爱好方面，马耳他居民中，爱好艺术和文化活动的占 15.7%，学习乐器的占 5.2%，读书的占 38.3%，从事收藏活动的占 7.5%，学手艺的占 14.7%，从事园艺的占 25%，从事家庭事务的占 28.8%，玩彩票的占 2.8%，爱好摄影的占 5.4%，从事缝补和编织的占 14.6%，嗜烈性酒的占 7.3%，赌博的占 0.9%。超过五分之一的人口把家庭装饰作为一种最喜欢的消遣方式，其中女性居多。21% 的居民把浏览互联网内容作为首选活动。

在休闲方面，马耳他居民中，上饭馆的占 72%，看电影的占 23.9%，泡酒吧的占 15.3%，锻炼身体的占 8.2%，跳舞和上夜总会的占 7.3%，

---

① 马耳他国家统计局将健康状况分为 5 个等级：1 等级为非常健康，2 等级为良好，3 等级为尚好，4 等级为不健康，5 等级为非常不健康。

跳迪斯科的占4.2%,玩台球的占2.4%,赌博的占0.5%。马耳他居民的休闲生活以上饭馆、看电影为主。经常光顾电影院、体育场、酒吧、俱乐部、舞蹈俱乐部、夜总会和餐馆的大多是男性。经常光顾剧院、文化场所、赌场和娱乐场所的大多是女性。26%的马耳他居民将旅游作为主要休闲活动之一。

当然,一些马耳他人也存在不良的生活方式。马耳他烟民达到人口总数的26%。五分之一的女性吸烟,三分之一的男性吸烟。男性容易吸烟,但女性烟瘾往往更大。马耳他社会各个部门的人都存在这种致命的习惯,而与年龄、性别和社会地位关系不大。35.6%的烟民年龄介于36岁到50岁。尽管关于吸烟危害的宣传到处可见,但仍有31.9%的16~25岁的年轻人吸烟。

从社会结构来看,劳动技能欠缺的人吸烟司空见惯,大约占33.3%,接着是白领,占31.3%。而在专业人士和较高管理级别的人士中间抽烟的人相对少些,占23.3%,有技能的体力工人吸烟率为27.7%。56.2%的烟民说,每周抽烟费用在46.5欧元以上,另有27%的烟民每周支付11.6~23.2欧元。67.5%的女性和49.6%的男性说,每周在卷烟上花费46.5欧元以上。烟民中有33.7%的人烟瘾很大,其中,25.8%的人每天吸1~40支卷烟,7.9%的人每天吸41~60支卷烟。基于烟民比例的上升,93.7%的马耳他人要求,应该尽快采取紧急措施,改变这种不良的生活方式。

马耳他国家统计局还对居民生活的满意度[1]进行统计,马耳他居民总体上满意度为2.1,即相当满意。其中18~24岁的满意度为1.9,25~34岁的满意度为2.1,35~44岁的满意度为2.1,45~54岁的满意度为2.2,55~64岁的满意度为2.1,65岁及以上的满意度为2.2。已婚人士中夫妻双方生活习惯相近的生活满意度最高,退休人员生活满意度高,而失业人员生活满意度最低。

九 幸福指数

调查显示,2012年,40%的马耳他人认为他们的生活非常幸福,生

---

[1] 马耳他国家统计局将满意度分为5个等级:1等级为非常满意,2等级为相当满意,3等级为满意,4等级为不满意,5等级为非常不满意。

活窘迫者占 48%，受苦者占 12%。全世界幸福指数排名第 38。

安娜贝尔·梅利是马耳他驻伦敦使节团的一名外交官。她说：

> 马耳他是个非常小的国家，因此那里的家庭关系非常紧密。无论你走到哪里，你都不会感到孤独。那里的气候非常好，有着出色的教育，也是个非常好的福利国家。那里并不存在贫富鸿沟，你也看不到乞丐。

这项调查再次证实，金钱买不来幸福和快乐，主宰幸福的首推家庭与婚姻。国力最强的美国，其国民的幸福感排到了 10 名以外，位于拉美国家的哥伦比亚、危地马拉和乌拉圭之后。西欧发达国家英国和德国更是被挤出前 20 名。尽管在过去几十年里，英国人的人均收入已经增加了 80%，但是英国人的幸福感并没有随之大幅增加。从 1973 年到 2012 年，英国国民的幸福指数只提高了 1.36%。与此同时，乌拉圭和受到内战困扰的哥伦比亚等拉美国家，尽管存在贫困、犯罪率高和不平等状况严重等问题，但是人民的幸福指数上升了近 10%。专家们相信，这是由于这些国家比较注重亲情，从而很大部分抵消了贫困和动荡所带来的苦难。相比之下，在英国等发达国家，尔虞我诈的职业生活以及家庭、社区传统的逐渐消失，抵消了经济发展给人们带来的幸福感，令这些国家的幸福指数一直无法得到大幅度提升。

另外，一项由新经济基金会进行的"快乐星球"指数调查表明，马耳他公民快乐程度列欧洲国家前十名。该调查是以生活满意度、平均寿命、生态环境指数等为基准的。马耳他公民生活满意度得分为 7.4 分，高于欧洲 6.7 分的平均水平。马耳他人均寿命为 79.6 岁，高于欧洲平均水平。马耳他生态环境指数为 2.5，为欧洲平均水平。分析人士指出，距海滩和大自然较近，是马耳他公民快乐的重要原因。分析也表明，采取更环保的生活方式不一定就会降低快乐程度。

马耳他为地中海岛国，政局稳定，人民平易质朴，社会治安条件优越，恶性事件发生率低。教会、修道院向民众宣扬将尘世万事都寄托于神的拯救，在此神圣的意愿之下，马耳他遂产生一种严谨的秩序与社会规范，形成了强大的宗教文化，它能深入人心。

十　移民

马耳他既是向外移民又是外国人移入的国家。半个世纪以前，马耳他人口则是移出多于移入，向外移民多达8010人。目前，各国移民占马耳他全国人口的2.05%。总的来说，外来移民占马耳他人口的比例在欧洲联盟国家中还是比较低的，这是由于马耳他政府采取了严厉的限制移民的政策，如法律规定即便是欧洲联盟成员国的公民在马耳他逗留的时间也不得超过三个月，同时规定就业必须由政府统筹安排，从而排除了非法移民打黑工的可能性。

但是，自从马耳他加入欧洲联盟以来，一些国家掀起了向马耳他移民的热潮。来自利比亚、苏丹、索马里、厄立特里亚、东非的一些国家以及伊拉克和印度的非法移民，都把马耳他作为进入欧洲联盟国家的跳板，从而使马耳他的移民数量有所增加。2004年有1199位移民进入马耳他，2005年有1822位移民落脚马耳他，从而使本来人口过多的马耳他的压力变大了。2006年7月，马耳他政府与欧洲联盟在拉巴特就非法移民问题商讨对策并做出决议，从而使近年来非法移民的数量有所减少。但是2008年，移民人数已达到2859人。2011年1月4日，在没有任何预兆的情况下，马耳他政府暂停了投资移民的政策。

2014年初，马耳他政府颁布马耳他公民权以及护照投资移民法案。2015年8月28日，马耳他身份局（IDENTITY MALTA）发布《马耳他国债投资居留计划》（简称：MRVP）。2016年2月23日马耳他身份局于官网正式发布《马耳他国债投资居留计划》项目说明指南及全套申请文件表格，并面向非欧盟国家国民全面开放申请，为方便申请人深入了解马耳他。2016年3月22日马耳他议会经济增长与竞争力国务秘书José Herrera到访中国，讲解项目详情。

通过以上政策不难看出，马耳他国债移民受马耳他政府支持，并且有官方背书，是列入移民法案的，投资有收益、风险较低。

马耳他移民政策之投资要求如下。

1. 主申请人年满 18 周岁。

2. 投资购买 25 万欧元及以上的马耳他国家债券，为期 5 年，5 年无息返还。也可采取融资方式，一次性支付 10 万欧元不返还。

3. 购买或租赁房产不少于 5 年；可在马耳他岛、马耳他岛南部地区或戈佐岛持续租房 5 年，每年租金不低于 1.2 万欧元；也可选择在马耳他地区购买 32 万欧元以上房产，或在戈佐岛、马耳他岛南部地区购买 27 万欧元以上房产。

4. 提供无犯罪证明。

5. 购买医疗保险，覆盖欧盟保额不低于 3 万欧元（大概每人每年 400 欧元）。

6. 申请人必须是非欧盟成员国公民。

7. 附属申请人：主申请人的合法配偶、未成年子女、18～26 岁未婚且经济不独立的子女、经济依赖于主申请人的父母和祖父母。

相比其他移民国家，马耳他投资要求灵活且简单，无须提供烦琐资料，更没有经商背景、语言、学历等要求，申请人缴纳最低 8 万欧元即可移民，轻松获马耳他永居卡，获得永居卡后，可享受该国众多优势福利待遇。

马耳他移民政策之优势：英语系国家、国债有收益、一家四代畅游欧洲 30 国。

1. 四代移民：主申请人、配偶，子女，父母，祖父母，一步到位，获得永久居留权。

2. 完美收益：25 万欧元购买国债，年收益 4%～4.3%，年返收益 1 万欧元。

3. 投资方式：认购国债＋组合投资，实际花费 8 万欧元即可完成移民。

4. 纯英语系：马耳他主讲英语，儿童在本国可接受纯英式教育，未来就读欧美名校有优先录取优势。

5. 医疗有保障：持有马耳他永居卡，申请人在全欧盟境内看病可享受一半以上报销。

除以上优势外，持有马耳他永居卡，不仅能够畅游26个申根国家，还能在塞浦路斯、克罗地亚、罗马尼亚、保加利亚四个国家免签，能够真正实现自由通行欧洲30个国家。

马耳他移民政策之整体花费方案如下。

方案一：马耳他国债认购+购房

（适合考虑在马耳他居住或考虑马耳他房产投资的申请人）

1. 国债认购费用：25万欧元。

2. 行政管理费：3万欧元。

3. 律师费：5万欧元/家庭。

4. 马耳他境内购房费用：（1）马耳他主岛购房费用不低于32万欧元；（2）马耳他南部或戈佐岛购房费用不低于27万欧元。

方案一费用合计约为：

1. 67.5万欧元（马耳他主岛购房）；

2. 62万欧元（马耳他南部或戈佐岛购房）。

因马耳他国债有收益且返还，所以申请人实际花费：

1. 37万欧元（马耳他主岛购房，房子为永久产权）；

2. 31万欧元（马耳他南部或戈佐岛购房，房子为永久产权）。

方案二：马耳他国债认购+租房

（适合只想拿马耳他身份，最低成本获得永居卡的申请人）

1. 国债认购费用：25万欧元。

2. 行政管理费：3万欧元。

3. 律师费：5万欧元/家庭

4. 马耳他境内租房费用：（1）马耳他主岛租房费用不低于1.2万欧元/年；（2）马耳他南部或戈佐岛租房费用不低于1万欧元/年。

方案二费用合计约为：

1. 39.5万欧元（马耳他主岛租房）；

2. 38万欧元（马耳他南部或戈佐岛租房）。

因国债有收益且5年后返还，所以申请人实际花费：

1.9 万欧元（马耳他主岛租房）。

2.8 万欧元（马耳他南部或戈佐岛租房）；

方案三：适合想以最少资金移民的申请人

1. 投资额：10 万欧元（不再返还）。

2. 行政管理费：3 万欧元。

3. 律师费：5 万欧元/家庭。

4. 马耳他境内租房费用：（1）马耳他主岛租房费用不低于 1.2 万欧元/年；（2）马耳他南部或戈佐岛租房费用不低于 1 万欧元/年。

方案三费用合计：19 万欧元。

马耳他这个面积仅 316 平方公里的小岛国在热门移民国家的搜索中频频现身，"国债移民""一家四代""英式教育""南欧瑞士"等热搜词与这个国家紧密相连。匈牙利国债移民关停后，马耳他便作为欧洲唯一实施国债移民政策的国家，引起了投资人的注意并迅速引爆欧洲投资移民新热潮，成为投资人的新宠，跻身热门移民国家行列。马耳他移民政策之发展历程为政府认可，写入方案，安全无风险。

申请者只需要完成政府制定的 25 万欧元国债投资，即可全家四代人一步到位，获得马耳他的永久居留权。

马耳他国债移民项目堪称移民界的里程碑，因为这是有史以来最具性价比的移民项目，只需 25 万欧元投资，便能一步到位，获取欧盟成员国永久居留权，还能祖孙四代、七个家庭一起移民，真正做到全家拿欧洲"真"绿卡。

第二节　社会管理

一　社会政策

马耳他一直被认为是一个福利良好的国家，国民被作为社会组织不可缺少的一部分而不是分散的个体。社会政策趋向于较少贫富差距，创造平等就业机会，减少经济负担。政府不断改善福利、刺激小企业发展、促进经济多元化、使政府政务公开、建立一个可持续的经济发展态势、大幅提高能源资金项目效率、改善能源住宅和企业、减少废物排放、促进商业和服务业发展等，均为良好社会政策的基础所在。

马耳他虽然是一个小国，但传统观念很强，很重视宗教信仰、家庭观念、价值观和道德观念。社会政策的制定也建立在这些基础之上，这使得公民具有群体观念，能够协同合作、诚信守约，从而使社会公正、平等，同时社会政策的制定也离不开公民的参与与实践。

马耳他社会政策的原则是：权利平等、消除歧视、优质服务的可用性、对弱势群体的照顾、可持续财政政策、国民参与、可持续发展、养老和福利的保障。

马耳他社会政策还有以下一些主要目的：

促进社会经济、服务业和私营企业发展，促进家庭和谐、退休人员等社会特殊群体生活水平提高，小企业发展，增加就业；

在全球经济放缓的情况下，刺激经济发展，保障平等就业，使马耳他免受全球经济压力；

通过控制通货膨胀和赤字，确保社会稳定，同时明确在社会发展中雇用者和被雇用者同样拥有相应的责任等。

（一）社会保障

1. 当代社会保障制度的建立

马耳他社会保障制度可以追溯到圣约翰骑士团统治马耳他岛的时期，现有的官方文件表明那时的马耳他就已经有了对民众的资助，如对穷人的补贴，大多为现金形式的帮助。到了 17 世纪中期，马耳他建立了一些慈善机构。1885 年，政府建立了第一个社会公益体系，首先获益的是警察（针对他们有相应的养老金计划）和国内行政事务人员等。

现代社会保障制度开始于 1921 年自治政府成立之后，社会福利系统也从此扩大发展起来。20 世纪 20 年代之后，马耳他 1927 年的《鳏寡和孤儿补贴法案》对鳏寡老人和已故的公共服务人员子女实行补贴，这两项计划由财政部门负责管理和操作。1929 年，第一个社会福利捐助计划实施，并针对岛内因公受伤人员发放津贴。《工人补偿法案》规定对这项计划的捐助来自三个方面：雇员、雇主和政府。由此，社会保障的概念第一次被引进马耳他。

当代社会保障制度的建立则出现在第二次世界大战后。《养老金法案》于 1948 年 8 月 1 日生效，超过 60 岁的老人享受养老金。这项资金不是来自捐助，而源于一项政府财政措施。20 世纪 50 年代初，马耳他开始了对于失业者的救济。

1956 年，马耳他实施《国家资助法案》，为一些失业家庭和特殊疾病患者（如慢性病患者）提供社会和医疗资助。在政府开办的医院中，马耳他还可以为老年人提供免费服务。同时，《国家资助法案》规定由雇主、雇员和政府三方共同出资建成一个保险基金，以对受到疾病、工伤、失业困扰的人员，孤寡人员和退休老年人进行补助，取代了原先的《工人补偿法案》。

1957 年，政府将《养老金法案》的范围扩大到了 40 岁以上的盲人。

1962 年，享受养老金的盲人的年龄降为 14 岁。

1965 年，《国家保险法案》范围扩大到自雇人员和未参加工作的人员。

1974 年，儿童补贴计划被引进马耳他，成为《国家保险法案》的一部分。同年，残疾人补贴计划也开始实施，其中涉及智力上障碍和大脑麻痹等疾病的残疾人。

1975 年，残疾人补贴计划范围进一步扩大。

1979 年，马耳他政府引进免费医疗制度。所有公民都可在政府健康中心和医院接受检查、治疗和康复服务，且收费低廉。同年，针对工资收入的新捐助计划开始实施，包括退休金、孤寡补贴、最低工资补贴等。

1981 年，针对怀孕妇女、产前 8 周和产后 5 周妇女的孕产妇福利制度也建立起来。在享受孕产假期间，就业妇女为全薪待遇。

1986 年社会资助扩大到单身和寡居的妇女。1986 年 1 月通过的"单身女性国家协助法案"为单身或丧夫女性提供社会援助，同时对有生活不能自理的老人或残疾亲属的家庭发放"护理补贴"。

直到 1986 年 12 月，马耳他社会福利制度一直依照《养老金法案》、

《国家资助法案》和《国家保险法案》三项相对独立的法律运作；1987年1月颁布的《社会保障法案》将上述三个法案纳入。

1988年开始发放"残疾儿童津贴"和"父母津贴"。

1989年"家庭津贴"和"短期紧急救助"以现金或救助方式来为因家庭而贫困的女性提供临时庇护。

此后至今，马耳他的社会保障制度不断得以完善，先后出台了很多救济和补贴方案。

1998年1月，增加了残疾儿童补贴、家庭补贴和短期的家庭紧急状况资助，以为无家可归的妇女提供临时住所。

1991年1月，制定了鳏夫养老金制度，增加了给孤儿的补贴。

1992年1月，有了专门照顾未婚和鳏寡老人以及卧床、生活不能自理老人的补贴。

1996年1月，有了最低收入补贴，以针对所有收入低于最低水平的居民。

从1997年10月4日起，服务养老金制度建立，每人每年大约补贴200马镑。此外还有病假补贴。

1995年，政府要求在已就业妇女生育时期，雇主应向其提供为期13周的带薪假期。

2002年，马耳他向居住在收容所的儿童发放"抚育金"。

马耳他2004~2006年政府福利规划的优先主题包括：

通过简化程序，帮助就业困难的人群进入劳动力市场；

在城乡地区开发新的就业机会，为需要经商的人士提供必要的协助；

开发更具弹性的工作方式（如在家电话办公等），让雇员能够平衡工作与家庭生活之间的关系；

在工作场所促进性别平等。

近几年马耳他社会福利的优越性，更是受到大量想移民至马耳他人群的关注。

（1）失业救济金：普通人领到的失业救济金为7.97欧元/天。单亲妈妈/爸爸或者已婚人士但以配偶主要收入为家庭收入来源的且没有在全职工作的，可以领到的失业救济金为12.18欧元/天。

（2）生病补助金：普通人生病期间的补助为 13 欧元/天。单亲妈妈/爸爸或者已婚人士但以配偶主要收入为家庭收入来源的且没有在全职工作的，可以领到生病期间的补助为 20.09 欧元/天。

（3）意外伤害补助金：如果意外受伤，普通人就能享受到 22.68 欧元/天的补贴。单亲妈妈/爸爸或者已婚人士但以配偶主要收入为家庭收入来源的且没有在全职工作的，可以领到的补贴为 30.15 欧元/天。

（4）孕期补助金：孕期妇女每周能最多领到 87.35 欧元的补助。一整年的补助最多可以达到 1222.90 欧元。

（5）产假补贴金：产假期间的妇女还可以享受到产假补贴。最多能领到 672.04 欧元的国家补助。

（6）结婚礼金：在马耳他注册结婚，男女双方每人能领到一次性 274.84 欧元的结婚礼金。

（7）儿童养育金：以年收入 24742 欧元为基准，补贴年收入低于此标准的家庭，按年龄段不同补贴不同。相对于马耳他便宜的物价来说，这些补贴足够满足孩子们每天喝牛奶吃面包的需要（牛奶 0.86 欧元/升，面包 0.91 欧元/个）。

马耳他连年位居世界适宜居住和养老的国家前三。

2. 社会保障的模式、体制与资金

欧洲福利主要有四种模式。第一，自由主义福利国家模式（英国、爱尔兰）。其特点是国家提供相对有限的社会福利保障。第二，社会民主主义福利国家模式（斯堪的纳维亚半岛国家）。其特点是减少收入差异。第三，统和主义福利国家模式（德国、奥地利、法国和比利时）。其特点是针对不同职业人群制订不同的福利计划。第四，地中海福利国家模式（希腊、意大利、葡萄牙、西班牙和马耳他）。其特点是强调就业保障立法，注重对养老金的公共支出，严格立法保护就业，并为提前退休者提供支持，以期减少求职者人数。

在与欧盟进一步融合过程当中，新思维、新的生活方式逐渐改变着马耳他的传统文化。在现代化进程中，马耳他也和其他欧盟成员国一样面临艰巨的社会挑战，诸如面对人口老龄化趋势，养老金改革方案逐步浮出水面；人口老龄化、家庭规模缩小，女性逐渐获得更大的自主权，更多女性从传统的"相夫教子"角色中走出来，开创个人的职业生涯。而宗教在生活中所占比重也开始下降。以上这些变化都要求国家在短期内对社会支持系统进行必要的改革。此外，马耳他还必须在发展经济的同时兼顾社会上的一些弱势群体，例如生活在贫困家庭中的儿童或存在"贫困风险"家庭的孩子（家庭收入或个人收入低于国民平均水平的60%，根据这一标准，马耳他18.7%的女性和10.3%的男性低于此标准）、单亲家庭人员（特别是租房居住的无房户）、长期失业人口、领取低保的退休人员（主要是妇女）、移民（2004年非法移民为1686人，42%非法移民来自非洲）、残疾人（2005年马耳他残疾人为1.66万人，占总人口的4.4%；19%的残疾女性和17%的残疾男性没有受过教育，25%的残疾女性和20%的残疾男性没有读完小学，只有13%的残疾人就业）等。

马耳他的当代社会保障制度是仿照英国的社会保障制度而建立起来的，医疗保险更是如此。不过，马耳他的社会保障制度在体制和管理方面也具有自己的特色。

在体制方面，马耳他当代社会保障制度由若干政府机构分工合作、共同管理，其中以马耳他政府中的社会保障部为主。社会保障部的官员则由中央政府的公共服务委员会任命。医疗保险则由"社会保险局"管理。除了在中央设置全国性的社会保障管理机构外，马耳他还在各个大区分设24个地方级的社会保障分支管理机构，以方便与受保障者联系。

马耳他的当代社会保障制度的资金主要来自社会分摊和国家参与，也就是说，主要来自雇主、雇员和国家的分摊额（或者称为社会提成、捐助费等）。雇主和雇员的社会分摊额以1周的净工资为基准计算，每周必须缴纳周工资的10%，以作为社会保障捐助费。缴纳的社会保障捐助费还规定了最高和最低限额，18周岁以下的雇员收入不超过最低工资的，则缴纳"青年分摊"额，这比规定的最低限额还要低。雇主或者雇员收入越高，应该缴纳的社会保障捐助费就越多。根据马耳他国家统计局公布的统计数据，雇主和雇员的社会分摊额分别是：2011年为18293.3万欧元和18149.5万欧元，2012年为18977.5万欧元和18754.3万欧元，2013

年为 20217.1 万欧元和 19822.3 万欧元，2014 年为 21744.9 万欧元和 21291.5 万欧元。

在国家和社会分摊的比例方面，雇主和雇员的社会保障捐助费占社会保障总额的 2/3，国家的社会保障捐助费占 1/3。但是，随着时间的推移，国家所占的份额在减少，社会分摊的份额在增加。以 2013 年为例，国家的份额为 18952.9 万欧元，占社会保障捐助费的比例为 23.27%；社会分摊为 62492.8 万欧元，占 76.7%，其中雇主占 24.8%，受保障者① 占 28.8%。

马耳他属于这样的少数国家之一，其社会保障捐助费由马耳他税务部门负责收取，它构成马耳他税收三大部分之一（其他两部分为间接税和直接税），因此，社会保障捐助费被纳入政府预算的范围。2014 年，马耳他税收占国内生产总值的 34.6%，约为 274759.7 万欧元，同比增长 10.4%。其中，间接税为 111191.9 万欧元，占税收总额的 40.5%；直接税为 116725.3 万欧元，占 42.5%；社会保障捐助费为 46842.6 万欧元，占 17%。

马耳他当代社会保障支出 2013 年为 81445.7 万欧元，占 GDP 的 10.84%，2010 年为 7335.1 万欧元，2011 年为 72799.5 万欧元，2012 年为 78255.9 万欧元。社会保障支出额有增长的趋势。

2013 年，马耳他社会保障雇主与受雇人共同出钱的部分表现为：养老金和退休金为 41095.8 万欧元，伤残养老金为 2553.3 万欧元，孤寡养老金为 11324.6 万欧元，疾病救济金为 719.1 万欧元，退职金或额外津贴为 5945.6 万欧元，其他为 854.4 万欧元。社会保障非雇主与受雇人共同出钱的部分表现为：多子女家庭津贴为 4335.3 万欧元，年龄/视力障碍的养老保险表现为 2187.9 万欧元，残疾抚恤金为 1278.6 万欧元，社会救济金为 7531.7 万欧元，医疗救助金为 1836.4 万欧元，租房补贴为 684 万欧元，退职金或额外津贴为 1098.9 万欧元。

---

① 受保障者指的是雇员、个体户、退休者和其他人员。

3. 当代社会保障的主要内容

马耳他当代社会保障的强制保险主要有医疗保险、退休和养老保险、死亡保险、残废保险、工伤保险、职业病保险。强制的社会保障覆盖了雇主、雇员、个体户、公务员等。

（1）医疗保险和生育保险

马耳他居民，亦即常住人口（不包括未参加医疗保险的外国人），均可以在公立医院和诊疗所享受免费医疗服务。无养老金的老人也可以享受免费医疗。投保者可以自由地选择医生和曾经与国家签订合同的私人医生。一些特殊的人群，如神职人员、公立医务人员、部分军警、拥有"玫瑰卡"者还能够享受牙科免费医疗服务。

政府通过 8 个卫生中心向公民提供检查、治疗和康复初级护理服务，专门的公立医院提供二级和三级的健康护理服务。公立医院有 9 所，拥有病床近千张。Mater Dei 医院是马耳他最大的公立医院，于 2007 年开业，为欧洲最大的医疗机构之一；保罗·布法医院是位于弗洛里亚纳的著名肿瘤医院；圣文森特德保罗医院是欧洲著名长者护理医院。此外，还有两家私人医院以及一些特殊的护理机构，如老年保健中心、伤残护理中心等。马耳他的医疗技术和设备比较先进，尤其是解剖学方面在国际医学界有一定声望。马耳他公民每千人有医生 1 名，病床 10 张。2013 年，马耳他有医生 1795 名，牙医 224 名，药剂师 1043 名，助产士和注册护士 3151 名。

马耳他有提供公立医疗的悠久历史。马耳他既有由政府免费提供医疗保健服务的公立医疗系统，也有由私人投资设立的私立医疗保健系统。马耳他拥有强大的全科家庭医生队伍为其国民提供初级医疗保健服务，而公立医院则主要为由家庭医生转介的病人提供二级和三级的医疗护理服务。此外，马耳他还拥有众多的医疗卫生志愿组织，如阿尔法医学会（高级护理）、紧急消防及救援单位（EFRU）、圣约翰救伤队及红十字会等，它们为马耳他居民提供急救及护理服务。马耳他的医疗系统与英国非常类似，马耳他实行免费公立医疗制度。居民每年缴纳 300 欧元左右的医疗保险，即可在各大公立医院免费享受绝大多数医疗服务。其医疗卫生系统在世卫组织排名中位列全球第五，排名较美国（第 37 位）、澳大利亚（第

32 位）、英国（第 18 位）和加拿大（第 30 位）更靠前。

在生育方面，马耳他政府鼓励人民生育，国家实行高福利政策，实行良好的医疗，良好的教育。1981 年"孕妇补贴"发放给分娩前 8 周和分娩后 5 周的妇女。如今，孕期妇女每周能最多领到 87.35 欧元的补助。一整年的补助最多可以达到 1222.90 欧元。凡是马耳他妇女都有权享受 13 周生育假期，其中妇女分娩后至少享受 5 周的生育假期，必要时还可以带薪延长 1 周。产假期间的妇女还可以享受到产假补贴，最多能领到672.04 欧元的国家补助。

（2）养老金、残废津贴和幸存者津贴

马耳他法律规定，男性劳动力 61 岁退休，女性劳动力 60 岁退休。退休后领取养老金。根据规定，领取全额养老金的退休者必须是在职期间每年平均缴纳退休保险 50 次。在领取养老金的退休者中，马耳他 2016 年官方公布的养老金金额显示，已婚者持退休金收据最高可领取 560 欧元，单身者持退休金收据最高可领取 520 欧元。已婚老人每周至少可以领取 108 欧元，单身老人每周至少可以领取 93 欧元，领取的最高限额为 204 欧元。

残废津贴方面，凡是未满 16 岁或者 65 岁以上残疾人，可以领取残废津贴。除了上述的年龄要求外，其必须从 18 岁开始缴纳残废保险，或者从 1965 年开始缴纳残废保险。残废后则领取残废津贴，已婚残疾人每周领取 108 欧元，单身残疾人每周领取 93 欧元。2011 年政府残疾人经费为 670000 欧元，2012 年政府残疾人经费为 750000 欧元，2013 年政府残疾人经费达到 780000 欧元。残疾儿童津贴 2014 年从每周 16.31 欧元增至每周 20 欧元。

所谓幸存者，指的是由于种种原因失去直系亲属的人，无依无靠。已故投保者每年至少缴纳幸存者保险 20~50 次。幸存者津贴赋予未再婚者，其数额相当于养老金的 5/6。子女受教育可以获得额外补助。

（3）孤儿补助

凡是未满 16 周岁，其养父母可以领取孤儿补助或者幸存者津贴，每个孤儿每周可以领取 33 欧元。额外补助赋予正在受教育的 16~21 岁的孤儿，每周补助金额为 75 欧元。2008 年政府支出中孤儿补贴为 59638 欧元。之后一直有所增加。

（4）工伤保险

因工作、职业中发生事故而造成人身伤害的，或者患有职业病的，可以享受工伤保险。在收到伤害津贴12个月后，如果一个人因受伤而遭受永久性残疾，他／她就可以提出书面请求，并由专家出具一份详细的医疗报告，以申请受伤补助金／抚恤金。在这份文件中，专家将列出残疾的严重程度。由DSS医疗小组审查，如果一个人被医疗小组证明仍然不适合工作，并且受伤的日期已经过去一年，那么他／她应必须每周提交一份《蓝色医疗证书》，并因此得到相应的疾病津贴。

津贴包括临时的和长期的工伤假和职业病假的保险费用。凡是丧失1%～19%劳动能力和工作能力的人可以一次性领取186欧元至3544欧元工伤和职业病保险费；丧失20%～89%劳动能力和工作能力的人可以每周领取54欧元工伤和职业病保险费；丧失90%以上劳动能力和工作能力的人可以每周领取60欧元以上的伤残费等。马耳他新的医疗和工伤补贴也被纳入社会保障计划中。马耳他2013年政府支出工伤补贴1168143欧元。

（5）失业保险

投保者曾经缴纳50周的失业保险，并在前两年至少缴纳20次，且在就业办事处进行过失业登记，才有权领取失业保险金。每周领取的金额：已婚的失业者为9欧元，单身失业者为6欧元。领取的最多期限为156日。马耳他2008年政府支出中失业补贴为997423欧元。

（6）家庭补助

马耳他与瑞典一样，给予16岁以内的子女补助。马耳他以年收入24742欧元为基准，补贴会向年收入低于此数字的家庭倾斜。年收入超过24742欧元家庭只有16岁以下人员能享受每年450欧元的补贴。年收入低于24742欧元家庭21岁以下人员都能得到补贴。16岁以下人员的补贴计算方法是（24742－实际年收入）×6%，最多不超过1155.96欧元／人。16岁以上21岁以下人员的补贴计算方法是（24742－实际年收入）×2%，最多不超过385.32欧元／人。抚养一个子女的家庭每月可以领取88欧元，两个子女的家教可以领取131欧元，3个子女的家庭可以领取175

欧元，4 个子女的家庭可以领取 218 欧元。此外，每个子女每月还可以获得额外家庭补助 45 欧元。

单亲父母有权享受社会救助，每周可以领取 146 欧元的家庭补助。

对残疾儿童也实行家庭补助，他们每周可以领取 12 欧元的家庭补助。

作为传统的欧洲社会福利国家，马耳他还拥有多项福利政策，其社会福利保障体系比较完善。成为其国民可以享受：

由政府资助的从小学至大学的 16 年免费教育；

当地免费公立医疗服务（需缴纳一定的医疗保险费）。

缴纳社会保险金的单位或个人还可享受养老金、儿童津贴、家庭津贴及紧急救助、抚养金、孕妇补贴、失业救济金、长者护理补贴。

马耳他税务福利：马耳他属于非全球征税国家，对于不在马耳他定居的国民，其在海外资产的收益无须缴税。此外，到目前为止，马耳他已与 46 个国家签署了避免双重征税的协议。马耳他主要税种包括所得税（个人所得税上税的最高比例为 35%）、增值税、印花税、关税和消费税。在马耳他无须缴纳以下税费：遗产税、净财富税、资产税、赠予税。

4. 当代社会保障制度的作用和问题

马耳他当代社会保障制度覆盖面广，受社会保障的马耳他人所享受的待遇高，使马耳他居民安居乐业，免除了从摇篮到坟墓的忧虑，从而使马耳他社会进一步稳定，居民和谐相处。

但是，由于马耳他已经进入了老龄社会，老年人在社会中的比例增大。2011 年，马耳他 65 岁以上的老年人的数量占当年人口总数的 15.8%。[①]

马耳他社会保障中养老金的年支出在增长，2013 年占社会保障支出总数的 50.45%，高于欧盟的平均值。而在医疗保险、伤残保险、家庭补助、失业津贴、住房和社会排斥者补助等方面的年支出，都低于欧盟的平均值，从而使养老金的开支成为马耳他当代社会保障制度的沉重负担。

---

① 世界卫生组织定义，65 岁及以上人口占总人口的比例达到 7% 时，为 "老龄化社会"（Aging Society），达到 14% 为 "老龄社会"（Aged Society），达到 20% 时为 "超老龄社会"（Hyper-aged Society）。所以，马耳他已经属于老龄社会。

此外，有些马耳他家庭几代人不愿劳动和工作，享受当代社会保障制度带来的好处，养成了好逸恶劳的习惯。

在很多欧洲国家，非营利组织（教会、志愿服务、社会协作组织）在社会援助方面越来越重要，而家庭的角色则开始淡化。非营利组织的运作方式更经济、更有效，提供社会服务的范围更广。而原来国家的角色也由相关公共服务的"提供者"变成了非营利性社会救助行为的"管理者"。这一变化过程扩大了提供服务的范畴，服务从主要由家庭和国家（即福利国，Welfare State）提供向由私营部门、非营利组织、国家、家庭共同承担（即混合福利，Mixed Welfare）转变。但是应该注意到，民间社会，尤其是家庭与社区，一直都是提供个人社会福利的主体，而且它们的角色是不能被其他部门（如政府）所完全替代的。以前在解决福利方面认为"政府万能"的说法已不能适应现实的需要。

随着经济全球化的步伐加快，国与国之间的竞争更白热化，马耳他对其公共部门也进行了大刀阔斧的改革（Public Sector Reform）：缩小政府的规模；节省公共预算；提高使用效率；保持高就业和在维持现有公共福利的基础上控制社会开支；在公共部门的运作上引入商业化的营运方法（即"市场化"），其中一个最重要的内容是"私有化"，即变卖国有工业产权，然后用商业原则来经营。

与地中海其他国家的福利制度演化过程不同的是，马耳他从福利国向混合福利转型的过程充满艰辛，进展缓慢。尽管公共部门和非营利组织在承担社会服务功能方面的作用有所加强，但同家庭发挥的作用相比仍然较小。可以预测，在诸如赡养老人等社会福利的重要方面，马耳他的福利政策将很难取得明显进展。在福利制度转轨过程中，马耳他也将面临更严峻的考验，这势必对其经济发展造成深远影响。

（二）对社会不同人群的相关政策

1. 阿尔茨海默病患者

在马耳他，2015年阿尔茨海默病患者的数量估计为6071人，相当于总人口的1.5%。这一数字预计到2050年将达到3.5%。这将给马耳他社会健康、保健服务带来新的需求和影响，目前照顾这些患者的责任主要在其家庭成员身上。

马耳他议会为这些患者制定了相关的国家战略（为一个九年工作计划），以提高相关人群的生活质量，其家庭和照顾者在相应领域获得优先权益，包括对此种疾病的认知、诊断、治疗、管理与护理。2015 年 4 月 2 日，此项国家战略已经发布，时间跨度为 2015～2023 年。

2. 人口老龄化问题

马耳他制定了 2014～2020 年应对老龄化的相关政策，主要包括三大主题：老年人在劳动力市场中的积极参与、老年人积极参与社会活动、老年人健康独立的生活。老龄化政策寻求增加在劳动力市场上的老年人的数量，同时使高于法定退休年龄的人保留在工作岗位或是可以重新就业。这样可以防止适龄工作人口减少，避免就业人口比例降低和其相关技能短缺，这有助于减少潜在的贫困。

老龄化国家战略政策提出了以下政策建议：持续为老年人提供职业培训；完善健康的工作条件；为老年人提供管理技术支持和就业服务；反对年龄歧视；落实相对老年就业者的税收和福利制度；增加相关职业组织的辅导方案；加强对现有措施的协调工作和非正式的照顾等。

让老年人持续和积极参与社会、经济文化和社会事务，增加社会包容性：确保安全、充足和可持续的老年人收入；为弱势老年人提供财政资源和社会资源；认识到老年志愿者提供的社会效应；增加学习的机会；鼓励老年人积极参加社会公益活动；增强代际团结；为老年人的非正式照顾者提供进一步的支持。

转变社会对老龄化的认知，使独立性和尊严随着年龄的增长而增加。社会必须努力延长公民的寿命，然后提供机会，增加适应老年人的能力、身体和心理的活动；提高保健、护理水平，增加保护老年人的措施，确保独立生活人群的身体和心理健康。老龄化国家战略政策提出以下政策建议：提高独立生活水平；提高预防保健水平和推广服务水平；提代表急性病防治和老年康复水平；提供针对老年人的精神健康及社区照顾服务；增加对高龄和阿尔茨海默病老人的社区服务；提高长期护理的自主性；避免老年人受虐待和忽视问题出现；在临终护理方面加大资金投入。

3. 育儿政策

马耳他政府通过家庭和社会团结部推出了育儿政策公众咨询平台。亲职教育是指父母或其他人用亲人角色所进行的教育行为。它以儿童的最佳利益为主，帮助他们建造良好的成长环境，以远离暴力，这有利于他们的健康成长。

有人提议，这项政策需要让家长参与孩子的抚养，还应提供更多的专业培训，以把积极的养育方式通过不同的方式传递，从而成为一种普遍意识。一些干预措施也是需要的，比如创造一个更好的协同合作和无缝对接的服务体系，特别是针对那些被认为很难达到要求和最有风险的人群。

4. 职业教育与培训政策

2015 年 4 月，马耳他教育与就业部发布《国家职业教育和培训政策》。该政策指出，职业教育与培训（VET）是国家经济和社会发展的工具性因素。VET 可以为人们提供继续学习和技能提升的机会，还可以根据具体部门的需求进行技能开发，从而成为应对劳动力市场危机的可靠路径。新的国家政策概括了 18 个关键发展领域，围绕拓展 VET 条款、强化已有的和正在发展中的新举措、创建落实结构等展开。该政策提议在义务教育到马耳他资格框架三级中也开设 VET 学科；进一步强化 VET 6 级学位，并增设 VET 7 级研究生学位；继续落实几个优秀实践活动；将 VET 质量保障继续作为下一步工作的重点。马耳他艺术、科学和技术学院（Malta College of Arts，Science and Technology，MCAST）被授权具体落实该政策。MCAST 通过满足投资者的培训需求，并让他们参与课程设计和传授过程，满足了劳动力市场的需求。其仍继续将工作中心放在工作本位的学习、继续 VET 和终身学习上。借助该政策，MCAST 将吸引更多外国留学生、进一步加强与外国高校已经建立的合作关系，从而朝着实现 VET 国际化而努力；还将大力支持有关私立 VET 的条款，建立对非正规和非正式学习的认证体系和职业标准。

5. 儿童教育政策

国家儿童教育政策可以使年青一代有合适的生活方式以及更好的、可持续的未来。这不仅涉及孩子的个人发展，而且关系到家庭的融合，同样也关系到社区的发展，甚至国家的未来。通过儿童教育政策，孩子们得到尊重和保护，同时意识到他们的权利。这一政策的目的是强调孩子们的意见、行动和声音。只有通过这样的参与，他们才可以在这里实现自己的潜力，成长为负责任的、积极的成年公民。

儿童教育政策的长期目标是：拥有积极健康的家庭环境和代际关系；保护儿童，并确保其拥有适当的居住环境；成长为独立的、有责任感的成年公民；积极参加社区和国家的各项活动。儿童政策的短期目标是：儿童有积极健康的生活方式；儿童拥有一个安全的、经济稳定的家庭环境；儿童能在教育和未来的就业中实现他们最大的潜力；儿童得到尊重并能积极地参与社会活动。

在马耳他，儿童一直是国家重点关注的群体，几十年来国家通过几次立法活动对儿童的权益进行保障和保护。其中最著名的有：教育法（第327章）、社会保障法（第318章）、儿童津贴法（第76条）、儿童及青少年（护理命令）法（第285章）、领养行政法（第495章）和寄养法（第491章）。除此之外，政府还计划进行寄养法的修正，将更加注重对相关儿童的保护。所有法案和相关社会政策的最终目的是让儿童有幸福感。

儿童是马耳他国家改革计划（NRP）关注的重要目标人群之一，在欧洲2020战略影响下，为了保护儿童的权益与健康，马耳他制定了关于社会保护和社会包容的国家战略报告（2008～2010年）、减少贫困和增强社会包容性的国家战略政策（2014～2024年）、关于积极的父母教育国家战略政策（2016～2024年）、关注孩子的声音（2014年4月）、马耳他环境健康不均衡状况评估报告（2013年），以及一系列政策文件，如"关注学校问题政策"（2014年）、"解决学校中的欺凌行为政策"（2014年）、初高中毕业生政策（2012年）、健康饮食与体育活动政策（2015年）与全民文化策略（2014年）等。

（三）就业政策

政府想要创造就业机会，以给每个家庭提供一个稳定和足够的收入，可以通过以下方式实现。

第一，通过提高利润、分享奖励来保证工作，通过共同责任承担与评估可行性，鼓励雇主增加低收入阶层工人的工资。

（1）在政府招标过程内部引入附加值测量。

（2）在加强青年保障计划的同时，保证监测和评估的结果公开公正。

（3）为工作的父母供应免费的、高质量的儿童护理中心。

（4）最大限度地吸收欧盟资金［如 PROGRESS、EURES、小额信贷和社会企业家的就业和社会创新计划（EASI)］以提高生产力水平，获取长期资金。

第二，确定一个更有针对性的投资和创造就业机会的战略，以把社会弱势群体包括在内。

（1）确立私营公共社会伙伴关系和包括社会企业在内的合作社。

（2）确立社区再生项目和地方经济发展计划，以提高弱势群体重返社会的可能性。

（3）促进对工作场所中员工的心理健康保护，特别是在设计实践工作中和职责分配中。

第三，加强企业结构，保护和授予员工更大权限。

（1）巩固立法结构，杜绝不安全的工作条件和环境，以及任何威胁到员工权益的不利因素。开发劳动力市场，尊重个人的发展，不使劳动力市场太僵化。

（2）严格执行工人宪章，确保工人的权利、健康和安全。

（3）巩固和实施进一步的家庭友好措施。

第四，促进劳动力市场的流动性和区域性。

（1）增加投资和提高投资的透明度，提高就业政策的公开性。

（2）引入激励机制和其他激励措施，通过不断学习技能、实习，使适龄的、技能升级的工人有相应高技术岗位的工作。

（四）教育政策

2007～2017年，马耳他进行了重大的教育改革。马耳他在新的公立学校和新的教育基础设施建设方面进行大量投资，进行分散的学校网络建设。此外，马耳他还监督教育质量与标准董事会和教育服务组织，重组了学生服务与社会心理社区服务组织，并加强了信息技术支持，以使所有孩子都有成功的机会。

教育部制定了一个"马耳他的教育政策战略框架（2014～2024）"。它旨在通过鼓励创造力、提高素养、提高创业经验和激发创新能力来提高学生的学习水平和经验。该框架提出了一个连贯的、从幼儿教育到成人教育的终身学习策略。

（1）减少男孩和女孩之间、不同学校的学生之间的教育成果差距，增强孩子们的成就感和素养，提高他们在文学、算术、科学和技术等方面的能力，提高学生成绩。

（2）支持对贫困儿童的教育，减少因较低社会经济地位而引起的社会排斥问题，减少发病率比较高的学生的辍学率。

（3）增加终身学习和成人学习的参与率。

（4）在进一步提高学生修养水平的同时，加强职业教育与培训。

（五）文化政策

文化是促进民众积极参与的一种重要媒介，为了提高文化福利（也被定义为社会－经济福利），马耳他提出的文化战略有以下几个方面。

第一，增强社会平等和社会包容的文化。

（1）维护既定的生活文化模式，创造良好工作实践的环境和互相团结、尊重文化的环境。

（2）采取文化复兴的举措，促进贫困地区社区的建设，提高当地民众的技能和身份认知感。

（3）通过地方议会增加公共文化对话和青年文化活动，特别注重文化多元性、传统性和创新性。

第二，主流文化的融合。

（1）承认文化部门和经济、社会领域之间的相互依存关系，研究分析文化、社会学和人类经济行为，这对于社会文化参与度和社会凝聚力都有直接或间接的益处。

（2）促进弱势群体文化发展，承认所有形式的创造性表达和多元文化主义。

（3）促进跨部门的社会文化行动，避免感知障碍，维护受到工作边缘化排斥阶级和其他弱势群体的利益，并避免排斥的存在。

第三，推进社会包容的文化举措。

（1）实施鼓励金融机构发展的措施并授权当地社区领导人成为社区的文化催化剂，且促进弱势社区群体文化创意活动方案的提供。

（2）提高公共教育项目的参与机会，增加自我认知、技术能力和创造力。

（3）主流文化应包容所有的公共服务（学校、医疗设施、矫正设施和一些非文化领域）。

二　社会组织

马耳他非政府组织历史悠久，马耳他政府把非政府组织分为参与人类健康活动的非政府社会福利组织（提供非营利性医疗帮助的组织，如住院和门诊）、参与提供住宿的社会活动的非政府社会福利组织（提供诸如心理咨询、课程、康复帮助之类社会工作的组织，服务内还包括永久/暂时的住宿服务）、参与不提供住宿的社会活动的非政府社会福利组织（提供诸如心理咨询、课程、康复帮助之类社会工作的组织，服务内不包括永久/暂时的住宿服务）、参与支持和强制活动的非政府社会福利组织（提供对某些特殊生活情况的教育并唤起关注的组织）四大类，四类组织分别占总数的7.1%、32.6%、34.5%和25.8%，范围涉及文化、体育、教育、宗教等诸多方面，具有提供服务、维护权利、反映诉求的作用，这对政府的决策具有相当大的影响。

马耳他2014年还没有法律规范非政府组织的行为，非政府组织不需要进行注册登记。对非政府组织的控制基本上属于一种"软控制"的情形，马耳他主要采取两种手段：①非政府组织在某一专业领域（如教育卫生）开展活动时，要取得相关政府部门的许可，取得相应的资质；②通过资金资助流向来影响非政府组织。不过，对于非政府组织的监管将越来越严格。依据其《志愿组织法（草案）》，马耳他政府将与众议院中社会事务委员会或其他相关委员会商议后，任命志愿组织专员，设立志愿组织委员会，协助专员工作，法案赋予专员 11 项职权，以覆盖非政府组织活动的方方面面。由于没有实施注册管理，就目前掌握的情况而言，全国大约有 2000 个非政府组织。全国 14.5% 的人是非政府组织的成员，而且兼职的人员出现了显著的增长。

马耳他政府总体上是鼓励非政府组织与国外组织（特别是欧盟）进行交流的。马耳他非政府组织与外国非政府组织关系密切。一方面，许多马耳他非政府组织积极参与外国非政府组织的活动，成为国际非政府组织的成员或代表；另一方面，许多外国非政府组织也在马耳他设立了分支机构、代表机构。马耳他要求非政府组织的各项活动和资金使用情况、文件资料向社会公开。

马耳他非政府组织和政府、私营部门关系良好。非政府组织在履行社会管理职能的时候，和政府配合默契，主动或被动地承担了一些政府交与的职能，如马耳他公民社会资源中心努力为全国其他非政府组织提供服务，以增强非政府组织的能力；帮助文化、卫生等社会发展领域的非政府组织获得欧盟的资金，加强非政府组织与私营部门联系，以获取私营部门的资金支持。它还建立了全国志愿者的数据库，为非政府组织提供获取服务的平台，并参加国家改革，这涉及残疾人、难民、受虐待者等社会领域的研究。而政府在以下方面对非政府组织提供资助。①人力支持。马政府计划 2~3 年组织人员到非政府组织中去工作，工资由政府提供。②提供一些物质支持。如提供一些住房和住房维修经费给公益类非政府组织。③就业计划。政府为劳动力提供技能培训，他们在培训完成后在非政府组织中工作。④残疾人培训计划。残疾人的培训由非政府组织承担，但经费由政府提供。⑤政府提供资金，以促进非政府组织的能力建设。马耳他非政府组织如要参加欧盟培训，政府就应提供资金。⑥政府发行的彩票中有一笔用于良好目的的经费，可由非政府组织申请。非政府组织资金来源中，捐赠和募捐款项一般占 37% 左右，其余来自成员和政府的补助。"政府购买服务"是马耳他非政府组织资金的重要来源。马耳他非政府组织管理委员会下设一个基金，其拥有相当于 200 万美元的款项，它以项目的形式专门资助非政府组织。同时，私营部门也对非政府组织进行了大力支持，有时一场筹款活动就能为马耳他非政府组织筹集款项 130 万马耳他里拉。非政府组织每年的很多项目的 80% 由政府支持，其他 20% 由私营部门资助。此外，私营部门也在人力资源等方面为非政府组织提供了大量的服务。

三　社会现象、社会热点

经济发展基础的单一性和易受外界环境影响的敏感性是马耳他社会发展面临的主要问题。主要体现在以下一些客观问题和社会现象上。

1. 生态环境脆弱

脆弱的生态系统和高密度的人口居住环境使经济活动对环境及社会造成影响。实施国家经济发展战略必须建立在提高国家生产效率基础之上，提高效率也就意味着更好地使用资源，减少对环境的破坏。

2. 老龄化严重

未来 20 年内，马耳他老龄化现象加剧，现在每 4 个年轻人承担对一个老人的赡养，20 年后将是两个年轻人赡养一个老人。这将给社会福利的资源分配和公共财政带来巨大压力。这就需要减少财政赤字，提高对人力资源开发的投入，加大对知识和创新能力的开发，提高公共管理部门的效能。

影响社会发展的因素，按影响大小排列还有如下一些：政府低效率的官僚体制（占 24.1%）、税率高（占 12.7%）、基础设施不足（占 11.4%）、限制性的用工措施（占 8.4%）、劳动者缺乏足够职业道德（占 8.3%）、劳动力缺乏足够教育（占 8.2%）、难以获得金融支持（占 8.0%）、税收政策不完善（占 7.3%）、通货膨胀（占 5.4%）、政策不稳定（占 2.3%）、腐败（占 2.0%）、外汇监管不到位（占 1.0%）、政局不稳（占 0.7%）、犯罪（占 0.2%）。

关于马耳他社会热点问题，近期较为引起关注的如下。

1. "卖马耳他国籍"

据法国欧洲时报网报道，马耳他《公民法》修订案 2013 年 11 月 15 日在获总统签署后正式生效，但该法案自出台以来不仅在马耳他引发强烈争议，与此同时，还在其他欧盟国家引起关注，因为马耳他是申根成员国，有了马耳他护照，就能在欧盟申根国内自由通行，而且可以免签出入 163 个国家。尽管如此，欧盟表示国籍问题属于成员国主权范畴，欧盟无权过问。此外，这可以视为应对危机之举，因为马耳他并不讳言要用卖国籍的钱去减轻国家的债务。事实上，在马耳他之前，已经有西班牙、葡萄牙等国推出类似的法规，比如以买房吸引投资者等，这并未引起其他国家的强烈反应。

法新社、新华社和德新社报道，马耳他法案的生效意味着申请者将能够直接以 65 万欧元的标价购买马耳他国籍。该法案预计每年将吸引 300 名购买者，目前已有 45 名潜在购买者，这将为政府带来约 3000 万欧元的收入。同时马耳他也希望吸引影视和体育明星购买马耳他国籍，以提升马耳他的国际知名度。马耳他前总理马斯喀特（Joseph Muscat）表示，每份护照 65 万欧元的价格能促进国家的经济收入，并且吸引富人前往这个岛国。

素有"地中海心脏"之称的马耳他位于地中海中部，紧邻意大利西西里岛，是地中海最大的群岛。这里风景如画，多种文化在这里交融荟萃，每年吸引着世界各地大量游客前来旅游度假。马耳他于 2004 年加入欧盟，2007 年加入申根区，2008 年加入欧元区。取得马耳他国籍，意味着同时获得在欧盟 28 个国家工作和居住的权利。

马耳他人对这一法律做出强烈反应。据 2015 年民调，53% 的受访者表示反对这一法律。反对党国民党强烈批评该法案"贱卖马耳他国籍"。国民党前任领袖西蒙·布苏蒂尔表示，"将考虑发起全民公投来废除该法案"，并表示一旦上台执政将立即撤销该修订案。布苏蒂尔表示，比起单纯出售国籍，国民党更主张将国籍授予那些在马耳他居住5年以上，投资金额不低于500万欧元，同时每年在马耳他居住不少于30天的投资者。

马耳他籍欧洲议会议员大卫·卡萨批评说："购买马耳他国籍不仅仅是得到马耳他公民身份，而且是欧盟的公民身份。这是对申根特权的滥用，也是对其他申根国家的冒犯。"

此外，将有关入籍调查委托给私营企业处理也引起舆论的批评。为了平息众怒，马耳他政府承诺，要仔细研究、调查申请入籍者的身份背景，绝不让罪犯成为本国公民。

据德国之声报道，移民政策学者坎丹认为："从道德层面上看，我觉得这大有问题。一方面有钱人能轻易买到国籍，另一方面马耳他又有许多难民想取得国籍却不得其门。"同时，马耳他居民的权益也可能受到影响，"国籍带来的并不只是权利，还包括义务"。坎丹所指的是纳税义务，"我难以想象来自国外的有钱人也会加入这个（纳税）行列"。

欧盟议员、德国绿党人士阿尔布莱希特认为，这类投资移民的方式不合时宜，并据此建议欧盟实施统一的移民政策："我认为，欧盟国家随意发放国籍的做法值得思考。"毕竟，还有许多已在欧盟国家生活的人仍在等待入籍，"发放国籍的条件应当一致"。

欧盟28个国家实施各自不同的移民政策。爱尔兰的投资移民政策也曾相对宽松，2013年向其公共项目如教育、健康、艺术以及体育领域投资50万欧元者，可以得到居留许可。在葡萄牙，移民同购买房产配套挂钩，西班牙也有意移植这套计划。西班牙政府计划，只要购置50万欧元以上的房产，就可得到居留许可。在匈牙利，购买该国的国家债券能为入籍铺平道路。

对入籍欧盟国家和获取居留许可感兴趣的人多半来自俄罗斯、中国和印度。塞浦路斯总统阿纳斯塔夏季斯在2013年4月便宣布，将向投资者提供塞浦路斯国籍。要拿到塞浦路斯护照必须在该国投资300万欧元。

2. 难民危机

来自欧盟和非洲 50 多个国家的领导人于 2015 年 11 月 11 日至 12 日在马耳他首都瓦莱塔举行欧非首脑峰会，旨在加强双方在移民问题方面的合作，以解决当前欧洲面临的愈演愈烈的难民危机。欧盟委员会主席容克表示将启动 18 亿欧元的欧盟对非洲紧急信托基金，以作为解决当前难民危机的措施之一，用来帮助非洲解决"导致非正规移民的根源性问题"。但是一些非洲国家领袖批评说，这笔资金根本不够。12 日，瑞典恢复实施临时边境检查措施，以控制进入瑞典的移民。瑞典当局表示，之所以采取这样的措施是因为新移民人数的激增使公共秩序受到了威胁。欧洲理事会主席图斯克在马耳他召开的一次非洲和欧盟国家领导人峰会上说，为拯救确保自由旅行的"申根规则"所进行的努力正在"和时间赛跑"。2017 年 4 月 8 日，马耳他财政部部长爱德华·锡库鲁纳在欧盟经济和财政部长非正式会议上表示，发展北非经济、减少不平等和促进私人投资是解决难民涌入欧洲的根本之策。锡库鲁纳说，北非国家是难民进入欧洲的门户，撒哈拉以南地区的许多难民通过北非到达欧洲，因此北非国家需要变得更强才能帮助欧洲阻止非法移民进入。

3. 移民马耳他

马耳他是位于欧洲地中海中心地带的岛国，很多中国人可能对它"只闻其名，不知其实"。但我们必须知道的是，马耳他近年来已经成了移民领域里的大热点。马耳他社会稳定、经济活跃，适合居住，最重要的是移民政策非常亲民、审批手续快，移民马耳他需要的投资额也不算高。

另外，由于马耳他移民是最近才兴起的移民方式，很多人还没有意识到马耳他移民的便利，因此移民马耳他也不必担心需要争抢名额。《华尔街日报》《每日电讯报》《移民内刊》等知名媒体纷纷将马耳他列入最适合移民的国家序列，也足以证明马耳他移民的独特优势。

（1）世界唯一"四位一体"国家。马耳他同时具有欧盟国家、欧元区国家、申根国家、英联邦国家四种身份，因此我们称马耳他为"四位一体"国家，马耳他也是世界上唯一一个"四位一体"国家。

马耳他是欧盟成员国，同时处于欧元区，既拥有欧盟的政治权利，也可享受欧盟的经济政策和福利；持有马耳他护照，可以自由出入英联邦和多个欧洲国家，并且可以在世界上160多个国家获得免签；外国人持有马耳他签证，可以无须再办其他申根国签证，自由出入所有申根成员国，在机场可走申根通道，免去烦琐的检查。

（2）天然的欧洲贸易枢纽。马耳他位于地中海中心地区，得天独厚的地理位置让马耳他成了整个欧洲地区的贸易枢纽和中转站。马耳他也非常明智地强化了国家的贸易中转站性质，与全世界100多个国家保持贸易关系，再加上背靠欧盟这个强大的消费市场，马耳他的经济一直保持高速稳定增长。

（3）税率低，"投资天堂"。马耳他以税率低闻名于世，因此也有"欧洲新加坡"的称号；加入欧元区这个规模更大的市场，让马耳他税率低的优势有了更大的发展空间。为吸引外国投资，马耳他政府也制定了一系列减免税收的政策，企业所得税率低至5%。此外，马耳他无遗产税和全球征税，可以说是真正的"避税天堂"。

正因有如此优惠的税收政策，虽然面积不大，却有大批的基金选择在马耳他上市，也有30多家基金管理公司入驻。在银行业务方面，德意志银行、汇丰银行、BAWAG、Comm Bank、IIG等大银行都在当地建立分行并开展业务。

（4）马耳他国债，顶级信用评级。马耳他经济的长期稳定，也让其拥有了顶级的信用评级。穆迪公司对马耳他国债信用评级较高，标准普尔等其他评级机构也长期将马耳他国债列入最高评级，这也让马耳他国债成了安全可靠的投资方式。

2015年8月，马耳他政府还发布了支持国债投资的移民计划，投资人可以通过够买国债的方式移民马耳他，高信用评级的马耳他国债不仅可以保障投资人的资金安全和收益，还能帮助投资人快速移民马耳他。

（5）马耳他国债移民优势明显。门槛低，无商业背景、语言、学历、年龄要求；零居住，直接获得无限期定居权和停留许可；投资国债安全有保障；审批流程透明、快速，3~4个月获得居留卡；一人申请，四代移民；马耳他护照可免签超过160个国家；拥有各种税收减免政策，无全球征税。

第三节　医疗卫生

一　概况

马耳他卫生服务主要由国家公立和私立医院提供，另外还有一些天主教堂和志愿服务组织提供长期性疾病及慢性病的医疗服务。公共卫生系统向居住在马耳他且符合马耳他社会保障条例的公民提供一切医疗服务，对于非法移民群体以及持有有效工作许可的外籍工作者提供必要的医疗保障。公立医院免费提供医疗服务，私立医院作为公立医院之外的一种补充性医疗服务机制存在。

国家卫生服务以及私人全科医生提供初级保健，公立和私人卫生服务相互独立，其中私人卫生服务占医疗服务总量的2/3。二级和三级保健主要由公立专科医院提供，急症全科服务由含有专科、门诊、住院治疗和重症监护服务的教学医院提供。需高度专业化的护理或特殊干预的患者通常被送至国外治疗。

（一）五大卫生部门

自2013年起，卫生部宏观管理卫生服务、卫生服务法规和标准、职业健康和安全。家庭和社会团结部提供包括有关儿童的社会政策以及其他政策在内的一些医疗服务、卫生保健咨询等。卫生政策和战略委员会联合五大卫生部门的人力资源总监办公室、首席财务行政办公室、首席医疗官办公室、医疗保健服务总监办公室、卫生监管董事会，卫生部部长，常任秘书，卫生部财务总监确定政策发展和实施的具体途径。卫生局联合政府和相关利益者就涉及公共卫生的具体问题给卫生部提出意见和建议。卫生保健咨询委员会在公共卫生保健系统可提供的医疗服务范围内提供行之有效的福利计划。

（二）三大卫生监察员

为了保障病人的权益，政府设立了三大卫生监察员：健康监察员、精神健康监察员、老年健康监察员。这些政府官员主要负责处理相关领域病人的投诉建议、公共热点问题等。健康监察员由议会管理，精神健康监察员和老年健康监察员由卫生部管理，尤其特设了精神健康条例，赋予监察员保障病人和公民的精神健康的权利和职责。

（三）其他监管机构

马耳他卫生部设置了一些相关的监管机构：老年健康委员会、精神健康委员会、医务委员会、胚胎保护局、药房理事会、护士和助产士理事会、职业健康和安全委员会、辅助医学委员会。监管机构的主要职责是给卫生局及卫生部部长在具体问题上提出建议。另有一些监管机构可自行决定其服务项目，如免疫接种咨询委员会、吸烟与健康委员会、食品安全委员会、政府处方药咨询委员会、上诉委员会等。

（四）志愿卫生组织

一些志愿卫生组织（非政府组织）举办促进健康的一些活动，这些卫生组织主要从事健康宣传、健康义工、特别疾病护理等医疗服务。随着志愿组织的发展和服务范围的扩大，政府成立了马耳他志愿卫生组织委员会，并对志愿卫生组织统筹管辖。

（五）教堂卫生服务

马耳他的教堂在老年护理、残疾人护理、精神障碍护理、儿童护理等医疗服务中发挥了极其重要的作用。目前，教堂的护理服务的压力逐年增加，如护理人员不断缩减，这主要是因为没有足够的年轻修女接替老年修女的工作，同时护理资源有限。

（六）行业协会

马耳他同时设立了各医疗领域的行业协会：马耳他护士和助产士协会、马耳他牙科协会、马耳他药事协会、马耳他护理协会、马耳他物理治疗师协会。马耳他大学的家庭医生以及一些专家协会也热衷于其领域的继续性教育。

马耳他卫生体制和架构如图 6-1 所示。

图 6-1 马耳他卫生体制和架构

二 卫生事业

马耳他政府十分重视发展医疗卫生事业，逐渐加大对医疗卫生事业的投入。马耳他在医疗卫生事业的总开支，2010 年为 34645.5 万欧元，2011 年为 36909.5

万欧元，2012 年达到 39710.6 万欧元。2012 年马耳他在医疗卫生事业方面的开支占国内生产总值的比重为 5.8%，占马耳他政府当年财政开支的 13.4%。

在马耳他岛和戈佐岛，大型医院和综合性医院共 9 座，其中，最著名的是坐落在瓦莱塔的圣路加医院和坐落在戈佐岛的总医院。仅公立医院就有床位 2000 张。此外，在城镇和乡村还分布着大大小小的诊疗所或急救中心。2007 年，马耳他政府在卫生医疗领域取得三大成果：新国家医院 Mater Dei 于 6 月底对外开放；Mellieha 老人院工程已经破土动工；免费医药计划开始实施。这表明国民党政府努力向国民提供最好的卫生医疗服务，同时提高医疗卫生行业的就业率。

从 2003 年开始执政 4 年来，工党对马耳他的内外政策进行了大范围调整，在财政、金融、税收、教育和医疗等领域推行改革措施。在医疗方面，马耳他继续保持免费政策，对自愿参加健康保险的人员给予退税。最大医疗机构 Mater Dei 医院将扩建，所有癌症药物都将免费提供。此外，马耳他北部将建立一个新的大型医疗中心。

在马耳他注册的医生数量逐年在增加：2010 年为 1602 人，2011 年为 1615 人，2012 年为 1695 人，2013 年为 1795 人。

在马耳他注册的牙医，2010 年为 207 人，2011 年为 210 人，2012 年为 213 人，2013 年为 224 人。

在马耳他注册的药剂师，2010 年为 925 人，2011 年为 969 人，2012 年为 1018 人，2013 年为 1043 人。

在马耳他注册的护士和助产人员，2010 年为 2839 人，2011 年为 2951 人，2012 年为 2972 人，2013 年为 3151 人。

三 健康服务

马耳他还设有老年人公寓，拥有床位达 1000 张。马耳他健康服务机构分为地区健康服务机构、海港健康服务机构、食品安全机构、行政管理机构、环境卫生机构、药品控制机构等。具体服务内容包括：预防和控制流行病；监督管理消毒灭菌工作；处理投诉（如污水渗漏、垃圾堆放、食品卫生等问题）；消除卫生健康隐患；加强公共卫生立法和教育；对公共浴场和海滩进行监测；严格食品出口；对餐饮业、宾馆和客房实行许可制度；对美容美发场所进行管理；对食品、饮料和水进行采样调查；对公共和私人机构进行卫生监管，如学校、医院、养老院等；调查研究食品中毒事件；为法庭庭审提供证据；改善老鼠滋生地区卫生状况；管理丧葬事宜及墓地；对进出口食品、药品进行管理等。

四　医疗卫生现状

马耳他提供公费医疗且历史悠久，其具有覆盖面广、层层递进的特点。有政府提供医疗保健服务的公立医疗系统，也有由私人投资设立的私立医疗保健系统。

马耳他拥有强大的全科家庭医生队伍，以为所有国民提供初级医疗保健服务，除此之外，马耳他还拥有众多的医疗卫生志愿组织，如阿尔法医学会（高级护理）、紧急消防及救援单位（EFRU）、圣约翰救伤队及红十字会等，它们为马耳他居民提供急救及护理服务。

著名医院：MaterDei 医院是马耳他最大的公立医院，于 2007 年开业，为欧洲最大的医疗机构之一；保罗·布法医院是位于弗洛里亚纳的著名肿瘤医院；圣文森特德保罗医院是欧洲著名长者护理医院。

据世界卫生组织统计，2012 年马耳他全国医疗总支出占 GDP 的 8.7%，按照购买力平价计算，人均医疗健康支出 2444 为美元。2006 ~ 2013 年，平均每万人拥有医生 35 人、护理和助产人员 71 人、牙医 5 人、药师 12 人；2006 ~ 2012 年，平均每万人拥有床位 48 张。

马耳他医疗设施服务名列"世界第五"表现为马耳他人能享受高福利的社保，包括医疗免费、住房补贴及养老金制度。因此，世界健康组织将马耳他在医疗设施和服务方面排在第五位。

第四节　环境保护

马耳他脆弱的生态系统和高密度的人口居住环境，使经济活动对环境及社会造成更大影响。马耳他政府意识到实施国家的经济发展战略必须建立在提高国家的生产效率基础之上，提高效率也就意味着更好地使用资源，减少对环境的破坏。马耳他政府在制定相关政策时，注意"开源节流"。在"开源"方面，加大对教育、环保、基础设施建设的投入；在"节流"方面，更加注重控制公共开支的增长幅度，提高公共开支的使用效率。

生产和消费是经济活动中的重要组成部分。但它们对环境往往具有负面影响，从而限制未来的生产和消费。因此在进行生产和消费时应尽量减少、消除其对社会、环境可能产生的负面影响，提高对资源管理、使用的技术水平。生产者和消费者都会从中受益：一方面降低生产成本，另一方面减少对环境的破坏。因此，马耳他应节约非再生能源，鼓励使用再生能源，减少污染排放，保持收支平衡。

一 环保政策

作为一个以旅游业为支柱产业而环境相对脆弱的地中海岛国，马耳他社会和经济发展可否"持续"很大程度上取决于其环境可否"持续"。马耳他除刚制定的《国家环境政策》外，还有各类环保法规二百余部，这些政策法规很大程度上决定了马耳他经济发展的取向，也是投资者不可忽略的重要内容。

1. 马耳他《国家环境政策》

马耳他政府于 2010 年 3 月着手制定《国家环境政策》，经过两年的讨论和修改，其于 2012 年 2 月正式出台。《国家环境政策》涵盖了环境和资源两方面，具体涉及空气、废物、水、土地、海洋、气候、生物多样性、噪声、化学品、气候变化、矿物资源、文化遗产等。该政策依据马现行的法规、欧盟相关规定以及多边协议中马应承担的义务，提出了马耳他 2012～2020 年环境保护的指导原则和实施战略，要求各部门、各行业、企业、组织和个人在各种经济和社会活动中遵照执行。

该政策中提及以下内容。①环境与绿色经济的关系。马经济增长必须以可持续的环境为基础，而绿色经济将是马经济发展的新发动机，将创造新的就业机会。马耳他政府在对马耳他环境进行强弱危机分析（态势分析）后认为，马将迎来以下诸多机遇：绿色能源的研发和利用、清洁型交通系统的采用、海洋经济的开发、水资源和石头的更有效利用、戈佐生态岛的建设、欧盟资金和国际资金的支持。为此，政府将加大在清洁能源开发和利用、废物和废水处理及再生资源利用等方面的投入，并以各种优惠措施引导和鼓励企业和个人在以上各方面进行投资。工党 2013 年上台后，保持环保政策的连续性和稳定性，贯彻执行"马耳他绿色经济行动计划"，以确保各部门各行业贯彻落实马绿色经济相关政策。②机构设置和职责。马耳他环境规划局（MEPA）是具体职能管理部门，工党上台后直接将其划归总理府，其由国务秘书进行管理。其向马内阁提交年度环境报告并对外发布。马环境执法部门主要是马环境规划局、警察、部队、地方政府、交通局、农业和渔业规范局、资源局等。③马耳他本岛是马主要产业基地，而第二大岛戈佐岛的定位是"生态戈佐"，以发展旅游和有机农业为主。

　　2. 环境相关法规

　　马耳他于 1991 年出台了第一部《环境保护法》，2002 年又推出第二部《环境保护法》，2010 年综合出台了目前实施的《环境和发展规划法》。作为欧盟成员，马耳他同时也采用欧盟有关环境方面的规定，比如欧盟《废弃物框架指令》（Waste Framework Directive）等。马耳他现行的各种与环境有关的法律法规已多达 250 部，覆盖不同领域和行业，重要和综合性的法规有《废弃物管理条例》《建设环保管理条例》《供水和污水管理条例》《综合污染预防控制规定》等。

　　具体如下。①对于废弃物或垃圾处理，依据欧盟《废弃物框架指令》和马耳他《废弃物管理条例》管理，主要涉及包装废物，报废汽车，废电池，报废电力和电子设备（WEEE）以及废物回收、分类、再利用、填埋、焚烧等。②对于海洋环境保护，主要依据欧盟制定的《海洋环境和地中海沿岸地区保护的巴塞罗那公约》及马耳他《城市污水处理规定》进行监管。③淡水是马耳他的稀缺资源之一，马政府将其列入"战略资源"之列。主要监管法规有《水政》（Water Policy）及《淡水捕获管理规划》，环保重点之一是最大限度地防止化肥使用过程中的硝酸盐进入地下水中。④对于环境噪声、工业化学垃圾排放、有害电子辐射、土壤保护

（主要涉及土地有效利用、保护农业用地、土壤流失和污染）、渔业和海上水产养殖也有专门规定。⑤石头是马耳他所特有的自然资源，但对其合理有效的利用以及避免因采石带来的噪声和粉尘污染是马政府的重点监管内容。⑥针对农产品生产中化肥和农药的使用，马政府将通过制定"国家有机农业战略"进行引导。⑦文化遗产是马耳他旅游业的特色。马现有7处世界文化遗产、53处城市保护区、2500余幢受保护建筑。现行保护法规有《2002文化遗产法》等。

3. 环境保护的审批管理办法

对项目实行环境许可制度是马耳他环境管理的主要手段，其以欧盟的"污染者买单"为原则，辅之以激励措施，鼓励企业主动获取环境证书和购买环境保险。根据不同的项目，分别进行项目环境评估、项目许可证发放、环境审计制度，这由马耳他环境规划局具体实施，主要针对工业建设和营运项目。具体分三个许可层次。第一层次是可能对环境有重大影响的项目，如涉及化工、能源、垃圾处理的项目等，比例约为1%，此类项目需要得到马环规局的综合污染防控许可证（也称IPPC许可证），并接受例行的环境审计。第二层次是针对普通项目的污染防范，比如污染物和垃圾排放，涉及企业的比例约为12%。第三层次是无须获取环境许可证的情况，如普通的写字楼等，约占80%以上。对可能影响文化遗产保护的工业项目、房地产开发项目等实行严格的审批制度。为保护马耳他比较脆弱的生态环境，对位于其政府设定的开发区之外或位于农村地区的建设项目也需要审批。

4. 具体措施和成效

（1）马政府在其环境政策和法规框架下采取了一系列措施，今后还会加大力度。

（2）马政府依据2011年通过的《可持续发展法》《国家可持续发展战略》，保证每年财政预算中对环境保护有一定投入。马耳他已按欧盟统一规定实施绿色会计制度，近年来对部分行业进行全面的环境评估。

（3）为用经济杠杆撬动"绿色产业"的发展，马政府出台更多补贴和税收减免政策。除现有的"城市改善基金"（还推出了"环境改善基金"。同时，政府鼓励金融机构将公共资金（如退休金）更多地投向"绿色产业"。

（4）除了已实施的部分环境税（如对塑料袋、电池、家电征收"生态贡献税"，对汽车征收注册和年检税等）外今后还将引入更多环境税收科目。

（5）在政府采购方面，积极推行"绿色公共采购"机制，加大"绿色采购"项目的比重，优先采购环保和低碳的产品及服务。2015 年，政府采购中招标项目数和中标金额的 50% 都达到欧盟规定的"绿色公共采购"标准。马耳他要求各部委贯彻落实"绿色公共采购国家行动计划"。

（6）为减少汽车尾气污染，马政府制定了《电动交通战略》，还公布了一系列鼓励购买和使用电动汽车的措施：对购买电动汽车者，政府最多可补贴 4000 欧元，电动车的牌照费从 75 欧元降至 10 欧元。政府在市区设置电动车专用停车位和一百个充电点。

（7）密切政府机构与私营企业在环保、节能方面的合作；引导企业采用绿色环保技术，鼓励兴办绿色型产业。

（8）政府将继续为企业获得环境资质证书（如 ISO14001 或 EMAS）提供资助。发放项目许可证时充分考虑企业的环境资质情况。鼓励企业自身的环保投入以及其对社会做出更多的环保贡献。希望上市公司将环保内容纳入企业年报当中。这些措施确实取得了一定成效。①通过财政补贴和欧盟基金补贴措施，推广使用太阳能。近年来各类建筑上的太阳能板和太阳能热水器数量增长迅速，据马资源部统计，2012 年马耳他共安装了5800 块太阳能板、7300 台太阳能热水器。②于 2012 年 7 月完成全国公交系统的改造，引进我国生产的欧Ⅲ标准金龙大巴替代了原来污染较重的老式公交车。③节能灯已得到普遍使用。④部分公路的人行横道开始采用太阳能指示牌。⑤对 Marsa 发电厂的关停和 Delimara 发电厂的改扩建也正在进行中。

5. 两点认识

（1）按欧盟要求，在 2020 年前马耳他可再生能源消耗量占总能源消耗量的比重应达到 10%，而目前马耳他的这一比重却不到 1%，远低于欧盟目前12%的平均水平。为扭转此被动局面，马政府已制订可再生能源行动计划，千方百计鼓励开发和采用可再生能源。这无疑为在风能、太阳能、电动汽车等方面具有竞争力的中国产品和技术提供了机会。

（2）中国企业来马投资兴业或在马发展，应了解、掌握其环保政策和法规，对项目可能涉及的排放、生态、文化遗产保护等问题不可忽略。对于与制造业相关的投资、设厂，应优先考虑选择在马耳他现有工业区内进行，以减少环境许可审批可能带来的时间成本和其他环保成本。

二　水资源保护

由于水资源短缺，马耳他面临的首要问题就是如何克服自然资源的限制、为国民经济的各部门提供有效的、可持续的水资源。

欧盟在2000年公布了旨在保护所有水（包括地表水和地下水）的水资源政策框架（2000/60/EC），以期在2015年使其水质达到良好状态。政策规定了成员所必须采取的具体行动和步骤。

1. 欧盟的水资源政策框架

（1）2000年地下水资源政策框架

对于地下水，政策规定成员应采取必要的措施以防止或限制污染物进入地下水，并阻止所有形式地下水的变质。文本中规定，为保证从2015年开始获得良好状态（包括化学成分和数量）地下水，成员应保证地下水抽取和注入的平衡。政策还要求成员采取必要的措施逐步降低由于人类活动的影响而使地下水受到污染的程度。

在保护地下水的框架内，要求成员采取以下措施。

①详细记录河谷地区地下水的水域，通过对人类活动对地下水状态构成的压力和影响的分析，确定地下水域不能达到水资源政策框架所要求的环境目标的风险，并向欧盟委员会通报。

②进行每块地下水区域或直接依靠水源的动植物栖息区域的保护区域注册，此项工作应在2004～2005年完成。

③在上述确定地下水域不能达到水资源政策框架所要求的环境目标的风险阶段工作的基础上，建立一个地下水监视系统，以提供对地下水化学状态和数量状态的综合性看法，并设计一个可操作的监视程序。

④为每一个河谷地区制订一个河谷管理计划，包括人类活动对地下水状态的压力和影响的概述，对监视结果的地图形式的展示，对水资源利用的经济分析的概述、保护、控制或补救措施等程序的概述。首个管理计划在 2009 年底之前公布（在 2008 年底之前完成公开咨询）。2015 年底之前进行一次回顾，此后每六年应进行一次回顾。

⑤2010 年，考虑到水资源使用成本，包括环境和资源成本的变化，应按照污染者付费的原则，重新计算水资源的使用价格。

⑥为在 2009 年底之前达到水资源政策框架的环境目标而建立一套措施，并在 2012 年底之前实施。基本措施包括地下水抽取的控制、人工注入或增加地下水水域的控制（事先批准）。水资源泄漏和造成污染的水资源扩散问题也应在基本措施中做出规定。根据一系列条款，直接向地下水中排放污染物是被禁止的。上述措施在 2015 年底之前进行回顾、更新，此后每六年应回顾、更新。

（2）新的地下水资源政策框架

欧盟 2000 年水资源框架的颁布，对水资源数量状态有了明确的规定，为了细化水资源化学状态的条款，欧盟在 2006 年又颁布了水资源政策。该政策基于以下三个要点。

①良好化学状态的评估标准，该标准基于欧盟现行的环境质量标准（硝酸盐、植物保护产品和杀虫剂标准）以及代表对地下水水域造成风险的污染物的"最低值"。后者的标准的目录需由成员采用共同的方法标准，以最适宜的比例建立，还应考虑水地理条件、土壤敏感性、压力类型等。这些标准在 2008 年底以前向欧盟委员会通报，并被用来进一步核实其一致性的质量目标。

②对地下水域造成风险的污染物的持续性变化趋势的鉴定标准，该标准包括有关趋势改变的测量原则和要求。

③阻止/限制向地下水中排放污染物的要求。

2006年颁布的水资源政策框架中还包括与农业有关的规定，如硝酸盐法令、植物保护产品法令和杀虫剂法令。

（3）水资源政策框架的共同实施战略

水资源政策框架实施后不久，各成员就认识到，政策的顺利实施对所有国家、机构以及股东构成同样的挑战。欧盟在2001年制定并通过了一个水资源政策框架的共同实施战略。该战略的宗旨是：

①制定一个共同的谅解和实施方式；

②细化非正式的技术指导，包括好的实例；

③分享经验和资源；

④避免重复的努力；

⑤限制错误实施的风险。

同时，水资源政策强调股东、非政府组织和研究机构参与。

共同实施战略分三个阶段实施，每个阶段均组成不同的工作组，工作组负责具体实施。

2. 马耳他水资源政策框架的实施

马耳他2004年颁布的水资源政策框架条例（2004年194号法规）作为2001年环境保护法案和2000年马耳他资源局法案的附属法规成为马耳他水资源保护方面的立法。该条例规定马耳他环境和计划局（MEPA）及马耳他资源局（MRA）为马水资源主管部门。

（1）地表水域状态的鉴定和分类

水域是实施水资源政策框架河谷地区环境目标的基本单元，因此实施条例的最基本的步骤就是对地表水进行定性并分类，这项工作需要考虑各种因素，包括水域的深度、基质和其他一些特性，如压力和影响，还包括可改变的影响。海岸的水域是从基准线到1海里以内的区域。据此，马耳他共定义出19个海域和10个内陆地表水域（河流、湖泊等）。

"河流"和"湖泊"的定义在此需要澄清，因为马耳他没有传统意义上的河流和湖泊。然而，水资源政策框架适用所有水域，其主要目标之一是保护地球生态系统和直接依赖水生态系统的湿地，因此框架文本中规定，小的但明显的水域也要鉴定出来。

政策指出，为适应人类的活动以及受经济的带动，水域在一段时间后会出现广泛的形态变化。确实，由于人类的活动，在以前不存在水域的地方可以人为地创造出水域，因此，政策中还有"人造水域"和"有重大改变水域"的概念。马耳他有 8 个"有重大改变水域"，没有人造水域。政策的实施还需要兼顾水管理计划和措施。

在明确鉴定水域后，下一项工作就是确定在 2015 年导致水域不能达到"良好生态状态"的压力和风险。在可获得的有限数据和专家论断基础上，马耳他确定了内陆地表水和海域水资源面临的压力。马耳他最终确定的海域水资源面临的主要压力是：未经处理的城市废水的排放、处理到海里的淤泥及其形态改变。河流、湖泊和可变水面临的主要压力是：农业活动、排污系统的泄漏、抽取、形态改变、乱丢废弃物和不相容物种的进入。

（2）经济活动对水资源的影响

水资源管理不能排除经济活动对水资源的利用。马耳他资源和计划局对地表水进行了一项研究，结果表明，与海域有关的活动对马耳他经济的贡献率居第七位，占 GDP 的 13% 和就业人数比例的 15%。这一比例已相当高，一方面，说明马海域水资源比较丰富；另一方面，马耳他内陆地表水资源相对贫乏，对 GDP 的贡献很小，主要包括农业用水以及教育和旅游用水。

直接使用海域水资源的经济部门主要有渔业、海水养殖业和水供给服务业。这些部门有 2/3 以上的活动属于水供给服务范畴，包括通过海水淡化为其他部门提供用水以及排水服务，渔业活动、海水养殖只占这些部门活动的 1/4。

马耳他与海域有关的经济一半以上是旅游业，旅游业直接和间接产生的经济活动和出口额分别占整个经济活动和总出口额的 1/5 和 1/4，每年接待超过 100 万名游客，平均实际人口增加 7%，旅游旺季实际人口增加 11%。每平方公里人口超过 1200 人，是世界上人口密度最大的区域之一，因此加重了海域的压力。

另一个重要的与海域有关的经济活动是海运，占与海域有关的经济活动的1/3和整个经济活动的5%。海运活动主要包括船运、转运服务，燃料补给和游艇停泊。

（3）水资源监控管理

实施水资源监控管理的一个重要任务是收集地表水的生物、化学和水形态变化等因素的监控数据。实施监控的总体目标是对河谷地区进行一个连续的、综合性的水状态评估，对所有的地表水域按照较好、好、中、差、较差五种生态状态进行分类。

按照水资源政策框架对成员的要求，马耳他建立了三套监控管理程序，每一套程序都起着特定的作用，这三套程序是监督、实施和调查程序。

监督程序的目的是提供按照水资源政策框架对地表水以及由人类活动导致的长期变化进行评估的相关信息。监督程序是收集马耳他河谷地区地表水状态信息并使之合法化的一个机会。

实施程序指的是监控对水域所受压力极其敏感的质量因素。如果一个水域由于排放或其他污染被认定存在风险，就需要对这些排放的物质启动实施程序。

在特殊情况下才需要调查程序，例如需要查清某些数据超出标准的原因，或需要确定污染事件的影响大小。因此调查程序是为需要调查的特殊事件或问题设立的。

三 历史文化遗产保护

马耳他城市人口数占人口总数的92%，农村人口数仅占人口总数的8%，城市化水平很高；在这些城市中，约有300个古代遗址，10000个历史建筑，其中被联合国教科文组织列为世界文化遗产的就有3个，如代表世界文化现象的5个独立巨石遗址的城墙。正因为如此，马耳他政府十分重视对城市的保护，建立了当代城市保护制度、城市保护体制、对城市文物的鉴定制度，并相继出台了一系列有关城市保护的法规、政策、措施和策略。

1. 当代城市保护制度的建立

在 20 世纪初，马耳他相继发掘了一些重要的考古学遗址，其中包括史前的和两个之后列入世界文化遗产的历史遗址。这些发现增强了公众保护古迹和城市的意识，政府部门进而也感受到了建立城市保护制度及其历史文化遗产保护制度的必要性。1903 年，格伦费尔总督（Lord Grenfell）下令设立了博物馆部，以作为中央政府的机构负责对马耳他的城市、古迹和历史建筑的保护。现在的博物馆部仍承担对马耳他的城市古迹进行监管与展览的职能。

1910 年，第一部《马耳他城乡古迹保护法》（简称《城乡古迹保护法》）生效。该法为马耳他城市和乡村的历史文化遗产的保护确立了基本的框架。它主要借鉴意大利 1909 年的历史文化遗产法律的内容，并经过 1922 年和 1923 年的修正，最终于 1925 年生效。同年马耳他政府依法设立了古迹委员会，以对城市及其历史文化遗产进行评估，并为政府的遗产保护措施提供意见。该委员会于 1992 年解散。直至今天，该法对城市及其历史文化遗产的保护仍起着重要的作用。

20 世纪 90 年代，马耳他通过了两部新的与城市及其历史文化遗产保护有关的法案。第一部是 1991 年的《马耳他环境保护法》（简称《环境保护法》）。该法案主要应用于环境保护，重点是对城乡保护予以规定。但环境保护法在历史文化遗产方面没有提供一个能够拓展现有遗产管理结构的综合框架，而且也未能对 1925 年《城乡古迹保护法》中一系列的重要条款提供更深入的规定。因此《城乡古迹保护法》仍在沿用。

1992 年，《马耳他开发规划法》（简称《开发规划法》）开始生效。该法律建立了当代的全国性的城市规划体系。根据该法律，还设立了马耳他的中央规划机构——作为调控全国城市开发的半官方机构。《开发规划法》还规定了对历史建筑的规划与评级的重要原则，并引入了城市保护区域及保护区的概念。与《城乡古迹保护法》受意大利有关法律的影响不同，该法律所确定的多数规划原则和程序受到英国规划立法和实践的影响。有鉴于此，2013 年马耳他政府审视其城市保护立法，并开始建立起新的立法机制和法律实行框架。

总之，《城乡古迹保护法》、《环境保护法》和《开发规划法》3 个法律构成了当代马耳他城市保护制度。

《城乡古迹保护法》规定了马耳他政府在艺术品或历史文化遗产的开发、出售或出口、城市历史建筑的改造以及城乡历史遗迹的发掘等问题时所承担的责任和拥有的权利。该法还规定成立国家古迹委员会（由国家博物馆馆长担任其主席）。国家古迹委员会经立法授权对城乡的历史文化遗产问题提供建议。其建议提交至负责历史文化遗产保护的政府部长。

《环境保护法》对马耳他城乡及其历史文化遗产保护的规定覆盖了更广的范围。在某种程度上，这部法律体现了欧盟关于历史文化遗产保护协定的综合框架，包括 1985 年《格兰纳达协定》（欧洲建筑遗产保护协定）、1992 年《马耳他协定》（欧洲古迹保护协定），以及《欧洲景观协定》（其主要关于欧洲景观的保护与管理）。《环境保护法》把对自然环境的保护和《城乡古迹保护法》中对历史文化遗产的保护融合进了一个新的框架。针对历史文化遗产的保护，该法律把发掘、出口与保护的法规综合在一起。该法律对国家登录的历史建筑和遗迹的公布做了规定，并且第一次引入了历史中心保护的法律概念。

《开发规划法》规定了马耳他城市开发控制的规划程序以及管理机制。该法律的重要性体现在它确定了中央规划机构及中央的开发控制机构的机制，还制定了相关的政策、规划架构及规划程序。

此外，《开发规划法》还规定了开发项目的申请、决策程序。该法律在开发控制的范围内处理城乡的历史文化遗产的保护，并规定了对设立遗产保护地区进行评定的重要条款。

2. 城市保护的管理体制

目前，《城乡古迹保护法》、《环境保护法》和《开发规划法》所规定的政府职能分别由马耳他的城市发展和道路部，教育、青年和就业部，农村事务和环境部，司法和内政部负责。这些部门又设有专职的部门和机构来负责具体事项的实施。城市发展和道路部负责总的与城市发展、城市规划和城市保护有关的一切事务。教育、青年和就业部下属的专职机构是博物馆局，司法和内政部下属的专职机构是规划机构。博物馆局是一个政府机构，规划机构则是半官方机构。农村事务和环境部下设重建局及3个半官方的重建委员会。重建委员会具有设计和执行政策的职能。还有一些其他的政府部门及机构对城市及其历史文化遗产的保护具有直接或间接的影响。其中主要有土地部（负责国家财产的国家机构）和房产机构（通常对古镇中心具有决策和执行职能的国家机构）。

博物馆局在历史文化遗产保护领域有两个主要作用：监督城市中历史文化遗产的保护及对遗产资源如博物馆和遗址的经营管理。它有权对涉及遗迹的违法开发行为采取必要的补救措施：一是对规划机构的咨询要求做出回应；二是设定包括遗产保护在内的必要的法律程序。

规划机构的设立及职能由《开发规划法》规定。根据该法律还设立了开发控制委员会、规划委员会、规划顾问委员会和规划申请委员会，并保证规划框架的各组成机构的独立性。根据该法律，凡涉及城乡历史文化遗产或对其有影响的开发项目的申请，通过特定的开发控制程序进行。规划委员会必须确保遗产保护事务在环境管理部门与遗产咨询委员会内部处理。这些机构是规划委员会的内部组成部分。

农村事务和环境部的修复部门全权负责处理与古建筑及古迹的保护和修复相关的特殊项目。但是修复部门没有对历史文化遗产进行监督和管理的法律权力。农村事务和环境部下属的3个重建委员会的职能限于特别行动、管理计划及其他与城市历史文化遗产与保护相关的动议。与修复部门一样，重建委员会只有咨询及营运功能，没有监督职能。

尽管涉及城市及其历史文化遗产保护的政府部门众多，但目前还没有有效的法规政策框架把这些部门联系起来。实际上对于影响到历史文化遗产的城市开发项目，规划机构具有主要的决策和管理权力。它有权力向国家机构及非官方机构组织进行有选择的咨询，并在此基础上进行开发控制。

3. 城市保护——对历史文物的鉴定和分类

马耳他的法规体系对城市的保护及其历史文化遗产进行了直接与间接的定义。古迹保护法对历史文化遗产的定义是历史遗迹及其他具有50年以上历史的在地质学、古生物学、考古学上具有重要性的物件、古董和艺术品。所有涉及历史文化遗产保护的委员会可以根据该法律公布历史文化遗产清单，把登录的历史文化遗产明确化。

《环境保护法》中对于城市的保护及其历史文化遗产的定义与《城乡古迹保护法》的不同之处在于把城市的保护及其历史文化遗产扩展作为人类环境的一部分。该法律中的遗产定义为：地球上自然或人造的整体要素，尤其是乡村或城镇的景观和文化历史要素。《环境保护法》是马耳他第一部与《格兰纳达协定》密切相连的法律。和《城乡古迹保护法》一样，《环境保护法》规定遗产识别以政府公布的清单为准。

《开发规划法》对遗产的定义综合了《城乡古迹保护法》和《环境保护法》的定义。该法律对需要保护的遗产的定义不再只指单独的遗迹，而是包括地区、建筑、结构、地质、古生物、考古、建筑、历史、古代文物或艺术品遗产，以及自然风貌、具有生态学或科学价值的地区。和《环境保护法》一样，《开发规划法》与《格兰纳达协定》和后来的《马耳他协定》具有一致的法律框架。就城市的历史文化遗产保护而言，单体建筑、遗址、遗迹以及联体建筑或综合遗址都可作为遗产。同时该法律还规定了保护区的设立。保护区多数适用于城市中心，但原则上还包括有综合遗址的乡村地区和公园，如世界遗产遗址中的内城作为该城所在的整座山一起被列入保护区。保护区的设立使单体建筑和遗迹之外的城市历史风貌和特色地区得到规划机构的法规的保护，这丰富了城市保护的层次。

规划立法使被登录的历史建筑受到不同程度的保护，但有些建筑的正面允许进行适当的改造。规划机构的遗产咨询委员会对历史建筑进行检查并给予建议。这类检查通常也涉及建筑附属的开放空间，如场地或花园，大的花园可设为城市保护区。在古镇中心，城市保护区中的开发项目受到限制但并不被完全排除。这意味着在这类地区的开发项目受到更加严格的规划控制和管理。

《开发规划法》规定，根据建筑（如古教堂、大教堂）的重要性、历史、建筑特色、审美价值等被登录的保护建筑分为三级。

　　第一级是应整体保护的著名建筑或历史名胜。对建筑外部或内部面貌，包括庭园中的任何构筑物的毁坏或改造都是不被允许的。可进行的改造必须是科学的修复或重建。内部改造只能在为了使建筑能继续使用的特定情况下方可进行。

　　第二级是对城市保护区的整体面貌做出贡献的建筑。通常这类建筑不允许被拆除。只有对建筑的特征产生最少损坏的内部改变建议才会被考虑。

　　第三级是不具历史意义的建筑及相对不重要的建筑。若代替的建筑与周围环境一致，则可进行改建。

　　《开发规划法》规定，被登录的历史遗址的分级标准如下。

　　A级是最优先保护的对象，不允许有任何会对这些遗迹或遗址的自然环境产生负面影响的开发。在其周围设有至少100米的缓冲区，该区不允许有任何开发项目。

　　B级是非常重要的对象，要不惜代价进行保护。要采取足够的措施以排除因直接开发带来的任何破坏。

　　C级是尽一切努力保护的对象，但可能在适当的调查研究、录入文档及目录后重新掩盖，应为其提供充足的保护。

　　D级属于通过无数其他例子而知名的，在重新掩盖或摧毁之前进行记载的遗址。

　　《开发规划法》规定了各种类型的保护区，其中可以包括被登录的历史建筑和遗迹。设立保护区的原则是保护和改善城市空间及单体遗迹、建筑、遗址或景观风貌特色。虽然城市保护区重点在于保护历史建筑，但它也为建筑组群提供了"地毯式覆盖"的保护措施。城市以外的被保护区域可以被指定为乡村保护区而受到保护。在这些地方往往有无数的考古学遗址。乡村保护区具有其他保护区同样的法律地位。它与其他保护区主要的不同之处在于每个乡村保护区有各自独立的保护方式。

　　《城乡古迹保护法》、《环境保护法》和《开发规划法》规定：受到保护的历史建筑、遗址和保护区需要建立名录，并由官方的出版机构出版。

　　未列入名录的历史建筑和遗址可通过紧急保护令受到保护，其法律有效期为 6 个月。受威胁的历史建筑和遗址除了具有和名录中的历史建筑和遗址相同的地位外，紧急保护令还允许其具有足够的时间接受评估以被登录。

4. 城市保护的法规、政策、策略和措施的主要内容

《城乡古迹保护法》第 6 条第 1 款规定，涉及历史建筑和古迹的开发和改建需要得到有关部长的批准，政府负责出版受保护的历史建筑和古迹的名录，未被列入名录的历史建筑和古迹并不意味着它们不具有重要性或重要性不被认可。该法第 7 条规定，教堂不被列入该法律的管辖范围。宗教财产的开发是根据教堂指定的委员会在部长同意后确定的。该法第 10 条授权政府采取措施以保护私有建筑、遗址或遗迹。

《开发规划法》规定，规划机构对被登录的历史建筑、遗迹及保护区给予特别关注。尤其是该法第 46 条第 3 款和 46 条第 4 款规定，禁止或限制对被登录的历史建筑、遗迹及保护区的开发、破坏、改建，或进行类似的行为。该法第 46 条规定的补救措施包括保护令或第 52 条规定的阻止令。保护令可包括政府强制执行的补救及保护措施。该法第 47 条还规定了对未被登录的历史建筑和遗迹可颁布紧急保护令。

《开发规划法》及马耳他政府的城市保护政策都不反对对已登录的或保护区内的历史建筑的重新使用。历史建筑的名录和登录建筑的分级制度都对历史建筑的改建有着明确和严格的规定。自设立城市保护区后，规划机构明确提出了对保护区开发控制的设计方针和对城市中心保护的改进措施等。例如，明确了历史建筑的重新使用，及其用途的调整对保持城镇的活力是有益的，而且有时是必需的。只要这种改变能够保持历史的连贯性，就是可行的。

拆建、加建、正立面及内部的改变、加层、非传统材料的使用等都会对房屋产生负面影响。再者，传统社会空间如城镇及乡村的广场和花园的消失、破坏、街道拓宽及类似的开发，对城镇传统风貌特色的改变和破坏是明显的。这些问题导致了街道及城镇物质环境和景观质量的严重下降。正因为这些因素，对被登录的历史建筑、遗址以及保护区的改造的管理是非常严格的，现有法规和政策严禁对第一级的登录建筑做任何形式的破坏

和改建。如果对第二级的登录建筑内部改建不破坏其原有的特色及建筑的统一性，则可予以考虑。但对建筑物的特色部分如楼梯、线脚、桶形穹隆、石刻等的改变则是不被允许的。只有对第三级的登录建筑的改建才相对较容易被批准——只要改建与其周围环境相和谐。总之，现行政策和法规反对破坏，力图使城市的发展更为稳定。

对城市保护区的开发控制则强调评估与历史建筑相关的开发项目对保护区整体景观的影响。评估有一系列的标准，改建申请应说明诸如建筑修复状态、结构恶化、卫生情况、照明、外部内部特征及其他重要因素。若批准改建，则规划机构有权限制建筑高度、定线、建筑特色等，因为应当优先考虑街道与城镇景观。

此外，与保护区和历史建筑的重新使用密切相关的一个重要问题就是改变历史建筑原先的使用性质，如将其改为商业、住宅、文化与旅游等建筑。一些城市中心是政府行政管理、商业及旅游的重点，瓦莱塔就是其中最重要的一个。某些历史建筑在改变使用性质之后造成了本地区的原有社区和社会结构的失衡或消失，并导致这些地方失去了生气。因此，现行政策不鼓励历史建筑改为商业及行政用途，而较倾向于保留或发挥居住和文化用途。但是这类措施的施行受限于保护区的资源及基础设施的发展。

在 1992 年生效的《开发规划法》之后，马耳他政府针对城市保护制定了相应的策略，目的在于使城市保护策略能够得到长期有效的实行。该规划法规定了可实施的历史建筑、古迹和保护区重建策略。其策略的核心，例如，历史中心的复兴、有价值结构的保护及资助的引入、公众投资及其他财政措施，都具有综合保护政策的特点。

马耳他的城市和自然环境在 20 世纪的最后几年间经历了巨大的变迁。这一时期马耳他唯一的大学得到了重建。而马耳他国内的科学和学术领域的专业研究水准也因此有了迅速的提高。专业人员的看法和建议对政府制定城市规划和保护政策产生了很大的影响。与保护相关的国际协定、宪章及标准的使用变得普遍。政府更意识到建立新的法律机制以进行城市保护的必要性。同时，立法 4、规划程序及其他几项与历史文化遗产保护相关的操作在综合保护、修复及管理方面与国际接轨。

马耳他针对城市保护规定了一系列制裁及强制措施。国家在历史文化遗产保护中的干预原则可以追溯至 1925 年的《城乡古迹保护法》。该法规定可以对破坏遗产行为处以罚款并判刑。依照其条款，侵犯者有义务恢复历史文化遗产受损、被改变或破坏的部分。同时，该法进一步赋予国家出于保护的目的，对历史文化遗产进行强制购买，或对被破坏的历史文化遗产进行强制没收。

政府在历史文化遗产保护中的干预原则在 1992 年的《开发规划法》中也得到了体现，如该法律规定了政府针对违法行为所能采取的立即行动。此外，该法律还为政府的保护行为设定了更长的时间范围，长期的保护行为如政府在公布登录建筑和遗迹名录之外，还要提供针对这些建筑和遗迹的长期开发考虑的框架。短期保护行为包括保护令和紧急保护令，以及必要的预防和补救行为。该法律还提供了"强制停止"法令来责令停止未经政府许可的开发项目。凡是涉及历史保护区及登录建筑和遗迹的开发申请必须附有详细的"方法说明"，即要求提供相关建筑或遗迹的历史、现在的特定状况、调查报告及将进行的工作和详细的实行计划。因此这类申请必然涉及技术、结构与材料清理、代替材料的范围、化学处理及服务设施等。这些要求必须与开发申请的方法说明一并考虑。这些对被保护建筑和遗迹的详细的控制、保护标准的设置及监控十分重要。

《开发规划法》提出了城市开发过程中的综合保护政策，涉及不同层次的保护的多项政策。其重点在于正确的调控及开发，而并非综合保护。实际上，在城市保护区内的规划管理并未以整体综合保护政策为基础，而单以调查历史建筑和遗迹的状况为基础。

虽然综合保护政策的统一概念并未在全国采用，但是各地城市规划的发展及城市保护区的管理促使政府进行全盘考虑，而且这还促进了政府制定对重建城市历史中心所需的方针政策。20 世纪 90 年代把历史建筑改建成民居的趋势日益增强。这多数由房地产开发商支持，出售特色房屋引发了公众对城镇中心历史意义的新的体验。这些转变中的社会趋势获得了更多的政治关注，地方当局更注重城市环境整治项目及其他改善城市环境的措施。

　　政府颁布的《规划政策指导方针》是马耳他第一项针对城市保护区内规划控制的政府指导性文件。该项政策寻求对历史建筑和街区改建的规划控制，以及积极促进对历史建筑和遗迹进行保护性的规划管理。在文件中概述了对历史建筑的正立面、阳台及其他要素的改建限制，且强调阻止城市不和谐景观、设计标准的下降及不适当材料的使用。该文件中还概述了城市历史中心开发项目申请前提的"方法说明"原则，以用来说明内部改建及记载这类变化，并最终将其归入国家档案。该文件中还概述了涉及商店正立面、街道设施、信号标志、传统街道路面的改善，城市结构的保护，土地使用限制以及交通管理的方针。该文件中所阐述的政策支持是，以改善城市中心的面貌特色及建筑修建与保护为目标的决策过程。

四　其他资源保护

　　马耳他政府重视环境保护，积极开展海岛生态旅游。20世纪60年代马耳他沿海地区主要城市居民区周围被杂草所覆盖，这严重影响旅游环境和旅游形象。近年来，长期坚持向大众介绍环境法规以及采纳土地使用计划方案促进了旅游业的发展。特别是对一些未开发的沿海地区，减少主要城市居民区周围的杂草可以增加土地的利用面积，使马耳他的土地承载建筑物的比例由1957年的5%上升到1985年的16%。为了保护生态环境，政府实施了限制打猎等措施使沿海地区更具旅游吸引力。同时，马耳他在一些环境脆弱的地区开展生态旅游，有效地加强了环境的保护。

第七章

文 化

第一节 教育

一 概况

马耳他独立后，努力发展教育事业。为了减少英国和教会势力对其的控制，政府对教育部门进行了改组和改革：设立各种学校，逐步取消学校里的宗教课，大学已经实行半工半读制。《马耳他教育法》规定，马耳他公民不分年龄、性别、信仰、经济状况，均享有受教育的权利。国家有义务提高教育水平和质量，保证学校和教育系统能满足马耳他公民获取知识，提高能力，适应实际工作需要。

马耳他实行中小学免费教育。儿童从 5 岁到 16 岁接受义务教育，在公立学校学习的中小学生可以享受免费的教科书等。对于中学毕业后希望接受继续教育和上大学的学生，国家可为其提供助学金。大约有 30% 的学龄儿童不选择公立学校接受教育，而是选择上宗教团体开办的天主教会学校。

1988 年马耳他高教法规定：教育和人类资源部应提供有影响和高效率的学校教育体系，保证对相关人员进行教育和培训。学校教育体系从幼儿园开始，然后是 6 年制的小学教育，5 年制的中学教育，两年的学习和实习教育，最后是大学教育。

马耳他中小学实行免费义务教育。2012 年，共有学校 340 所。马耳他全境共有语言学校 56 所，比较有名的有美吉斯语言学校（Magister）、

EC、EF、ESE。马耳他唯一的一所国立大学是马耳他大学，它是世界百所名校之一，每年向世界各地输送大批专业人才。伦敦大学在马耳他有一所分校——"马耳他圣马丁信息技术学院"，它"隶属于"伦敦大学的校外办学制度，学生在此完成学业后可拿到伦敦大学的毕业证书。

2011~2012 年，马耳他在校学生总共 78771 人。其中学前教育有 8803 人，小学教育有 23532 人，特殊教育有 227 人，中等教育有 23358 人，中学毕业后接受相关教育的有 5960 人，职业学校有 6217 人，高等教育有 10674 人。

2011~2012 年，马耳他高等教育中，部分不同专业的相关人数统计如下：教师培训和教育科学（女生 228 人，男生 64 人，共计 292 人），人文艺术（女生 249 人，男生 171 人，共计 420 人），社会及行为科学（女生 198 人，男生 146 人，共计 344 人），新闻与信息（女生 46 人，男生 21 人，共计 67 人），工商管理（女生 320 人，男生 258 人，共计 578 人），法律（女生 224 人，男生 133 人，共计 357 人），科学、数学、统计学（女生 69 人，男生 78 人，共计 147 人），计算机（女生 14 人，男生 66 人，共计 80 人），工程与工程行业（女生 34 人，男生 109 人，共计 143 人），建筑学（女生 20 人，男生 37 人，共计 57 人），农业、林业、渔业（女生 4 人，男生 3 人，共计 7 人），健康（女生 369 人，男生 156 人，共计 525 人），社会服务（女生 102 人，男生 35 人，共计 137 人），个人服务（女生 32 人，男生 21 人，共计 53 人），环境保护（女生 2 人，男生 3 人，共计 5 人），安全服务（女生 6 人，男生 19 人，共计 25 人）。

《马耳他教育法》规定，马耳他公民要想成为教师，必须品行良好，而且是教育专业本科毕业生或教育部认可的其他专业的硕士、博士毕业生，得到教育部的委任书后，才能取得教师资格。2011~2012 年，马耳他拥有教师总数为 10977 人，其中女教师占 70.4%，男教师占 29.6%。在教师总数中，学前教育和初等教育中女教师 3759 人，男教师 553 人；特殊教育中女教师 149 人，男教师 30 人；中等教育和中等教育后教育中女教师 3190 人，男教师 1548 人；职业教育中女教师 164 人，男教师 242 人；高等教育中女教师 462 人，男教师 880 人。

二 教育体系

马耳他教育系统分为公立教育和私立教育或教会教育两大类。无论公立教育还是私立教育或教会教育，都拥有学龄前教育、初级教育、中级教育、特殊教育、高等教育、成人职业教育。学校分为特殊技能学校、专科学校、旅游学校、文艺学校、舞蹈学校、语言学校、商业学校等。

马耳他教育系统还设有特殊技能教育基金、未来教育基金和教育服务基金等，以为学生提供指导和咨询服务、学校社会工作服务、教育心理服务、医疗服务、阅览服务、安全保障服务，并且积极组织学生开展体育活动。其中，主要包括与教育有关的体育活动和能促进文化发展的体育运动，如组织运动会、组织比赛和建立体育组织。

学校由学校委员会负责管理。学校委员会由校长（由教育部部长任命）、秘书和财务主管、教师中选出的 3 个委员、学生和学生家长中选出的 3 个委员组成。学校委员会的职责如下：定期开会，管理学校资金和学校其他财产，每年向教育部部长提交行政管理和财政管理的报告。学校委员会的选举在每年 10 月的第二个星期举行。

马耳他的大学教育在于提供学习机会、研究课题、普及知识、促进文化教育的发展、授予学位和资历证书。大学提供优良的教学设备，配备实力雄厚的师资队伍和良好的教学配套设施。马耳他大学教育具有科学的院系划分，以组成科学而有效的行政管理队伍，组建学生组织和社团，并合理运用资金和财产。马耳他大学教育与国外学术机构联系密切，进行院校联合并充分交流，采用现代教育方式。

马耳他以其有包括英联邦在内的最古老的大学为荣，已有 7000 多名各类专业学科的优秀毕业生。马耳他职业和技术教育体系较为健全，如应用电子学、信息技术学、工程设计学等。就业和培训机构制订了很多既适应雇主又适合受雇人员的培训计划，这些教育适应了学科建设、工业发展及劳动力市场的需求。

马耳他政府十分重视成人职业教育，投入了大量资金，意在通过培训普及终身教育，提高劳动者素质，增加国际竞争力。马耳他教育、青年与就业部的教育司是成人教育的主管机构，马耳他就业与培训公司，马耳他工艺、科学和技术学院为主要的官方成人教育培训机构，主要提供中短期的各种培训。另外，马耳他大学、马耳他旅游局人力资源和支持服务委员会，以及一些私人公司也提供成人教育培训。

马耳他就业与培训公司是依据 1990 年《就业与培训服务法案》而设立的，该法案规定，该公司主要有以下职能：为那些想使自己更适应工作岗位或者想改进、提高自己的知识和技能的人员提供培训项目、计划和初步规划；从雇主那里了解关于想参加短期和长期培训的人员的数量、教育程度、工作技能等情况；与雇主或者其他人员达成协议，为其提供所要求的培训课程和培训计划；审查、认可其他培训机构提供的培训课程和计划；审查并介入其他提供培训服务课程和通过师徒关系进行培训的合同；可以对申请者进行考试或者用其他方式考查其水平，并颁发相应的证书。

该公司服务的主要对象包括正在选择职业的人、要进入劳动力市场的年轻人、有志于提高自己工作水平和技能的在职人员、回归劳动力市场的妇女、弱势群体和寻找合适雇员的雇主。

该公司的主要目标是提高劳动者的劳动技能，重点解决工作技能的短缺，推广终身教育，帮助弱势群体、帮助女性进入就业市场和降低年轻人的失业率。

马耳他就业与培训公司不但提供进入就业市场之前的培训，而且提供继续在职培训项目，包括培训和再培训。

（1）以学徒方式进行传授的培训计划。一个是技工学徒计划，另一个是技能延伸培训计划。这两个计划包括职业教育和在雇主的指导下到指定的教育机构进行实习。学徒培训方式的主要目标是为那些教育程度低、技能比较有限的登记失业人员在寻找工作时提供最基本的技巧。现在该公司正在开发一些新的培训课程，涉及读写和计算能力技巧的等级标准课程；帮助培训者评估受训人员在各阶段（包括开始培训阶段和结束培训阶段）的读写能力；加强对培训者的培训，使他们能够改进教学方法，适应成人教育。每年有 650 多人参与到这两个培训计划中。

（2）受训者培训计划。目前，共有 7 个受训者培训计划主要针对登记的失业者和新进入劳动力市场的人员，包括实验室技术人员，儿童看护人员，儿童看护服务提供者，数字图表设计、网站设计和零售人员等。

（3）设置培训课程。涉及 80 多种不同题目和范围的初高级培训课程。

（4）企业主培训计划。该项目由瓦莱塔培训中心具体负责，这些课程主要涉及人员管理、财务管理、创建新的企业、谈判技巧和各种法律。

（5）进一步提高技术、技能的夜校培训。这个机构成立于 1990 年，为那些希望能够改进和提高工作技能的人员提供课程培训。这些课程主要在技术发展变化或者技术结构发生变化后而设置。

马耳他岛和戈佐岛的成人教育中心有 53 所，其中 23 所是私立的，30 所是公立的。除了夜校以外，还有戏剧学院、音乐学院等。

马耳他每年有上万人参加各种形式的职业再教育和再培训。在私人开办的成人教育中心参加再教育和再培训的人数、公立成人教育中心参与培训人数、戏剧类院校培训人数每年均有所减少。与此相反，音乐院校的在校人数、公立夜校的在校人数一直在增加。在成人教育中，妇女人数占到参加成人教育人数的 59%。

两年制的学习和实习学校是在 1995 年建立的，课程内容广泛，学生必须学习两门高级课程、3 门中级课程和一些将来学习大学课程所需的特殊专业课程。学校还充分培养学生的自学能力，以为其将来的大学生活做准备。两年制的学习和实习学校作为马耳他大学的一部分使学校学生和马耳他大学的学生可以在文化上有较好的交流，如音乐、戏剧、体育、学生交换、辩论、研讨会等方面的交流。学校机构主要由校长、副校长、校区协调员、课程协调员、教师、行政人员和学生机构组成。

旅游学院提供高水平的职业教育，为马耳他旅游事业发展提供国际化水平的服务和人才，传授旅游工作经验，给学生提供更多的实践机会，通过广泛的专业课程设置，学生具备了较高的专业水平。

图书馆体系有国家图书馆、马耳他公共图书馆、戈佐公共图书馆、国家档案馆等。

三　主要高等院校

（一）马耳他大学

马耳他大学本部坐落在首都瓦莱塔市中心，是马耳他最好的公立大学。该校始建于1592年，至今已有400多年的历史。这所学校是由基督教信徒创建的，起初只有为数不多的几门教学课程，比如哲学、语法、人类学等。1675年，第一个医学图书馆建立，同时，在圣阿尔莫前哨的一个壕沟里修建了用于医学研究的植物园。1769年，成立了综合性的公立大学，两年后建立了医学系。这标志着医学系是唯一的一个完全由本地学者创立的院系，这一传统一直延续至今。

在英国殖民地时期，马耳他大学的办学标准和教学制度被纳入了英国的教育体系。第二次世界大战以后，马耳他大学图书馆和其他配套设施大大增加和完善。1968年，在位于哥答曼吉亚的圣卢克医院附近建起了一所新的医学院。同时，在西达的马耳他大学新校址也正式落成启用了。

马耳他大学有很高的国际威望，其教学水平可与西方名牌大学媲美，文凭得到所有西方国家的认可。该大学与美国、英国及欧洲其他国家的名牌大学有密切的合作关系，毕业生被许多世界名校，如哈佛、普林斯顿、爱丁堡、牛津、剑桥等大学录取为研究生和博士生。大学有十多个院系，提供十几个专业近百个学士、硕士学位课程。国际海事法研究学会和地中海高等教育协会这两大国际协会总部就设在马耳他大学。马耳他大学是英联邦大学协会的成员，也是国际教育交流协会、国际学生交流组织等国际性机构的成员。

马耳他大学对所有具备相关资格的学生开放，世界各国越来越多的学生选择马耳他大学。2016年大学有9500名注册学生，约10%（约800多名）是来自欧盟、美国等80个国家和地区的留学生，包括全日制学生、国际交换生和欧盟的"伊拉兹马斯"互换生，有30%的学生在读硕士和博士课程。马耳他大学学时灵活，多数采用学分制。学校所设置的课程注重实用、高效，学校为学生提供充足的实践机会，也为社会输送着一批批高素质的人才。从马耳他大学毕业的学生在工业、商业、公共事业等行业发挥着重要作用，马耳他大学的教育水准也得到社会的广泛认可。

马耳他大学还有其他大学所不具备的优势，如大学和工业界的紧密联系，使得在校生有充分的机会进行实践，而且学校始终走在工业发展的最前沿。马耳他大学近来在科技资讯、计算机科学、人工智能等专业的迅猛发展，吸引了越来越多的求学者。马耳他大学的繁荣也带动中小学的发展，同时促进了其与国际上其他大学之间的交流。

马耳他大学拥有马耳他最好的图书馆，它包括各学科领域的图书。大学还每年购进10000册新书和2000册期刊，以为学生提供丰富的信息和知识。现代化的计算机实验中心向所有学生开放，提供收发 E-mail、上网冲浪等多项服务。大学国际办公室能够帮助所有学生解决生活和学习中的难题。

马耳他大学住宿条件非常优越，有多种住宿条件供选择。留学生通常第1年选择住在学校宿舍。大学生宿舍区离校园4公里，学校有专车接送。多数宿舍有两个卧室、一个会客厅、一个卫生间、一个厨房，学生可以单住，也可以两人合住一个卧室。宿舍区的生活、娱乐配套设施一应俱全，有酒吧、饭店、小型超市、自助洗衣店、游戏厅、体育健身房、自习室等。为此，马耳他政府每年拨给大学充足的经费。为了体现大学的国际性，政府鼓励海外学生来马耳他留学，并给予海外学生学费补贴。每招收1名海外学生，政府每年要补贴上千美元。

（二）马耳他文理学院

马耳他文理学院成立于20世纪60年代，培养社会科学和理工科学的高级人才，设有科学、商业、经济、艺术纺织和烹饪等方面的高级课程。此外，还有两所师范学院。

（三）马耳他圣马丁信息技术学院

马耳他圣马丁信息技术学院是伦敦大学在马耳他的授权机构，也是其教育教学项目实施的学院。学院采用与伦敦大学相同的教材和相同的教学标准，毕业生可以获得伦敦大学的私立学校毕业证书。由于马耳他的消费水平低于英国，在圣马丁信息技术学院攻读学位的费用比在伦敦大学低50%。其课程包括英语文学、信息技术、经济、管理等。

（四）马耳他工艺、科学和技术学院

马耳他工艺、科学和技术学院是马耳他最大的职业教育机构。该学院共有9个校区，除了提供短期培训外，还提供长期培训和学历教育。除了进行成人教育培训以外，还为青年人进入就业市场提供教育和培训机会。

该学院2015年开设由欧盟资助的课程，即机械工程专业再培训、电子专业再培训、井架和钻井平台培训、传统马耳他工艺保存培训、妇女回归社会找工作技巧培训、老年人护理培训等成人教育课程。同时，该学院还承担许多马耳他就业与培训公司委托的其他培训课程。

第二节　科学技术

一　概况

在加入欧盟之前，马耳他一向对外自诩本国劳动力的高素质是加入欧盟的优势之一，但是欧盟国家劳动力情况调查结果使马耳他人变清醒了。

在欧盟国家中，20～29岁的就业者中拥有大学理工科学历的人数占11.3%，而马耳他只有3.3%。为保持竞争力和站在科技前沿，欧盟国家中进行学习深造的毕业生占8.4%，而马耳他的这类人数只占4.4%。在马耳他普通劳动者中，拥有大学本科以上学历的人数占总人数的7%，在所有欧洲国家中排最后一位。欧盟的平均数则为21.2%，美国的平均数为37.2%，日本的平均数为33.8%。

为了赶上其他经济发展快速的地区的水平，整个欧洲正在消除发展壁垒，大力发展教育，制定科研、鼓励创新的战略方针。作为欧盟一员，调整社会结构，加大教育投资，鼓励企业科研创新，提高劳动力的素质是马耳他势在必行的一步。

2014年，马耳他无论在私人部门还是在公共部门中都没有名副其实的科研单位。所以，马耳他政府提出建立全国性的产品科技研发机构的计划，并将首期投资额定为30万马镑，而按照欧盟标准（科研资金应达到

国内生产总值的 3%），马耳他应投入至少 5000 万马镑，而其中的 2/3 应当来自私人部门。显然在这方面马耳他的步伐太慢了。

二 科研政策

欧洲人常说的一句话是："越小的越精彩。"在欧盟国家里，比美国有竞争力的国家是芬兰、瑞典、丹麦这些小国。马耳他也想学习它们的发展模式，对业已制定的各项政策进行必要的审视，并致力于将马耳他建成环地中海地区的高科技通信中心。鉴于目前马耳他的实际情况，马耳他计划在以下方面做好工作。

（1）在发展科学研究事业上，寻求社会各个阶层和各个党派的支持。

（2）改革马耳他职业培训机构，使之多样化、专业化。

（3）建立全国性科研机构，重点放在医药、通信、商务处理等领域。

（4）实现同一领域、同一行业的法律、教育、培训、科研、咨询机构的集约化。

（5）吸收国外机构技术工人培训的成功运作经验，在马耳他建立起劳动力技术分类和培训，为高科技企业提供充足的技术工人的培训机构。

（6）建立起完善技术人员培训、失业人员培训再就业的有效机制。

（7）把产品研发与企业生产有机结合起来。

（8）充分挖掘和寻求欧盟研发基金和国外直接投资以用于高科技产品研发。

（9）鼓励政府部门和私人部门介入产品的研发。

（10）对于政府制定的科研、教育和商务政策，要进一步落实和加强监督。

三 主要科技机构

（一）马耳他科学技术委员会（MCST）

马耳他科学技术委员会在 1988 年成立，目的在于为马耳他政府提供有关科学技术发展的政策和建议，参加制订国家社会经济发展的计划，监控在科学技术上的国家政策的关联性和有效性。马耳他科学技术委员会的董事会由私人和公共部门的优秀人物以及学术界专家组成。为了更有效地利用国家科学技术资源，马耳他科学技术委员会正在改造它的机构体制和机制。其中，政策发展部门建立于2001年，为科学技术委员会的董事会和首席执行官在制定和执行国家科学技术发展和革新相关政策上提出建议，以及为有关欧盟政策和技术发展提出建议，并且保证建议在科学性上、技术和革新上对科学技术的决策和管理起到重要的作用。其中的政策发展部门建立于2001年，政策发展部门努力发展人力资源和培养人才，并与海外和相关欧盟机构建立战略伙伴关系，分析国家科学技术发展前景，在数量和质量上保证马耳他科学技术顺利发展。

近几年来，马耳他科学技术委员会建议政府在科学技术战略性方向上应该推行适合国家研究和革新的政策，促进有关投资和计划的实施，并为马耳他科学技术的发展提供政策支持，通过促进国有企业、私营企业合作来推进科学技术的发展。马耳他科学技术委员会开拓思路，为科学技术在马耳他的发展起着关键性的作用。长期以来，该机构的工作集中于促进相关部门与公共部门和私营企业的合作。2002~2004年，在该机构优先实施的计划中，包含国家研究和发展计划以及科学技术前瞻性的工作、国家中转中心的革新和第一个国家科学技术研究发展和革新程序的安装。

马耳他科学技术委员会在国家范围内的一个整体框架下运作，以保证国家资源被有效和合理的利用，各种各样的工程项目能及时地完成。

（二）马耳他鸟类科学研究组织

该组织的主要任务是对在马耳他群岛上的鸟类进行科学研究，编辑鸟类研究报告，记录鸟类生活习性，研究鸟类的声音和活动等。

（三）生物论理学顾问委员会

其进行由卫生部指定的与伦理有关的研究，发表理论研究文章，组织研讨会等。

（四）国际海洋学会

该会成立于 1972 年，是独立的、非政府性的和非营利性的组织，总部设在马耳他。该机构的目的在于和平地利用海洋空间和资源，保护海洋环境。

（五）马耳他大学

马耳他大学设有能源科技研究所、英－意研究所、健康卫生研究所、语言研究所、远程教育研究中心等科研机构。

第三节　文化艺术

一　建筑艺术

在马耳他的各种艺术中，建筑艺术居于首位。若干世纪以来，在岛民的宗教信仰、统治者的讲究排场和防御侵略需要的影响之下，马耳他人修建了大量的庙宇、教堂、府第、官邸和要塞，今天这些遗迹成了世界珍贵建筑艺术宝库的组成部分。

在历史上，古希腊、古罗马和拜占庭文化都在马耳他留下了遗迹，但当时的马耳他毕竟还是人烟稀少的孤岛，处在欧洲主流文化的边缘。马耳他真正融入欧洲主流文化是在 16 世纪圣约翰骑士团进驻马耳他以后，那时的欧洲刚好处在意大利文艺复兴时期，所以马耳他的意大利文艺复兴式的建筑特别多，如瓦莱塔的圣约翰大教堂、总统府及许多沿岸建筑。瓦莱塔的圣约翰大教堂由意大利文艺复兴时期的三杰之一——米开朗琪罗亲手设计，采用的是梵蒂冈式的圆顶建筑。圣约翰骑士团进驻马耳他后，逐步由一支作战劲旅演变成一个小小的封建"王国"，于是出现了许多豪华的宫殿和戏院等，那些过分精雕细琢的建筑逐渐地从巴洛克风格跨入了洛可可风格。瓦莱塔的曼努尔大戏院就是这种转变建筑风格的代表，它是目前欧洲还在使用的最古老的戏院。

拿破仑进入马耳他和英国占领马耳他时期，正是欧洲经典风格盛行时期，马耳他岛上又出现了一批模仿古希腊的建筑，这也符合马耳他崇尚古代民风的风格。但是，近代的艺术风格无法在马耳他立足，现代的建筑更被禁止，马耳他甚至都没有一处用水泥建起来的建筑物，以破坏其古朴的总体风格。

最有意思的是瓦莱塔之前的马耳他首都姆迪纳，1693 年 1 月 11 日的一次大地震，城市西部的多为坚固的石建筑没有被震坏，于是依旧保留了中世纪的建筑风格。而城市东部大多是黏土建筑，在被毁坏后得到重建。那已是巴洛克时代，也就是说姆迪纳城市中的建筑一半属于中世纪风格、一半属于巴洛克风格，这在世界上是绝无仅有的。但是，在同一次地震中，一座北欧诺曼式大教堂被毁灭了。

在区域上，同样的建筑风格（如巴洛克式）也因来自不同的国家而略有不同。因为圣约翰骑士团来自欧洲各国，所以马耳他的建筑风格融合了欧洲各国的风格。8 国骑士团都建有各自的宫殿，都采用各自母国的建筑风格，如西班牙式、法国式、德国式等。1893 年英国皇后到访马耳他，发现马耳他没有一座典型的英国式教堂，于是马上捐款在瓦莱塔兴建了一座纯英国式的圣保罗大教堂（St Paul's Cathedral）。集各地风格于一体的圣约翰大教堂因为属 8 国骑士共有，所以在建筑风格上也必然兼顾各国的建筑风格。教堂内设有 8 间小礼拜房，相对应 8 个国家的骑士，于是这部分是西班牙式的，那部分又是法国式的，等等，以让各国的骑士都能在这座教堂中找到自己的归宿。

欧洲各国尽管也遗留下大量的古建筑，但每一时代的建筑——除 18 世纪经典时代的建筑之外——都采用该时代最时髦的建筑形式。尤其是近几十年崛起的建筑群毫无例外地都采用现代高层钢筋和玻璃建筑形式。而马耳他岛上不仅遗留下大量的欧洲古建筑，许多新起的建筑物或建筑群还依旧采用欧洲古建筑形式。新建的教堂大都是意大利文艺复兴式（偶尔用哥特式）建筑，其外形就如意大利佛罗伦萨的主教堂的外形。许多普通民房的建筑都采用廊柱等古建筑款式，甚至是中世纪罗曼时期的古堡式建筑。来到马耳他，就像来到了古欧洲的一座名城，历史在这里凝固了。

姆迪纳大教堂建于公元 4 世纪，在过去若干世纪里是马耳他的行政中心，也是群岛宗教的中心。11 世纪，这座教堂已经倒塌，后被诺曼人罗哲尔修复和改进。但 1693 年，其又被强烈的地震破坏，此后 4 年马耳他对其进行了修建，这才呈现今天的样子。教堂下部给人一种均衡而又非常庄严的印象，包括西门在内的中央部分比两边的邻接部分略微向前突出，而这两边的邻接部分各有一座低矮的钟楼。竖在下面的壁柱朴素单纯，这些壁柱连同两座钟楼下边是大面积的未经装饰的石墙，从而"加强"了这座建筑物的基本轮廓。教堂的屋顶更是建筑师的杰作。大教堂的内部装修富丽堂皇，壁柱是用带有灰色红色纹理的大理石做成的，教堂内有很多银制的烛台和吊灯，拱门上和柱头上的镀金雕刻和许多描绘圣保罗生平的图画更为教堂增添了光彩。

　　曼努尔剧院建在首都瓦莱塔，是英联邦里最古老的剧院，也是至今还在使用的欧洲最古老的剧院之一。剧院是 1731 年按照法国建筑师的设计修建的，曼努尔剧院为公共剧院，后来称为皇家剧院，最后用剧院的创立者——圣约翰骑士团的一个团长安东尼奥·马努埃尔·德·维莱纳的名字命名。第二次世界大战空袭期间被炸毁，1960 年被重新修复，成为国家剧院。剧院的外表简单朴素，几乎没有什么装饰。剧院内部的豪华和外部的朴素形成鲜明对比，整个 3 层包厢装饰得高雅而富丽堂皇，呈椭圆形的天花板别具一格，更是令人赞赏的特色之一。这座美丽的建筑在多年的变迁和遭遇冷落之后，又获得了自己的新生和价值体现，今天作为欧洲剧院建筑中的一个杰作而得到人们的赞赏。

　　在马耳他的建筑艺术中，值得一提的还有奥代什教堂、戈梅利诺庄园、圣安吉洛城堡、阿拉贡骑士府等。

　　马耳他的建筑艺术堪称马耳他文化遗产中的一个亮点，吸引世界上众多的旅游观光者。根据马耳他旅游文化部的统计，来马耳他的外国旅游观光者的 13% 是因受到马耳他文化遗产的吸引。

二　文学与音乐

(一) 文学

　　马耳他文学出现比较晚。在欧洲浪漫主义文学处于极盛的时期，马耳他才在欧洲浪漫主义运动的影响下产生了自己的文学。

19世纪，在马耳他，萌芽了民间和通俗文学，特别是口头叙述和流传的诗歌和故事，其主要题材是对祖国的歌颂和赞美。这个时期，马耳他还出版了一些诗歌和小说，小说分为历史题材的作品和哥特派（Gothic）题材的作品。历史小说又分为马耳他历史题材的小说、通史题材的小说和宗教题材的小说。这些题材的作品大多数采用当时流行的语言——意大利语创作，其故事内容也大多数是虚构的和具有浪漫的风格。马耳他哥特派文学像欧洲哥特派文学一样，其内容以怪诞、恐怖、不幸、黑暗、暴戾、凄凉、衰败为特征。

20世纪，马耳他出现了现代文学。马耳他1905年出版了第一部政治小说，它通过虚构的故事揭露马耳他殖民地社会的黑暗面，批评马耳他殖民统治者和当局。1920年马耳他作家协会成立，把马耳他著名的作家和诗人团结起来，从而推动了马耳他文化和文学事业的发展。20世纪三四十年代，马耳他出现了现实主义文学运动，并出版了一些现实主义题材的小说、诗歌，大胆地对马耳他殖民主义社会和当局进行揭露、讽刺和批判。特别是出现的社会心理小说，反映了马耳他人民不安的心态。这个时期的马耳他文学作品大多用马耳他文字书写。

到20世纪下半叶，马耳他进入了当代文学时代。特别是20世纪60年代，马耳他作家开始探索和创作马耳他本土文学——马耳他岛屿文学，即探索和创作具有马耳他群岛风格的作品，从而打造马耳他本土文化。这一时期，马耳他文学也同时吸收、兼容世界文学和欧洲文学的不同学派，以适应世界和欧洲文学的各种浪潮。

在当代马耳他作家和诗人中，安东·布蒂吉格不仅是一位杰出的政治活动家，而且是一位富有才华的诗人。他用马耳他文创作的优美清丽的诗歌，写出了马耳他美丽的自然景色，写出了人民的痛苦及其对自由的渴望，也写出了诗人自己忧国忧民的深沉感情。他的诗歌为马耳他民族文学的发展做出了卓越的贡献。

由我国著名作家冰心从英译本转译、有史以来第一次在中国出版的马耳他文学作品《燃灯者》收集了安东·布蒂吉格的58首小诗，其内容丰富，风格清新，既反映了一位政治活动家的宽广胸怀，也表现出一位诗人的优美想象和充沛感情。这两种似乎矛盾的气质在这些诗里融为一体，形成布蒂吉格诗歌的一个特色。在诗歌技巧方面，布蒂吉格善于运用各种诗的形式，包括民谣、十四行诗、自由诗，甚至日本的俳句，并且吸收各国诗歌语言的表现方式，包括拉丁诗和中国古诗，结合马耳他民间诗歌的传统，形成了他自己的、出自内心的、具有创造性的诗歌语言。

马利亚·卡尔迈尔（Mallia Carmel）也是当代马耳他诗人，曾任公共卫生视察员，著有诗集《对比》（1980 年）和《怪诞的烟火》（1981年）。他的《放飞的思绪》等诗被收入苏格兰诗人威廉·奥尔德执编的《文学作品选》（诗歌卷，1984 年）。

欧盟文学奖（European Union Prize for Literature）是一个由欧盟颁发的文学奖。该奖项由欧盟文化部创办，并在协会协调后，由委员会选出。其财团是欧洲书商联合会、欧洲作家协会以及欧洲出版商联合会。每年有 11 个或 12 个国家的评审参与评选工作，最后每个国家推荐一位得主。三年内所有国家都将有机会参评。每位获奖者将获得 5000 欧元的奖金以支持其作品的翻译与推广工作。在欧洲文学奖方面，人们的视角大多定位于以英语、法语、德语这几大语系为主的文学奖，像英国的布克奖、法国的龚古尔奖、德国的图书奖，即使是最具影响力的诺贝尔文学奖，也大部分被这三大语系的作品包揽。但这并不代表欧洲其他小语种的文学就没有地位了，南斯拉夫的伊沃·安德里奇、希腊的乔治·塞菲里斯和奥德修斯·埃里蒂斯、捷克的雅罗斯拉夫·塞弗尔特、匈牙利的凯尔泰斯·伊姆雷、北欧诸国作家等都得到过诺贝尔文学奖的承认。欧盟文学奖的出现则让我们能更多地了解欧洲这些平常不甚了解的小语种国家文学的发展情况。2011 年马耳他作家伊曼纽尔·米夫萨德（Immanuel Mifsud）凭借《因父之名》［*Fl-Isem tal-Missier*（*tal-iben*）］，2014 年马耳他作家皮埃尔·J. 梅杰拉克凭借《夜让你说》［*Dak li I-Lejl Thallik Tghid*（*What the Night Lets You Say*）］获此殊荣。

伊曼纽尔·米夫萨德是 1967 年出生于马耳他的诗人和作家。他是若干奖项的获得者：马耳他国家散文奖（2002 年、2014 年）、马耳他国家诗歌奖（2013 年）和欧洲联盟文学奖（2011 年）。米夫萨德的各种作品已经被翻译成多种语言并出版。他拥有马耳他大学的马耳他文学和文学理论博士学位。

皮埃尔·J. 梅杰拉克出版了《适应》一部长篇小说和两部短篇小说集，获奖无数，包括马耳他文学奖、三个马耳他国家图书奖、英联邦论文写作奖、欧洲短篇小说奖和 2014 年欧洲联盟文学奖。他的第一部短篇小说集《我正在等待你落下雨》（*QED nistennieknizmax-xita*）一开始备受批评，2009 年 2 月广受好评，被大众认可。他的第二部文集《夜让你说》[*Dak li I-Lejl Thallik Tghid（What the Night Lets You Say）*]于 2011 年 6 月出版。他的一些短篇小说被翻译成英文、法文、加泰罗尼亚文、葡萄牙文、阿拉伯文、西班牙文和意大利文，并在欧洲和中东各地的许多文学节上被展示。他的获奖小说《情意》（《南方风》）已被拍摄为马耳他网络电视的黄金时间电视连续剧（共 13 集）。他在 1999 年至 2005 年担任记者期间，两次荣获马耳他新闻奖。他担任过英国广播公司的记者，担任过《马耳他民族日报》的定期专栏作家，并制作了电台节目（包括关于摇滚传奇的 60 个小时的纪录片，被各种国家广播电台采用）。早期皮埃尔·J. 梅杰拉克创办杂志月刊《纳尔奇萨》，2004 年，他离开马耳他到卢森堡，在欧盟出版物办公室工作。然后他搬到布鲁塞尔，在那里他做了六年的翻译。2010 年，他回到瓦莱塔，在总理办公室工作了 3 年。在此期间，他参与了瓦莱塔主办 2018 年欧洲文化资本的投标工作。

（二）音乐

许多世纪以来，音乐一直是马耳他生活方式的一部分，马耳他有节日的音乐、游行时的进行曲、举行仪式时的赞美歌和供娱乐消遣的民歌。但在这方面，无论是在作曲家还是在音乐家当中，都没有什么杰出的人物。在马耳他人看来，音乐主要是一种社会的艺术，是再平常不过的事了。

瓦莱塔举办了一些比较著名的年度音乐节，如"巴洛克音乐节""夏日音乐节""歌剧节""爵士乐节"。在过去的十几年里，"爵士乐节"吸引了很多世界各地的爵士乐队和爵士乐爱好者。另外，还有一个主要的音乐活动，即每年 11 月举行的"国际合唱节"，它吸引了国内外的一些合唱团来马耳他演出。马耳他岛上除有热闹非凡的年度音乐节外，每个星期都有音乐活动，在教堂里经常举行管风琴①音乐会，在曼努尔剧院等一些有历史意义的胜地或建筑里经常举行一些管弦音乐会。

在马耳他的每一座城市、村庄，甚至每一个教区都有自己的铜管乐队，有的地方还有两个乐队。所有这一切都始于英国人统治时期，他们把军乐队带进马耳他，以为盛大的庆典造势。此时马耳他本地人也想办自己的乐队，英国人对此加以鼓励。那时，乐队俱乐部的官员实际上是在行使政治权力，而不仅仅是音乐上的权力。

今天，乐队和乐队俱乐部广泛存在于民间，节日期间每一座房子、每一辆汽车都会用最大的音量播放马耳他人喜爱的乐队的进行曲。事实上，由于对本地乐队的演奏由衷热爱，两个乐队的乐迷和俱乐部成员常常在街上发生冲突。现在警察和教区牧师不得不时常监控节假日期间人们的游行线路，以引导不同的团队不走进对方的领地。

马耳他各乐队都比较喜欢演奏节奏稍快的、快板的、激动人心的曲子，但是，他们游行的速度慢得像蜗牛在爬一样。

GHANA 是一种不常见的音乐形式，是起源于乡村酒吧的马耳他民间音乐的一种，大多在吉他伴奏下由男子来吟唱。它相当于一种抒情诗，反映了乡村生活、民风和一些当地的历史事件。现在仍然可以从乡村的酒吧中欣赏到即兴的 GHANA 表演。ETNIKA 也是一种马耳他特有的民间音乐形式，乐器通常包括传统的号、鼓等。这种音乐主要反映岛上的日常生活，它的应用也非常广泛，常常被应用于许多社会活动，在婚礼和葬礼上都能见到。ETNIKA 是给现代听众的一种马耳他独特的、即将被遗忘的传统音乐。

---

① 管风琴是历史悠久的古老乐器，大约产生于公元前 200 年，有多种类型，但其共同特征是风箱将空气注入琴箱，演奏者用手指或双脚操作键盘以施加压力，使空气进入不同长度和管径的金属或木制音管中，从而奏出乐音。管风琴曾是纯粹的宗教乐器，在很多欧洲国家，每个普通村镇的教堂里都有管风琴。它是典型的独奏和声乐器，作为伴奏往往只用于宗教歌曲，在管弦乐队和交响乐队中则更少见。

马耳他的瓦莱塔不仅仅是一个充满历史感的城市。近年来，每年7月都会在首都瓦莱塔举办"马耳他国际艺术节"，各路艺术家每次都会带来精彩纷呈的表演，以让人们感受灵魂与艺术的碰撞。如：《纪念伟大诗人及剧作家莎士比亚诞辰400周年：罗密欧与朱丽叶》表演用音乐把永恒的爱情带到观众身边；在《哈姆雷特》表演中，观众可以亲身体验剧中的场景，他们仿佛就是剧中的人物，真切地体会到艺术带给人的巨大情感冲击力；管弦乐队的演奏也震撼人心。

马耳他梅雷赫在2016年7月底举行了一次由当地议会组织的晚会，该晚会有披头士表演、民谣、摇滚、爵士，同时还有油画展览、汽车和摩托车表演，以让爱好者们大饱眼福。

马耳他斯利马，这个连接着瓦莱塔和圣朱利安，位于马耳他岛东海岸的城市在2016年夏天举行了以外来移民为主题的晚会，有100位艺术家为当地人及游客进行了表演。

三　绘画与雕刻

在马耳他，绘画与雕刻的传统艺术虽然无法同建筑的传统艺术相比，但也不可忽视。17世纪，有三位意大利艺术大师来到马耳他，其中，卡拉瓦焦在马耳他的两幅最有名的油画《圣杰罗姆》和《圣约翰殉难》，至今仍挂在瓦莱塔的圣约翰大教堂里。普雷蒂给这座大教堂的天花板画的关于圣约翰生平的几个场面则是他的最精巧、最严谨的作品之一。三位艺术大师对以后几个世纪的马耳他绘画艺术的影响很大而且很深刻。

18世纪，马耳他艺术界有两个卓越人物费朗西斯科·扎赫拉和安东尼·德·法夫雷。19世纪最有权威的画家是吉塞普·卡利，他的主要作品是斯利马圣心教堂里的《圣杰罗姆》和瓦莱塔费朗西斯教堂里的《圣弗朗西斯的光荣》。他的作品单是被列入马耳他绘画目录的就有600余幅。

在马耳他，雕刻比绘画具有更悠久的历史和传统，它在新石器时代的某些文化中就发挥了作用。马耳他雕刻最古老的作品是公元前1000多年前的赤陶小雕像和石灰石雕像，其风格特殊，与后一时期定居者按照线形图案精细制作的雕刻不同，这些雕像又粗又丑。有些是女性的，有些是无性的，他们四肢粗而不短，躯体庞大而古怪。尽管如此，它们仍然被制作得很巧妙，因此，不能把体型上的歪曲归结为技巧的笨拙。有人认为，这些雕像的粗壮在我们一无所知的某种崇拜中，可能象征多产，也可能表示力量与保护。

在更接近现代的时期中，在马耳他出生的梅尔基奥雷·加法是一位杰出的有特殊才能的雕刻家。在第二次世界大战后，安东尼奥·西奥尔蒂诺无疑是雕刻界的伟大人物，他的作品赢得了国际上的赞扬。在马耳他的国王路，可以看见他为 1565 年的大围攻所塑造的半身像和小雕像。另一位当代雕刻家卡洛·皮西的雕刻作品也很有名。

乔·苏伊莱勃（Joe Xuereb）是马耳他本土艺术家，1954 年 6 月 26 日出生于马耳他戈佐岛上的一个小渔村。曾经在戈佐文化会馆学习艺术，主要从事马耳他新石器时代的雕刻创作。乔·苏伊莱勃的父亲年轻时是个石匠，因此，他继承了父亲的工具，并将马耳他石灰岩作为原料进行艺术创作。乔·苏伊莱勃的艺术生涯的真正起点实际上是 20 世纪 70 年代在英国与考古学家玛丽·克拉里奇（Marie Claridge，现已去世）教授一起工作研究的那几年。他的艺术和戈佐岛的史前历史紧紧地结合在一起。在马耳他多元文化的影响下，乔·苏伊莱勃一直致力于进行以新石器时代非常盛行的"大地之母"为主题的研究。除此之外，他还创作了其他非常独特的、能唤起观赏者不同情绪的作品。

人类的繁殖以及伴随它的诱惑力和神秘性构成了乔·苏伊莱勃作品的主题。两性的整合、人类的多产、母爱及它们永恒的主题深深地吸引着他。

乔·苏伊莱勃的作品在曲线的运用上使他的雕塑更具神秘性，并使之拥有了宇宙中永恒的主题。这些作品如《黑尔罗·加姆斯》中的神的婚姻的主题在人类早期社会非常常见，体现了人类多产的主题——生命的创造及诞生。所以他的女神的雕塑综合了女性所有的迷人之处，在此她不仅仅是一般意义的女神，还更像是一个美艳超凡的仙女，而且性的渴求的主题及可感知的外形使观赏者似乎觉得这是亨利·摩尔和罗丁的重现，它们唤醒了人们对过去的自然的无限向往。

乔·苏伊莱勃的作品不仅在马耳他本土有私人收藏，而且在德国、荷兰、瑞士、西班牙、意大利、英国及美国加利福尼亚和明尼苏达都有私人收藏。

马耳他与欧洲大陆隔海相望，在这里人们的生活方式深受南欧国家的影响。享受生活、自由浪漫、喜欢艺术体现在每一个马耳他人的身上。源于欧洲的油画艺术早已深深地融入了马耳他人的家庭生活。走入任何一个马耳他人家庭，无论是高官显贵，还是平民百姓，你会发现油画已成为每个马耳他家庭必备的装饰品。

四　电影

作为一个为一些赢得奥斯卡奖电影提供拍摄场地的国家，马耳他人自然而然地喜欢电影。岛上有几家综合性的影院总是有最新的电影放映。

随着电影数量的不断增加，马耳他电影需要更多的场景、设施和设备。电影拍摄场景和摄影地点有50多年历史了，而且仍发挥着重要作用，如特洛伊和角斗士中的场景。马耳他拥有很多诸如此类历史背景的电影的场景，也是历史遗址的所在地。马耳他独特的文化遗产、建筑遗产以及自然地理位置有助于马耳他岛经济中占重要地位的电影业的发展。马耳他与欧洲地理位置上的接近也是电影事业发展的一个有利条件，并且有较具竞争力的拍摄成本和效益。马尔他也有与自然的海平面齐高的能提供壮观背景的特定的电影拍摄水箱，而且其运用广泛。

马耳他电影委员会成立于2000年，努力发掘马耳他在国际电影工业中的巨大潜能。它为岛上的电影拍摄（从拍摄先期准备工作直到电影产品的出品的整个过程）提供跟踪服务，包括设备和人力帮助。电影制作是马耳他的一个增长迅速的行业。1997年至2011年的电影产业价值约3500万欧元，马耳他电影委员会向外国电影公司提供各类服务。

在过去几年中，马耳他岛已经为反映古罗马、古希腊、法国（包括马赛）、意大利（包括威尼斯和热那亚）、巴勒斯坦、以色列、土耳其和贝鲁特等地的电影、电视、广告事业做出贡献。在这里拍摄的影视产品包括动作电影《不同的忠实》，电视连续剧《拜伦》、《特洛伊的海伦》和《朱利叶斯·恺撒》等和其他一些纪录片，以及可口可乐公司、壳牌公司和 Pirelli 轮胎的广告。

在马耳他拍摄的影视作品如下。

布拉德·皮特主演的史诗电影——《特洛伊》。由于拍摄场景涉及特洛伊城，所以拍摄团队需要搭建一座古代的特洛伊城，但是整座城市无法建在摄影棚里，所以拍摄团队选择了马耳他。该片的制片人表示："马耳他是一个有着美妙悬崖峭壁的可爱岛屿，用来建造特洛伊城简直再好不过。"

斯皮尔伯格导演，丹尼尔·克雷格主演的电影——《慕尼黑》。制片人恩格尔博特·格雷迟说道："马耳他的景色与秘鲁、希腊、意大利、土耳其、以色列、伊拉克很相似，是多种用途的影视拍摄地。"正是这种迷人的多元文化魅力，让斯皮尔伯格在执导影片《慕尼黑》时，毫不犹豫地将外景全部选在马耳他，将时空浓缩于一地，让这个魔幻般的岛国扮演了 7 个国家的"角色"。

汤姆·汉克斯主演的电影——《菲利普船长》。影片在马耳他沿海（地中海）拍摄了九个星期。剧情的紧张、刺激、悲怆与马耳他沿海的环境特色完美融合，给观众身临其境的体验。

热播美剧《权力的游戏》。《权力的游戏》在马耳他多处地点选景。戈佐岛蓝窗（现已坍塌）是丹妮莉丝的婚礼举办地。在戈佐岛上，你可以发现这块由石灰石形成的天然石拱因为海水的侵蚀形成了洞的样子。

此外还有《刺客信条》、《角斗士》、《海岸情深》以及《大力水手》等在此拍摄取景。

马耳他虽然国土面积小，但拥有 7000 多年的悠久历史。行走在马耳他，你可以感受到这里浓厚的多元化气息。马耳他地处欧洲南端，是一个地中海区域的群岛国家，它既有瑰丽多姿的自然风光，也有得天独厚的影视剧拍摄环境。独特的自然景观与人文景观相得益彰，古代遗迹和现代气息相互辉映。马耳他犹如充满魔力、瞬息万变的万花筒，吸引着众多的好莱坞导演到此拍摄取景。

第一，马耳他全年拥有 300 天以上的晴天，日照时间长，夏季最高气温40℃，冬季最低气温5℃，年均气温19.7℃大大降低了由于不利的天气条件造成的拍摄时间延长和制作成本增加。

第二，国土面积为316平方公里，距离短，交通系统相对发达，节省时间，能够减轻舟车劳顿带来的不便。

第三，外景丰富多样，明媚的地中海风光、充满意大利风情的小镇、独具中东特色的建筑群为跨地域作品的取景提供了广泛的选择。

第四，便利的人文环境，马耳他电影局局长 Engelbert Grech 先生介绍说，除去无可比拟的自然条件外，马耳他政治稳定，治安水平在全世界名列前茅，环境适宜，政府为电影行业发展提供激励政策，此外，马耳他以英语为主的交流环境也为海外拍摄团队提供了便利。英语是马耳他的官方语言之一，同时马耳他的英语普及率也很高，这对海外拍摄团队来说，可以有效地减少沟通时间和沟通成本。

第五，马耳他政府会根据拍摄成本，提供现金返还。如果把马耳他拍成希腊、秘鲁和法国等国家，则返还比例是25%。把马耳他拍成马耳他，返还比例是27%。所以该政策大大降低了剧组的拍摄成本，同时又提升了马耳他的知名度和影响力。

第六，马耳他的电影工业历史悠久，基础良好，马耳他培养了大量的专业人员，从制片主任、助理导演、统筹到后期技术人员，都有丰富的经验和技术。

马耳他电影局局长 Engelbert Grech 先生介绍说："在过去的90年间，马耳他已经吸引了100多部影片前来取景拍摄，因而为其赢得了'地中海中的好莱坞'的美称。"

马耳他本国的电影中较为著名的有2013年上映的《复仇的王位》[马耳他语，导演是雷蒙德·米齐（Raymond Mizzi）]，主要讲述在1300年末的五个幸存的士兵返回家园过程中的故事，这是一个意外事件不断的旅程的故事。2014年上映的《西姆沙号沉船》[马耳他语和英语，导演是瑞贝卡·克雷莫纳（Rebecca Cremona）] 讲述了两个马耳他岛的真实故事：搭载4人的马耳他渔船西姆沙号搁浅，几天里没有食物也无人救援；一艘土耳其商船在马耳他和意大利中间海域救了数名北非偷渡者，但是马、意两国都不想接收偷渡者。《西姆沙号沉船》是女导演瑞贝卡·克雷莫纳的首部长片，也是马耳他首部奥斯卡外语片奖选送电影。

五　文化设施和机构

（一）马耳他外交与文化事务部（Manistry of Foreign and Cultural Affair）

这是政府行政机构，设有文化处、博物馆局、全国节日庆祝委员会、曼诺尔剧场及地中海会议中心等。下属单位有业余话剧团、业余乐队、业余音乐学校、业余舞蹈学校等。

该部门在文化事务方面的主要任务是开展国内文化娱乐活动，组织国内文化旅游，挖掘、保管、研究历史文化古迹，组织国内外摄影、绘画、雕塑等艺术展览，开展与外国的文化交流。

（二）马耳他文化艺术委员会（Art Council Malta）

马耳他文化艺术委员会成立于2002年，目的在于促进社会文化事业的发展，提高国民艺术潜力，在文化领域实现国民广泛参与、机会平等和自由。委员会的职能是双重的：一方面要发挥艺术的潜力；另一方面在民众中普及和传播文化和艺术，使马耳他文化的精神、语言和民俗得以在国内外都有所发展和传播。

马耳他文化艺术委员会给予地方艺术、音乐、文学、舞蹈以发展空间，并帮助本土艺术传播于国外。举行一些大型文化艺术活动，如国家管弦乐队的音乐节、戏剧节、爵士乐节等。很多具有历史和文化意义的地点被用来组织各式各样的、国内国外的文化活动，目的是提高各种艺术形式的文化节目的质量。马耳他文化艺术委员会还为青年艺术家施展才华创造机会，以促进其发展；开展不同年龄层次的文化艺术教育；举办高质量的文化艺术活动；使文化艺术与商业良性合作；促使马耳他文化在国际上的传播。

（三）马耳他公立艺术学校（Pablic Amateur Music School）

马耳他公立艺术学校由奥地利政府资助建立，由曼诺尔剧场领导，招收对象是对音乐有特殊爱好的工作人员。他们除了完成本身工作以外，还可以在业余时间每周到该校学习 1 ~ 2 小时，学校聘请外国专家任教。主要任务是提高人民音乐修养和水平，为业余艺术团体培养人才。

（四）马耳他广播电视公司（Xandi Television）

马耳他广播电视公司是如今马耳他广播电视集团（PBS，Pubic Broadcasting Services Limited）的前身，1975 年，PBS（Pubic Broadcasting Services Limited）与马耳他广播管理局（MBA）成为欧洲广播联盟（EBU）的联合成员，自 2003 年以来，PBS 是欧洲广播联盟的唯一马耳他成员。在 2011 年 10 月广播电视业使用 DVB – T 标准过渡到数字电视之后，马耳他所有获得许可的地面频道，都可以通过 PBS 运营的发射机，通过网络进行分配信号。这些发射机设在德里马拉（马萨克斯洛克）、纳杜尔、梅利耶查、姆塔法、纳克斯萨尔和波托马索（圣朱利安）。

2017 年，马耳他广播电视集团执行总裁为约翰·邦迪，PBS 作为马耳他国营广电集团，欧洲广播联盟成员，旗下有 TVM、TVM2 两个电视频道及三家广播电台，其中 TVM 和 Magic Malta 分别为马耳他收视率、收听率最高的电视台和电台。

（五）马耳他地中海电影制片厂（Mediterranean Film Studios）

马耳他地中海电影制片厂是全国唯一的电影制片单位，厂址在卡尔卡拉地区的圣罗科堡。主要任务是拍摄少量的旅游宣传片和广告片，为外国制片商提供场地、设施和劳务，与外国有关单位建立合作关系。

（六）马耳他国家图书馆（National Library of Matta）

马耳他国家图书馆是全国最大的公共图书馆，由马耳他教育部公共图书馆局领导。全国各地有 40 多个分馆，馆内收藏国内外古籍和现代各种书籍，其中有大量的欧洲国家图书。其宗旨是普及文化教育，提高国民文化水平。主要任务是向大众开放，收集、整理、修复各类图书，与国外有关单位建立联系，交换图书资料等。

（七）马耳他考古博物馆（Archaeological Museum）

马耳他国家虽然小，但是拥有大大小小的博物馆共 56 个。其中，国家创办的博物馆 28 个，私人创办的博物馆 14 个，教会创办的博物馆 14 个。也就是说，国家创办的博物馆占博物馆总数的 50%，私人创办的博物馆和教会创办的博物馆分别占 25%。

马耳他考古博物馆是全国最大的公立艺术博物馆，由外交与文化事务部博物馆局领导。馆内藏有 5000 多年前的雕塑、陶器、石器、装饰品等历史文物，主要任务是向公众开放，为考古学家、文物古迹研究家提供研究资料，收集、保管、研究各个时期的历史、文物、古迹，并与国外相应机构建立联系和合作，接待各国有关团体来访，举办国内外艺术品展览。

第四节　新闻出版

马耳他居住着一个使用多种语言的民族，他们的爱好和文化也是多种多样的。因此，这里的报纸杂志和广播电视节目分马耳他文和英文两种。总的来说，这两种语言在各种传媒中具有同等分量。

一　报纸和杂志

（一）《每日新闻》（*Daily News*）

这是总工会英文机关报，创刊于 1964 年，共 16 版，由工会出版社出版。

（二）《祖国报》（*In-Taghua*）

这是国民党的机关报，用马耳他文出版，创刊于 1969 年，共 12 版，每日发行 2.5 万份，由独立出版社出版。

（三）《时刻报》（*Il-Mument*）

这是周报，属国民党，创刊于 1972 年，用马耳他文出版，共 16 版，由独立出版社出版。

（四）《民主报》（*The Domocrat*）

这是英文周报，创刊于 1976 年，共 16 版，由独立出版社出版。

（五）《火炬》（*It-Torca*）

这是马耳他总工会周刊，创刊于 1944 年，用马耳他文出版。

（六）《地平线》（L-Driggont）

其创刊于 1962 年，为马耳他总工会报纸，用马耳他文出版，每日发行两万份。

（七）《时报》（The Time）

其创刊于 1935 年，用英文出版，共 20 版左右，每日发行 2.5 万份，其是马耳他第一大英文报纸，旗下拥有《星期日时报》以及经济、艺术、美食、旅行等方面的刊物十余种。马耳他《时报》官方网站主要提供国内外新闻、时政、商业、观点、宗教、科技、体育、教育、生活、健康、天气、就业、论坛、公共服务等方面的内容，网站语言为英语。

（八）马耳他《独立报》

其创刊于 1992 年，系马第二大英文报纸，拥有日报、网络版、周末版和商业周刊。

（九）《星期日时报》（The Sunday Time）

其是英文周刊，创刊于 1922 年。

（十）《地中海新闻》（Mediterranean News）

这是工党周报，由利比亚政府协办，创刊于 1972 年。

（十一）《生活》（II-Hajja）

这是教会报纸，用马耳他文出版，创刊于 1971 年，共 12 版，由生活报社出版。

目前，马耳他主要日报有 4 份，马耳他文和英文报纸各占 2 份。较大报纸为《时报》和《独立报》，每日发行量 2 万余份，另有多种周报。

2016 年 10 月 17 日，马耳他主流报纸马耳他《独立报》全文刊登中国驻马耳他大使姜江题为"中国投资追求互利共赢"的署名文章。姜江在文章中介绍了中国经济发展情况，强调中国奉行互利共赢的开放政策，愿以建设"一带一路"为契机，深化与各国的互利合作，实现共同繁荣。文章表示，中马两国有着深厚的传统友谊，中方援建的 6 号干船坞和地中海中医中心就是患难见真情的集中体现。如今，一批优秀的中资企业正在与马方积极合作，共同致力于在马创造就业，产业升级和环境保护，中马合作前景广阔。中方将鼓励更多企业来马投资兴业，与马方互利共赢，造福两国人民。

2016 年 10 月 25 日，中国驻马耳他大使姜江走访了马耳他《时报》社，并与该报总编布吉亚、经理曼杜卡等就加强中马媒体合作交换了意见。姜江赞赏马耳他《时报》重视涉华报道，希望该报作为当地历史最悠久和最有影响力的报纸，增加同中国媒体的交流，更多关注和报道中国，帮助马耳他民众了解一个真实、全面的中国。中国使馆愿为此提供协助。布吉亚和曼杜卡感谢姜江不久前为马耳他《时报》撰文，表示愿为推动中马关系发展发挥桥梁作用。

二　广播和电视

（一）马耳他电视台（Television Malta）

马耳他电视台成立于 1962 年 9 月，原来由英商经营。1975 年，工党政府接管后，其成为国家电视台，由政府公共广播服务有限公司经营。大部分节目由当地创作，内容包括新闻、时事评述、戏剧、音乐等。此外，电视台播放的外国影片主要是英、美、法等国的影片。

（二）超级一台

超级一台由工党开设，于 1994 年开播。

（三）有线电视台

有线电视台为私营电视台，以播放娱乐性节目为主。

（四）马耳他广播电台（Radio Malta）

马耳他广播电台由一台、二台、三台组成。一台成立于 1973 年 1 月，用中波播音，在意大利、利比亚、突尼斯均可收听到一台的节目。一台平均每天播出节目 17 小时，主要节目涉及新闻、评论、戏剧、音乐、体育等。二台成立于 1973 年 5 月，用短波播音，主要节目涉及新闻和音乐。三台成立于 1974 年 9 月，用意大利语和英语播放新闻和音乐节目。三个电台的经费均来自收听费和广告收入。

（五）有线广播电台（Cable Radio）

有线广播电台成立于 1935 年，原来由英商经营。1975 年，马耳他工党政府将其收为国有。现有两种不同线路，分别用马耳他语和英语两种语言播音。英语广播节目主要包括转播的英国、美国、加拿大等国的节目，也有一些马耳他人编写的节目。马耳他语广播节目主要是新闻、时事、音乐、体育等节目，还有一些政治、宗教等专题节目。该台的经费主要来自广告收入。

（六）地中海之声（Voice of the Mediterranean）

地中海之声成立于 1988 年，由马耳他和利比亚两国政府共同拥有。每天中波频道和两个短波频道向 47 个国家用英语和阿拉伯语播放节目。

（七）团结和友谊之声（Voice of Friendship and Solidarity）

团结和友谊之声是利比亚政府设在马耳他的电台，建立于 1976 年。它主要向北非广播，每日播音 3 个小时左右。

广播电视受马耳他广播局监管。马耳他电视台（TVM）为国家电视台，1962 年开始播放电视节目，由政府公共广播服务有限公司经营。国民党和工党分别开设各自电视台 Net TV 和 One TV。私营有线电视台（Smash TV，Calypso TV，Favourite）以播放娱乐性节目为主。另有教育台 Education 22 和电视购物台 ITV。

三 主管新闻的机构

（一）马耳他新闻局（Department of information）

马耳他新闻局成立于 1995 年，是马耳他总理府的一个司局级单位，统管政府新闻政策和各类新闻媒体。其职能是将政府各部门所公开发表的声明、公告、规定、活动消息转发给各报刊，实际上为政府发言人。新闻局与各报社的关系不是领导与被领导的关系，各报刊、报社都独立于政府。

（二）马耳他广播局（Malta Broadcasting Authority）

马耳他广播局建立于 1961 年 9 月，由局长和至少 4 名成员组成，他们任期 5 年。其成员由总统根据总理在与反对党领袖磋商后提出的建议任命。部长、议会秘书、议员、议员候选人、地方政府官员或公职人员均无资格出任广播局的成员。广播局的成员在离任之日起 3 年内，不得再被任命或担任任何公职。

广播局的职责是：监管在马耳他境内的广播和电视；在马耳他的广播电视节目中，对政治论战、工业纠纷和现行公共政策等方面的问题处理应最大限度地保持公正；合理分配朝野不同政党成员利用广播电视设施的时间。广播局现为欧洲广播联合会和英联邦广播协会及欧洲新闻学会的成员。

广播局为独立的机构，在履行职责时不受任何个人或当局的指示或监督。

（三）马耳他公共广播服务有限公司

马耳他公共广播服务有限公司是按照《广播法》于 1991 年 9 月 27 日成立的政府机构。

第五节 体育

一 概况

马耳他体育运动早在它还是英国殖民地的时候就展开了。更早以前，马耳他人在空闲时间经常去散步，去打猎或去钓鱼。英国移民和军人来马耳他后继续参加他们在国内的一些运动，如板球比赛、田径运动、马球和赛马等，这些运动后来渐渐被马耳他人接受并且他们积极开展这些体育运动。

马耳他国家虽小，但非常重视体育运动，几乎各种体育项目如球类（足球、排球、篮球、网球、乒乓球、羽毛球、台球、高尔夫球等）、赛马、棋牌类、自行车、水上项目等都有开展，并成立了相应的协会或组织。

马耳他政府为了更好地鼓励和开展专业和普及性的文化体育活动，逐年在财政上加大了支持的力度，财政投入既用于支持马耳他岛和戈佐岛开展文化体育活动，也用于支持各项文化体育项目，同时也用于援助体育组织和协会。

二 主要运动项目及赛事

1. 足球

足球是最受马耳他人欢迎的体育运动，被称为"国家体育运动"。

马耳他足球运动在 1884 年被引入。第一次比赛是在 1909 年或 1910 年。20 世纪二三十年代，马耳他为了提高本国足球水平，从欧洲其他国家引进外籍球员。在第二次世界大战中，许多马耳他球员参加了英国的武装部队来保卫马耳他和英国。第二次世界大战一结束，很多马耳他足球俱乐部又出现了，并同英国足球俱乐部举行很多友谊赛，促进了足球事业的再次发展。圣诞节期间的赛事也在 1945～1946 年重新恢复了。

马耳他足球协会（简称足协）成立于 19 世纪晚期，总部在瓦莱塔。它的主要任务是领导国家足球队，更好地组织和发展足球事业，领导马耳他其他 49 个足球俱乐部、7 个足协分会，如戈佐足球协会、业余足协、工业足协、区级足协、青年足协等。

足球协会成立后，马耳他足球开始参与国际竞争。1957 年 2 月 24 日，马耳他与澳大利亚在帝国体育场举行了友谊赛。1959 年马耳他足协加入世界足球联盟，1960 年又成为欧洲足球联盟的一员。马耳他国家队开始在欧洲杯和世界杯中参赛，在世界杯中，参加过 62 场（第一场为 1974 年对西德）比赛；在欧洲杯中，参加过 67 场（第一场为 1964 年对西班牙）比赛。其他的各种友谊赛更是不胜枚举。每年从 9 月开始，有联盟锦标赛以及其他相应的比赛举行。作为欧洲实力最弱的球队之一，马耳他国家队很少在国际主要赛事中取得决赛权，其唯一的任务就是用心享受足球比赛和在比赛中虚心学习。其主要胜利赛事有：1975 年欧洲杯中主场 2 比 0 战胜希腊，1982 年欧洲杯中主场 2 比 1 战胜冰岛，1993 年世界杯中 1 比 0 战胜爱沙尼亚。2014 年世界男子足球国家队排名中，马耳他排第 128 位。

马耳他足球协会还大力从事马耳他足球的培训、体育场馆的建设、足球学校的建立、马耳他足协技术中心的建立、资金的筹集等工作，并取得了显著的成绩。马耳他足协无论是在人力上还是在财力上，都是马耳他所有体育协会中最优秀的。

2. 潜水

马耳他有很好的潜水条件，并能提供一些最好的配制"水肺"的潜水装备和设施。很多水上运动中心和潜水学校能提供相关课程，并配制且向外租赁"水肺"的潜水设备。

3. 冲浪

冲浪在马耳他是一项非常重要的运动。每年举行两个国际比赛，即一个是5月举行的西西里－马耳他冲浪比赛，另一个是9月举行的国际风帆冲浪级别锦标赛，它们都吸引了众多国际选手参与比赛。

4. 航海和乘游艇旅游

航海、划船比赛在每年的4～11月定期举行，包括6月的"科米诺划船比赛"、7月的"马耳他－锡拉丘兹比赛"及8月的"里米尼（Rimini）－马耳他－里米尼游艇比赛"。岛上到处都有小船和游艇租赁，而且设备和相应配备都很先进。

5. 滑翔

这项运动在黄金沙滩、梅利哈海湾（Mellieha）、金色海湾、高拉海湾（Qawra）、圣·乔治海湾均能够进行。

6. 草地保龄球

马耳他岛草地保龄球（Bocci）很受欢迎，在城市和大多数村庄都能展开这项运动。

7. 骑马

马耳他在马萨建设了比赛跑道，附近还有几所骑马学校。一些饭店也提供骑马设备。

8. 赛马

赛马是马耳他的最高层次的观赏性运动。赛马比赛在5～10月每个星期日各举行一次，比赛跑道位于马萨。

9. 陶土飞靶和双向飞碟射击

陶土飞靶和双向飞碟射击是马耳他很受欢迎的运动，具有竞争性和实践性，一般在星期日早上举行。

10. 箭术

箭术由马耳他箭术联合会组织进行，由马萨体育俱乐部举办。国际箭术联赛在 4 月举行。

11. 田径

马耳他于每年 2 月中旬举行马拉松比赛，以吸引来自全世界的长跑运动员参加。每年 5 月，在马萨体育场还组织像道路比赛那样的许多运动项目，如田径比赛、锦标赛。

三　体育设施

马耳他拥有多种体育设施。国家体育馆是很多国际比赛举行的场所。此外，大多数饭店为客人提供了许多体育馆和其他设备。设备通常包括网球场、壁球场、健身房和桑拿浴。大多数饭店也提供水上运动设备，包括潜水运动、滑水运动、冲浪和航行的设施。

马萨体育俱乐部是一个大型的体育中心，距离瓦莱塔南部 4 公里。该俱乐部拥有一块 18 个洞的高尔夫球场、19 个网球场（其中两个拥有黏土地基）、5 个壁球场，还有板球比赛场地、马球场、体育馆、游泳池和一块 4 条道的保龄球场。俱乐部的附近还有赛马跑道，以及足球和橄榄球运动场。

四　体育协会

马耳他奥林匹克委员会成立于 1982 年。在各种体育事务中，例如在奥林匹克事务、联邦运动事务、地中海运动事务、欧洲小国的体育运动以及其他国际比赛中，它是马耳他最高层次的、最具权威的和唯一的代表，并拥有全部权限。马耳他奥林匹克委员会的职责是鼓励和指导体育事业的发展，并且发现、资助和培养参加各种比赛的运动员，提高他们的竞技能力和水平。马耳他奥林匹克委员会是自治机构，反对一切政治、宗教、种族和经济因素的影响而独立自主地发挥其作用。马耳他于 1928 年首次参加在荷兰阿姆斯特丹举办的第九届夏季奥林匹克运动会。

马耳他全国性的各种体育项目协会经常发起除上述运动项目以外的多

种其他体育竞赛，涉及现代柔道、篮球、自行车、乒乓球、曲棍球、水球、游泳、摔跤等运动。

上述体育项目都有各自的体育协会。体育协会主要有水上运动协会、箭术协会、业余运动协会、羽毛球协会、棒球和垒球协会、篮球协会、台球协会、业余健美协会、桥牌协会、轻舟联合会、棋类协会、板球协会、自行车联合会、马术联合会、舞蹈协会、飞镖协会、剑术协会、足球协会、皇家高尔夫俱乐部、体操协会、手球协会、曲棍球协会、柔道联合会、空手道联合会、卡丁车俱乐部、篮球协会、马耳他撞球协会、赛马俱乐部、赛舟协会、橄榄球联盟、航海联盟、钓鱼联合会、射击联合会、壁球协会、乒乓球协会、跆拳道协会、网球协会、保龄球协会、三项全能运动协会、水下运动联合会、排球协会、举重联合会等，不一而足。

第八章

外　交

第一节　外交方针和政策

一　外交方针和目标

马耳他受自身规模限制，在外交上难以像大国那样在国际事务中施加重要的影响，发挥重大的作用。但是，马耳他地处地中海要地，连接欧、亚、非三大洲，扼地中海的东、西出口。独特的地理位置使其在历史上成为周边强国来来往往的舞台，这些外来入侵者都或多或少地影响了马耳他发展的进程。马耳他独立后正值冷战时期，东西两大阵营对立。为应对挑战、保障安全、谋求发展，马耳他认真总结历史的经验教训，确定了在对外关系中坚持奉行中立和不结盟的外交方针，并把这种外交方针载入马耳他共和国宪法。

马耳他共和国宪法第 1 章第 1 节第 3 条①专门对马耳他外交方针做了如下的规定：

> 马耳他是一个积极的中立国家，坚持不结盟政策和拒绝参加任何军事联盟，同所有的国家一起寻求和平、安全和社会进步。

---

① 《世界宪法大全》中的《马耳他共和国宪法》没有将第 1 章第 1 节第 3 条译成中文。这里采用《马耳他共和国宪法》1996 年英文版本第 1 章第 1 节第 3 条。

马耳他这样的方针意味着如下内容。①在马耳他领土上不允许存在外国军事基地。②不允许任何外国军队使用马耳他的军事设施，除非应马耳他政府的请求和出现下列情况：在发生任何武装侵犯马耳他共和国主权事件的情况下而行使自卫的天赋权利时，或者执行联合国安理会决议的措施或行动时，或者每当马耳他共和国的主权、独立、中立、统一或领土完整受到威胁的时候。③除了上述情况外，当外国军队在马耳他周围集结时，无论在方式上还是在规模上都不允许使用马耳他的其他设施。④除上述情况外，不允许外国军事人员停留在马耳他领土上。除非这些军事人员进行表演或者参与非军事性质的工作或活动以及合理数量的军事技术人员参与马耳他共和国的防卫。⑤马耳他共和国的船坞用于民间商业的目的，但是，在合理规定时间和数量的情况下，也可以用来修理非战斗状态的舰艇或建造舰艇。

在冷战时期，马耳他在中立和不结盟的方针指引下，与东西方国家都保持了良好关系，双边和多边互访频繁，政治、经贸、文化等各领域的往来不断，为维护马耳他的国家安全和整体利益起到了积极的促进作用。冷战结束后，随着国际国内形势的不断发展变化，马耳他适时调整外交策略，特别是近年来国民党上台执政后，马耳他积极向西方和欧盟靠拢。入盟后，作为欧盟成员国，马耳他进一步密切与欧盟的关系，在坚持中立和不结盟方针的同时，在重大外交问题上与欧盟保持一致。

此外，马耳他还凭借自身优势，继续保持与世界各国的良好关系，积极参与国际及地区事务（包括与联合国、世贸组织、欧盟委员会、欧洲安全和合作委员会、英联邦等相关的事务），促进地中海地区的安全、和平、稳定、合作，增进马耳他与其他国家的经贸往来和文化交流，保证马耳他在国际上的地位，保护马耳他主权和领土完整及国家利益。

2014年，与马耳他建立外交关系的有122个国家。马耳他海外派出机构172个，派驻马耳他的外交使团170个。

二　对重大国际问题的政策

马耳他一贯重视联合国等国际组织的作用。主张联合国改革，以适应形势变化。它认为需要提高联合国内部组织的效率，力主重新焕发"联大"活力，把"联大"建设成国际协同一致的论坛。它希望安理会增加透明度和公开性，加强安理会和大会成员之间的协商。它主张安理会改革重点可限于非常任理事国的扩大，对常任理事国的扩大则要采取协商一致的原则进行。它主张赋予托管理事会以新的职责，以增加其对人类共同遗产、环保、人类未来等问题的托管职能。它建议建立一个两年一度的全体委员会，综合考察与海洋有关的问题。

2000 年，马耳他总统出席了在伦敦威尔顿公园举行的"21 世纪联合国"会议和联合国西班牙理事会会议，重申焕发"联大"活力、改革安理会和托管理事会等主张。马耳他总理在 2000 年"联大"会议上，主动宣布大幅增加马耳他对联合国维和行动承担的财政份额。

2001 年，马耳他总统又一次呼吁增强安理会，尤其是"联大"的作用，反对绕过联合国处理重大国际问题。马耳他外长出席第 56 届"联大"时，呼吁"联大"就制定一项反对国际恐怖主义的公约召开高级别会议，并代表马耳他政府递交了马耳他加入反对恐怖主义等 4 项反恐国际公约的批准书。

2007 年 7 月 27 日，马耳他总理代表马耳他在"联大"进一步表示，为保证联合国更好地发挥作用，必须加快当前正在进行的改革进程。马耳他坚决支持一个具有广泛代表性、作用和行动透明、真正负责、运转高效的联合国；马耳他认为联合国改革和关于建立"一个联合国"的国家方式（"One United Nations" Country Approach）是联合国赖以应对和处理不断增多的新挑战的两大支柱。

由于马耳他位于地中海中心，处于欧盟的最南边，是欧洲和北非之间的一座桥梁，因此，马耳他十分重视地中海及其沿岸地区的安全与稳定，积极推动欧盟－地中海稳定与发展的进程，主张建立地中海理事会，支持通过循序渐进的方式建立信任与安全措施的倡议，努力营造相互合作的良好环境。马耳他外长出席了第 7 届地中海论坛会议、国际议会联盟地中海安全与合作第 3 届议会间的会议和欧洲－地中海外长非正式会议，提出设立地中海议会大会，倡导签署《欧洲－地中海和平稳定宪章》，参加欧洲－地中海进程中的国际会议，以及关于能源、运输、青年和信息社会等欧洲－地中海地区项目。马耳他欢迎旨在加强欧洲国家政治、经济合作（包括金融上的相互支持、单一市场建立等方面）的"欧洲相邻国家政策"（EPS）的实施，以减少周边地区的不稳定性。

1999 年 3 月，马耳他还承办了地中海论坛会议。马耳他认为"欧洲相邻国家政策"为巴塞罗那进程的建立提供了机会，使欧洲－地中海国家之间能形成一种垂直合作关系，在巴塞罗那框架内实现国家间的团结。此政策还为马耳他在移民、人权、民主、反恐、市场发展、吸引投资等方面的发展提供了更多空间。2001 年，马耳他继续积极推动欧洲－地中海合作进程，马耳他外长多次参加地中海地区论坛会议，呼吁加强不同国家、不同文明国家之间的对话、理解和信任，以促进该地区的和平与稳定。

马耳他重视与地中海南岸国家的关系，1990 年 11 月，同法国、意大利、西班牙和葡萄牙一起与阿拉伯马格里布联盟——阿尔及利亚、利比亚、毛里塔尼亚、摩洛哥、突尼斯 5 国建立了"5 + 5"对话关系，从而成为西地中海盆地"5 + 5"非正式对话组织的成员之一。其目的是加强彼此之间的合作，促进发展，维护西地中海地区的和平与安全，巩固和加强巴塞罗那进程。

1990 年 11 月和 1991 年 10 月，"5 + 5"非正式对话组织成员分别在罗马和阿尔及尔举行了两次外长会议，后因"洛克比事件"① 和"西撒问题"②，双方对话中断。随着"洛克比事件"的解决，"5 + 5"第三次、第四次外长会议相继于 2001 年 1 月在里斯本、2002 年 5 月在的黎波里举行，2003 年先后在突尼斯举行了西地中海国家与马格里布国家"5 + 5"首脑会议，在利比亚举行了"5 + 5"国家议长会议。2012 年 10 月 5 ~ 6

---

① "洛克比事件"：1988 年 12 月 21 日洛克比空难发生，一架波音 747 喷气式客机上的 259 名乘客全部遇难，另外，洛克比小镇上的居民也赔上了 11 条生命，总计 270 人遇难，其中大部分是美国人。嫌犯为利比亚人。

② "西撒问题"是指以摩洛哥与西撒人为主的两方就西撒地区最终地位所产生的一系列分歧、争端与冲突。20 世纪 70 年代，双方爆发冲突，后在联合国的调解下实现停火。西撒问题反映了阿拉伯世界内部错综复杂的历史矛盾，在阿拉伯世界具有一定的代表性。

日，第二届"5＋5"峰会在马耳他举行，与会代表有来自地中海西岸的10个成员，它们是5个欧盟国家（马耳他、意大利、法国、西班牙及葡萄牙）和5个北非国家（利比亚、突尼斯、阿尔及利亚、摩洛哥和毛利塔利亚）。法国总统和利比亚全民议会的首脑及各国政要出席大会，会议就各方在加强对话、促进多边关系及减少地区冲突等方面进行了广泛的交流。5日晚，马耳他总统还在首都瓦莱塔总统府举行了盛大的国宴庆祝峰会圆满成功。

马耳他坚决反对核试验和使用核武器，不允许载有核武器的军舰在马耳他港口停泊。马耳他支持无限期延长《不扩散核武器条约》和《全面禁止核试验条约》。马耳他议会于1997年4月通过了授权政府批准《禁止化学武器公约》的议案。在1997年维也纳国际原子能机构大会上，马耳他被接受为国际原子能机构第126个成员。同年12月，马耳他签署了《关于禁止使用、储存、生产和转让杀伤人员地雷及销毁此种武器的公约》。马耳他还呼吁国际社会尽一切努力支持核裁军，并确保关于核武器和大规模杀伤性武器的相关条约得到普遍遵守。2012年9月18日，美国政府捐赠马耳他的一组核检测设备在马耳他自由港正式启用。马耳他财长芬尼克和美国驻马大使温斯特里参加了在自由港举办的设备启动仪式。该设备可检测出集装箱内的核武器、核材料及放射性物质。今后通过马自由港进入马耳他的全部集装箱和从该港转口的半数集装箱将接受该设备的检测。实际上，该设备从2012年7月就已开始了试运行，在马耳他安装该设备的目的是防止核扩散。

马耳他坚决反对国际恐怖主义，认为恐怖主义不应该有生存的空间。因此，马耳他积极地参加国际反恐合作，坚定不移地全面执行关于反恐的国际公约和安理会的决议，愿与其他国家共同努力，彻底地根除一切形式的恐怖主义。马耳他政府2013年11月17日宣布，修改出售马耳他国籍的规定，将公开国籍购买人的身份。马耳他政府认为，不公开国籍购买人的身份更能吸引买主；反对者则担忧，隐藏买主身份会给怀有不良企图的人可乘之机，例如恐怖分子。马耳他政府在"听取公众意见"后，决定取消身份保密规定。

马耳他

马耳他国民党政府曾经于 1994 年 5 月加入北约的"和平伙伴关系"计划。1996 年工党上台后，以违反马耳他共和国宪法关于中立、不结盟和非军事化的规定为由退出。1998 年 9 月，国民党政府重新上台后，未再申请加入"和平伙伴关系"计划，但是密切关注北约的发展。

作为一个岛国和世界第四大船舶注册国，马耳他一直十分关注海洋资源的开发利用和海上运输安全。早在 1967 年 8 月 17 日，马耳他驻联合国代表就致函联合国秘书长要求将"国家管辖范围以外海床洋底的和平利用问题"列入第 22 届"联大"议事日程。由于国际社会对海底资源开发问题的日益关注，1967 年 12 月 18 日，联合国第 22 届大会通过了一项决议（2340 号决议），决定成立一个特设委员会以研究国家管辖范围以外海床洋底的和平利用问题。1968 年 12 月 21 日第 23 届联大又通过决议（2467 号决议），决定将特设委员会改为常设委员会，建立"和平利用国家管辖范围以外海床洋底委员会"（简称海底委员会）。

此外，马耳他还以高票当选为国际海事组织理事会成员。该海事组织委员会由 126 个成员组成，其执行机构为理事会。理事会由 16 个国家组成，任期为 3 年，主要负责国际海事组织立法及对世界航运业务进行监督。成为其理事会成员，有利于提高马耳他在国际海事组织中的地位，进一步发挥其作用，维护其海洋权益。

在全球气候变化问题上，马耳他表示国际组织和机构必须以更加密切协同的态度对待该问题及其后果，参与减除气候变化危险的各方，亟须在帮助有关国家提高面对和适应气候变化而产生负面影响能力的战略和行动上采取一致立场。马耳他认为联合国应通过"联大"建立一个统一的机制并提出未来全球战略，要特别关注小岛国的需求。

马耳他关心中东局势，认为中东问题的僵局是对欧洲－地中海合作进程的致命打击，希望公正、和平地解决中东问题。它主张中东问题有关各方恢复《奥斯陆和平协议》的活力，尊重其所规定的义务，对当前旨在恢复中东对话的倡议做出积极反应，致力于建成一个独立、民主的巴勒斯坦国家，为与以色列及其周边国家实现共同安全、和平共存而努力。

2000 年，马耳他总统还亲赴以色列与巴勒斯坦地区斡旋巴以冲突。2001 年"9·11"事件以来，马耳他加紧在美国和巴勒斯坦之间进行斡旋，力图为推动巴以和谈发挥作用。2002 年初，马耳他政府就中东局势连续发表声明，呼吁各方保持最大限度的克制，立即实现停火，防止暴力活动失去控制以形成恶性循环。

马耳他 2004 年 5 月 1 日加入欧盟后，在全面融入欧盟方面迈出重要步伐，积极支持欧盟对于中东问题的政策。马耳他外交部部长还两次出访中东进行斡旋，积极促成巴勒斯坦和以色列的双边谈判。

马耳他在 2007 年 12 月 21 日加入申根区（2008 年 3 月 31 日开放领空），在 2008 年 1 月 1 日加入欧元区，在 4 月 3 日，重新加入北约"和平伙伴关系"计划（Partnership for Peace，PfP）。

马耳他对外主张欧洲和地中海并重，重视地中海的安全与稳定，积极推动欧洲－地中海进程，倡导签订《欧洲－地中海和平稳定宪章》，积极参加地中海议会大会和欧洲－地中海部长级会议，成功争取在马耳他设立地中海议会大会秘书处，支持建立地中海联盟。2008 年 2 月，积极促成首届欧盟－阿盟外长会议在马耳他召开。努力发展同地中海周边各国关系，特别是同利比亚、埃及和突尼斯等国的友好合作。现政府重视发展和加强与美国、俄罗斯以及中国等新兴大国的友好关系。马耳他关注中东局势，一贯支持巴勒斯坦事业，积极支持巴以和平进程，主张通过和平对话解决中东问题，希望中东地区早日实现和平稳定。2008 年 5 月，联合国巴勒斯坦问题国际会议在马举行，马外长在会上表示没有中东和平就没有地中海地区的和平。

2010 年 4 月 16 日，作为欧盟成员国的马耳他共和国已宣布向正在索马里附近海域执行护航任务的欧盟护航编队派驻 12 名士兵，以帮助打击索马里海盗。根据马耳他与荷兰签署的一份备忘录，此次派遣的由 12 名士兵组成的"舰艇保护分遣队"将被派驻到荷兰军舰上，自 4 月起在索马里附近海域执勤 4 个月。在此之前，马耳他仅在欧盟打击索马里海盗的"阿塔兰特"军事行动总指挥部英国诺斯伍德设有一名文职士兵。索马里自 1991 年以来持续战乱，沿海地区海盗活动猖獗，是世界上最危险的海域之一。2008 年 12 月 8 日，欧洲联盟正式启动代号"阿塔兰特"的军事行动，并派遣 6 艘战舰和 3 架侦察机前往索马里附近海域巡逻，以防范和打击日益猖獗的海盗活动。此后，19 个欧盟成员国先后加入护航行列。

2013 年 11 月，13 家科学机构、财团等合作伙伴（分别来自八个国家，包括马耳他）开展蓝鳍金枪鱼水产养殖项目，旨在为这种濒危物种的未来生态可持续发展提供必要的资金和技术帮助。蓝鳍金枪鱼项目自 2000 年初开始，几位科学家参与打破金枪鱼研究驯化的项目，蓝鳍金枪鱼国际会议在西班牙卡塔赫纳举行。该水产养殖项目被作为八国首次会晤制定的重点发展项目之一，该项目包括海洋圈养蓝鳍金枪鱼的育种、育肥等流程。本地方面，马耳他水产养殖研究中心［MAR，原名为马耳他渔业科学中心（MCF）］协调马耳他各项金枪鱼水产养殖实验和野外实践研究，包括对蓝鳍金枪鱼的采样，负责亲鱼产卵收集，亲鱼营养饲料的大规模实验，鱼卵运输试验以及苗种培育试验。

非法移民、气候变化、海洋权益和文明对话等是马耳他对外关系中优先考虑和处理的问题。马耳他呼吁国际社会、联合国以及其包括难民署在内的组织机构对非法移民问题做出共同回应，为非法移民问题建立一个全面完整的机构性和制度性对策，打击非法移民犯罪组织，以向马耳他等承受超比例非法移民问题重担的国家提供帮助。

三 参加的国际组织

（一）马耳他参加的国际组织

马耳他积极致力于国际事务，参加的主要国际组织如下：联合国（UN），联合国教育、科学和文化组织（UNESCO），联合国工业发展组织（UNIDO），世界贸易组织（WTO），欧盟（EU），联合国欧洲经济委员会（ECE），联合国粮食与农业组织（FAO），国际原子能机构（IAEA），国际复兴开发银行（IBRD），国际民用航空组织（ICAO），国际自由工会联合会（ICFTU），国际劳工组织（ILO），国际货币基金组织（IMF），国际刑事警察组织（INTERPOL），国际奥林匹克委员会（IOC），国际标准化组织（ISO），国际电信同盟（ITU），万国邮政联盟（UPU），世界卫生组织（WHO），世界气象组织（WMO），世界旅游组织（UNWTO），海关合作理事会（CCC），欧洲委员会（CE），欧洲复兴开发银行（EBRD），77国集团（G77），国际农业发展基金会（IFAD），国际海事组织（IMO），不结盟运动组织（NAM），欧洲安全与合作组织（OSCE），世界劳工联合会（WCL），世界知识产权组织（WIPO）等。

2002 年 12 月，波兰、匈牙利、斯洛伐克、立陶宛、拉脱维亚、爱沙尼亚、捷克、斯洛文尼亚、塞浦路斯和马耳他 10 个候选国的入盟谈判结束，如期于 2004 年 5 月 1 日成为欧盟正式成员国。

2004 年，马耳他又以最高票数再次当选国际海事组织理事会成员。在投票的 126 个国家中，马耳他获得了 110 票。马耳他交通部部长加利亚在会后表示，他对马耳他再次当选特别满意。马耳他作为一个岛国、世界第四大船舶注册国和欧盟成员国，可以利用这一结果进一步加强其战略位置。

（二）马耳他和世界贸易组织（WTO）

马耳他签署乌拉圭谈判最后一个协议时间为 1994 年 4 月 15 日。马耳他议会通过这一协议，于 1994 年 11 月 20 日正式成为世界贸易组织一员。外交部为马耳他对外贸易事务代表。

（三）马耳他和欧洲安全与合作组织（OSCE）

马耳他于 1973 年 6 月 25 日被批准加入欧洲安全与合作组织。它于 1975 年 8 月 1 日签署了文件，并且在 1990 年 11 月 21 日签署了《巴黎宪章》。2004 年，马耳他成员费为欧洲安全与合作组织的预算的 0.02%。马耳他在一些欧安组织的论坛上发挥积极的作用，比如地中海会议以及一些例会和安全合作论坛等。"地中海重要因素"成为马耳他的代名词，地中海安全对欧洲安全又起着关键的作用。1992 年，在赫尔辛基的部长会议上，马耳他提议根据《联合国宪章》第 8 部分，欧洲安全与合作组织应被承认是一个联合国的地区性质的组织，得到参与国的普遍认可。

第二节 与西欧和东欧的关系

一 与欧盟的关系

马耳他与欧盟的关系，更多的是由于与西欧国家在文化、政治和经济上的"血缘"关系。马耳他地处东地中海，居民是南欧人、腓尼基人、阿拉伯人和英国人的混血后代，使用的马耳他语也是阿拉伯语的一种方言。但是，在文化和思想上，马耳他可以说是基督教文明在东方传播的一个基地。按基督教的说法，耶稣的门徒保罗在赴罗马的航程中曾在马耳他耽搁了3个月。这就是马耳他人信上帝的开始，换言之，在罗马帝国时期马耳他就已经是基督教文化圈的一部分了，不过它还处于雏形状态。在此之后，马耳他先后处在东罗马帝国、基督教骑士团、法国及英国统治之下，仅在公元870～1091年被阿拉伯人短暂统治过。

基督教骑士团和英国，一方面，使马耳他免于被土耳其和意大利等周边大国势力吞并，保全了它的西方式政治体制和文化，并且建立起比较成型的市场经济体制和资本主义政治制度；另一方面，也使马耳他在欧洲政治、经济中常常处于保护国的地位。马耳他的经济来源以旅游业和造船业为主，而主要客户就是英国、法国、德国和意大利。所以，马耳他是欧洲国家中独立意识出现最晚的一个国家，甚至在其国旗上的图案至今还保留着第二次世界大战中英国政府颁发的乔治勋章，官方语言中依旧保留英语，其法律基本源自拿破仑法典，这样的殖民地色彩在欧洲国家大概是绝无仅有的。

马耳他于1964年独立，但作为英联邦的成员在经济和安全上长期依靠英国。所以，1979年英国收回在马耳他的军事基地后，马耳他很快就面临国际贸易逆差困境，陷入了东西方之间的国际夹缝之中。马耳他国内两个主要政党在内政和外交的方针上存在分歧。独立后第一次大选上台的国民党主张，"信仰天主教、具有欧洲传统和民族精神"的马耳他对外应进行自主外交，加强与欧洲国家和邻国的联系与合作，积极加入欧共体；

而 1971～1987 年和 1996～1998 年，执政的工党却主张独立自主、中立和不结盟，同欧盟只可建立"伙伴关系"而不应加入。1996 年 10 月马耳他工党政府中止加入欧盟的谈判，但仍把同欧盟的关系作为马耳他外交重点内容之一。正因为如此，马耳他一直迟迟未能加入欧盟。1998 年国民党执政以后，马耳他重新启动加入欧盟的进程。

其实，无论是国民党还是工党，都代表了欧洲基督教文明，政治和经济上十分强大的欧盟自然就是马耳他天然的依靠对象，加入还是不加入欧盟，更多的是出于党派斗争的需要。无论如何，国民党的执政为马耳他加入欧盟开了绿灯。就欧盟而言，它对于这个"信仰天主教、具有欧洲传统和民族精神"，依靠外向型经济立足的小国几乎就是母体，马耳他选择加入欧盟，其实是最自然不过的结果。

另外，马耳他地处欧盟南翼，连接欧、亚、非三大洲，扼地中海的东西出口，地理位置独特。欧盟如能将马耳他"收编"，对其进一步扩大在欧亚地区的影响具有积极意义。为此，欧盟有意降低马耳他入盟门槛，在入盟条件上对马耳他做出了一定让步，例如，确保马耳他中立地位，允许马耳他继续坚持反对堕胎政策，允诺对经济不够发达的戈佐地区予以资金援助等。

1999 年 2 月，欧盟委员会发表对马耳他入盟"意见"的"最新报告"，确认马耳他在为加入欧盟而进行的行政和政府调整等政治方面没有重大问题。同月，欧盟－马耳他联合议会委员会会议在马耳他举行。4 月，欧盟委员会致函马耳他驻布鲁塞尔大使，邀请马耳他加入匈牙利、捷克、波兰、斯洛文尼亚、爱沙尼亚和塞浦路斯 6 国多边审查行列。6 月，欧盟总务理事会同意，把同中东欧国家和塞浦路斯之间进行的多边政治对话扩展到马耳他。10 月，欧盟驻马耳他大使向马耳他总理阿达米提交欧盟对马耳他进展报告和《入盟伙伴关系报告》。12 月，欧盟赫尔辛基首脑会议同意于 2000 年 2 月开始同马耳他进行入盟谈判。

2001 年 12 月，马耳他外长参加关于马耳他入盟的欧盟第 5 次部长级会议。同月，马耳他总理阿达米参加欧盟领导人首脑会议。

2002 年 1 月，欧盟地区委员会主席切伯特访问马耳他。同月，马耳他政府的社会部部长冈奇与英国卫生和安全部部长怀特赫德签署欧盟给予马耳他入盟前资金援助项目的协议。3月，马耳他总理、外长和财长参加欧盟委员会首脑会议。马耳他经济部部长参加欧洲-地中海第2届贸易部长会议，讨论促使欧洲国家更多地进入欧洲市场，继续消除贸易壁垒等问题。

马耳他政府于2002年完成入盟谈判，2002年11月18日欧盟15国外长在布鲁塞尔举行会议，决定邀请塞浦路斯、匈牙利、捷克、爱沙尼亚、拉脱维亚、立陶宛、马耳他、波兰、斯洛伐克和斯洛文尼亚10个中东欧国家入盟。

2003年3月8日，马耳他率先就是否加入欧盟举行全民公投。结果53%赞成，46%反对。同年4月16日，在希腊首都雅典举行的欧盟首脑会议上，马耳他及上述各国正式签署加入欧盟协议。

2004年5月1日，这10个入盟协议签署国正式成为欧盟的成员国。这是欧盟历史上的第5次扩大，也是规模最大的一次扩大。欧盟以往的扩大都是向西方国家开放，而这次入盟的10国多为中东欧国家。此次扩大后的欧盟成员国从当时的15个增加到25个，总体面积扩大近74万平方公里，人口从约3.8亿人增至约4.5亿人，整体国内生产总值增加约5%，经济总量与美国不相上下，欧盟的整体实力有所增强。

加入欧盟对马耳他具有如下重要意义。

第一，实现马耳他对欧洲的归属愿望。马耳他的政治文化，本质上就属于欧洲政治文化，其对欧洲有强烈的归属愿望。加入欧盟就是民心所向，就是回归，就是在政治上回到家了。

第二，入盟将为马耳他在政治和安全上提供"保护伞"。欧盟一体化建设深入发展，国际地位和影响日趋上升。马耳他作为小国，入盟不但能避免在本地区被"边缘化"，增强其在欧盟-地中海合作进程中的"桥梁"作用，而且可以"背靠大树好乘凉"，更好地应对新挑战。

第三，入盟对马耳他国内经济发展有利。马耳他经济规模小，产业结构比较单一，对外依赖性强。入盟后，马耳他可以与主要贸易和投资伙伴进一步发展和密切经济关系，以欧盟为依托抵御外部经济风险，并利用欧盟大市场带动自身经济发展。此外，根据有关条例，马耳他在入盟前3年可从欧盟获取8100万马镑（约1.9亿欧元）的援款。

第四，加入欧盟促进了马耳他各领域的发展。入盟深刻地影响马耳他人日常生活并促进各领域前进一大步。加入欧盟以后，马耳他各领域潜能得到发挥，例如，提高竞争力、增加创造就业机会、吸收外资、提升金融服务业地位以及发展高附加值加工业。在充满激烈国际竞争的环境中，入盟使马耳他各项潜能继续显现。

第五，加入欧元区进一步提高马耳他人民生活水平和生活质量。根据有关协议，马耳他在欧盟理事会中拥有3个投票权，在欧盟委员会中有1名委员，在欧洲议会中有5个席位。2004～2006年，欧盟向马耳他提供"结构基金"6320万欧元，以用于帮助马耳他发展经济和保护环境。马耳他的民主、法制、人权等各个方面与欧洲及各国关系密切，入盟后，马耳他继续依照哥本哈根政治标准要求自己，并努力使自己在社会、政治、经济上与欧盟平均水平持平，使自己真正融入欧盟。作为欧盟成员国，马耳他在重大外交问题上的态度与欧盟基本保持一致。

2007年1月1日，保加利亚和罗马尼亚加入欧盟。同时，克罗地亚、马其顿共和国、土耳其也想加入欧盟，欧盟将进一步扩大。马耳他积极支持欧盟扩大，认为这是一个使欧洲各国积极发展、更加团结和稳定的好机会。

2007年7月10日，出席欧盟财长理事会会议的各国财长投票，一致赞成马耳他于2008年1月1日起正式加入欧元区，马耳他通过了启用欧元的最后程序。马耳他成为第14个采用欧元的国家。当天，其总理冈奇在布鲁塞尔正式在马耳他欧元硬币样板上签字，标志着马耳他启用欧元的工作进入倒计时。

2008年启用欧元后，马耳他进入了一个规模更大、利率更低的金融市场。在宏观经济层面上，马耳他和一个更稳定、财政管理更严格的经济体相结合，经济运行受到欧盟更严格的监督；同时消除了汇率风险，降低了交易成本，为外国投资者营造了良好的环境。马耳他国家统计局公布的数据显示，2014年第二季度马耳他GDP为18.98亿欧元，同比增长

4.2%（实质增长 2.9%），居欧元区国家第二位、欧盟成员国第六位。欧委会发布的调查声明称，马耳他经济景气指数已上升至 114 级，为 2008年 4 月以来的最高水平。整个 2014 年马耳他 GDP 为 89.69 亿欧元，人均GDP 约 29200 美元，同比增长 5.2%，扣除通胀等因素，同比实际增长3.5%，在欧盟和欧元区均表现突出。

二 与西欧国家的关系

（一）与英国的关系

马耳他与英国之间的关系可以追溯到 19 世纪初，甚至可以追溯更远一些。1814 年，英国从法国手中取得了对马耳他的正式统治权，马耳他成为英国的殖民地。在整个 19 世纪，马耳他一直作为英国的军事基地而存在，随着英帝国的不断扩展，马耳他作为军事基地的价值更加突出。马耳他在被英国统治之前，其政治制度是一种本土的自治制度与外来的专制控制并存的局面。成为英国殖民地后，英国对马耳他的统治与马耳他传统的组织方式相融合，形成了英属马耳他时期独特的政治、经济、文化政策，这对马耳他未来的发展产生了深远影响。第二次世界大战之前，英国的政治文化已经全面渗入马耳他社会之中。马耳他人在反对英国的严格控制、维护自身自治权利的同时，又不由自主地接受了英国的政治文化与政治机制，以至于到了后来，他们实际上是在用英国的东西来反对英国的严密控制。

英国与马耳他在社会文化上的关系也表现出类似的发展情况，英国人竭力推行英国文化，但又不得不考虑马耳他人维持自身文化的要求。而马耳他人则在排斥英国文化入侵的同时，又不自觉地接受英式文化。最终，马耳他形成了既有英国因素又有自身特征的文化。经过长期的斗争，1964 年 9 月 21 日，马耳他终于摆脱英国的统治，赢得了独立。独立后的马耳他是英联邦成员国，但在经济上和安全上仍然长期地依赖英国。1979 年英国军事基地撤除后，马耳他经济一度陷入停滞甚至倒退，但经过几届政府的努力，马耳他经济逐渐走出低谷，政治上也真正地实现了独立。

马耳他的官方语言是英语和马耳他语。英语是马耳他的主要官方语言，所有的官方用语、文书、教学均使用英语。

在 19 世纪早期，马耳他和英国之间的货物海运十分繁忙，时值马耳他属于英国殖民地，因而这个岛国在当时被作为英国商品向北非伊斯兰国家和亚得里亚海各口岸分销的集散地，马耳他一举成为英国对地中海地区贸易的桥头堡。

近年来，马耳他和英国两国领导互访频繁。1999 年 1 月，马耳他总统圭多·德马尔科对英国进行访问。5 月，英国外交和联邦事务国务大臣访问马耳他，表示支持马耳他加入欧盟。8 月，英国工会银行金融工会全国书记、公营部门工会秘书长访问马耳他。同月，马耳他教育部部长率领艺术家代表团参加了爱丁堡艺术节。12 月，英国首相布莱尔致信马耳他总理阿达米，表示他继续和完全支持马耳他入盟的进程。

2000 年，马耳他和英国传统合作关系继续得到发展。4 月，英国金融城伦敦市市长访问马耳他。5 月，英国议会对外委员会主席访问马耳他。7 月，英国欧洲事务副大臣访问马耳他，双方签署了《马耳他－英国欧洲行动计划》，确定两国政府当前及今后进行合作的内容及方向。10 月，马耳他总统首次正式访问英国。英国军舰和辅助舰船在马耳他停靠增多。

2001 年 3 月，马耳他外长访英，英国外交大臣重申支持马耳他加入欧盟的立场。

2002 年 3 月，马耳他总理阿达米参加在澳大利亚举行的英联邦首脑会议。

2004 年 1 月，英国皇家舰队补给舰访问马耳他。2 月，马耳他和英国签署"就业和社会保护"联合声明，以进一步加强两国在该领域的合作。

2005 年 11 月，英联邦首脑会议在马耳他首都瓦莱塔举行。

第 14 届"21 世纪的城市交通与环境"国际会议于 2008 年 9 月 1～3 日在马耳他举行。此次会议由英国 Wessex 理工学院主办，马耳他基础设施、交通与通信部协办。

2012 年 8 月，在马耳他访问的英国欧洲事务部部长利丁顿在当地举办的"英国商业论坛"上发表演讲，强调马耳他是英国重要合作伙伴，双边经贸发展前景广阔。利丁顿表示，目前世界经济形势严峻，经济发展重心正从发达经济体转向新兴经济体。马耳他地理位置优越，连接欧洲和北非两大市场。英国可以马耳他为依托，将业务范围向北非辐射。英国商业论坛于 2009 年在马耳他成立，由汇丰马耳他和英国驻马使馆共同主办。此次论坛由汇丰首席执行官马克·瓦克森主持，会议气氛热烈，取得了积极成果。

2014 年 9 月 20～21 日，英国威廉王子的妻子、剑桥公爵夫人凯特首次单独出访。英国肯辛顿宫宣布，凯特王妃代表英女王访问马耳他，庆贺马耳他独立 50 周年。

2015 年 11 月 11～12 日，欧盟峰会在马耳他首都瓦莱塔举行。在过去的几个月中，欧盟已经面临前所未有的、数量巨大的移民和难民。他们由于各种原因迁移祖国（政治和经济不稳定、人权的侵犯和贫困）逃离冲突。欧盟连同成员国，已采取了一系列措施，以解决难民所带来的挑战。但是，迁移不只是欧洲的问题。非正常移民流动的过境国家也必须参与。欧洲理事会在 2015 年 4 月曾呼吁召开一次国际峰会，讨论与非洲及其他有关国家的难民问题。这次会议于 2015 年 11 月 11～12 日在马耳他瓦莱塔的地中海会议中心举行，为期两天。这次会议针对欧洲和非洲，特别是拉巴特和喀土穆的难民迁移，建立合作进程，并建立欧盟－非洲对话。欧盟和非洲在这次会议上本着合作伙伴的精神，希望找到共同的解决方案，实现双方共同利益。

2015 年 11 月 26～28 日，英国王室访问马耳他。

2015 年 11 月 27～29 日，英联邦峰会在马耳他召开。英联邦有 52 个成员国，22 亿人口，英联邦峰会每两年一次，马耳他峰会包括商务、青年、妇女、民间团体等主题活动。继 2005 年首次承办后，马耳他再次承办英联邦峰会。该峰会主要是促进 52 个成员国的经济交流与合作，以及在民主进程、人权和政府治理等方面合作。马耳他政府把举办这次峰会作为改善其在英联邦和国际社会形象的重要平台，把该活动与马耳他成为 2017 年欧盟轮值主席国、瓦莱塔加冕 2018 年欧洲文化之都等作为政府工作的重要内容。

　　基于欧盟的强大利益，马耳他一直为维护欧盟的统一和完整而努力，马耳他政府多次"呛声"英国政府，反对英国脱离欧盟。2016 年 6 月 24日，马耳他主要英文报纸对英国退出欧盟公投结果及首相卡梅伦辞职进行密集报道，认为英国选择退出欧盟短期内必然会对欧洲经济及世界经济产生负面影响，一定范围内会鼓舞欧盟内部"脱欧"势力的士气。随着英国"脱欧"的尘埃落定，马耳他在尽其所能保障其在英国公民的权利同时也与英国建立了另一种更加紧密的关系，即加强英联邦国家交往的紧密性。马耳他属英联邦国家，即使英国"脱欧"，马耳他也会继续与英国保持良好的合作关系。数据显示，来马耳他旅游人士中英国人居多，马耳他政府更表示面对英国"脱欧"后的发展毫无压力感。对于想要投资申请公民身份或绿卡项目的投资人来说，马耳他依然是最佳选择和归宿。从长期来看，这种影响范围及深度有限。有网络评论认为英国退出欧盟将给同为欧盟成员国及英联邦成员的马耳他带来机遇，马耳他作为进入欧盟和英国市场最佳跳板的"角色"更加凸显，将进一步推动其经济增长。

　　马耳他与英国的关系随着时间的推移越来越密切。

（二）与意大利的关系

　　马耳他位于意大利西西里岛的南方，与意大利有着久远的历史渊源。一般认为，约在公元前 3800 年，一批来自西西里的人群移居到马耳他，这是当地最早的定居者。公元 218 年之后，马耳他落到了罗马人的控制之下。最初，马耳他归西西里总督控制。后来，它又获得自治地位，可以铸造自己的货币，可以派遣使节到罗马，也可以管理内部事务。在罗马人统治的整个时期，马耳他是一个兴旺的贸易中转站，经济十分繁荣。正是在这一时期，基督教传入了马耳他，从此成为影响马耳他人生活的一支重要力量。马耳他语原来没有文字，意大利语逐步成为本地的书面语言，而且也随之成为社会中上层使用的语言。

　　马耳他成为英国的殖民地后，英国极力推行英语，但遭到了马耳他人的长期反对和抵制，当时的意大利政府也基于民族感情，对英国的这种行径表示不满。1936 年，英国全然不顾马耳他人的感情，再次规定把英语作为官方语言，而意大利语正式被排除在外。

1964 年 10 月 1 日，马耳他和意大利正式建立外交关系。马耳他驻意大利的大使馆于 1967 年 2 月在罗马开馆。在过去的 50 多年，马耳他和意大利在经贸、外交、安全等方面保持了比较紧密的关系，双方总共签署了 48 项协议，涉及文化、技术、金融、经济、双重征税、交通运输、社会安全和家庭事务等诸多领域。按照 1980 年同意大利签订的《承认和保障马耳他中立立场协议》，马耳他由意大利提供防务安全保障。

1997 年，马耳他和意大利两国就打击非法移民问题开展更密切的合作。

1999 年 1 月，意大利通信部部长访问马耳他。6 月，马耳他和意大利军队就违法物品船只登船技术、非法移民的监控和执行人道主义行动等问题举行第 6 次联合军事演习。7 月，马耳他外长访问意大利。双方同意就马耳他加入欧盟申请进展问题保持定期联系，意大利重申完全支持马耳他加入欧盟。9 月，意大利海岸警卫队司令对马耳他进行为期 3 天的访问。同月，马耳他总统德马尔科因私赴意大利，并顺便会见意大利总统。10 月，意大利参议院国防委员会代表团访问马耳他。同月，意大利欧洲政策部部长访问马耳他。

2000 年 1 月，马耳他总统及外长均访问意大利，意大利表示继续给予马耳他大量经济援助并加强相互之间的军事合作。马耳他和意大利签署了打击跨境交易犯罪相互交流信息和协助的海关合作协议，并讨论签署第 5 个财政议定书。

2001 年 10 月，意大利外交国务秘书访问马耳他，与马耳他签署了新的为期 3 年的财政援助协议，帮助马耳他进行基础设施方面的建设。12 月，意大利内政部部长访问马耳他，与马耳他内政部部长签署了有关遣返非法移民和打击洗钱的两项协议。

2002 年 2 月，马耳他总理阿达米访问意大利。意大利表示在欧盟问题和双边关系上均完全支持马耳他。

2004 年 1 月，马耳他总统圭多·德马尔科再次对意大利进行国事访问。2 月，意大利议会代表团访问马耳他。4 月，意马双方签订《防卫合作协议》，意大利继续为马耳他提供防务和安全保障。

2005 年 5 月，意大利总统钱皮对马耳他进行国事回访。

2013 年 7 月 5 日，马耳他总理约瑟夫·穆斯卡特访问意大利。

2013 年 11 月 11 日，意大利总理恩里科·莱塔访问马耳他，与马耳他总理约瑟夫·穆斯卡特会谈。马耳他与意大利的关系日益密切。

马耳他和意大利签订的主要协议有：1967 年的《文化协议》，1980 年的《承认和保障马耳他中立立场协议》，1981 年的《避免双重征税协议》、《军事协议》和《技术培训协议》，1983 年的《科技军事培训协议》和《工业和贸易合作协议》，1985 年的《软贷款协议》，1987 年的《国际陆路货运协议》，1991 年的《打击劫机、贩运毒品和打击集团犯罪协议》，1994 年的《预防和缓解自然灾害和科技灾害协议》和《金融协议》，1999 年的《外交事务合作协议》，2000 年的《关税协议》，2001 年的《科学技术合作协议》和《打击洗钱犯罪和其他非法财产协议》，2002 年的《投资保护和促进协议》和《经济、技术和金融协助协议》，2003 年的《双边货运和客运服务协议》，2004 年的《防卫合作协议》，2012 年 9 月 12 日的《加强双边会议和合作协议》（至少每年召开一次会议，就政治、经济和文化合作进行交流，并就地中海地区、欧盟等多边关系进行商讨），2014 年 7 月的第 14 个《相关文化和教育协议》等。

第二届西地中海 10 国首脑峰会 2012 年 10 月 5 日在马耳他首都瓦莱塔举行，与会首脑在为期两天的会议中就加强地区合作、维护地区安全以及欧债危机挑战等问题进行磋商。马耳他总理劳伦斯·冈奇在致辞中说，欧洲和北非国家都面临国家、地区与全球挑战，全球化的世界使这些挑战相互交织。在当前困难的经济环境下，各国都需要开发新的区域合作机制迎接挑战。意大利总理马里奥·蒙蒂在发言中说，意大利希望与西地中海 10 国首脑峰会（又被称为 "5＋5" 对话机制）与会国家建立进一步合作基础，"5＋5" 对话机制对促进欧洲国家与阿拉伯国家合作起到重要作用。西地中海 10 国首脑峰会参与国家包括毛里塔尼亚、摩洛哥、阿尔及利亚、突尼斯和利比亚 5 个北非国家以及葡萄牙、西班牙、法国、意大利和马耳他 5 个欧洲国家。

（三）与法国的关系

马耳他与法国的外交关系建立于 1964 年 9 月 21 日，正值马耳他独立之时。法国在马耳他的大使馆建于 1970 年，马耳他在法国的大使馆建于 1977 年，即在马耳他当时的总理访问巴黎之际。

2013 年 4 月 23～25 日，马耳他总理约瑟夫·穆斯卡特率团访问法国。

2013 年 4 月，马耳他外长乔治·维拉访问法国。

马耳他与法国的关系建立在合法有效的 10 个双边协议之上，即 1968 年的《文化协议》、1974 年的《航空服务协议》、1976 年的《互惠的有关投资鼓励和保护协议》、1977 年的《避免双重征税协议》、1979 年的《电讯技术合作协议》、1989 年的《地质和采矿业的科学技术合作协议》、1991 年的《信息转播实验协议》、1998 年的《国内事务合作协议》、2001 年的《健康合作协议》、2001 年的《关税壁垒协议》。最后一个协议于 2005 年 1 月 1 日生效，协议的内容涉及预防、调查、监督关税壁垒的政府间相互协助。

马耳他和法国之间的贸易关系较为稳定，贸易平衡方面一直是法国略占优势。2003 年，就马耳他而言，来自法国的进口产品价值为 2.189 亿马镑，而马耳他对法国的出口产品价值为 1.195 亿马镑（主要是电力机械）。马耳他主要出口市场是德国、中国香港、法国和新加坡，2012 年 1～3 月对上述地区的出口额分别为 1.3 亿美元、8988.8 万美元、8630.7 万美元和 6373.1 万美元，其中对德国和法国出口分别增长 27.3%、21.4%，而对中国香港和新加坡出口分别下降 14.5% 和 17.5%，合计占马耳他出口市场份额的 34.4%。在进口方面，意大利、英国、瑞士、法国和德国分居马耳他前五大进口市场，2012 年 1～3 月马耳他自上述五国的进口额分别为 5.8 亿美元、1.1 亿美元、9802.6 万美元、9700 万美元和 7941.5 万美元，其中自意大利和瑞士进口分别增长 27.3% 和 35.7%，而自英国、法国和德国进口分别下降 21.2%、26.6% 和 33.9%，五国合计占马耳他进口市场的 69%。

来自法国的旅游人数持续较高，在 2004 年为 81061 人次，2010 年为 86516 人次，2011 年为 103629 人次，2012 年为 107893 人次，2013 年为 116533 人次。

（四）与荷兰的关系

马耳他与荷兰于 1965 年建交。早在 20 世纪 80 年代，两国就开始频繁互访，主要就经济合作展开讨论。如今，两国也在自由港公司、荷兰人在马耳他从业、国际航运和节能回收等方面进行磋商和合作。

1998 年 9 月 25 日，马耳他高层领导人在美国与荷兰领导人会晤时表示，支持荷兰拥有联合国安全理事会的席位。

1999 年，两国领导人在伊斯坦布尔会晤，荷兰表示支持马耳他加入欧盟，并保证在加入欧盟的第一批申请者和第二批申请者（包括马耳他）之间不应该有任何差别。

2001 年 2 月 21 日，荷兰外交事务大臣和马耳他高层领导人会晤，就马耳他政治、经济形势，欧盟扩大和欧盟投资等问题进行充分讨论。马耳他驻荷兰大使馆于同年 7 月在海牙正式开馆。11 月，马耳他总理正式访问荷兰，会见了荷兰总理、外交大臣、议会议长和荷兰女王。荷兰总理发表了"马耳他——欧洲在地中海不可缺少的伙伴"的演讲。

2003 年 2 月 5 日，两国领导人会晤，就马耳他加入欧盟的进程和两国间的关系和经济合作进行协商。同年 10 月，荷兰总理和欧洲事务大臣对马耳他进行工作访问，主要为荷兰成为下一任欧洲委员会轮值国做准备。荷兰总理表示，马耳他应该在欧洲议会中拥有席位。

2004 年 1 月 26 日，马耳他和荷兰签订了教育合作协定。4 月 1 日，两国又就贸易往来和经济事务进行磋商。

2005 年 5 月 13 日，荷兰首相正式访问马耳他，并与马耳他总理会晤。

2012 年 3 月，马耳他大使和企业代表参加了在荷兰埃因霍温举办的"2012 年度国际品牌与投资博览会"，进一步促进了荷兰对马耳他的投资。

2014 年 2 月 28 日，荷兰移民、安全与司法部部长在马耳他会见马耳他议会秘书长。马耳他和荷兰签订的主要协议有：1977 年的《避免双重征税协议》、1984 年的《投资促进和保障协议》、1985 年的《航空服务协议》、2001 年的《社会保障协议》、2014 年的《司法合作协议》等。

（五）与比利时的关系

马耳他与比利时的外交关系建立于 1965 年 6 月 11 日，比利时于 1965 年在马耳他建立大使馆，而马耳他驻比利时大使馆建于 1967 年 11 月。

1984 年 11 月 10 日，比利时外交部部长会见马耳他大使，主要讨论马耳他中立立场问题。

1985 年 3 月 25 日，两国外交事务高层官员会晤，主要讨论马耳他和欧洲经济共同体的关系。

1989 年，马耳他总理在联合国会见比利时外交部部长，讨论马耳他加入欧共体的事项。同年，两国就社会保障协议达成共识。

1995 年 2 月，马耳他外交部部长和比利时外交部部长会晤，就欧洲事务和外交事务进行讨论。

1998 年 4 月 1 日，两国外交部部长在布鲁塞尔会晤，就两国间的警力合作、贸易合作、投资和旅游方面的协作达成协议，还就马耳他加入欧盟、欧洲 – 地中海地区问题、中东进程问题和利比亚问题进行讨论。

1999 年 6 月 18 日，两国又一次就马耳他加入欧盟的进程问题进行磋商。

2000 年 9 月，两国首脑在联合国各国首脑会议期间会晤，就欧盟谈判和双边关系进行讨论。

2001 年 8 月，比利时财政部部长会见马耳他外长，讨论欧盟事务和经济问题。

2011 年 11 月，马耳他驻比利时大使正式拜访比利时佛兰德大区委员会主席，双方就文化、旅游、医疗、人才培养与交流等方面的合作达成共识。

2014 年 1 月，马耳他驻比利时新任大使会见比利时国王，递交国书，并邀请国王访问马耳他。

2014 年 10 月 29 日，马耳他总统玛丽·路易斯·科勒略·普雷卡应比利时菲利普国王、王后玛蒂尔德的邀请，参加纪念第一次世界大战伊普尔战役爆发一百周年活动。荷兰前女王贝娅特丽克丝、德国总理默克尔及80 余位一战参战国高级代表出席了纪念仪式。

马耳他和比利时签订的主要协议有：1971 年的《航空服务协议》，1974 年的《避免双重征税协议》，1978 年的《医学科学和公共健康合作协议》，1987 年的《投资鼓励和保障协议》，2015 年的《关于侨民生活改善、信息互通和实践合作的谅解备忘录》等。

（六）与卢森堡的关系

马耳他与卢森堡的外交关系建立于 1969 年 1 月 25 日。两国第一次高层接触为 1989 年，马耳他总理在纽约联合国大会期间会见卢森堡副总理。同年，卢森堡内部事务部部长访问马耳他，会见了马耳他总理和议会议长。11 月，卢森堡总理访问马耳他，表示支持马耳他加入欧共体。

1991 年 6 月，马耳他总理会见卢森堡总理，再一次就马耳他加入欧共体、双边关系、旅游、双重征税、航空服务等方面进行讨论并签署协议。

1998 年、1999 年、2000 年两国领导人均有互访，卢森堡继续支持马耳他入盟。

2001 年 2 月，卢森堡副总理访问马耳他，讨论了卢森堡作为欧盟成员国的体验、中立和不结盟立场、马耳他入盟进程、欧盟对马耳他的技术援助问题等。

2002 年 10 月 3 日，卢森堡总理对马耳他进行正式访问。

2012 年 10 月 9 日，马耳他财政部部长率团参加卢森堡经济与金融事务委员会会议。

2013 年 4 月 21 日，马耳他外长赴卢森堡参加外交事务委员会和欧盟事务委员会会议。

2014 年 1 月，马耳他财政部部长会见卢森堡驻马耳他大使，就两国政治、经济、欧盟事务、欧元区相关事宜进行讨论，并达成共识。

马耳他和卢森堡签订的主要协议有：1987 年的《投资鼓励和保障协议》、1991 年的《航空服务协议》、1992 年的《旅游协议》、1994 年的《避免双重征税协议》、2002 年的《青年事务合作协议》、2012 年的《双重税收协定》等。

（七）与冰岛的关系

1980 年 11 月 14 日，马耳他外交部部长会见冰岛外交部部长，双方就建立外交关系问题和建立渔业合作关系等方面进行协商。两国努力在旅游、文化和商业上进行合作。

1995 年 10 月 13 日，冰岛总理和马耳他总理就两国关系和与欧盟关系等问题进行会谈。

两国正式外交关系建立于 1998 年 7 月 3 日。8 月 21 日，冰岛卫生和社会保障部部长到马耳他访问，两国签署了健康合作协议。

2001 年 7 月，马耳他经济服务部部长访问冰岛，就加强两国经济联系、加强投资力度和贸易往来、医药产品进出口等问题进行协商。

2011 年 9 月 15 日，马耳他邮政部门和冰岛邮政部门共同发行了具有冰岛"渔村"特色的联合邮票，以表明马耳他和冰岛之间的紧密关系。

马耳他和冰岛签订的主要协议有：1967 年的《签证互免协议》、1998 年的《健康和医药合作协议》、2004 年的《避免双重征税协议》、2011 年 10 月 10 日的《2009～2014 年欧洲经济区金融机制实施的谅解备忘录》等。

（八）与瑞士的关系

马耳他与瑞士的外交关系建立于 1966 年 3 月 24 日。双方就投资保障、航空运输、贸易、教育培训等达成协议。1973 年 11 月 4 日，瑞士在马耳他建成工业电子学培训中心。1990 年 6 月 12 日，瑞士在马耳他大学内建立地中海外交研究学院，培训马耳他外交人才。瑞士还资助马耳他建立国际海事法律研究中心及图书馆。马耳他与瑞士两国间有烟草、珠宝、化学制品、医药制品、皮革制品和染色制品等贸易往来。马耳他也成为对瑞士人来说流行的度假胜地，几乎每年有 22000 名瑞士人来马耳他旅游。

2013 年 7 月 8 日，马耳他外长会见瑞士驻马耳他大使，双方就两国关系和当前国际问题进行了商讨。

2014 年 11 月 14 日，马耳他旅游部部长赴瑞士参加瑞士联邦旅行社联合会的活动。

2015 年 3 月 7 日，马耳他总理与瑞士副总统、联邦议员进行会谈。

2016 年 9 月 9 日，瑞士联邦委员会主席对马耳他进行国事访问。

马耳他和瑞士签订的主要协议有：1966 年的《贸易往来、投资保障和技术合作协议》，1973 年的《工业电子学培训中心建立协议》，1977 年的《航空服务协议》，1987 年的《航运、海运税收协议》，1989 年的《签证互免协议》，1990 年的《地中海外交研究学院建立协议》，2011 年的《农产品协议》等。

三 与东欧国家的关系

（一）与斯洛伐克的关系

马耳他与斯洛伐克[①]的外交关系建立于 1968 年。两国间的交往近年来比较频繁。

1996 年 11 月 2 日，马耳他总理、副总理和外交部部长在里斯本会见斯洛伐克领导人，就马耳他加入欧盟、两国双边关系、两国经济政治合作等共同关心的问题进行讨论、协商。

1998 年 10 月 9 日，两国就斯洛伐克的选举、少数民族问题、与匈牙利的关系、与欧盟的关系、马耳他在布拉迪斯拉发的外事机构以及两国间的外交部部长级会晤等问题进行磋商。

1999 年 9 月，斯洛伐克外交部部长访问马耳他，双方讨论了双边关系和两国加入欧盟的问题，并在避免双重征税和投资保障方面达成协议。

2000 年 5 月，在两国的环境部部长和欧盟环境部部长的非正式会议

---

① 捷克斯洛伐克是 1918 年 10 月 28 日至 1992 年 12 月 31 日存在的一个国家。1993 年 1 月 1 日，捷克、斯洛伐克成为独立主权国家。

上，讨论了申请加入欧盟和欧洲委员会的关系、与申请国的环境相关事宜以及金融环境等问题。同月，马耳他总理和外交部部长对斯洛伐克进行正式访问，就入盟进程进行磋商讨论。在双边关系问题上，两国均认为双边合作需要继续巩固和加强，而且建议两国议会间建立一个"合作小组"，就加入欧盟和双边关系等事务进行协商。两国总理还签署了打击有组织犯罪的协议。

2001 年 5 月，马耳他总统和教育部部长对斯洛伐克进行正式访问，两国间高层领导人又一次就共同关心的问题进行商讨交流。6 月，斯洛伐克总理对马耳他进行回访，会见了马耳他总统。在访问期间，两国签署了公共健康合作协议。

2002 年 5 月，斯洛伐克总统对马耳他进行正式访问，会见了马耳他总理、议长等高层领导人。

2004 年 3 月 19 日，马耳他财政和经济事务部部长在斯洛伐克的布拉迪斯拉发参加了国际会议，主要讨论经济转型期的改革和加入欧盟的问题。

2011 年 6 月，马耳他文化节在斯洛伐克举行，双方政府官员，旅游媒体、艺术界代表参加活动。

2011 年 9 月 7 日，马耳他总统在马耳他 – 斯洛伐克商务论坛上会见斯洛伐克总统。

2013 年 10 月 18 日，马耳他外长会见对马耳他进行正式访问的斯洛伐克外长一行，双方就双边关系和合作进行商讨。

2014 年 1 月，马耳他总统代表团访问斯洛伐克。

2015 年 6 月 2 日，马耳他、斯洛伐克和荷兰三方会谈在布拉迪斯拉发举行。

马耳他和斯洛伐克签订的主要协议有：1976 年的《贸易协议》、1981 年的《航空服务协议》、1990 年的《签证互免协议》、1999 年的《投资保障协议》和《避免双重征税协议》、2000 年的《打击集团犯罪合作协议》、2001 年的《健康协作协议》、2014 年的《收养协议》和《合作谅解备忘录》等。

（二）与捷克的关系

马耳他与捷克的外交关系建立于 1968 年。

1984 年 1 月，马耳他总理会见捷克斯洛伐克总理，就两国贸易关系进行磋商。

在 20 世纪 70 年代晚期到 80 年代早期，马耳他部长级领导人频繁到达布拉格，对捷克斯洛伐克进行访问。目的在于加强两国贸易往来。1979 年 9 月，马耳他劳工部部长和社会服务部部长访问捷克，主要讨论事项为奶制品的投资生产、钢铁项目、医药项目和医学合作等。1983 年 2 月，马耳他工业部部长访问捷克斯洛伐克，就两国联合投资工程项目、贸易往来等进行协商。

1999 年 5 月，马耳他总理和旅游部部长访问捷克，会见了捷克总统、总理、副总理和外交部部长，双方讨论了加入欧盟和提高两国间相互投资的事宜。

2000 年 11 月，捷克外交部部长和欧洲事务官员访问马耳他，磋商欧洲一体化等事宜。他们还会见了马耳他外交部部长、议会议长、马耳他总统。

2002 年 4 月，捷克总统访问马耳他，并签订了双边投资保障协议。

2003 年 11 月，捷克副总理和外交部部长访问马耳他，会见了马耳他总统、总理、外交部部长、反对党领袖。捷克表示支持马耳他加入欧盟。

2004 年 11 月 10 日，捷克驻马耳他大使会见马耳他总理，就单一货币问题、双边关系、欧盟成员问题和马耳他移民问题及环境问题进行磋商。同月，捷克议会的欧洲事务委员会成员访问马耳他，会见了马耳他总统、议长、外交部部长和欧洲事务委员会负责人，就两国间的议会合作、加入欧盟和欧盟宪法条约等问题进行磋商。

2005 年 1 月，马耳他总统、投资与信息技术部部长和商业代表等访问捷克，为的是加强两国贸易关系。访问期间两国就 2004～2007 年科学、教育、文化、青年人事务、体育等方面合作达成协议。

2008 年 12 月，马耳他总理访问捷克共和国。

2015 年 1 月 26 日，马耳他众议院议长参加捷克布拉格第四届国际论坛——"让我的民族生存"以及纪念大屠杀七十周年活动,并会见捷克参议院主席,双方进行双边会谈。

2015 年 11 月 6 日,捷克驻马耳他大使会见马耳他议会众议院议长,就两国关系、欧盟框架内以及申根框架内的合作进行商讨。

马耳他和捷克签订的主要协议有:1979 年的《文化合作协议》,1980 年的《经济、工业和技术合作协议》和《健康合作协议》,1981 年的《航空服务协议》和《旅游协议》,1990 年的《互免签证协议》,1996 年的《避免双重征税协议》,2002 年的《投资保障协议》,2005 年的《科学、教育、文化、青年事务和体育合作协议(2004~2007)》,2006 年的《移民与发展协议》,2014 年的《移民协议》等。

第三节　同周边国家的关系

一　与突尼斯的关系

马耳他高度重视与周边国家,特别是与北非国家的关系。马耳他与突尼斯、埃及等北非阿拉伯国家在投资、金融、侨务等领域有着密切的传统联系。

1967 年 12 月 21 日,马耳他与突尼斯建交。

1995 年 8 月,马耳他驻突尼斯使馆正式开馆,并向突尼斯派出了首任常驻大使。

马耳他和突尼斯两国签订了石油合作协议,并成立混合委员会商谈海域划分问题。

1996 年 1 月,马耳他副总理兼外长德马尔科访问突尼斯,双方缔结了避免双重征税、海运、旅游、科技等领域的合作协定。4 月,马耳他内政部部长博格访问突尼斯,签订了两国合作打击毒品走私的协定。

1998 年 7 月,突尼斯旅游部部长访问马耳他,双方签署旅游合作协定。

1999 年 7 月,突尼斯投资和贸易机构高级代表在突尼斯驻马耳他使馆举行了投资和商业机会研讨会。

2000 年，突尼斯外长访问马耳他并出席混合委员会会议，马耳他总统和外长也分别利用出席国际活动之机顺便访问突尼斯。

2001 年 4 月，突尼斯总理访问马耳他，与马耳他总理讨论了加强两国经济合作与地区形势等问题。10 月，马耳他总理访问突尼斯，进一步探讨两国合作问题。突尼斯总理和马耳他总理于 2 日在马耳他首都瓦莱塔发表联合公报，重申为了在中东地区实现全面、公正和持久的和平，应该支持建立独立的巴勒斯坦国。两国对中东局势表示关切，呼吁国际社会，特别是制订中东和平"路线图"计划的中东问题有关四方迅速行动，促使以色列和巴勒斯坦建立互信，尽快在国际法和联合国有关决议的基础上恢复谈判。两国联合公报还呼吁切实执行"路线图"计划，以使巴勒斯坦人民恢复全部合法的民族权利，在自己的土地上建立独立的巴勒斯坦国。两国联合公报还强调了欧洲 – 地中海合作的重要性，决心共同努力为实现地中海地区的安全和稳定做出自己的贡献。

2011 年，马耳他与突尼斯贸易关系进一步加深，马耳他进口额增长41%，出口额增加 780 万欧元。很多马耳他 – 突尼斯联合商会纷纷建立。两国在运输、健康、教育和文化方面的合作进一步发展。

2014 年 2 月 7 日，马耳他众议院议长参加突尼斯新宪法通过仪式并发言。

二 与利比亚的关系

在 1965 年 6 月 11 日，马耳他与利比亚正式建立外交关系。

自建交以后，马耳他与利比亚两国多年以来发展双边的、多层次的、牢固的外交关系，特别是与利比亚有着密切的商业和贸易联系。马耳他欢迎并促进利比亚在国际事务中发挥积极作用，修复和加深与欧盟的关系，并在巴塞罗那进程中有所作为。

1995 年 4 月，利比亚司法和公安部部长访问马耳他，两国签订了反毒品走私的合作协定、避免双重征税协定和旅游协定。

1997 年 4 月，利比亚外长访问马耳他。马耳他外长表示马耳他政府主张取消联合国对利比亚的制裁，并支持利比亚参加欧洲－地中海和平进程。利比亚对马耳他政府在联合国对利比亚制裁问题上的态度表示赞赏。

1998年6月，马耳他和利比亚联合委员会第19次会议举行，利比亚方面决定每年向马耳他投资1000万美元。

1999年4月，马耳他外长博奇赴利比亚出席利比亚移交两名"洛克比事件"嫌疑犯的仪式，并表示要加强两国各个级别的关系，希望北非国家能够提高国际地位。5月，马耳他经济部部长率贸易代表团访问利比亚。同月，利比亚中央银行行长访问马耳他。

2000年，马耳他总理在外交部部长和财政部部长陪同下访问利比亚，利比亚外交部部长也对马耳他进行了访问，两国还召开了混合委员会会议。

2001年，利比亚议会代表团访问马耳他，双方同意建立两国友好协会并在各个方面加强两国关系。

2002年2月，马耳他财政部部长达里率马耳他商会代表团访问利比亚，与利比亚商讨加强两国经济合作问题。

2012年7月2～3日，利比亚负责边境、石油、关键基础设施的高级官员会见马耳他副总理、外长和武装部门高级官员，双方就边界管理和控制能力问题，在渔业保护、禁毒、走私和贩卖人口问题上的合作进行了商讨。

2013年6月23日，马耳他总理对利比亚进行正式访问。

2013年9月2日，马耳他与利比亚签署了关于能源采购的谅解备忘录。

三 与土耳其的关系

马耳他与土耳其一直保持密切外交关系。虽然两国外交关系正式建立于1967年10月10日，但是两国在1966年6月就签署了互免签证的协议。双边协商主要围绕商品贸易、农业合作、银行业合作、航空服务协作和健康安全合作交流而展开。

国际事务上，马耳他和土耳其在不结盟立场、欧洲安全与合作组织会议上立场、中东问题和塞浦路斯问题的立场上保持一致。马耳他一贯支持土耳其加入欧盟。另外，除了在商品贸易和生产方面的合作外，马耳他还在其他领域寻求和土耳其的合作，如金融服务、运输和文化方面。

2013 年 4 月 18 日，马耳他内政和国家安全部部长会见土耳其内政部部长，双方就进一步加强双边关系达成共识。

2015 年 1 月 23 日，土耳其运输、海事和通信部部长访问马耳他，会见马耳他交通与基础设施部部长，双边就运输、海事方面的合作进行商讨。

2015 年 3 月 10 日，马耳他外长在瓦莱塔会见土耳其外长，双方就两国关系和双边合作等问题进行商讨。

2015 年 8 月 29 日，马耳他经济、投资和小企业部部长访问土耳其，会见土耳其各商会主席，就两国商业和投资合作的进一步加强进行会谈。

马耳他和土耳其签订的主要协议有：1984 年的《贸易协议》，1985 年的《医学科学合作协议》和《航空服务协议》，1997 年的《旅游协议》，1998 年的《文化合作协议》，1999 年的《反毒品贩运、恐怖主义和集团犯罪的协议》，2003 年的《投资促进和保障协议》和《双边政治磋商协议》，2015 年的《双边经贸协议》和《海事协议》等。

第四节　与美国和俄罗斯的关系

一　与美国的关系

在 1964 年 9 月 21 日，马耳他与美国正式建立外交关系。

20 世纪 70 年代，马耳他对美国和苏联奉行等距离外交，并认为超级大国在地中海的争夺是地中海不安宁的因素，主张地中海国家联合起来，摆脱超级大国的控制。1971 年宣布禁止美国第六舰队进入马耳他，驱逐在马耳他的北约集团驻南欧司令，同时坚持不让苏联和华约组织舰队使用马耳他港口。马耳他政府要求美苏两个超级大国在安全上和经济上共同保证马耳他的中立地位。

从20世纪80年代开始，特别是后冷战时期，马耳他逐渐向西方和欧盟靠拢，马耳他与美国关系得到了长足的发展。两国在广泛的领域展开合作，特别是在打击恐怖主义和防止核扩散等方面。

1994年7月，美国第六舰队导弹巡洋舰访问马耳他。9月，马耳他阿达米总理访问美国，与美国总统和国务卿会晤，就广泛的国际问题，特别是与马耳他有关的地区性问题交换意见。马耳他总理还会见了美国商务部部长和运输部部长，双方就美国在马耳他的投资、旅游以及美国继续向马耳他提供普遍贸易优惠待遇、加强两国航空联系等问题进行了讨论。11月，马耳他交通部部长访问美国。

从20世纪末开始，马耳他与美国关系的发展更令人瞩目。美国对马耳他经济援助大幅增加，美国海军舰只频繁访问马耳他。1999年3月，美国两栖攻击舰USS Nassau号第2次访问马耳他。4月，美国经济和环境部部长率贸易代表团访问马耳他。7月，美国海军第六舰队、北约南欧打击和支援军司令丹尼尔·墨菲率Mount Whitney号军舰访问马耳他，同马耳他武装部队司令蒙塔那罗举行了会谈。8月，美国海军考察组完成对马耳他干船坞的考察。11月，美国海军USNS Apache号海洋拖船访问马耳他，并同马耳他武装部队联合举行潜水演习。同月，美国海军副部长杰里·麦克阿瑟对马耳他进行了短暂访问，拜访了马耳他总理阿达米和内政部部长博奇。12月，美国总统克林顿、国务卿奥尔布赖特分别致信马耳他总统、外长，祝贺马耳他收到同欧洲联盟开始谈判的邀请。同月，马耳他干船坞总裁同美国海军第六舰队舰长就美国军舰在马耳他干船坞修理、补给事宜签署协议。

2000年，马耳他与美国关系有了进一步发展，马耳他经济部部长再次访问美国，美国宣布在2000~2002年向马耳他提供1300万美元的安全援助。至10月底，美国访问马耳他的军舰增多。

2001年，美国海军第六舰队在马耳他维修旗舰。3月，马耳他和美国签署了两国行政当局相互提供协助的协定。"9·11"事件后，马耳他总统和外长均向美国表示同情和哀悼，并谴责恐怖主义。

2002 年，美国国务院西欧事务高级官员基尔纳访问马耳他，与马耳他讨论了"9·11"事件后两国的关系。

2011 年，马耳他寺庙展在美国田纳西州塔斯库勒姆学院（格林维尔）举办，马耳他驻美大使参加仪式并演讲。

2013 年 4 月 27 日，马耳他副总理会见美国驻马耳他大使，双方就美国和马耳他之间更紧密经贸关系的发展表示了一致的态度。马耳他工党政府会为美国投资者和其他机构利用马耳他作为欧盟和阿拉伯世界的制造业和服务业枢纽提供便利并进行合作。

2014 年 5 月 9 日，马耳他旅游部部长会见美国驻马耳他大使，双方讨论的主题主要是旅游业和航空业，马耳他政府的重点是从美国吸引更多的优质旅游资源。

2014 年 10 月 9 日，马耳他外长会见美国副助理国务卿，双方讨论了加强双边合作以及多边合作来解决当前的全球危机和挑战，如 ISIS、埃博拉病毒、利比亚问题和乌克兰问题等。

2016 年 2 月，马耳他总统和外长分别会见美国驻马耳他大使，双方就进一步加强两国之间的经济和商业关系、目前的国际政治局势、中东特别是利比亚和叙利亚的情况等问题交换了意见。

马耳他和美国签订的主要协议有：1931 年的《引渡协议》、1966 年的《投资保障协议》、1970 年的《和平使用志愿军协议》、1973 年的《贷款协议》、1980 年的《避免双重征税协议》、2000 年的《航空安全协议》和《航空运输协议》、2001 年的《关税互惠协议》、2004 年的《海上违禁药品禁运协议》、2007 年第一份《法庭记录数字化协议》、2013 年的《贸易协议》、2014 年第二份《法庭记录数字化协议》等。

二 与俄罗斯的关系

马耳他与俄罗斯的外交关系可以追溯到 1698 年俄国使节代表沙皇访问马耳他时。马耳他和苏联的外交关系建立于 1967 年 7 月 26 日，两国签署了外交协议，并在高层次和宽领域进行密切联系。

1981 年 10 月，在马耳他强烈要求两个超级大国在安全上和经济上共同保证马耳他中立地位的呼声的情况下，苏联与马耳他签订了关于苏联尊重、支持和保证马耳他中立地位的协定。

1989 年 12 月，苏、美高层会议在马耳他大港举行。苏联解体后，马耳他与苏联两国间的条约由俄罗斯联邦继续执行。

1994 年 8 月，马耳他财政部部长访问俄罗斯。12 月，两国签订了文教和旅游合作协定。

1995 年 5 月，马耳他总统鲍尼其访问俄罗斯，出席了莫斯科纪念反法西斯战争胜利 50 周年活动。7 月，马耳他负责旅游事务的议会国务秘书访问俄罗斯，双方签订旅游协定。8 月，俄罗斯交通部部长访问马耳他，双方签订了民航协定。

1999 年 9 月，马耳他外长博奇在出席第 54 届联大期间会见了俄罗斯外长伊万诺夫。

2000 年，马耳他外长和议长先后访问俄罗斯。同年，俄罗斯在马耳他举办了"俄罗斯和马耳他在地中海安全中的作用"研讨会。

2001 年 3 月，俄罗斯外长访问马耳他，表示希望加强两国之间的关系。

2002 年 1 月，俄罗斯驻马耳他大使向德马尔科总统转交了俄总统普京的信件，高度评价两国传统友好关系。同年，马耳他和俄罗斯举行庆祝两国建交 35 周年活动。

2012 年 9 月 9 日，马耳他文化遗产展在莫斯科克里姆林宫举办，引起各界较大关注。

2012 年 10 月 22 日，马耳他与俄罗斯商业论坛及企业促进会在莫斯科举行。

2013 年 12 月，俄罗斯外长访问马耳他，并与马耳他外长就双边关系和俄罗斯与欧盟关系等问题进行会谈。

2015 年 9 月 23 日，马耳他经济、投资和小企业部部长参加在莫斯科举办的马耳他 – 俄罗斯商务论坛。

如今马耳他的贸易服务和旅游业发达，吸引了更多俄罗斯人，他们把马耳他作为度假和学习语言的好去处。

马耳他和俄罗斯（包括苏联）签订的主要协议有：1967 年的《外交关系协议》，1981 年的《商业航运协议》、《外交代表协议》、《苏联接受和支持马耳他中立和不结盟协议》、《贸易协议》和《航空运输协议》，1987 年的《建立苏联文化中心的协议》，1993 年的《毒品禁运协议》，1994 年的《文化合作协议》，1995 年的《旅游合作协议》，1996 年的《文化和体育合作协议》，1998 年的《俄罗斯文化中心建立的协议》，1999 年的《外交和签证服务协议》，2000 年的《双重税收协议》，2001 年的《司法机构合作协议》，2003 年的《青年和运动项目协议》，2004 年的《2004~2005 年学生交流协议》，2009 年的《双重税收协议》，2012 年的《投资协议》，2013 年的《避免双重课税协议》和《未偿债务协议》等。

第五节 与其他国家的关系

一 与澳大利亚的关系

马耳他与澳大利亚两国外交关系建立于 1964 年 9 月 21 日。

自建交以后，两国在移民问题上一直保持紧密的合作，20 世纪 80 年代在社会安全和税收制度上也进行良好的合作。两国之间的贸易往来不断增加，两国高层互访也十分频繁。

2011 年 3 月 18 日，马耳他总统访问澳大利亚。在与新南威尔士州州长会谈期间，马耳他总统表示马耳他代表团来访的两个目的：首先，要加强马耳他与澳大利亚的双边关系；其次，希望会见在澳大利亚不同社区居住的马耳他人民代表。

2012 年 4 月 20 日，马耳他副总理兼外长会见来马耳他访问的澳大利亚外长，双方就两国关系和共同关心的问题进行了讨论，并就文化和语言教育方面的合作进行商讨。

2013 年 7 月 3 日，马耳他财政部部长会见澳大利亚高级专员，会议主要涉及马耳他和澳大利亚的共同利益问题，在持续的全球经济放缓局势下的应对问题，以及马耳他和澳大利亚之间的进一步合作的方式等问题。

2015年4月29日，马耳他众议院议长会见澳大利亚立法会主席一行，双方就双边关系进行会谈。

2016年7月12日，马耳他总统访问澳大利亚，参加澳大利亚－地马耳他商务论坛。

马耳他和澳大利亚两国签订的主要协议有：1965年的《移民协议》、1984年的《避免双重征税协议》、1988年的《健康服务协议》、1990年的《社会安全协议》、1995年的《签证合作协议》、1996年的《航空服务协议》、2001年的《反走私协议》等。至2012年马耳他和澳大利亚之间有效执行的协议有10个之多。

2011年，马耳他从澳大利亚进口近500万欧元的商品，而出口到澳大利亚的商品总额约350万欧元。进口产品主要分为两类，即动物或植物性脂肪和医药品。出口产品倾向于饮料和制药产品。2011年到马耳他的澳大利亚游客较多，共计18301人次。2012年有137家澳大利亚股份公司在马耳他金融服务管理局登记注册。

二　与印度的关系

马耳他与印度的外交关系建立于1965年3月10日。自此，双方一直保持高层领导人的互访，两国的经济和贸易代表团也频繁往来。

2005年3月，马耳他外交部部长访问印度，两国领导人之间进行了深入的交谈，目的是增进两国关系和吸引印度在马耳他的投资。

2012年2月，马耳他大学高级代表团访问印度班加罗尔，与一批著名的印度学术机构和研究协会的代表进行多次会谈。

2013年4月11日，印度外长访问马耳他，会见马耳他副总理。双方表示愿意更好地发展现有的合作，如在海事部门、航空研究和开发、能源、医药部门的基础设施项目等方面进行合作。双方希望共同建立一个商业委员会，将其作为进一步促进商业往来的重要机制。

2013 年 9 月 11 日，印度各高校高级别代表团访问马耳他，代表团会见了来自马耳他教育部的高级官员，了解马耳他的教育制度；还会见了马耳他大学的高级官员，探讨双方在教育专家、学者和机构之间展开交流合作的问题。

2013 年 11 月 11 日，马耳他外长在新德里会见印度外长，双方就马耳他和印度之间的良好双边关系进行会谈，并重申将继续加强在各领域的双边关系，举行定期的政治协商，加强各部委之间的外交事务交流合作等。在双方会谈期间，讨论了两国各自的地区、国际问题，如普遍存在的情况。

2014 年 11 月 28 日，马耳他众议院议长会见印度高级专员，双方讨论了共同关心的问题，如正在进行的政治磋商，在医疗、投资、贸易等方面的交流和合作等。

马耳他和印度两国间签订的主要协议有：1992 年的《文化协议》和《经济、工业、科学和技术合作协议》，1994 年的《税收协议》，1998 年的《航空服务协议》，2013 年的《避免双重课税协议》、《避免偷逃税的协议》和《外交护照免签政府间协议》等。

三 与日本的关系

马耳他与日本的外交关系建立于 1965 年 7 月 15 日。1968 年 11 月 13 日，两国在贸易方面达成合作协议。但是，在一段时间内，两国之间的贸易处于不平衡状态。尽管马耳他在渔业出口方面占一定的优势，但是，日本经常在与马耳他贸易中盈余，而马耳他经常出现贸易赤字。近年，马耳他和日本在国际事务中互相支持。

2012 年 4 月，国际海洋法庭庭长柳井俊二访问马耳他，日马双方就海洋冲突的解决和未来的发展等问题进行讨论。

2015 年 4 月 9 日，马耳他总统会见日本驻马耳他大使，双方就双边关系进行会谈。

马耳他与日本还签有 2012 年的《自由贸易协议》。

四 与乌克兰的关系

马耳他与乌克兰的外交关系从 1991 年 8 月的双边外交事务合作协议开始。从此，两国在政治、经济、科学、技术和文化领域都有合作和交流，并签署一系列协议。

两国间正式外交关系建立于 1992 年 3 月 5 日。马耳他和乌克兰频繁地互相访问，两国关系不断地加强，还建立了紧密的商业联系。

2014 年 9 月 26 日，马耳他议会秘书长参加乌克兰政府在基辅举办的政府高级别会议，会议主题主要是国家间成功经验和改革措施交流和合作。

2014 年 12 月 11 日，马耳他议会众议院副议长会见乌克兰驻马耳他大使，双方就共同关心的问题（两国议会之间的特别合作、议会代表团之间的交流、欧洲安全与合作组织会议、海事和金融服务领域的双边合作等）进行会谈。

马耳他和乌克兰两国签订的主要协议有：1991 年的《外交事务合作协议》、1992 年的《外交关系协议》、2001 年的《运输协议》、2013 年的《避免双重税收协议》等。

第九章

与中国的关系

第一节　与中国建交

一　马耳他的对华方针

马耳他与中国的关系可以追溯到很久以前，两国早有人员和文化上的往来，但是，马耳他与中国在政治和经贸上的交流则始于 20 世纪 70 年代。

马耳他工党自 1971 年执政以来推行独立自主的外交，在发展与欧美和周边国家关系的同时，也重视发展与与马耳他相距遥远的亚洲国家的关系，特别是与中国的关系。马耳他工党政府看到中华人民共和国在 1971 年恢复在联合国的席位后，影响日益扩大，特别是在发展中国家的影响和中小国家中的影响日益增加，在联合国安理会中扮演重要的角色，在联合国和地区事务中起着越来越大的作用。

马耳他还认识到，中华人民共和国一向主张在对外交往中坚持大小国家一律平等的原则，反对大国沙文主义，主张已经获得解放和独立的民族应该支援那些尚待解放或正在进行解放斗争的民族，支持小国经济和社会发展。

马耳他在历史上长期处于殖民统治之下，一直是西方强国的军事基地，第二次世界大战胜利后获得独立，但仍未摆脱殖民地状态。马耳他继续靠英军基地租金和为基地服务收入"过活"，经济未得到发展，人民生活难以改善。根据马耳他和英国的协议，英军将撤出马耳他，外国军事基地将关闭。这样，基地租金没有了，为基地服务的居民也将失业，马耳他工党政府面临财政拮据，给居民生活带来困难。

但是，马耳他工党政府也出现了新的机遇。中东石油资源极其丰富，西方大国将大量投资投向石油开采业，并源源不断地将开采出来的石油运回欧美各国。因而穿行地中海的大型油轮和货轮越来越多，载重吨位越来越大，2013 年二三十万吨油轮比比皆是，五六十万吨油轮也在积极发展中。这给马耳他提供了一个具有生存意义的商机。马耳他工党政府为此准备修建一座 30 万吨级干船坞，以便承接大型油轮、货轮的检修业务。它四处向西方国家求援，所获无几，没有愿承担大型干船坞援建工作的西方国家，而中国援建了该船坞。

二　与中国建交

正是在上述背景下，马耳他工党政府委托马耳他政府代表驻意大利共和国大使——卡密尔·约翰·马利亚和中华人民共和国驻意大利共和国大使沈平进行充分的磋商，在相互谅解的基础上达成协议，于 1972 年 1 月 31 日签订了《中华人民共和国政府和马耳他政府关于中国和马耳他建立外交关系的联合公报》。该联合公报指出：

> 中华人民共和国政府和马耳他政府根据互相尊重主权和领土完整、互不干涉内政和平等互利的原则，决定自一九七二年一月三十一日起，互相承认和建立外交关系，并同意在短期内互派大使。
>
> 马耳他政府承认中华人民共和国政府为中国的唯一合法政府。
>
> 中国政府重申：台湾省是中华人民共和国领土不可分割的一部分。马耳他政府注意到中国政府的这一声明。
>
> 中国政府支持马耳他政府和人民为维护国家独立主权和发展致力于和平的自给经济所作的努力。
>
> 中、马两国政府决定在平等互利的基础上，根据国际惯例，在各自首都为对方的建馆及其执行任务提供一切必要的协助。

从此，翻开了马耳他与中华人民共和国关系史上的新的一页。

三 马耳他总理首次访华

在 1972 年的阳春三月，风和日丽，马耳他总理明托夫率政府代表团首次来华访问。中国政府十分重视，周恩来总理亲临机场迎接。

当晚周总理举行盛大国宴，明托夫在致辞中一再对我国的邀请和盛情款待表示感谢，对周总理亲临机场迎接和设国宴招待表示感谢。他热情祝贺我国恢复联合国安理会常任理事国席位，支持一个中国，反对台独，对中国的古老文化和中国是礼仪之邦，赞不绝口。

随后，周总理陪同明托夫一行乘专机赴南京和广州访问，在明托夫结束访问时周总理亲自陪明托夫前往深圳，从罗湖口岸出境，经香港回国。周总理是大小国家一律平等的倡导者，更是履行者。

第二节　与中国的政治关系

一 与中国的政治交往

在建立共和国政治体制后，马耳他政府根据马耳他共和国宪法确定的奉行"积极中立和不结盟外交政策"促进世界持久和平，特别是地中海的和平，以为提高本国生活水平服务，并继续发展与中国的友好和合作关系。20 世纪 80 年代特别是 20 世纪 90 年代以来，马耳他越来越认识到，中国不仅在地区性问题上起着举足轻重的作用，而且在联合国和世界性问题上也具有重大的影响。中国已经从地区性大国成为世界性大国。马耳他重视中国的大国地位和市场潜力，看好中国的发展前景，希望增进相互了解和促进双边关系的发展，进而全面发展对华关系，促进自身社会经济发展。马耳他特别赞赏中国视其为平等的合作伙伴，表示两国虽然相距遥远，幅员悬殊，社会制度各异，但长期以来相互尊重，一直保持良好的关系，马耳他对此感到骄傲。马耳他秉持一个中国的立场，视中国为欧盟的好朋友和好伙伴，在欧盟内为推动中欧关系的发展发挥积极作用。

正是由于马耳他和中国在双边关系上的政策并行不悖，双边关系才有了长足发展，特别是马耳他和中国在政治关系方面越来越密切。

2002年1月31日，在马耳他与中国建交30周年之际，两国元首和外长互致贺电。同月，中国人民对外友好协会与马耳他驻华使馆联合举办庆祝中马建交30周年招待会，会上举行了中马建交30周年纪念封的首发仪式。6月，马耳他国民党总书记萨利巴访华。同月，中国卫生部副部长朱庆生访问马耳他，双方签署了《中华人民共和国卫生部与马耳他卫生部关于卫生和医学合作二〇〇二至二〇〇四年度执行计划》《中华人民共和国卫生部和马耳他卫生部关于开展中医领域合作的协议》。同月，马耳他文化教育部部长加利亚访华，双方签署了《中华人民共和国教育部与马耳他教育部合作备忘录》。7月，马耳他议长塔博恩访华。9月，中国对外经济贸易合作部副部长周可仁访问马耳他并出席第4届中马经贸混合委员会会议，向马耳他提供了300万元人民币的无偿援助。10月，马耳他总理阿达米访华。

马耳他加入欧盟后，继续推动与中国在政治、经济和文化等领域的友好合作关系。

2007年9月24日，马耳他工党外事和IT发言人（反对党影子内阁外长）布林卡特在为《独立报》撰写的专栏文章中称，马耳他虽然在外交上有很多朋友，但实践证明，对马耳他人民一贯最真诚的朋友，毫无疑问要数中国；中国依然感激马耳他在其受到西方孤立的情况下建立两国正常外交关系；中国一直表示不会忘记老朋友，并表示对进一步发展马耳他与中国关系充满信心。布林卡特对中国的评价，也正是马耳他朝野政治领导人一致的看法。

2008年10月23日，国家主席胡锦涛在人民大会堂会见来华出席第七届亚欧首脑会议的马耳他总理冈奇。胡锦涛表示，中马建交以来，双边关系稳步发展。两国高层保持交往，经贸合作不断加强，文化、教育、司法等领域交流活跃，在重大国际和地区问题上相互理解、相互支持。中马关系成为不同社会制度、不同历史文化传统国家平等相待、友好相处的典范。中国重视发展同马耳他的关系，希望双方继续保持高层互访和接触，不断提升双边经贸合作水平，增进两国人民相互了解与友谊，推动中马关系取得更大发展。当前，中欧全方位、宽领域、多层次合作深入发展，希望马方继续发挥积极作用，推动中欧关系健康稳定向前发展。冈奇表示，马耳他和中国有着长期交往，两国政治、经贸关系密切，友谊深厚。希望双方继续加强经贸、教育、旅游等领域合作。

2009年2月21日，应马耳他政府邀请，国家副主席习近平抵达瓦莱塔，对马耳他进行正式访问。习近平在机场发表书面讲话，代表中国政府和人民向马耳他人民致以诚挚问候和良好祝愿。习近平此访一是加强两国人民传统友谊，二是共同探讨开拓两国合作新领域、新途径。访问期间，习近平同马耳他领导人就双边关系及国际和地区问题交换意见。

2010年2月21日，中国国家副主席习近平在瓦莱塔会见马耳他工党领袖穆斯卡特。

2010年3月24日，中国国务院副总理李克强在人民大会堂会见了来访的马耳他副总理兼外长博奇。李克强说，中马建交38年来，两国关系健康稳定发展，近年来更是取得长足进展。双方政治上相互信任，经贸合作互利共赢，人文交往成果丰硕。这充分表明，中马关系基础牢固，合作前景令人鼓舞。中方高度重视同马耳他的关系，愿同马方共同努力，深入挖掘两国在通信、金融、教育、医疗和旅游等领域的合作潜力，扩大利益契合点，为中马关系进一步发展注入新的活力。李克强指出，马耳他是中国在欧盟的重要合作伙伴，希望马方继续在欧盟内发挥积极作用，推动欧盟贸易更加自由化、投资更加便利化，为加强中欧全面战略伙伴关系做出更大贡献。博奇指出，马中关系堪称大小国家友好关系的典范，基础牢固，充满活力。马耳他感谢中方长期以来对马方的宝贵支持和援助，愿进一步加强与中方各领域合作，并为促进欧中关系做出积极努力。

2010年4月底，阿贝拉总统在来华出席上海世博会开幕式期间意外受伤，中方对其精心治疗，胡锦涛主席亲自探望并派专机送其回国。马方认为此事再次证明了中国是马耳他真正的朋友，体现了中国政府和人民对马耳他的深情厚谊。

2010年9月24日，正在马耳他访问的中国全国人大常委会副委员长兼秘书长李建国在总统府会见了马耳他总统阿贝拉。李建国转达了胡锦涛主席的亲切问候并表示，中马之间有着深厚的传统友谊，建交38年来一直保持友好关系。近年来，两国关系稳步发展，高层交往密切，经贸、人文等领域合作日益活跃，在重大国际和地区问题上相互理解和支持。新形势下，我们愿与马方一道，继续本着相互尊重、平等互利的原则，深化各领域交流与合作，推动中马友好关系不断取得新成果。阿贝拉衷心感谢胡锦涛主席的问候和对他本人访华时给予的亲切帮助。他说，中国人民是马耳他人民的真诚朋友。马方愿切实加强与中方在各领域的合作，共同开创两国关系的美好前景。访马期间，李建国还分别会见了马耳他总理冈奇、议长弗雷多和工党领袖穆斯卡特，出席了中马经贸合作文件签字仪式和马耳他中国文化中心"相约上海，拥抱世界"图片展揭幕仪式。

2011年9月1日，杨洁篪外长会见应中联部邀请访华的马耳他国民党副领袖、副总理兼外长博奇。杨外长表示，中马传统友好，堪称不同大小、不同社会制度国家间友好相处的典范。希望双方共同努力，利用明年中马建交40周年等契机，推动两国关系更上一层楼。博奇表示，马耳他是中国的好朋友、好伙伴，愿为推动中欧关系发展发挥积极作用。双方还就西亚北非局势等问题交换了意见。

2012年1月31日，胡锦涛主席、温家宝总理和杨洁篪外长分别与马耳他总统阿贝拉、总理冈奇和副总理兼外长博奇互致贺电，热烈庆祝中马建交40周年。

2012年6月，全国政协副主席陈宗兴率团访问马耳他。

2013年10月25日，马耳他总统阿贝拉在总统官邸会见了到访的中国全国政协副主席杜青林一行，双方就双边关系等问题进行了亲切友好的交谈。

2013年9月和2014年7月，马耳他总理穆斯卡特分别应邀来华出席夏季达沃斯论坛年会和生态文明贵阳国际论坛年会。

2015年7月，马耳他国民党领袖布苏蒂尔和外长维拉先后访华。

2016年4月10日，全国政协主席俞正声在瓦莱塔会见马耳他议长法鲁贾。俞正声说，中马保持长期友好关系，政治上相互信任，经济上密切合作，人文交流不断深化。中方感谢马方在中国撤侨行动中给予的支持和帮助。中方愿同马方一道，落实两国领导人达成的共识，弘扬中马传统友好，在科技、渔业、旅游等领域互利合作，打造合作新亮点。中国全国政协愿与马耳他议会和社会各界保持密切交往，加强治国理政经验交流，为两国扩大务实合作营造良好环境，共同促进中马关系深入发展。法鲁贾表示，马中关系发展良好，高层往来频密，各领域合作成果丰富。马方感谢中国对马发展给予的无私帮助。马耳他议会高度重视发展对华关系，愿继续同中方加强各层级交往，促进双边务实合作，推动两国关系不断向前发展。

马虽国小力弱，但近年来多次对中方提供力所能及的帮助。2008年汶川地震发生后，马总统阿达米、议长加利亚、副总理兼外长博奇分别发来慰问电，总理冈奇、议长加利亚、副总理兼外长博奇亲赴中国驻马使馆吊唁；马政府向中方提供100顶帐篷和4.6万欧元捐款。2010年玉树地震发生后，马总统阿贝拉、议长加利亚和副总理兼外长博奇分别致信中方表示慰问。2011年2月在中方的利比亚撤侨行动中，马给予中方大力支持，近5000名侨民经马安全有序撤回。其间，马副总理兼外长博奇登船慰问侨胞。同年3月，外交部副部长傅莹访问马耳他，向马方转交了温家宝总理致冈奇总理的感谢信。2013年7月，马议长法鲁贾就甘肃岷县漳县地震向全国人大常委会张德江委员长致慰问信。2014年7月，马为近40名中国公民从利比亚撤离提供协助。

二 与中国的主要双边协定、协议和换文

马耳他同中国签订的主要协定、协议和换文如下：

1972年的《中国向马耳他提供长期无息贷款协定》；

1973年的《中国向马耳他提供建设项目和技术援助议定书》；

1977年的《中国向马耳他马尔萨什洛克港防波堤工程提供技术援助议定书》《中国向马耳他提供成套项目和技术援助议定书》；

1980年的《中国—马耳他旅游合作协定》；

1990 年的《中国对马耳他马尔萨港防波堤延伸工程提供技术援助议定书》;

1991 年的《中国—马耳他建立地中海地区针灸培训中心协议》《中国—马耳他文化科学合作协定》《中国—马耳他海运协定》;

1992 年的《中国—马耳他文化交流协定》;

1993 年的《中国—马耳他关于避免双重征税和避免偷、漏税协定》;

1994 年的《中国—马耳他关于开展中医领域合作协议》等;

1997 年的《中国—马耳他民用航空运输协定》《中国—马耳他贸易和经济合作协定》《中国政府向马耳他政府提供 300 万元人民币无偿援助的换文》,续签《中华人民共和国卫生部与马耳他共和国内政和社会发展部关于开展中医领域合作的协议》《中华人民共和国政府和马耳他共和国政府关于马耳他共和国在中华人民共和国香港特别行政区保留名誉领事馆的换文》;

1998 年的《中马两国卫生和医学领域合作协定》《中马中医领域合作协议》《中马两国旅游合作协定》《中华人民共和国政府和马耳他共和国文化交流合作协定 1998/2000 年度执行计划》;

1999 年的《中华全国青年联合会与马耳他青年体育局 2000 年至 2001 年在青年领域合作协议》《中华人民共和国卫生部和马耳他共和国卫生部关于卫生和医学合作 1999—2001 年度执行计划》《中国政府向马耳他政府提供 300 万元人民币无偿援助的换文》;

2000 年的《中国政府向马耳他政府提供 300 万元人民币无偿援助的换文》;

2001 年的《中国政府向马耳他政府提供 300 万元人民币无偿援助的换文》《中华人民共和国外交部和马耳他外交部关于磋商的谅解备忘录》《中国外交学院与马耳他地中海外交学院合作协议》《中华人民共和国政府与马耳他政府 2001—2003 年度文化合作执行计划》《中华人民共和国政府与马耳他政府关于设立文化中心的谅解备忘录》《中华人民共和国国家旅游局和马耳他旅游部关于中国公民有组织地赴马耳他旅游实施方案的谅解备忘录》《中华人民共和国政府和马耳他政府关于禁止非法贩运和滥

用麻醉药品和精神药物的合作协议》；

2002 年的《中华人民共和国卫生部与马耳他卫生部关于卫生和医学合作二〇〇二至二〇〇四年度执行计划》《中华人民共和国卫生部和马耳他卫生部关于开展中医领域合作的协议》《中华人民共和国教育部与马耳他教育部合作备忘录》；

2005 年的《中华人民共和国政府与马耳他共和国政府 2005—2008 年文化交流执行计划》《中华人民共和国教育部与马耳他共和国教育部2005—2008 年教育合作协议》；

2007 年的《中华人民共和国政府向马耳他政府提供 300 万元人民币无偿援助的换文》；

2007 年 12 月的《中华人民共和国政府和马耳他政府关于互免持外交和公务护照人员签证的协定》；

2008 年 12 月的《中华人民共和国卫生部和马耳他社会政策部 2009—2013 年度执行计划的协议》；

2009 年 2 月的《中华人民共和国和马耳他关于刑事司法协助的条约》；

2009 年 2 月的《中华人民共和国政府和马耳他政府关于打击跨国犯罪的合作协定》；

2009 年 2 月的《中华人民共和国政府和马耳他政府关于促进和保护投资的协定》；

2009 年 2 月的《中华人民共和国政府和马耳他政府 2009—2012 年文化交流执行计划》；

2009 年 2 月的《中国孔子学院总部与马耳他大学关于合作设立马耳他大学孔子学院的协定》；

2010 年 1 月的《中国证监会与马耳他金融服务局关于证券期货监管的合作谅解备忘录》；

2010 年 2 月的《中国银监会与马耳他金融服务局关于银行监管的合作谅解备忘录》；

2010 年 9 月的《中国银监会与马耳他金融服务局关于监管信息共享

的谅解备忘录》《中国向马耳他提供援助的换文》;

2010 年 10 月的《中华人民共和国政府和马耳他政府关于避免双重征税和逃税的协定》;

2011 年 9 月的《中国开发银行与马耳他中央银行合作的谅解备忘录》;

2014 年 7 月的《中华人民共和国政府和马耳他共和国政府中期合作规划谅解备忘录 (2014—2019)》;

2015 年 7 月的《知识产权合作谅解备忘录》等。

第三节　与中国的贸易和经济技术合作

一　马中双边贸易关系

马耳他与中国贸易始于 20 世纪 50 年代,但金额很小。随着 20 世纪 70 年代初两国外交关系的建立,双边贸易开始逐步增长,但发展缓慢。据我国海关统计,在 20 世纪七八十年代,双边贸易处于低水平,且年进出口额起伏较大,1981 年和 1986 年,除双边贸易总额分别为 1365.3 万美元和 3122 万美元(其中中国出口额仅为 428 万美元和 253 万美元)外,大都徘徊在数百万美元之间。

进入 20 世纪 90 年代以来,双边贸易呈现较快增长势头,尤其中国对马耳他出口额增幅较大,除 1990 年和 1991 年外,均逾 1000 万美元。与此同时,进口额除 1996 年因我国利用马耳他还贷采购两条供应船交货而剧增至 2268 万美元外,其余多数年份都处于百万美元以下的低水平,中方顺差较大。

据中国海关总署统计,1999 年,马耳他与中国的贸易额为 6067.1 万美元,其中,中方出口额为 5072.2 万美元,进口额为 994.9 万美元。2000 年,双边贸易额达创纪录的 9467 万美元,同比增长 56%。其中,中国出口额为 7617 万美元,同比增长 50.2%;进口额为 1850 万美元,同比增长 85.9%。

1997 年,双方签署《中国—马耳他贸易和经济合作协定》,确立了经贸混委会制度，2017 年已召开 10 次会议。2009 年 2 月，马耳他基础设施、交通与通信部部长奥斯汀·盖特访华，与交通部领导会谈并探讨两国合作新领域。2011 年 3 月，盖特部长再次访华。2010 年，中国证监会主席尚福林、中国银监会主席刘明康和国家税务总局局长肖捷分别访马，并签署有关协议或备忘录。2011 年 1 月，中国国家开发银行副行长郑之杰访马，积极推动两国金融务实合作。同月，马耳他－中国商会成立，为两国开展经贸活动提供了新平台。此外，汇丰银行（马耳他）跨境贸易人民币结算业务启动，进一步便利了双边贸易往来，拓展了两国经贸合作。2012 年 1 月，工业和信息化部副部长刘利华访马，就促进电子政务、信息安全、电信管理及软硬件开发方面的合作等议题与马方交换意见。2012 年 3 月，由中国驻马使馆经商处、中国对外贸易中心和马中商会共同主办的第 111 届广交会推介会在马举办。2012 年 5 月，中国银监会副主席郭利根访马。2014 年 7 月马总理穆斯卡特来华期间，双方签署《中华人民共和国政府和马耳他共和国政府中期合作规划谅解备忘录 2014—2019》。2014 年 12 月，上海电力股份有限公司与马耳他能源公司签署项目合同，交易总额达 3.2 亿欧元。

2010 年马中两国实现贸易额 1.79 亿欧元，同比增长 24.3%。2011 年前 8 个月，双边贸易额达到 1.51 亿欧元，其中马耳他对华出口额为 0.46 亿欧元，同比增长 77%。2012 年中马双边贸易额为 2.85 亿美元，占马耳他对外贸易份额的 2.8%。中国在马耳他贸易伙伴中处于第 10 位（前 9 位分别是意大利、德国、法国、英国、中国香港、新加坡、美国、西班牙和荷兰）。2012 年，中国对马出口额为 2.07 亿美元，进口额为 0.78 亿美元。中国对马耳他出口的主要是电视、音响及零部件等电子电器产品，核反应堆、锅炉等机械设备及部件，小型船只，家具、服装等轻工产品，钢铁产品，塑料、橡胶产品及其他有机化学品等。中国从马耳他进口的主要是电子电器产品及零部件和编织纤维产品等。

2014 年马耳他与中国双边货物进出口额约为 2.3 亿美元，下降 7%。其中，马耳他对中国货物出口额为 3047.4 万美元，下降 50.9%，占其出

口总额的 1.1%；2014 年马耳他自中国货物进口额约为 1.9 亿美元，增长
8.1%，占其进口总额的 3%。马方货物贸易逆差约 1.6 亿美元，增长
39%。中国是马耳他第 9 大进口来源地和第 16 大出口市场。

机电产品是马耳他自中国进口的第一大类商品，2014 年进口额为
6010.5 万美元，增长 11.3%，占马耳他自中国进口总额的 30.9%。化
工产品进口额为 3410.5 万美元，下降 13.8%，占自中国进口总额的
17.5%。此外，纺织品及原料进口额为 1654.4 万美元，增长 9.4%，
占进口总额的 8.5%。家具、玩具、杂项制品，贱金属及制品与塑料、
橡胶等居马耳他自中国进口的第四、第五和第六大类商品，进口额分
别为 1645.2 万美元、1628.8 万美元和 1511.9 万美元，分别增长
16.5%、21.1% 和 6.6%，分别占马耳他自中国进口总额的 8.5%、
8.4% 和 7.8%。在上述产品上，意大利、德国、法国和英国等是中国
的主要竞争对手。

2015 年，双边贸易额为 28.2 亿美元，同比下降 25.4%，其中中国出
口额为 23.8 亿美元，同比下降 25.4%；中国进口额为 4.4 亿美元，同比
下降 25.4%。2016 年第一季度，双边贸易额为 4.6 亿美元，同比下降
45.1%，其中中国出口额为 3.7 亿美元，同比下降 47.9%；中国进口额
为 0.9 亿美元，同比下降 29.2%。2015 年，马耳他成为亚洲基础设施投
资银行意向创始成员，是首批加入亚投行的欧洲国家之一。2016 年 1 月，
马耳他正式成为亚投行成员。

马耳他市场容量虽然很小，但所需生产和生活资料的绝大部分均依赖
进口，而中国出口产品在马耳他一般都比较适销对路，价格和质量均有较
强的竞争优势。所以只要努力开拓，马耳他市场就仍有较大潜力可挖。表
9 - 1 表示 2014 年马耳他对中国出口主要商品构成。表 9 - 2 表示 2014 年
马耳他自中国进口主要商品构成。表 9 - 3 表示 2007~2014 年中马双边贸
易额。从这些表格均能看出，中马贸易发展前景良好。另外，马耳他地处
地中海中部，据南欧、北非和中东三大洲这些地区的海上要冲，海上交通
便利，其独特的地理位置和港口设施优势是向周边尤其是北非国家发展转
口业务的有利条件。

表 9 - 1　2014 年马耳他对中国出口主要商品构成

单位：百万美元，%

序号	商品类别	2014 年	2013 年	同比增长率	占比
1	机电产品	22	50	- 56	71.0
2	塑料、橡胶	5	3	66.7	16.1
3	化工产品	2	1	100	6.5
4	光学、钟表、医疗设备	1	1	0	3.2
5	纺织品及原料	1	6	- 83.3	3.2
6	食品、饮料、烟草	0	0	0	0
7	纤维素浆、纸张	0	0	0	0
8	运输设备	0	0	0	0
9	贱金属及制品	0	0	0	0
10	贵金属及制品	0	0	0	0
11	陶瓷、玻璃	0	0	0	0
12	家具、玩具、杂项制品	0	0	0	0
13	植物产品	0	0	0	0
14	活动物、动物产品	0	0	0	0
15	鞋、靴、伞等轻工产品	0	0	0	0
16	其他	0	0	0	0
17	总值	31	61	49.2	100.0

资料来源：中国商务部。

表 9 - 2　2014 年马耳他自中国进口主要商品构成

单位：百万美元，%

序号	商品类别	2014 年	2013 年	同比增长率	占比
1	机电产品	60	54	1.1	30.8
2	塑料、橡胶	34	40	- 15	17.4
3	化工产品	17	15	13.3	8.7
4	光学、钟表、医疗设备	16	14	14.3	8.2

续表

序号	商品类别	2014 年	2013 年	同比增长率	占比
5	纺织品及原料	16	13	23.1	8.2
6	食品、饮料、烟草	15	14	7.1	7.7
7	纤维素浆、纸张	9	4	125	4.6
8	运输设备	8	5	60	4.1
9	贱金属及制品	6	7	-14.3	3.1
10	贵金属及制品	4	6	-33.3	2.1
11	陶瓷、玻璃	2	2	0	1.0
12	家具、玩具、杂项制品	2	2	0	1.0
13	植物产品	2	1	100	1.0
14	活动物、动物产品	2	2	0	1.0
15	鞋、靴、伞等轻工产品	1	1	0	0.5
16	其他	1	1	0	0.5
17	总值	195	182	7.1	100.0

资料来源：中国商务部。

表 9 – 3　　2007～2014 年中马双边贸易额

单位：亿欧元

年份	总额	中国出口额	中国进口额
2007	1.64	1.27	0.37
2008	1.92	1.56	0.36
2009	2.02	1.64	0.38
2010	2.36	1.55	0.81
2011	3.14	2.12	1.02
2012	2.85	2.07	0.78
2013	1.82	1.36	0.46
2014	1.71	1.48	0.23

资料来源：马耳他国家统计局。

二　与中国的经济技术合作

（一）马耳他从中国获得的经济援助

马耳他与中国的经济、技术合作是在援外基础上发展起来的。1972～

2000 年，中国共向马耳他提供了几笔援助贷款，总金额为 2.5271 亿元人民币。

1. 无息长期贷款 1.0271 亿元人民币

1972 年 4 月，明托夫总理与中国签署协定，在中国经济上还不富裕、财力和物力有限的情况下从中国政府获得 1.0271 亿元人民币的无息长期贷款，其中，包括 1 亿元人民币的现汇（合 6900 万美元，以黄金保值），还涉及 7 个成套项目、两个经济技术合作项目以及派遣医疗队。其中最大的项目是我国为马耳他修建的 30 万吨级干船坞，它被当地人亲切地称为"红色船坞"，已经成为两国人民友谊的象征。马耳他在此基础上建立地中海修船中心。其他援建项目还有巧克力厂、混凝土制品厂、藤制品厂、地毯厂等。1985 年中国又承接修建了码头延长项目——防波堤，其对马耳他自由港起到了保护作用。

自 1982 年起，马耳他以向中国出口产品的方式开始偿还我国向其提供的长期无息贷款。1986 年马耳他向中国交付供应船和成品油船各一艘。1995 年 12 月马耳他逾期交付我国两艘海上供应船。

2. 600 万元人民币无偿援助

1994 年，在马耳他总理访华时，中国总理承诺帮助马耳他无偿修建"中国园"，同时向马耳他赠送 500 株柳树苗。此项目援助金额为 600 万元人民币。"中国园"由苏州园林设计院设计，中国江苏国际经济技术合作公司负责执行。马耳他负责清理地面、挖掘水池等。1996 年 7 月 11 日项目正式施工，1997 年 3 月项目竣工，4 月双方联合验收，7 月 7 日双方签署交接证书并举行移交开园仪式。此"中国园"建成后，被定名为"静园"。

"静园"内建有方亭、六角亭、轩、水榭、曲廊、喷泉、水池等，是一座优雅的苏州式古典园林，深受马耳他人民喜爱，参观者络绎不绝。这个项目收到了良好的经济和社会效益，成为马耳他与中国友谊的结晶和象征。

3. 1997 年的 300 万元人民币无偿援助

1997 年 7 月，中国对外经济贸易合作部孙广相部长助理访问马耳他时，与马耳他政府签署了 300 万元人民币无偿援助换文。中国政府向马耳他提供了 14 辆解放牌卡车和两辆北京吉普车，这些车辆已于 1999 年 3 月运抵马耳他。

4. 1999 年的 300 万元人民币无偿援助

1999 年 9 月，马耳他经济服务部部长访华时，在首届中国与马耳他经贸混合委员会会议上，双方又签署了 300 万元人民币无偿援助换文。

5. 2000 年的 300 万元人民币无偿援助

2000 年 4 月，李岚清副总理访问马耳他时，再度向马耳他政府提供了 300 万元人民币的无偿援助。

其他援助与合作如下。

1987 年 4 月，由重庆国际经济技术合作公司在马投资 45 万美元兴建的莱悉服装有限公司正式投产。该厂以来料加工成衣为主并将其出口欧洲。

1994 年 3 月，地中海中医中心在中国首批援助马耳他医疗队的协助下开业，推动了中马两国在卫生领域的合作。

1999 年 8 月 29 日至 9 月 4 日，石广生部长与马经济服务部部长鲍尼奇在北京共同主持了中马经贸混委会首次会议。双方就中马经贸关系的发展情况以及在新形势下如何广泛深入地扩大合作交换了意见。根据 1997 年中马两国政府签订的贸易和经济合作协定，双方同意建立由两国政府代表组成的贸易和经济合作混委会机制，不定期地轮流在两国举行会谈。

2000 年 11 月 6 日，周可仁副部长与马经济服务部部长鲍尼奇在瓦莱塔共同主持召开中马经贸混委会第二次会议。

2001 年 7 月 23 ~ 25 日，江泽民主席访问马耳他，其间会晤马耳他总统德马尔科并出席其举行的欢迎宴会，与阿达米总理会谈，出席有关签字仪式。访问期间两国领导人达成广泛共识，为中马在政治、经济、文化等各领域深入合作进一步奠定了基础。9 月 16 日 ~ 18 日，周可仁副部长率团访问马耳他并与马经济服务部部长鲍尼奇共同主持中马经贸混委会第四次例会。周可仁副部长还与鲍尼奇部长出席中国向马干船坞提供平衡机等设备的交接仪式。

2002 年 10 月，中马经贸混委会第三次会议在北京召开。石广生部长会见了马经济服务部部长鲍尼奇。

2003 年 9 月，中国向马出口的 47 辆金龙客车抵达马耳他并举行下船仪式。当年中国共向马出口金龙客车 84 辆，是双边经贸往来的一项重大成果。

2004 年 7 月 13～15 日，全国人大常委会副委员长王兆国率领全国人大代表团访马，与马议长塔博恩会谈，并分别会见马总统阿达米、总理冈奇。8 月 5～7 日，全国政协主席贾庆林过境马耳他，非正式会见马议长塔博恩。

2005 年 6 月 11～15 日，马晓伟副部长率中国卫生部代表团访问马耳他。14 日，马晓伟副部长与马卫生部部长路易斯·德古瓜拉进行工作会谈，就进一步加强两国医疗领域的合作交换意见，并签署两国卫生和医学合作 2005～2008 年执行计划。刘正修大使、张玉成参赞出席了签字仪式。8 月 3～5 日，回良玉副总理率领中国政府代表团访问马耳他。访问期间回良玉副总理会见了马总统阿达米、总理冈奇，以及马有关政府部门官员，双方充分交换了意见，达成广泛共识，并表示共同推动中马各个领域合作深入发展。9 月 17～20 日，中共中央政治局常委、中纪委书记吴官正同志率团对马耳他进行友好访问。

2006 年 4 月 23～25 日，于广洲副部长率政府经贸代表团访问马耳他。25 日，于广洲副部长与马外交部部长麦克尔·弗兰多共同主持召开中马经贸混委会第六次例会。25 日，马总理会见了于广洲副部长以及主要陪同人员，对会议取得的成果表示赞赏，高度评价了中马两国人民之间的友谊，并对中国政府给予的经济援助表示感谢。9 月 20 日，中国政府援马 6 台空压机交接证书签字仪式在马船厂顺利举行。刘正修大使、马信息技术和产业部部长奥斯汀·盖特分别代表两国政府在交接证书上签字。刘大使和盖特部长在交接仪式上分别致辞，高度评价了两国传统友谊和不断扩大的经贸合作。盖特对中国政府向马提供的援助表示衷心感谢，并称中国经济的高速发展创造了世界奇迹。次日，马主要媒体均对中国政府先后向马船厂提供四次设备援助一事做了报道，社会影响良好。

2007 年 2 月 23 日，马外交部与中国驻马使馆共同举办庆祝中马建交 35 周年的"中马关系回顾与展望"研讨会。马外长、刘正修大使分别发表演讲，高度评价两国建交以来在各领域内深化合作取得的显著成果。马驻华大使以及马在华投资企业介绍了在华期间的亲身感受。5月25日，于广洲副部长和马外交部部长麦克尔·弗兰多在北京共同主持召开了中马经贸混委会第七次会议。会后，于广洲副部长与弗兰多外长出席了《清华同方威视技术股份有限公司和马耳他政府间的设备租赁合同》的签字仪式。马方36名企业界代表随外长访华，创马历史之最。

2007年2月，位于布鲁塞尔市中心的"马耳他之家"（Dar Malta）启用，马耳他驻欧盟常驻代表处搬到这里办公，该中心的家具和相关内部设备从中国启运前往布鲁塞尔。根据马耳他政府和中国政府达成的协议，这些家具和设备由中国政府无偿提供。此前马政府专门派员前往中国挑选和确定了需要使用的家具和设备，所有这些都是由中国生产商专门为"马耳他之家"生产的。"马耳他之家"是马耳他政府2004年以900万马镑（约合2700万美元）价格购买的，除了马耳他驻欧盟代表处外，马耳他驻比利时大使馆也在这里办公。

2008年2月26日，中国驻马使馆商务处与马卫生、老龄和社区服务部共同举行中国中医门诊在马圣母医院（Mater Dei Hospital）开业暨中国卫生部捐赠马医疗器械仪式。路易斯·德古阿拉部长、中国驻马大使以及商务参赞张玉成和马有关政府官员出席了仪式。至2016年中国已向马派出13批医疗队，为诊治当地病患发挥了积极作用。此次中国卫生部为支持援马医疗队更好地开展工作，特地向马提供了一批医疗器械。中国驻马使馆经济商务参赞处多次与马方磋商，使得中医门诊顺利进入新落成的圣母医院（该医院是地中海地区规模较大、设施齐备、服务优良的现代化医院），提升了两国医疗卫生合作水平，也意味着中医正式进入欧盟国家级医院。3月下旬，马耳他海关以租赁形式自中国清华同方威视技术股份有限公司引进的集装箱检测设备在马安装调试完毕。这也是在商务部有关司局大力支持下，通过政府牵线搭桥为中国高新技术企业开拓海外市场的一次成功尝试。

2011年8月19日，中国援助马耳他的大屏幕液晶电视、多功能投影仪等物资到达马耳他。中国驻马耳他使馆经商参赞刘美崑和有关同志与马耳他财政部相关负责人一起，共同见证了全部货物的清点入库过程。该批物资将供马耳他政府部门、博物馆以及教育机构使用。

2011 年 10 月 31 日，中国驻马耳他大使张克远和马耳他财政部部长芬内克共同签署了 2011 年中华人民共和国援助马耳他物资交接证书。该批物资包括中国提供给马耳他总统府的钢琴，以及部分彩电和投影仪。后者将分配给马耳他大学、马耳他科技艺术学院、马耳他通信局、马耳他体育运动委员会、马耳他信息技术公司和马耳他文物基金会等单位使用。

2013 年 7 月 23 日，马耳他总统乔治·阿贝拉到帕奥拉市地中海地区中医中心，看望完成轮值任务的第十批中国援助马耳他医疗队和新上岗的第十一批医疗队。阿贝拉高度评价中国医疗队所取得的成绩，称赞地中海地区中医中心"是马中两国友好交往的一个典范"。第十批医疗队与第十一批医疗队 7 月 21 日进行了交接轮换。第十批医疗队 2011 年 8 月抵达马耳他后，在提供医疗服务和扩大中医药在马耳他及地中海地区的影响方面做了诸多工作。据统计，医疗队先后为 9600 多名马耳他患者提供了医疗服务，并举办中医药讲座、中医推拿自我保健学习班等。1994 年，中马合作成立地中海地区中医中心，由江苏省卫生厅每两年派遣医疗队赴马耳他进行医疗援助。近 20 年来，在中国援马医疗队员的努力下，中医针灸在马耳他得到了充分认可。

2013 年 10 月 18 日上午，援马耳他"中国园"维修和改扩建项目开工仪式在马耳他桑塔露西亚市"中国园"内举行。来自马耳他财政部、桑塔露西亚市等马方政府部门代表，中国驻马使馆经商处、项目施工单位中国中元国际工程公司（IPPR）及相关单位代表共 120 人参加了仪式。两国建交 41 年来，平等互利，和平共处。中国政府在国内尚有很多贫困人口的情况下，决定向马耳他政府提供无偿援助实施"中国园"维修和改扩建项目，体现了中马友谊。中国希望改造后的"中国园"为马耳他吸引更多国内外游客贡献力量。"中国园"也称静园，位于马耳他桑塔露西亚市，是一座中国古典园林，由我国无偿援建。占地面积约 8000 平方米，其中原有建筑面积约 320 平方米，新增建筑面积约 310 平方米。最初设计于 1995 年 10 月完成，1997 年建设完工并移交马方，中国 2012 年对园子进行了维修改造设计，将其分为中心观景庭院、入口区、民俗雕塑园和服务休息区四个区域。维修和改扩建项目于 2014 年初完工。

（二）中国对马耳他的投资

截至 2013 年末，中国对马耳他非金融类直接投资存量为 364 万美元。截至 2014 年 12 月，中国在马耳他的投资项目为 40 个，实际投入 1887 万欧元。主要投资如下。

1. 重庆国际经济技术合作公司开办的莱悉服装有限公司

莱悉服装公司原为中马合资企业，1986 年在当地注册为"马耳他莱悉服装有限公司"，1987 年 4 月正式开业，总投资 85 万美元，中方占 70% 的股份。1996 年 8 月中方收购了马方的 30% 股份使其成为独资企业。该公司主要加工、生产西裤、童装、女装和便装等。莱悉服装有限公司开始与当地公司合作经营，后来成为全资中资公司，独资后逐步扭亏为盈，经营状况良好。2008 年该公司搬迁到布利贝尔工业区，厂房面积从 2000 平方米扩大到 5700 平方米，部分生产设备实现更新换代，产品附加值和生产效率得到提高。在近年的金融风暴中，马耳他的服装企业受到了重创，莱悉服装有限公司通过调整发展战略，向欧洲高端市场进军，现在其客户群主要集中在英国、德国和意大利。现全公司有管理人员 6 名，中国工人 120 名，当地雇员 38 人。另外，该公司还为马耳他提供工人和劳务厨师 8 人。

2014 年马耳他新组建的经济、投资和小企业部部长克里斯琴 - 卡东纳到中国在马耳他投资的企业——莱悉服装有限公司考察。在听取了企业的经营情况后，克里斯琴表示，马耳他新政府一定全力支持中国企业在当地的投资发展。

2. 地中海地区中医中心

地中海地区中医中心是根据马耳他和中国两国政府关于开展中医领域合作协议建立的。江苏省授命与马耳他进行中医合作始于 1984 年，先后派出陈巩荪、李玉堂等知名中医师赴马耳他工作，在当地产生很好的影响。1993 年 7 月，江苏选派专家参加第一期援马医疗队和地中海地区中医中心筹备工作。1994 年 4 月 9 日，国家卫生部副部长张文康访问马耳他，与马耳他政府签署了关于开展中医领域合作的协议，并为马耳他

"地中海地区中医中心"揭牌。根据中马双方达成的协议，地中海地区中医中心主要为马耳他及来自欧洲其他国家的患者提供中医针灸、推拿服务，培训当地对中医感兴趣的人员。中心为自主管理、自负盈亏机构，其收入用于日常运营和自身发展。中心人员由中马双方共同派出，马方为中方人员提供住房、诊疗场所及配套设施。中心最高权力机构为管理委员会，由四人组成，中马双方各出两名，管理委员会主席由双方轮流担任，一年轮换一次。管理委员会聘请医疗队队长担任中心主任，负责日常管理。

2008年2月，经马耳他国会同意，马政府决定在马耳他国立圣母医院专门开设中医门诊，明确由在地中海地区中医中心工作的我国江苏省医疗队员主诊。

截至2017年，国家卫生计生委和江苏省先后派出了78名医疗专家，为当地累计治疗患者18万人次。2017年我国江苏省医疗队有4名中医师（其中1人兼任队长和中心主任）、1名翻译、1名厨师，马耳他卫生部有2名护士、1名清洁工和2名管理人员（中心董事会成员）在中心工作。双方政府承担各自派出人员的薪金。医疗队现工作地点包括地中海地区中医中心、圣母医院和戈佐医院。

地中海地区中医中心成立20多年来，在中马双方的密切合作下，经过13批医疗队员的不懈努力，成为在马耳他以及地中海地区颇具声誉的中医医疗和培训机构。自1993年起，医疗队先后举办了数十期针灸培训班，结业证书由地中海地区中医中心直接颁发，这项工作受到了马卫生部、中国驻马耳他使馆经商处及马方董事的高度评价。医疗队还采取举办专题讲座、提供咨询以及在马耳他电视台开设中医节目等多种形式，扩大对外影响，以促进当地群众对中医的了解，并收到了较好的效果。

近年来，中马中医合作日益频繁。2012年9月25日，国家卫生部时任部长陈竺与马耳他卫生、老年和社区服务部部长乔·卡萨正式签署了中马中医药领域议定书。9月26日，乔·卡萨一行专门到访江苏，表示希望在中医治疗肿瘤方面开展合作。2014年5月31日，地中海地区中医中心成立20周年庆典暨"我眼中的中国医生"征文颁奖活动在马耳他帕奥拉市举行。马耳他能源和卫生部部长米兹充分肯定中医中心取得的成绩，希望与中国政府进一步加强合作，努力将中医中心打造成为地中海地区领先的中医药推广和传播基地。米兹部长多次在不同场合表示，马耳他政府支持江苏在马耳他第二大医院圣·卢克斯医院开设中医科。

地中海地区中医中心取得的成绩得到了中马两国政府领导人的高度肯定。2009 年 2 月 21 日，国家副主席习近平访问马耳他期间，在接见中方援马医疗队队长时说："医疗队的工作增进了中马两国人民的友谊，传播了祖国的优秀传统文化，特别是中医文化，祝你们取得更大的成绩和进步！" 2015 年 4 月 12 日，马耳他总统科勒略·普雷卡指出："中医中心在马耳他已有广泛影响，成为两国友谊的象征，马方期待更多中国优秀的医务人员来马耳他工作。马耳他也愿为中医走向欧洲发挥桥梁和枢纽作用。"

为进一步宣传中国文化，改善援马耳他医疗队的生活和工作条件，并为患者提供良好的就诊环境，2012 年 1 月，中国启动地中海地区中医中心驻地改造一期工程，江苏省政府投入 380 万元人民币，完成中医中心和专家楼的改造。2015 年，中国对地中海地区中医中心进行二期改造，并添置新的中医诊疗设备。2016 年 6 月 29～30 日，江苏省张雷副省长一行访问马耳他，与马耳他能源和卫生部相关人员举行工作会谈。马耳他总理代表、总理办公室主任米兹先生对江苏省历届援马医疗队为马耳他人民的健康事业所做出的贡献表示感谢。他表示马耳他政府决定在改扩建的马耳他第二大医院——圣·卢克斯医院设立中医科。

3. 中国港湾建设总公司欧非（欧洲和非洲）事务部

该部是中国港湾建设总公司的派出机构，于 1974 年设立，负责承揽工程承包项目。但近年来除承揽一些小型项目外，业务发展不大。现有两名常驻人员，另有 4 名劳务厨师。

4. 清华同方威视集装箱检测设备项目

2008 年 3 月下旬，马耳他海关以租赁形式自中国清华同方威视技术股份有限公司引进的集装箱检测设备在马耳他安装调试完毕。

5. 中国石油技术开发公司投资设立的 FOCUS 能源有限公司

2012 年 7 月，中国石油技术开发公司在马耳他设立子公司 FOCUS 能源有限公司，主要业务为面向北非国家进行石油设备材料的销售、寄售、维修、租赁和服务，以及从欧洲国家采购相关设备、材料。

6. 上海电力与马耳他能源公司的合作项目

2014 年 12 月，中国上海电力股份有限公司与马耳他能源部就上海电力与马耳他能源公司合作项目签署正式协议上海电力在马耳他成立了一家控股公司上海电力马耳他控股有限公司负责项目具体执行。项目总金额约为 3.2 亿欧元，包括以下 4 个方面的内容：①上海电力以 1 亿欧元收购马耳他能源公司 33.3% 股权；②上海电力以 1.5 亿欧元取得马耳他能源公司下属的德利马拉三期电厂 90% 股权；③上海电力出资 162.61 万欧元与马耳他能源公司共同投资新设可再生能源公司，上海电力持股 70%；④上海电力出资 30 万欧元与马耳他能源公司共同投资新设能源服务中心，上海电力持股 30%。目前上述交易已经完成，上海电力将通过可再生能源公司及能源服务中心在马耳他及欧盟其他成员国进行太阳能等可再生能源生产，并建立区域电力服务中心，以为上海电力在周边的电力项目提供服务。

（三）马耳他对华投资

近年来，马耳他对华投资有一定进展，至 2000 年 9 月底，投资项目共计 25 个，协议投资金额为 2431 万美元，实际投入为 817 万美元。2007 年，在马耳他对中国投资的 35 个项目中，合同投资额为 2980 万美元，实际投资额只有 1474 万美元。截至 2014 年底，马耳他在华投资存量为 1887 万美元。

（四）在马耳他承包工程和对马耳他输出劳务

1985 年中国承建的由马耳他出资的马尔萨什洛克防波堤工程竣工。20 世纪 90 年代，中国先后承包马船厂洗舱站工程和无偿援建一处中国园林景观——"静园"。近几年来，中国在马耳他承包工程量减少，仅有一些零星的小项目，如 2013 年中国中元国际工程公司承接的援马耳他"中国园"维修和改扩建项目（EPC）。该项目是中国中元国际工程公司在园林工程设计及施工领域的突破，为工程的多元化发展再添新业绩，也为扩展境外总承包项目做出新的贡献。

中国在马耳他有少量劳务输出，主要集中于中餐馆和服装行业。马耳他政府鼓励外国在高新技术产业上的投资，但对企业雇用外籍劳务人员有严格的规定，除外籍企业的管理人员及其本国缺乏的专门技术人员外，一般不予签发工作许可证。

据中国商务部统计，2013 年中国企业在马耳他新签承包工程合同 3 份，新签合同额 777 万美元，完成营业额 704 万美元；当年派出各类劳务人员 223 人，年末在马耳他劳务人员为 265 人。2014 年中国企业在马耳他新签承包工程合同 1 份，新签合同额 3485 万美元，完成营业额 105 万美元；当年派出各类劳务人员 119 人，年末在马耳他劳务人员为 466 人。新签大型工程承包项目包括上海振华重工（集团）股份有限公司承建的 ZP2189 马耳他岸桥等项目。

三 中国－马耳他经贸混合委员会

根据 1997 年签订的《中国—马耳他贸易和经济合作协定》，双方同意建立由两国政府代表组成的贸易和经济合作混合委员会机制，不定期地轮流在两国就双边经济贸易关系举行会谈。马耳他经济服务部部长鲍尼奇于 1999 年 8 月率团访华，并与中国对外贸易经济合作部石广生部长共同主持了中马经贸混委会首次会议。2000 年 11 月，中国对外贸易经济合作部周可仁副部长率中国政府经济贸易代表团访问马耳他，与鲍尼奇部长共同主持了中马经贸混委会第二次会议。

2004 年 5 月，中马经贸混委会在北京举行了第五次会议。

2006 年 4 月 25 日，于广洲副部长与马耳他外交部部长麦克尔·弗兰多在瓦莱塔共同主持召开了中马经贸混委会第六次例会。双方认为，自上次混委会会议以来两国经贸发展势头良好，贸易持续高速增长，各领域的合作取得积极进展。双方还认为，中马贸易规模还较小、贸易结构还有待进一步优化，双方合作的潜力仍很大，并将信息、通信、高科技、基础设施和旅游作为进一步推动的重点领域。会议还在其他方面达成多项共识。会议商定，中马经贸混委会第七次会议于 2007 年在北京召开。山东新华锦集团、清华同方威视技术股份有限公司和华为公司的代表列席了会议。

2007 年 5 月，中马经贸混委会第七次会议召开。马耳他代表弗兰多外长对两国双边关系和双边经贸合作的发展表示满意，感谢中方长期以来提供的无偿援助。弗兰多外长表示将积极推动欧盟早日承认中国完全市场经济地位。希望双方今后能加强海运、旅游、能源、医疗和教育等领域的进一步合作。

中国对外贸易经济合作部副部长于广洲积极评价两国关系和双边经贸合作，他指出在两国领导人的关心和推动下，双边关系近年来一直发展顺利。对马耳他加入欧盟后，仍在国际事务中一如既往地同中国保持着密切的沟通与合作，表示高度赞赏。希望马耳他在欧盟内部发挥更加积极的作用，推动欧盟尽早承认中国完全市场经济地位，鼓励中国企业赴马投资。希望今后双方继续扩大贸易和投资规模，拓展合作领域，推动企业开展多种形式的合作，共同开拓除欧盟国家外的第三国际市场。

为推动双边经贸关系的进一步发展，于广洲建议双方应充分发挥两国经贸混合委员会磋商机制的作用，对共同关注的行业和企业积极加以推动，马耳他企业积极参加中国举办的各类展览会和博览会。

会后，于广洲副部长与弗兰多外长签署了《中华人民共和国政府向马耳他政府提供 300 万元人民币无偿援助的换文》，并出席了《清华同方威视技术股份有限公司和马耳他政府间的设备租赁合同》的签字仪式。

2014 年 12 月 9 日，商务部国际贸易谈判代表兼副部长钟山与马耳他经济、投资和小企业部部长卡东纳在北京共同主持召开中马经贸混委会第九次会议，双方就进一步发展中马经贸关系、使用中国优惠贷款推动中马基础设施合作、推动马改善投资环境及共同促进重点经贸合作项目等问题深入交换意见。仇光玲参赞出席。

中马经贸混委会第十次会议于 2016 年 5 月 24 日在马耳他举行。双方全面回顾和评价双边经贸关系，协调解决双边合作中的问题，研究进一步深化双边经贸关系的举措。

第四节　与中国的文化教育、中医等
领域的合作和交流

一　与中国的文化教育合作

1972 年中马建交以来，在文化、教育领域，马耳他与中国签署了一系列协议，取得了可喜的合作成果。中国派艺术团组访问马耳他，在马耳他举办过剪纸、版画、工艺美术、摄影等展览。马耳他方面也派艺术团组访问中国。自 1973 年起，中国开始向马耳他派遣留学生，2015 年在马耳他就读各类学校的留学生有 1200 多人，其中在马耳他大学学习的中国留学生有 280 多人，成为该校最大的外国留学生群体。到 2015 年，马耳他已经派出 7 名留学生到中国学习中文。

中国杂技、歌舞及体育代表团频频访马。1992 年 8 月，中马签订文化协定，随后相继签署了 1996 ~ 1998 年、1998 ~ 2000 年、2001 ~ 2003 年、2005 ~ 2008 年、2009 ~ 2012 年、2014 ~ 2018 年 6 个文化交流执行计划。马耳他与中国在文化、教育领域的合作和交流得到进一步加强，已取得显著成效。

马耳他中国文化中心是根据中华人民共和国政府和马耳他共和国政府在 2001 年签订的《中华人民共和国政府与马耳他政府关于设立文化中心的谅解备忘录》而设立的。这也是中国当时设在海外的第 5 个中国文化中心。

中心是中国政府在马耳他的常驻非营利性文化机构，旨在通过举办文化、教育和人文交流活动增进马耳他民众对中国文化、艺术的了解。中国希望通过举办文化活动来增进两国的友谊。为此，中心愿意加强与马耳他官方和非官方机构的合作以为马耳他民众提供优质的服务。

2003 年 9 月 19 日，中心在马耳他前总统德马尔科和时任中国文化部副部长孟晓驷、时任马耳他青年和艺术部部长杰斯蒙德·姆利耶特的共同见证下揭牌。中心坐落在马耳他首都瓦莱塔市梅丽塔街 173 号。中心的装修既保留了历史文化名城的风貌，又符合中心功能的需要。中心建有图书馆、艺术展厅、语言训练室、舞蹈工作室、多功能会议厅和多个语音教室，先进的硬件设施和丰富的文化安排可以满足文化体验、教学培训、文化展示和信息服务以及思想交流的需要。

中心以文化推广为宗旨服务马耳他民众，包括汉语教学、武术和民间手工艺培训、中国传统和民族文化、文化遗产讲座和论坛、中医、中国烹饪等。同时，中心依托图书馆提供信息服务，图书馆藏有纸质和数字资料，现有图书、期刊、杂志和多媒体资料逾 1 万份。连续出版的中心《月报》极大地满足了当地民众查阅中国文化资料的需求。烹饪班、太极拳班、"中国结"兴趣班等各种教学培训活动吸引了大量喜欢中国文化的马耳他民众。品牌项目有"瓦莱塔中国春节"、"中秋节月光下的音乐诗歌晚会"、"马耳他世界太极日"及"儿童绘画比赛"等，它们深受马耳他各界欢迎、喜爱。

中心在积极融入当地文化生态的同时还举办年度文化活动，包括美术作品展、电影周、演出季等，围绕"视窗、桥梁、平台"的定位，推介中国文化，为促进中马两国人民的友谊和相互理解发挥重要作用。

2012 年 5 月，湖北省京剧院代表团成功赴马访演。2013 年 12 月，湖北省艺术团访马。2014 年 8 月，广西壮族自治区文化代表团访马并举行"广西文化日"活动。2014 年 12 月至 2015 年 1 月，马耳他交响乐团访问中国，在 8 个城市成功演出。2015 年 7 月，马外长维拉访华期间与国家新闻出版广电总局签署《中国与马耳他政府关于合作拍摄电影的协议》。

中方每年向马方提供 1~2 个全额奖学金留学名额，马耳他大学地中海外交关系学院和国际海洋法学院则向中方共提供 2~3 个奖学金名额。2009 年 2 月，习近平副主席访马时签署了《中国孔子学院总部与马耳他大学关于合作设立马耳他大学孔子学院的协定》，2011 年 10 月马耳他大学孔子学院正式揭牌。2013 年 5 月，马教育部部长巴托罗率团访华，双方签署两国教育部互认高等教育学位学历证书协议。2015 年 5 月，上海中医药大学同马耳他大学签署合作协议，合作建立中医诊疗中心并开设"中医和中国文化"硕士课程。

近两年来，两国在青年领域交流增多，增进了两国青年间的彼此了解。2011 年系中欧青年交流年，马方派员出席 2011 年 2 月在北京举办的中方开幕式。5 月，作为"2011 中欧青年交流年"旗舰项目之一——"中欧青年周"活动的一部分，中华全国青年联合会代表团访马。

此外，中方已将马耳他列为中国公民出境旅游目的地国家，双方签署了《中华人民共和国政府和马耳他政府关于互免持外交和公务护照人员签证的协定》，其于 2008 年生效。马耳他公交部门还于 2011 年 1 月采购174 辆厦门金龙大巴，用于升级公交系统。2011 年 4 月，新华社瓦莱塔分社在马耳他成立。9 月，中央电视台英语新闻频道在马耳他有线电视网落户。2015 年 3 月，中马签署体育合作谅解备忘录。

2014 年 12 月 11 日，马耳他艺术家来华创作艺术展在位于瓦莱塔的马耳他中国文化中心举行。包括马耳他当地艺术家、马耳他中国文化中心会员在内的 50 多人出席了开展仪式。此次艺术展共展出影像作品 79 幅，其中摄影作品 61 幅，油画作品 18 幅。艺术展一直持续到 2014 年 12 月底。

2016 年 7 月 11 日，中国国家画院代表团利用在马耳他举办展览之机，在马耳他中国文化中心与马耳他艺术人士进行交流，互通艺术机构情况，交流艺术创作感悟，研讨专业合作项目。中国国家画院副院长张江舟、马耳他中国文化中心主任王彦军、马耳他司法文化和地方政府部文化主管凯瑟琳·塔波尼（Catherine Tabone）、马耳他大学艺术系主任斯凯姆伯瑞·博纳奇（Schembri Bonaci）等中马艺术人士出席研讨会。中国国家画院向马耳他中国文化中心赠送画作。

二 与中国在中医、老龄事务等领域的合作

20 世纪 90 年代，中方在马设立了地中海地区和欧洲首个中医中心，每年治疗患者近 5000 人次，并通过举办培训等活动，在马耳他影响渐大，且于 2008 年在马耳他新建国立医院设立了中医门诊科，系中医首次以独立科室的形式进入欧盟国家级医院。2008 年 12 月，马耳他社会政策部部

长约翰·达里访华，与中国民政部和卫生部领导会谈并签署有关医疗合作协定。2012年9月，马耳他卫生、老年和社区服务部部长卡萨访华，与中国卫生部签署中医药领域合作议定书。

中国和马耳他两国负责老龄事务的部门已进行了多年合作，效果良好。民政部和全国老龄办多年来与在马耳他的联合国老龄问题研究所保持良好合作关系，北京市民政局已多次派员赴马耳他展开相关培训活动。

大事纪年

公元前 5000 年	马耳他地区已经开始有大规模的人类活动。马耳他巨石庙是世界上最早运用拼接技术建成的建筑，也是欧洲石器时代最大的庙宇遗迹之一，比埃及金字塔的历史还要悠久。
约公元前 4500～前 4100 年	建斯科巴神庙。
约公元前 3800～前 3000 年	建玛加尔、吉冈提亚神庙。
约公元前 3000～前 2500 年	建塔尔辛、哈加伊姆、马纳德拉神庙。
公元前 10 世纪	腓尼基人定居于马耳他。
公元前 8 世纪	马耳他被希腊人占领。
公元前 4 世纪	迦太基占领马耳他。
公元 60 年	圣保罗的船队在这里失事，由此圣保罗便将基督教传到了这里。
公元 217 年	罗马帝国将马耳他纳入版图。
公元 4、5 世纪	蛮族入侵欧洲，马耳他一度落入汪达尔人和东哥特人手中，直到公元 533 年才重新由东罗马帝国取得统治权。
公元 9 世纪	马耳他相继被拜占庭帝国、阿拉伯帝国、诺曼人统治。
1091 年	法国诺曼人入侵后，阿拉伯人又统治了马耳他很长时间。

1283 年	参与西西里晚祷战争的劳里亚的罗杰率领亚拉冈王国军队在马耳他战役中击败试图镇压马耳他叛乱的卡佩－安茹王朝舰队。
1523 年	"圣约翰骑士团"由罗德岛移居至此,并获神圣罗马帝国皇帝查理五世的承认。"圣约翰骑士团"后更名"马耳他骑士团"。
1530 年	西班牙皇帝查尔斯五世将马耳他岛割让给圣约翰骑士团。
1565 年	在马耳他大围攻中,骑士团击败奥斯曼帝国军队。
1566 年 3 月 28 日	马耳他举行奠基仪式,动用 8000 名劳工,花费 5 年时间完成,并以"马耳他之围"这场著名战役的指挥者让·德拉·瓦莱塔的名字命名,这便是瓦莱塔的建成之始。
1571 年	瓦莱塔被定为马耳他首都。
1571 年	勒班陀战役(1571 年 10 月 7 日)爆发,其是欧洲基督教国家联合海军与奥斯曼帝国海军在希腊勒班陀(Ναπακτο)近海展开的一场海战,令奥斯曼帝国从此失去了在地中海的霸权。
1798 年	拿破仑率远征埃及的土伦舰队在马耳他靠岸,破坏了马耳他信守中立的原则,并诱使大统领拒绝他登陆,遂以此为借口驱逐骑士团,强占马耳他。
1800 年	英国应马耳他人民的请求,继法国之后进驻该地,英国开始统治马耳他。
1815 年	《巴黎条约》签订,将马耳他划归英国所有,从此马耳他成为大英帝国通往印度的

	地中海要塞。
1914~1927 年	发掘塔尔辛和玛加尔神庙。
1942 年	德国与意大利法西斯空军集中轰炸马耳他岛，岛上大部分建筑被毁。
1942 年 4 月 16 日	英国国王乔治六世因马耳他人在二战期间的英勇表现而授予马耳他人民乔治十字勋章。
第二次世界大战	马耳他由于其重要地理位置和优良海港，成为英国重要的海空军基地。
1945 年 2 月 2 日	英美举行马耳他会议。马耳他会议是第二次世界大战后期举行的雅尔塔会议的预备会议。
1947 年	英国允许马耳他成立自治政府，而仍然保留其殖民地地位，但随后在
1958 年	英国撤销马耳他自治政府。
1961~1963 年	马耳他发掘斯科巴神庙，同时继续发掘吉冈提亚神庙。
1964 年 9 月 21 日	"地中海心脏"马耳他独立。
1972 年 1 月 31 日	马耳他与中国正式建立外交关系。
1972 年 4 月	以马耳他总理兼外交事务部部长多米尼克·明托夫为团长的马耳他政府代表团一行 5 人访华，周恩来总理接见代表团成员。
1974 年	马耳他共和国正式成立，收回英国租借的科米诺岛 90% 的土地。
1979 年 3 月 31 日	英国军队完全撤离马耳他。
1982 年 2 月 16 日	巴巴拉当选马耳他第一位女总统。
1983 年 11 月 24 日	埃及航空公司由雅典飞往开罗的客机被四个利比亚枪手劫持，被迫降落在马耳他首都瓦莱塔机场。

1987～1994 年	马耳他继续发掘卡格拉石头圈。
1989 年 12 月 3 日	美国总统乔治·赫伯特·沃克·布什与苏联领导人戈尔巴乔夫在马耳他举行高峰会。
2004 年 5 月 1 日	马耳他、塞浦路斯、波兰、匈牙利、捷克、斯洛伐克、斯洛文尼亚、爱沙尼亚、拉脱维亚和立陶宛 10 个国家正式成为欧盟成员国，这是欧盟历史上最大规模的一次东扩。
2007 年	马耳他成为申根公约会员国。
2008 年 1 月 1 日	马耳他和塞浦路斯一起成为使用欧元的国家。
2012 年 1 月 14 日	评级机构标准普尔发布报告称，将马耳他的长期主权信用评级下调一个等级。
2013 年 11 月 12 日	马耳他议会同意修改《公民法》，向非欧盟国家的申请者售卖国籍，每个名额标价为 65 万欧元（约合 87 万美元）。
2014 年 7 月	马耳他海域发现一艘公元前 7 世纪腓尼基人的沉船，距今约 2700 年。
2014 年 9 月	一艘刚离开马耳他的船只由于超载而发生沉船事件，造成约 500 人丧生。
2015 年 11 月 11～12 日	来自欧盟和非洲 50 多个国家的领导人在马耳他首都瓦莱塔举行欧非首脑峰会，旨在加强双方在移民问题方面的合作，以解决欧洲面临的愈演愈烈的难民危机。
2015 年 11 月 27～29 日	英联邦政府首脑会议在马耳他举行。
2016 年	超过 15 万人参与了在瓦莱塔举办的"2018 欧洲文化之都"的前期预热活动。
2016 年 10 月 23～26 日	马耳他举办"2016 年地中海论坛"，以为 2017 年担任欧洲理事会轮值主席国做准备。
2017 年 1 月 1 日	马耳他接任欧盟轮值主席国，为期 6 个月。

参考文献

一 中文参考文献

1. H. 鲍恩-琼斯、J. C. 杜德内、W. B. 费希尔:《马耳他发展背景》(The Backdrop of the Malta's Development),达拉姆大学,1960。

2. 特米·赞米特:《马耳他列岛和它的历史》(Malta's Islands and History),1929。

3. 布莱恩·布洛伊特:《马耳他》(Malta),马耳他进步出版社,1966。

4. 布莱恩·布洛伊特:《戈佐》(Gozo),马耳他进步出版社,1965。

5. 约翰·默里:《马耳他列岛和它的地质结构》(Malta's islands and the geologic structure),《苏格兰地理杂志》,1890。

6. M. W. 布鲁斯:《马耳他地理专论》,马耳他进步出版社,1965。

7. 特米·赞米特爵士:《史前时期马耳他:塔欣神庙》,1930。

8. 〔英〕布莱恩·布洛伊特:《马耳他简史》,黑龙江大学英语系译,黑龙江人民出版社,1975。

9. 〔美〕斯潘塞·J. 帕默:《世界宗教概览》,向红笳、徐晓冬译,中央民族学院出版社,2003。

10. 钟清清主编《各国共产党总览》,当代世界出版社,2000。

11. 中共中央对外联络部编辑委员会编《各国社会党手册》,人民出版社,1992。

12. 中共中央对外联络部编《各国民族主义政党手册》,人民出版社,1995。

13. 钟清清主编《世界政党大全》，贵州教育出版社，1994。

14. 姜士林、陈玮主编《世界宪法大全》上卷，中国广播电视出版社，1989。

15. 斯德哥尔摩国际和平研究所编《SIPRI 年鉴·1999》，世界知识出版社，2000。

16. 《世界军事年鉴》编委会编《世界军事年鉴》历年各卷，解放军出版社，2004。

17. 潘光、张家哲：《各国历史寻踪》，上海辞书出版社，2001。

18. 《世界企业 500 家》，北京大学出版社，1997。

19. 俞可平主编《当代各国政治体制》，兰州大学出版社，1998。

20. 王知津等编《世界通览》，哈尔滨工程大学出版社，1991。

21. 胡焕庸等：《欧洲自然地理》，商务印书馆，1982。

22. 《各国通览》编委会编《各国通览》，吉林人民出版社，1991。

23. 谢望原审校《马耳他刑事法典》，李凤梅译，北京大学出版社，2006。

24. 〔美〕达希尔·哈米特：《马耳他之鹰》，向隅译，新星出版社，2012。

25. 厦门大学编著《马耳他民法典：Civil Code of the Republic of Malta》，厦门大学出版社，2012。

26. 李凤梅、谢望原审校《马耳他刑事法典》，北京大学出版社，2006。

27. 马耳他 15 世纪的著名抄本《修士圣安东尼的一生》，内含 196 幅袖珍绘画和 14、15 世纪宗教题材的手抄本（马耳他国家图书馆收藏）。

28. 钱跃君：《马耳他：地中海上的欧洲骑士之岛》，社会科学文献出版社，2013。

29. 〔法〕罗歇·博尼什：《马耳他人》，胡洪庆译，上海译文出版社，1995。

30. 〔加拿大〕琳恩·汉弥尔顿：《马耳他女神》，闫莉莉译，新世界出版社，2008。

31. 何侃编《马耳他：地中海的金银小岛》，社会科学文献出版社，2002。

32. 马洛（Christopher Marlowe）：《马耳他的犹太人 The Jew of Malta》，

DOVER 出版社，1592。

33. 〔美〕史密斯、〔美〕沃克：《马耳他攻击舰队出击记》，荆园译，北京海洋出版社，1987。

34. 〔英〕查尔斯·欧文：《马耳他群岛》，西南师范学院外语系、地理系翻译组译，四川人民出版社，1979。

二 外文参考文献

1. Jacques Godechot, *Histoire de Malt* (Presses Universitaires de France, 1970).

2. Victor Paul Borg, *The Rough Guide to Malta & Gozo* (Presses Rough Guides. 2001).

3. H. J. A. Sire, *The Knights of Malta* (Yale University Press, 1996).

4. James Holland, Fortress Malta, *An Island Under Siege 1940 – 1943* (Miramax Books, 2003).

5. *Andorra, Liechtenstein, Luxembourg, Malta, Monaco, Thomas Eccardt Secrets of the Seven Smallest States in Europe* (San Marino and Vatican City Publisher: Hippocrene Books, 2004).

6. *Stefan Goodwin Westport Malta, Mediterranean Bridge* (Conn. : Bergin & Garvey, 2002).

7. Bis Zypern, Herausgegeben von Robert K. Furtak Munchen, *Politisches Lexikon Europa Bd. 2* (Malta: Verlag C. H. Beck, 1981).

8. Th. P. Galestin, L. Langewis, *Rita Bolland, Lamak & Malat in Bali & a Sumba loom.* \ [*monograph* \ ] (Amsterdam: Royal Tropical Institute, 1956).

9. The Museums Association Compiled, *Directory of Museums and Art Galleries in British Africa and in Malta, Cyprus, and Gibraltar Museums Association* (London: The Museums Association, 1933).

10. Emmanuel Agius ed. , *Future Generations and International law* (London: Earthscan Publications Ltd, 1998).

11. Mario Thomas Vassallo, *The Europeanization of Interest Groups in Malta and*

Ireland: *A Small State Perspective* (Palgrave Macmillan, 2015) .

12. Emanuel Buttigieg, *Nobility*, *Faith and Masculinity*: *The Hospitaller Knights of Malta*, *c. 1580 – c. 1700* (London: Continuum, 2011).

13. Alphen aan den Rijn, *Environmental Law in Malta* , *Simone Borg and Louise Spiteri* (Kluwer Law International, 2010).

14. Roderick Routledge, *The European Union's Mediterranean Enlargement*: *Cyprus and Malta* (An Imprint of Taylor & Francis Books Ltd, 2005).

15. Danny Peters, *The Social Security Systems of the States Applying for Membership of the European Union* (*Bulgaria*, *Cyprus*, *Czech Republic*, *Estonia*, *Hungary*, *Latvia*, *Lithuania*, *Malta*, *Poland*, *Romania*, *Slovakia*, *Slovenia and Turkey*) (Antwerp, Oxford, New York, Intersentia, 2003).

16. Stefan Goodwin, *Malta*, *Mediterranean Bridge* (Westport, Conn.: Bergin & Garvey, 2002).

17. Jon. P. , *Mitchel* I *Ambivalent Europeans*: *Ritual*, *Memory and the Public Sphere in Malta* (London; New York: Routledge, 2002).

18. Ales Vahcicand Vesna Smole-Grobovsek ed. , *Workers' Self – Management and Participation in Practice* (Yugoslavia: The International Center for Public Enterprises, 1986).

19. EIU, The Economist Intelligence Unit, *Quarterly Economic Review of Tunisia*, *Malta* (London, U. K. : EIU, 1985 ~ 1986).

20. Herausgegeben von Robert K. , *Furtak*, *Politisches Lexikon Europa* (Munchen: Verlag C. H. Beck, 1981).

21. Gerard Kester, *Transition to Workers' Self-Management*: *Its Dynamics in the Decolonizing Economy of Malta* (The Hague: Institue of Social Studies, 1980).

22. Editors, Albert P. , Blaustein , Gisbert H. Flanz, Dobbs Ferry, *Constitutions of the Countries of the World Malta* (N. Y. : Oceana Publications, 1978).

23. Lawrence R. Pratt, *East of Malta*, *West of Suez*: *Britain's Mediterranean Crisis*, *1936 – 1939* (Cambridge, New York: Cambridge University

Press in Cooperation with London School of Economics and Political Science, 1975).

24. Osbert Lancaster Drawing, *Nigel Dennis An Essay on Malta* (New York: Vanguard Press, 1972).

25. Jeremy Boissevain, *Saints and Fireworks*; *Religion and Politics in Rural Malta* (Oxford: Berg, 2004).

26. Jeremy Boissevain , *Hal-farrug a Village in Malta* (New York: Holt, Rinehart and Winston, 1969).

27. J. D. Evans, *Malta* (London: Thames and Hudson, 1963).

28. Foreign Relations of the United States, *The Conferences at Malta and Yalta* (Washington D. C. : Government Printing Office, 1955).

29. A. J. Herbertson O. J. R. Howarth eds. , *The British Isles and Mediterranean Possessions* (*Gibraltar*, *Malta*, *Cyprus*, Oxford: The Clarendon Press, 1914).

30. Chambers's Encyclopaedia, *A Dictionary of Universal Knowledge* (London, Edinburgh: William & Robert Chambers, Ltd. , 1908).

31. Winston S. Churchill, *The Epic of Malta* (London: Odhams Press Limited, 1943) .

三 主要网站

1. 马耳他旅游网, http://www. visitmalta. com/。
2. 马耳他航空网站, http//www. maltairport. com。
3. 马耳他官方网站, http//www. gov. mt。
4. 马耳他搜索网站, http: www. searchmalta. com。
5. 马耳他旅游局网站, http://www. malta. co. uk。
6. 马耳他官方旅游网, http://www. mta. com. mt。
7. 马耳他时间网站, http://www. timesofmalta. com。
8. 马耳他今天网站, http://www. maltatoday. com. mt。
9. 马耳他独立网站, http://www. independent. com. mt。
10. 中华人民共和国商务部网站, http://www. mofcom. gov. cn。

11. 中华人民共和国外交部网站，http：//www. fmprc. gov. cn。

12. 中国知网，http：//www. cnki. net。

13. 欧洲联盟官方网站，http：//www. europa. eu. int。

14. 马耳他教育国际组织机构中文官方网站，http：//www. maltaeducation. com. cn。

15. 马耳他教育网，http：//www. um. edu. mt。

16. 马耳他旅游商务网，http：// www. maltatb. com。

17. 维普资讯，http：//www. cqvip. com。

18. 维基百科，http：//wikipedia. com

索　引

新版《列国志》总书目

非洲

阿尔及利亚
埃及
埃塞俄比亚
安哥拉
贝宁
博茨瓦纳
布基纳法索
布隆迪
赤道几内亚
多哥
厄立特里亚
佛得角
冈比亚
刚果
刚果民主共和国
吉布提
几内亚
几内亚比绍
加纳
加蓬
津巴布韦
喀麦隆
科摩罗
科特迪瓦
肯尼亚
莱索托
利比里亚
利比亚
卢旺达

马达加斯加
马拉维
马里
毛里求斯
毛里塔尼亚
摩洛哥
莫桑比克
纳米比亚
南非
南苏丹
尼日尔
尼日利亚
塞拉利昂
塞内加尔
塞舌尔
圣多美和普林西比
斯威士兰
苏丹
索马里
坦桑尼亚
突尼斯
乌干达
赞比亚
乍得
中非

欧洲

阿尔巴尼亚
爱尔兰
爱沙尼亚
安道尔

奥地利

白俄罗斯

保加利亚

北马其顿

比利时

冰岛

波斯尼亚和黑塞哥维那

波兰

丹麦

德国

俄罗斯

法国

梵蒂冈

芬兰

荷兰

黑山

捷克

克罗地亚

拉脱维亚

立陶宛

列支敦士登

卢森堡

罗马尼亚

马耳他

摩尔多瓦

摩纳哥

挪威

葡萄牙

瑞典

瑞士

塞尔维亚

塞浦路斯

圣马力诺

斯洛伐克

斯洛文尼亚

乌克兰

西班牙

希腊

匈牙利

意大利

英国

美洲

阿根廷

安提瓜和巴布达

巴巴多斯

巴哈马

巴拉圭

巴拿马

巴西

玻利维亚

伯利兹

多米尼加

多米尼克

厄瓜多尔

哥伦比亚

哥斯达黎加

格林纳达

古巴

圭亚那

海地

洪都拉斯

加拿大

美国

秘鲁

墨西哥

马耳他

尼加拉瓜

巴布亚新几内亚

萨尔瓦多

斐济

圣基茨和尼维斯

基里巴斯

圣卢西亚

库克群岛

圣文森特和格林纳丁斯

马绍尔群岛

苏里南

密克罗尼西亚

特立尼达和多巴哥

瑙鲁

危地马拉

纽埃

委内瑞拉

帕劳

乌拉圭

萨摩亚

牙买加

所罗门群岛

智利

汤加

图瓦卢

大洋洲

瓦努阿图

新西兰

澳大利亚

国别区域与全球治理数据平台

www.crggcn.com

"国别区域与全球治理数据平台"（Countries，Regions and Global Governance，CRGG）是社会科学文献出版社重点打造的学术型数字产品，对接国别区域这一重点新兴学科，围绕国别研究、区域研究、国际组织、全球智库等领域，全方位整合基础信息、一手资料、科研成果，文献量达30余万篇。该产品已建设成为国别区域与全球治理数据资源与研究成果整合发布平台，可提供包括资源获取、科研技术服务、成果发布与传播等在内的多层次、全方位的学术服务。

从国别区域和全球治理研究角度出发，"国别区域与全球治理数据平台"下设国别研究数据库、区域研究数据库、国际组织数据库、全球智库数据库、学术专题数据库和学术资讯数据库6大数据库。在资源类型方面，除专题图书、智库报告和学术论文外，平台还包括数据图表、档案文件和学术资讯。在文献检索方面，平台支持全文检索、高级检索，并可按照相关度和出版时间进行排序。

"国别区域与全球治理数据平台"应用广泛。针对高校及国别区域科研机构，平台可提供专业的知识服务，通过丰富的研究参考资料和学术服务推动国别区域研究的学科建设与发展，提升智库学术科研及政策建言能力；针对政府及外事机构，平台可提供资政参考，为相关国际事务决策提供理论依据与资讯支持，切实服务国家对外战略。

数据库体验卡服务指南

※100元数据库体验卡，可在"国别区域与全球治理数据平台"充值和使用

充值卡使用说明：
第1步 刮开附赠充值卡的涂层；
第2步 登录国别区域与全球治理数据平台（www.crggcn.com），注册账号；
第3步 登录并进入"会员中心"→"在线充值"→"充值卡充值"，充值成功后即可使用。

声明

最终解释权归社会科学文献出版社所有

客服QQ：671079496
客服邮箱：crgg@ssap.cn

欢迎登录社会科学文献出版社官网（www.ssap.com.cn）和国别区域与全球治理数据平台（www.crggcn.com）了解更多信息

社会科学文献出版社
SOCIAL SCIENCES ACADEMIC PRESS (CHINA)
卡号：434567841386
密码：

图书在版编目（CIP）数据

马耳他／蔡雅洁编著．－－2 版．－－北京：社会科
学文献出版社，2018.6（2020.6 重印）
（列国志：新版）
ISBN 978－7－5201－2498－0

Ⅰ．①马…　Ⅱ．①蔡…　Ⅲ．①马耳他－概况　Ⅳ.
①K954.9

中国版本图书馆 CIP 数据核字（2018）第 059724 号

· 列国志（新版）·

马耳他（Malta）

编　　著／蔡雅洁

出 版 人／谢寿光
项目统筹／张晓莉
责任编辑／叶　娟　李海瑞　王春梅

出　　版／社会科学文献出版社·国别区域分社（010）59367078
　　　　　　地址：北京市北三环中路甲 29 号院华龙大厦　邮编：100029
　　　　　　网址：www.ssap.com.cn
发　　行／市场营销中心（010）59367081　59367083
印　　装／北京盛通印刷股份有限公司

规　　格／开　本：787mm × 1092mm　1/16
　　　　　　印　张：29.5　插　页：0.75　字　数：434 千字
版　　次／2018 年 6 月第 2 版　2020 年 6 月第 2 次印刷
书　　号／ISBN 978－7－5201－2498－0
定　　价／89.00 元